戦後社会保障の証言

——厚生官僚120時間オーラルヒストリー

菅沼 隆・土田武史・岩永理恵・田中聡一郎［編］

有斐閣

刊行にあたって

本書は、オーラルヒストリーの手法を用いて、一九六一年の国民皆保険・皆年金体制の成立前後から、一九九〇年代の介護保険法成立に至る期間を主たる対象として、社会保障制度の成立と展開に関する重要なトピックについて、厚生省の官僚にインタビューを行い、その証言を収録し、解説を加えたものである。制度の立案と運営の、重要だが知られざるエピソードを発掘することで、《生きいきとした社会保障の歴史》を描くことを目的としている。

厚生省は、社会保障制度の所管省として、制度の立案と運営の中心的役割を担ってきた。そこには制度に関するさまざまな情報が集中し、ステークホルダー（利害関係者）の間で複雑な調整が行われていた。とくに、制度の具体的で細かい部分の決定や利害の調整は官僚の集団的作業によるところが多い。このため、社会保障制度の仕組みを詳しく知るには、官僚を中心とした意思決定過程を明らかにすることが必要である。

本書の特徴は、社会保障の政策決定過程について、いわゆるテーマオーラルヒストリーの手法――特定の歴史的出来事について、さまざまな部局の複数の関係者に証言を得ること――を用いて聞き取りを行った点にある。社会保障の政策立案の舞台裏で活躍した複数の官僚の証言を得ることによって、ある政策が取捨選択された背景、それぞれの立場の苦労や葛藤などが明らかになった。担当官僚しか語ることができない知られざる逸話もうかがうことができた。また、キャリア官僚だけでなく、ノンキャリアや福祉専門官の方々の証言も記録していることも本書の特徴である。同じ厚生省の役人であっても、部局や職位、専門性、個性などの違いにより、改革の評価に違いがみられたことも興味深い。

私たちがこの研究プロジェクトを立ち上げた目的は、高度経済成長期から安定成長期の社会保障政策を担った官僚の方々が引退期に入っており、証言を残すには今の時期しかないと考えたからである。実際、この研究プロジェクトの立ち上げ前にお亡くなりになっていた方も多い。その意味で時間との闘いのなかで聞き取りを進めてきたといえる。

本書は二〇一三～一五年度および二〇一六～一八年度の科研費による研究プロジェクトの成果である。これまで元事務次官六名、元社会保険庁長官二名を含む二二人の厚生官僚の聞き取りを、計四五回行ってきた。その『報告書』を順次刊行し、国会図書館、研究メンバーが所属する大学図書館に納本し、一般に閲覧できるようにしている。だが、それらは膨大な量であり、一般の読者がその全体を把握することは困難である。このため、いくつかのトピックを取り上げ、解説を付けることで、一般の読者に成果を公開することにした。膨大な聞き取り記録のごく一部しか掲載できていないことに留意していただきたい。また、研究プロジェクトは継続中であり、本書に引用することができなかった聞き取りもある。引き続き、インタビューの蓄積に努め、報告書として編纂し公刊していきたいと思う。

社会保障制度は、複雑で分かりにくく《無味乾燥な》制度と見なされがちである。だが、これらの証言により、社会保障制度は、官僚や利害関係者のドラマに満ちており、《血と汗と涙の結晶》であることが分かる。本書により、社会保障制度の《人間臭さ》を知っていただき、より身近に感じていただければ幸いである。

謝　辞

このオーラルヒストリー研究の意義を理解され、聞き取りに同意され、質問に真摯に答えてくださった厚生省の官僚の方々に深く感謝を申し上げます。どなたも頭脳明晰で記憶力がよく、担当された制度に深い愛着と強い問題意識を抱かれていたことに感銘を受けました。また、ほとんどの聞き取りに同席され、読めばその時の情景が浮かぶ、質の高い速記録を作成していただいた有限会社ペンハウスの片岡裕子様に心から謝意を表します。最後に、辛抱強く原稿を待っていただき、適切な助言をされ、美しい編集をしていただいた有斐閣編集部松井智恵子様に深く御礼を申し上げます。

二〇一八年二月

研究メンバーを代表して　　立教大学経済学部

菅　沼　　隆

本研究はＪＳＰＳ科研費２５２８５１６９およびＪＳＰＳ科研費１６Ｈ０３７１８の助成を受けたものです。
本書は立教大学経済学部の出版助成を受けて経済学部叢書として出版されたものです。

編集について

本書は、科学研究費プロジェクトで作成したオーラルヒストリー報告書（以下、速記録とする）を解読し、制度立案における要点、また政治家や関係団体・他省庁との調整、さらにはキーパーソンの人物像など、歴史的イメージを豊かにする証言を活用して、戦後の社会保障の発展を描くことを目的としている。オーラルヒストリーは、こうした文書に残りにくい情報を記録する点においてたいへん有用であるとしても、「記憶」に属する情報であるがゆえに、不正確であったり、解明が困難な情報も含まれる。そのため、歴史を学ぶものとしては、その証言をできる限り史資料と照らし合わせて再検証する必要がある。またオーラルヒストリーは、質問者と証言者の相互作用によるものであり、当日の聞き取りの文脈に依存する側面もある。そのため、関心のある証言以外のやりとりについても十分な読み込みが必要である。

しかし、一二〇時間にもおよぶ速記録すべてを書籍として公刊することは難しい。そこで本書では、解題の執筆者が重要と判断した証言について、速記録から抜き出し、章末に「証言集」としてまとめ、それに解題を付して先行研究や通説との対比を行い、その読解を支えるよう編集を行った。また「証言集」の凡例としては、左の諸点がある。

① 解題で言及した証言については、「証言集」に掲載する。
② 速記録から省略して「証言集」に掲載する場合は、その省略箇所を（前略）（中略）（後略）と明記する。
③ 速記録に追記して「証言集」に掲載する場合は、〔　〕内で補足を行う。
④ 「証言集」の小見出しは、速記録での該当箇所を発見しやすくするため、速記録と同じものとするが、送り番号については本書の順番で最初から振りなおしている。また読者の理解のために、小見出しに副題を追記した章もある。
⑤ 速記録における明らかな誤植や年号・氏名等の単純な誤りは「証言集」に掲載する際、とくに明記せずに修正している。

社会保障の発展の道程における歴史的事実、裏側にある考え方を後世へ伝えるためには、その証言を読みやすく手頃な形にすることが文献的価値を高めるものと考えて編集を行ったが、先述のオーラルヒストリーの特徴や編集を通じた証言の不十分な紹介により、史実についてあらぬ誤解を生むことのないよう願うばかりである。速記録は国立国会図書館、および解題執筆者の大学図書館に納本されている。社会保障史に強い関心をもつ読者におかれては、速記録も活用していただきたい。私どもの編集における不備や力の及ばぬ点について、ご意見やご批判を頂戴できれば幸いである。

田中聡一郎

執筆者紹介（執筆順、＊は編者）

＊土田　武史（つちだ　たけし）　第1章
現在　早稲田大学名誉教授
主著　『ドイツ医療保険制度の成立』勁草書房、一九九七年。『社会保障改革――日本とドイツの挑戦』（共編著）ミネルヴァ書房、二〇〇八年。『社会保障概説（第七版）』（共著）光生館、二〇〇九年。『日独社会保険政策の回顧と展望――テクノクラートと語る医療と年金の歩み』（共編著）法研、二〇一一年。

中尾　友紀（なかお　ゆき）　第2章、人物紹介①
現在　愛知県立大学教育福祉学部准教授
主著　「公的年金」玉井金五・久本憲夫編『社会政策2 少子高齢化と社会政策』法律文化社、六三～一〇一頁、二〇〇八年。「労働者年金保険法案の第七六回帝国議会への提出――なぜ閣僚らは提出に反対したのか」『社会政策』七（三）、一四一～五二頁、二〇一六年。

＊岩永　理恵（いわなが　りえ）　第3章、第8章
現在　日本女子大学人間社会学部准教授
主著　『生活保護は最低生活をどう構想したか――保護基準と実施要領の歴史分析』（現代社会政策のフロンティア）ミネルヴァ書房、二〇一一年。「『非日常』と『日常』をつなぐ普遍的な住宅政策を――東日本大震災、阪神・淡路大震災、生活保護から考える」『世界』二〇一七年七月、二一一～一八頁。

浅井　亜希（あさい　あき）　第4章
現在　東海大学文化社会学部講師

主著「スウェーデンとフランスにおける脱家族化への家族政策の転換」『日本比較政治学会年報』一五、ミネルヴァ書房、二四七～六八頁、二〇一三年。「少子化対策にみる日本の家族政策の可能性――フランス、スウェーデンの経験から」立教大学社会福祉研究所『立教社会福祉研究』三三号、一三～二三頁、二〇一四年。

＊菅沼　隆（すがぬま　たかし）　第5章、第9章、資料紹介
現在　立教大学経済学部教授
主著『被占領期社会福祉分析』ミネルヴァ書房、二〇〇五年。「デンマークにおけるグローバル化と労働規制」『社会政策』七（一）、四八～六四頁、二〇一五年。

＊田中聡一郎（たなか　そういちろう）　第4章、第8章
現在　関東学院大学経済学部講師
主著『社会政策――福祉と労働の経済学』（共著）有斐閣、二〇一五年。「市町村民税非課税世帯の推計と低所得者対策」『三田学会雑誌』一〇五（四）、五七七～六〇〇頁、二〇一三年。

森田慎二郎（もりた　しんじろう）　第5章
現在　東北文化学園大学医療福祉学部教授
主著『日本産業社会の形成――福利厚生と社会法の先駆者たち』労務研究所、二〇一四年。『社会保障法のプロブレマティーク――対立軸と展望』（共編）法律文化社、二〇〇八年。

深田耕一郎（ふかだ　こういちろう）　第5章、第8章
現在　女子栄養大学栄養学部専任講師
主著『福祉と贈与――全身性障害者・新田勲と介護者たち』生活書院、二〇一三年。「ケアと貨幣――障害者自立生活運動における介護労働の意味」『福祉社会学研究』一三号、五九～八一頁、二〇一六年。

新田秀樹（にった　ひでき）　第6章、人物紹介②

現在　中央大学法学部教授

主著　『社会保障改革の視座』信山社、二〇〇一年。『国民健康保険の保険者』信山社、二〇〇九年。

百瀬　優（ももせ　ゆう）　第7章、人物紹介③

現在　流通経済大学経済学部准教授

主著　『欧米諸国における障害年金を中心とした障害者に係る所得保障制度に関する研究 平成二二年度 総括・分担研究報告書』厚生労働科学研究費補助金 政策科学総合研究事業（政策科学推進研究事業）、二〇一一年。『働き方の変化に対応した今後の遺族年金制度のあり方に関する調査研究 平成二八年度 総括・分担研究報告書』厚生労働行政推進調査事業費補助金 政策科学総合研究事業（政策科学推進研究事業）、二〇一七年。

山田篤裕（やまだ　あつひろ）　第7章

現在　慶應義塾大学経済学部教授

主著　『高齢者就業の経済学』（共著）日本経済新聞社、二〇〇四年。『最低生活保障と社会扶助基準――先進八ケ国における決定方式と参照目標』（共編）明石書店、二〇一四年。

目次

第2部 「福祉元年」と一九八〇年代の社会保障の見直し（一九七三～八五年）

第3部　新しい社会福祉の方向性（一九八〇〜二〇〇〇年）

第1部　戦後社会保障の基盤形成

——皆保険・皆年金、社会福祉の展開（一九四五～七二年）

第1章 国民皆保険体制の成立

解題 土田武史

1 国民皆保険体制の成立に至る過程

一九六一（昭和三六）年四月、新しい国民健康保険法に基づき全国の市区町村で国民健康保険が実施されたことにより、国民皆保険体制が成立した。同法は、すべての市区町村を国民健康保険の保険者とし、そこに住む全住民を被保険者としたうえで、既存の医療保険（健康保険、船員保険、共済組合などの被用者保険）に加入している人は国保への加入を免除するという形で、既存の医療保険の未加入者をすべて市町村国保の被保険者とするというものである。これにより、五人未満の零細企業に雇用されている労働者、農林漁業者を含む自営業者はもとより、失業者や退職者など被用者保険から適用除外とされた人々は、生活保護の受給者を除いて、すべて国民健康保険の被保険者となるという仕組みとなった。

第二次世界大戦後から皆保険に至る過程を振り返ってみると、まず、戦後の早い時期からベヴァリッジ報告等の研究を行っていた研究者グループや社会保険制度調査会などから、日本の社会保障制度の構築にあたってベヴァリッジの影響を強く受けた統一的な社会保険制度の構想が示された。それに対して厚生省の職員たちは、ベヴァリッジ報告の影響を受けてはいたが、医療保険については社会保険制度調査会等の主張とは異なり、既存の医療保険制度を再建し、それらを整備拡充する方策を選択した。厚生省は当時の社会・経済・政治状況、医療供給側（日本医師会）の対応等を勘案しながら、実現可能性の高い方策を優先し、国民皆保険体制の実現を主導していった。

具体的な医療保険制度の再建過程をみてみよう。健康保険は、戦災による事業所の破壊や軍需産業の停止などによって、被保険者数が終戦前のピーク時（一九四四年）の四割程度まで減少し、また国民健康保険も財政悪化等により国民健康保険組合の四割以上が活動休止状態に陥った。医療機関も被害を受け、医薬品も乏しかった。それに加えて、激しい戦後インフレのなかで医師や医療機関は報酬の目減りが大きい保険診療を忌避したため自由診療が広がり、一九四七年になっても保険診療の割合は三割程度にとどまっていた。医療保険はまさに名存実亡の状態にあった。

敗戦からしばらくの間、厚生行政は貧困対策や失業対策が中心となっていたが、一九四八年頃から医療保険の再建に向けた動きが始まった。厚生省はインフレによる診療報酬の目減りに対処して頻繁に診療報酬改定を行ってきたが、四八年に社会保険診療報酬支払基金を創設し、事務の簡素化、報酬支払いの迅速化を図り、保険診療の信頼回復に努めた。また、同じ年に国民健康保険の再建を図るため、国民健康保険法を改正して、その事業運営を国民健康保険組合から市町村公営に移すとともに、国保組合の任意設立・被保険者の任意加入から市町村国保の任意設立・被保険者の強制加入の仕組みに改めた。四九年のドッジ・ラインによる不況の影響等もあって保険診療の受診率が上昇し始めたが、その反面、保険料の収納率が低下し、国保赤字の市町村が多くなった。五一年に収納率を引き上げるため、地方税法を改めて国民健康保険税を設け、各市町村が国保料と国保税のいずれかを選択できることとした。続いて五三年に国保財政の改善を図るため、国保の療養給付費に対する二割の国庫補助が導入され、五五年には療養給付費の二割と事務費の十割を国庫負担とすることが法制化された。国保の市町村公営化と国庫負担の導入は、国保再建への転機となるとともに、国保が国民皆保険に向けて大きな役割を果たしていくうえでの素地となった。

被用者保険の再建も進められ、一九四八年に政府管掌健康保険では財政安定のために保険料率が法定化された。さらに五〇年に勃発した朝鮮戦争による特需景気を背景に、五三年に健康保険の適用業種の拡大、給付期間の延長、標準報酬等級の引上げが行われた。五三年には日雇労働者からの強い要請を受けて、日雇労働者健康保険法が制定された。また同じ年に、私立学校教職員が公立学校教職員の加入する共済組合との格差是正を求めて、私立学校教職員共済組合を創設し、健康保険から分離した。これを契機に市町村職員共済組合、公共企業体職員等共済組合、農林漁業団体職員共済組合が設立され、公的医療保険は多くの制度が分立した状況を呈するようになった。

（年表）　国民皆保険体制の成立

1948年	国民健康保険の市町村公営化
1953年	国保給付費に2割の国庫補助（1955年法制化）
1953年	日雇労働者健康保険の創設
1955年	七人委員会の報告書
1957年	国民健康保険全国普及4か年計画の策定
1958年	新医療費体系の実施
1958年	新・国民健康保険法案の成立（1959年施行）
1961年	国民皆保険の達成

一九五五年を境に政治的にも経済的にも大きな変化があった。政治においては社会党の左右両派が統一したのに続いて、保守二党が合同して自由民主党が生まれ、二大政党を中心とする「五五年体制」がつくられた。経済においては、多くの経済指標が戦前の水準を超え、五六年の『経済白書』は「もはや戦後ではない」と戦後経済からの脱皮を宣言した。しかし、国民生活に目を向けると、依然として多くの国民は低い生活水準にとどまっていた。同じ年に初めて出された『厚生白書』は「果たして戦後は終わったか」と記し、ボーダーライン層と呼ばれた一〇〇〇万人近くの低所得者層が経済復興の背後に残されていることを取り上げた。とくに問題となったのは、経済の二重構造のもとにおける中小零細企業の従業員や不安定就労者の状況であった。彼らは大企業労働者に比べて格段に労働条件が劣悪であり、医療保険でも多くが適用外に置かれ、病気の時にはたちまち貧困状態に陥るという状況にさらされていた。医療保険の未適用者は、農民等を含めると、五〇年代半ばで約二九〇〇万人、総人口の三分の一にも達すると推計された。こうした状況を背景に五〇年代半ば頃から国民皆保険を求める声が高まっていった。

国民皆保険については、すでに社会保障制度審議会が一九五〇年に出した「社会保障制度に関する勧告」において述べられているが、政府の政策として取り上げられるようになったのは、五五年に政府の「経済自立五か年計画」にあわせて厚生省国民健康保険課長の伊部英男氏がまとめた、六〇年度までに医療保障の完遂をめざすという計画が示された頃からである（「社会保障五か年計画」とも呼ばれる。小山編［一九八五］二七五―七六頁）。また、五五年に政府管掌健康保険の赤字問題に対応して、医療保険の財政対策を検討するために設けられた「七人委員会」が同年一〇月に「七人委員会の報告」を刊行し、そのなかで医療保険の財政対策に加えて、常用雇用の従業員数五人未満の事業所が健康保険の適用外となっている問題を取り上げ、それらの従業員を対象とする特別健康保険の設立を提唱した。続いて翌年には、社会保障制度審議会が、五人未満事業所の被用者を対象に第二種健康保険を創設することを提示した。

こうしたなかで、保守合同で生まれた自由民主党内閣の鳩山一郎首相が、一九五六年一月の施政方針演説で国民皆保険構想の方針を述べ、五六年末に石橋湛山内閣は国民皆保険の実現を閣議決定した。これを受けて厚生省は、医療保障委員会を設置し、その報告を受けて五七年四月に六〇年度までに医療保険の未適用者をすべて国民健康保険に加入させるという「国民健康保険全国普及四ケ年計画」を策定した。続いて五八年三月に厚生省は国民健康保険法を全面改定した国民健康保険法案を国会に提出した。その内容は、六〇年度末までにすべての市区町村に国民健康保険の実施を義務付け、被用者保険に適用されていない者のすべてを市区町村の国民健康保険に加入させるというものであった。

こうした動きに対して真っ向から反対したのが、武見太郎会長に率いられた日本医師会であった。皆保険は医師の自由な医療行為を阻害し、医療統制を図るものであるとして激しい反対運動が展開された。新しい国民健康保険法案は二度の審議未了、廃案を経た後、一九五八年一二月に可決成立し、翌年一月に施行された。旧来の国民健康保険は人口五〇万以上の大都市ではほとんど実施されておらず、新・国保法への対応が注目されるなかで、五九年一一月に東京都特別区が国保の実施に踏み切り、すべての大都市がそれにならった。六一年四月に全市区町村で国民健康保険が実施され、それにともなって被用者保険の未加入者はすべて国保に加入することとなり、国民皆保険が実現した。

2　国民皆保険体制の達成に向けた医療保険行政——オーラルヒストリーから

国民皆保険の実施前後の状況について聞くことができたのは、幸田正孝氏のみであった。なお幸田氏は、聞き取りの冒頭、当時は国民健康保険課に在籍していないため、皆保険の形成には直接タッチしていないことから、ヒアリングには後から加わった知見が相当あると述べられた。しかし、行政官としての経験から皆保険の歴史を振り返った貴重な証言であり、以下で紹介していきたい。

①　国民皆保険をもたらした原動力

国民皆保険をもたらした原動力として、幸田正孝氏は一九五〇年代後半の社会経済情勢、政治情勢、厚生省内での動き、日本医師会の対応をあげている。厚生省内の動きについて、「省内でベヴァリッジの『ゆりかごから墓場まで』ということはもう当然のごとく語られていたわけでありまして、『ゆりかごから墓場まで』ではないけれども、皆保険、皆年金という、何かやろうという雰囲気が旧厚生省内には満ちていたのではないか」という言葉は、当時の厚生官僚の意気込みを示すものといえよう。また、「スクーター医師」という当時の若い医師の姿をあげ、開業医の間では「かなり医師の過剰感というのがあったのではないか」と述べている。このことは、皆保険の要因としてはこれまでほとんど指摘されてこなかった。戦後の国内の医師数をみると、一九四六年には六万五五五七人、五〇年には七万六四四八人、五五年には九万四五六三人、六〇年には一〇万三五四九人、と急速に増加している（厚生省大臣官房統計調査部編『衛生年報』各年度版）。こうした状況が日本医師会に国民皆保険を受け入れさせたひとつの背景になっているという幸田氏の指摘は、皆保険成立の要因として今後の検討を促すものといえよう。

② ベヴァリッジ報告の影響

一九四二年一一月に刊行されたベヴァリッジ報告は、翌年に厚生省の「海外勤労事情」として「英国に於けるビバリッヂ最低生活保障法に就て」という資料が出され、また、幸田氏が述べているように『社会保険時報』一九四四年四月号・五月号に厚生省嘱託の内野仙一郎が「英国・ビバリッヂ社会保障計画通覧」と題してその概要を紹介している（中静［一九九八］二八一―九一頁）。さらに、厚生省事務官であった友納武人が戦時中の四四年に広瀬久忠厚生大臣から戦後処理対策の検討を指示され、ベヴァリッジ報告を読んで児童手当等の検討を行ったと述べている（横山［一九八五］一一―一四頁、友納［一九七三］）。幸田氏が入省した頃、厚生省内では江間時彦を中心にベヴァリッジの研究会等が行われていたことを述べている。そうした省内のベヴァリッジ研究に関連して、「ベヴァリッジが注目され、NHSなども紹介されていたのに、家庭医制度には注目されなかったのか」という質問に対して、幸田氏が「ベヴァリッジ報告は『ゆりかごから墓場まで』というところに焦点があたっていて、だから皆保険という、国民が等しく保険に入るというところが非常に強調されたけれども、それに対する医療の供給面の対応についてはなかなかうまくいかなかったし、考えも十分に及ばなかったというのが実情ではないでしょうかね」と述べている。当時の厚生省内のベヴァリッジ受容と医療行政の特徴をよく示していると思われる。

③ 日雇労働者健康保険の創設

先に述べたように、戦後経済が成長過程に向かうなかで健康保険から適用除外された不安定就労者は、疾病率が高く、しかもいったん病気になると収入が減り、貧困に陥ってしまうことから、その生活安定化が強く求められた。一九四九年の失業保険法改正で、日雇労働者も失業保険の対象となったが、それにならって健康保険の適用を求める声が高まり、失業対策審議会も日雇労働者を対象とした健康保険の創設を求める答申を行った。五二年には土建労働者を中心に健康保険適用期成同盟がつくられ、政府や国会に対して激しい運動を展開した。厚生省は、五人未満の零細企業労働者に健康保険が適用されていないこともあって当初は消極的であったが、当時の失業対策の緊急性などから健康保険の適用事業所で働く日雇労働者を対象とする制度を創設することとし、五三年に日雇労働者健康保険法を制定した。

幸田氏の話は、そうした当時の状況を語ったものである。また、社会保険出張所の職員（日雇係）が「現場（事業所）に出っ張っ」て「バタバタ判子を押し」たという事務手続きも興味深い。そうした職員に対して失業保険で行われているような「日雇手当みたい」なものの要求があったということも一つのエピソードといえる。

日雇労働者健康保険の給付は、当初は三カ月以内の療養給付と家族療養費だけであったが、五四年に給付期間が六カ月に、五五年に一年に延長され、五八年には傷病手当金と出産手当金がつけられた。被保険者数は、制度発足時は五六万人であったが、五五年頃から急増し、六〇年には一一四万人となったが、それをピークに減少に転じた。日雇健保の創設は、当時の雇用状況を背景に国民皆保険に向かう過程における適用拡大策のひとつであったといえよう。

④ 一人親方の日雇健保擬制適用

日雇健康保険法の制定当時、大工、左官、配管工等の建設関係の一人親方は、企業から仕事を請け負い、自ら労働するという日雇労働者と似た就労状態にありながら、健康保険の被保険者は少なく、日雇健保の適用も受けられなかった。そこで、彼らが集まって設立した任意の組合を日雇健保法上の適用事業所と擬制して、加入させることとした。これが日雇健保の擬制適用である。幸田氏の話は、入省して間もない頃、擬制適用者が「二カ月で二八枚印紙を貼らなければいけない」ことなどの適用要件の緩和を求めて厚生省に陳情にきた時の状況を語ったものである。擬制適用による適用拡大は、戦後の医療保険政策の一面を如実に物語るものであるが、擬制適用について述べている資料は少なく、貴重な証言である。また、それが労働組合の組織化と関連していることも、当時の状況を示すものといえる。

一人親方の擬制適用のその後の状況を記しておくと、擬制適用者は一九六〇年頃までは一二万人程度であったが、日雇労働者が六〇年以降減少していくのに対して、擬制適用者は増大し、六九年には四一万人と日雇健保の被保険者数の半分以上を占めるようになった。しかし、日雇健保の財政が悪化し、制度改正が課題となるなかで、日雇労働者よりも所得の高い一人親方の擬制適用が問題となり、六九年に厚生省は七〇年をもって擬制適用を廃止し、一人親方を国民健康保険へ移行させることとした。厚生省は、その移行を円滑に進めるため、国民健康保険組合の設立要件を満たしているものにはその設立を認めることとし、七〇年には都道府県ごとに三九の建設関係の国保組合が設立され、擬制適用者の半数以上が建設国保の組合員となった。それにより日雇健保の被保険者数は一一〇万人から六四万人に減少した。

⑤ 七人委員会の報告――委員会創設の背景

一九五五年五月、政府管掌健康保険の赤字問題に対応するため、厚生大臣の諮問機関として学識経験者七人からなる七人委員会が設けられた。委員会は同年一〇月に『七人委員会の報告』を出した。報告では財政対策として、被用者保険相互間の財政調整、患者負担の引上げ、保険料負担や国庫負担のあり方などを論じたが、それに加えて五人未満の零細企業被用者の未適用問題を取り上げ，彼らを対象にする特別健康保険の創設を提唱した。研究者のなかでは，この報告における未適用者問題に関する提言が，国民皆保険を促進する大きな力となったと評価するものが少なくない。七人委員会およびその報告をめぐって幸田氏のヒアリングが進められた。

まず，七人委員会の設立について，健康保険課長であった山本正淑氏の役割についての話が興味深い。山本氏は旧内務省時代に大蔵省に出向して主計局の主査をしていたことがあるが，戦後の国民健康保険の再建過程で国保課長となり，一九五三年に国保に国庫補助を導入するという役割を果たした。「それぐらい大蔵省では昵懇の人でしたから」，その後，健康保険課長となった時，政府管掌健康保険の赤字問題に対処するため，「政管健保にそれまで国庫補助は入っていなかった」のを，「確か赤字の半分」を「国庫で埋めるからというので国庫補助をとってきた」と述べている。それに続けて幸田氏は「これは大蔵省らしいやり方ですが」，大蔵省から「金は出すよ。しかし，基本的にもう少し考えてくれ。政管健保，これからどうするんだ」という話があり，「それを受けてつくったのが，役所が入らない七人委員会で，外部の人にいろいろ検討してもらいますと」いうことで七人委員会ができたと述べている。また，「当時の保険局の課長はだいたい旧内務省で警察出身の人が多かった」ので，保険に詳しい人があまりいなかった。そういうことから「保険というものをもう一度，基本的に勉強してみようという機運が，私はあったのではないかなと思います」と述べている。七人委員会の設置は，大蔵省の「（政管健保に）金を付けてやるかわりに基本的に考えろよ」という要求と，保険局の課長クラスの人たちがもう少し基本的に保険を勉強しなおそうという機運の両方から，外部の専門家による七人委員会で「自由に意見を言ってもらい，それで自分たちも勉強してみよう」ということが背景にあったのではないかということである。七人委員会設置の背景についての貴重な証言といえよう。

政管健保の赤字対策については，七人委員会報告を「部分的には実行した」と述べている。報告書の出た五五年末からは神武景気を迎え，保険財政は大きな改革は行われないまましばらく順調に推移した。「七人委員会で議論されたことは，今でもそのまま通用するようなものが多いのではないですか，と私は思いますね。だから，医療保険の話では，五〇年たっても六〇年たっても同じことをやっているのかな」と述べている。

⑥ 七人委員会の報告――未適用者の問題

七人委員会報告書が零細企業被用者の未適用問題を取り上げ、特別健康保険の創設を提言したことに対する厚生省の対応について、幸田氏は「ひとつ対応したのは、総合健保かもしれませんね」と述べている。総合健康保険組合は一九五三年に設けられたが、なかなか広がっていかなかった。それに対して「山本正淑さんのあと小沢辰男さんが健保課長で、私はその下にいましたけれども、総合健保は役所としても少し積極的にやりましょう」ということになった。その理由として「適用拡大をしても社会保険出張所の人員が増えない。予算も十分増えない。総合健保をつくっていけばそれはよそでやるわけだから、ということがひとつあると思いますね」と述べている。それが一九五六、五七年頃のことで、五八年には健康保険組合連合会が総合健保を含めた組合方式推進の運動を進めていった状況を述べている。総合健保は、同業種の複数の企業が共同して設立するもので、合計の被保険者が三〇〇〇人以上であることが要件となっている。中小企業が多く加入し五人未満事業所も任意加入することができるので、未適用問題への当面の対応としてその拡充を図ったものといえよう。

国民皆保険を促進した要因として、幸田氏は七人委員会報告書の提言にはまったくふれていない。研究者の見解とは異なっているが、これは幸田氏だけの認識ではなく、一九五六年から五九年まで国民健康保険課長として皆保険に貢献した伊部英男氏も、七人委員会の特別健康保険や社会保障制度審議会の第二種健康保険といった提言について、「実現性という意味で厚生省は余り関心を持っていなかった」と述べている（小山編［一九八五］二七六頁）。厚生省全体が同じような認識であったことが伺われる。そこでは実務上の実現可能性等からみて、被用者保険よりも国民健康保険の拡大による国民皆保険の実現に傾斜していたといえよう。七人委員会の提言の意義についてはさらなる検討が必要であると思われる。

⑦ 国民皆保険をめぐって（1）――「国保マニア」と国保行政

国民健康保険の普及に関連して「国保マニア」という言葉に接することはあるが、その実態について述べているものは少ない。幸田氏は、国保マニアは国や地方の政治家に多く、具体例として全村をあげて健康管理に取り組んだ岩手県和賀郡沢内村の村長をあげ、そうした取組みが国保と結びつき、国保診療所の設立、市町村保健婦の活動へと展開していったことを述べている。「国保でいちばんうまくいったのは保健婦さんではないか」と高く評価している。

また、国保行政に関連して、「厚生省保険局のなかで、国民健康保険課というのはちょっと別な存在だった」と述べ、厚生省内では国保行政を担当できる人が少なく、「市町村で国民健康保険をやっていた人が、かなり来て」おり、その人達が厚生省に残り、「だんだん係長になり、課長補佐になって号令をかける」、「地方の実情はわかっていて、しかも全国的なこともよくわかる。そういう人がいたから、私はうまくいったのではないかと思いますよ」と述べている。当時の厚生省における国保行政の状況や特徴がよくうかがわれる証言である。

⑧ 国民皆保険をめぐって（2）――日本医師会の対応

国民皆保険の実施に対して日本医師会が激しく反対したことはよく知られている。それが皆保険を認める方向に変わっていくが、そこには「医師の過剰感」を背景に医師の収入確保ということがあったのではないかという幸田氏の指摘は先に述べた。そのことに関連して、幸田氏は「一般の開業医は自分自身で保険をやっていた」という表現で、「貧乏人にはあまり料金を請求しない。それに対して金持ちからはそれ相応の料金をいただく。そういうことで医療経営を成り立たせたわけですが、そういうことをやらないで済むということも皆保険のひとつの魅力だったのではないか」と述べている。

また、日本医師会が強く求めていた制限診療の撤廃を皆保険実施後に実現することを厚生省が約したことによって、日医も妥協に転じたとされている。制限診療がどうして当時の医師の活動の障害になっていたのかという質問に対して、幸田氏は次のように述べている。すなわち、「保険診療というのは、昔は施療だと思っていたんですよ。（中略）普通の町の開業医の先生方も、これは施療に毛の生えたようなものだと。だから、ある程度の制限があってもしようがないなと思っていたと思いますよ。だけど、それが皆保険ということになってからも、制限があっては困ると。当時はいろんな縛りがあって、ひとつは治療指針ですね。もうひとつは医薬品の使用基準。（中略）それからはみ出るとみんな（診療報酬を）カットするわけですね」。それに加えて幸田氏は、制限診療にはプラス面もあったとして、年配の開業医は抗生物質の使い方などは知らない医師もいたので、「使用基準なり治療指針は、（中略）教育的な意味があったと思」うと述べている。また、武見会長について、「厚生省と闘うということが、地方の開業医の支持を受けたひとつの側面かもしれませんね。武見さんは、私は功罪両方あると思いますよね。今の面はマイナス面だと思いますよね」という言葉も、当時の厚生省と日本医師会の関係を示すものといえよう。

⑨国民皆保険をめぐって（3）——国保拡大の推進

厚生省が国民皆保険を国保の拡大によって達成したことはすでにふれた。それに関連して、五人未満企業の従業員を被用者保険ではなく市町村国保に吸収するという政策が厚生省のなかでいつ頃固まったのかという問いに対して、幸田氏は「かなり早い段階ではないですかね」と述べている。幸田氏は「五人未満を実際問題として考えて、被用者保険の体系でやるというのは、とくに生業的な二人とか三人で働いているようなところまでやるというのは、実務上できないですよね」、「それを被用者保険の体系でやったら、やっぱり適用漏れが次から次へと出て」くることを指摘している。その根拠のひとつとして、幸田氏は当時社会保険出張所で行っていた保険料徴収の実情をあげ、「五人未満のところまで行って金を納めてもらうことがいかに大変かということは、身をもって感じていたと思います」と述べている。

また、五人未満企業に対する国保の拡大について健康保険課と国民健康保険課との間で調整を行うといったことはなく、「伊部さん（国民健康保険課長）が旗を振って、国民健康保険でやるということで動いていた」し、「健康保険課の方は、政管健保の赤字をどうするかということに頭がいっている状況ではないかと思いますね」と述べている。国保拡大の難関とされていた大都市における国保実施についても、当初はあまり積極的でなかった東京都に対して伊部国保課長が「それはずいぶん督励したと思いますね。（中略）要請したというのか」と述べている。国保拡大に向けた積極的な取組みについては、伊部氏自身も述べているが（小山編［一九八五］二七六頁）、その証言を補強するものといえよう。こうした厚生行政が課ごとに動いていたという状況は不思議ではなかったようで、「それは保険局に限らず、厚生省の課全体が、役所全体がそうでしたね。課で動くという」「課長が変われば一変します」という状況であったことを述べている。

⑩ 医療サイドの課題

幸田氏は冒頭の話で、国民皆保険が「保険あって医療なし」といわれたように、「それ（皆保険）に対するいわゆる医療供給の方が十分に整っていないという、バランスの欠いた皆保険ではないかという指摘は、私は受けなければならないと思っております」と語っている。しかし、医療サイドの改革に手をこまねいていたわけではなく、医療サイドを担当していた厚生省医務局が、新しい医療費体系や医療機関整備計画に取り組んでいたことをあげている。

保険局が主導した新医療費体系は、開業医と病院の区分、ヒトとモノの分離など抜本的な改革を企図していたが、日本医師会の反対を受けて妥協を重ね、検査や手術等の医療技術を高く評価した甲表と概ね従来の点数表に近い乙表の二本立てとし、医療機関がいずれかを選ぶということで、一九五八年に実施された。当初は病院が甲表、開業医が乙表を使用していたが、診療報酬改定を重ねるなかで次第に乙表に集約していき、九四年の診療報酬改定で一本化された。

幸田氏は、新医療費体系の策定の経緯についてはあまりよく知らないと答えたうえで、改革に対して日本医師会が強く反対した理由として、病院と開業医の診療報酬体系が分離することに非常に抵抗があったと述べている。新医療費体系が次第に乙表に集約され、再び一本化された推移について、幸田氏は「日本の医療風土に馴染まなかったんですかね」と述べ、さらに「非常にプリミティブな話をしますけれども、それは日本の医療の生い立ちが、そもそも病院というのは開業医の集まりだという感じでしたからね。そこがヨーロッパや何かとは違うのではないですかね」と述べている。
また、新医療費体系を国民皆保険にあわせて導入しようとしたのかという問いに対しては、医療機関の整備は医務局が「昭和二〇年代の終わりからずっと継続してやっていた」ことであり、「それ（皆保険と）は別だと思いますね」と述べ、また保険局と医務局の間の調整もなかったと答えている。

また、日本の医療制度は、一八七四年の医政施行時から自由開業医制を基本とし、医療保険の創設後も自由開業医制をベースに展開を遂げてきた。しかし、戦後の再建に際して一九四八年に医療審議会が出した「医療機関の整備改善方策」では、公的医療機関を重視し、自由開業医制は限定的な範囲で存在を認める内容となっていた。また、同年に制定された医療法で、都道府県や市町村の設置する公的医療機関には国庫補助を行う規定が設けられた。続いて五〇年に厚生省が定めた「医療機関整備計画」では、公的病院として、都道府県に中央病院、主要都市には地方病院、保健所地区に地区病院を、五二年度からの五年間で整備するというものであった。その後、公共医療機関の整備に公共事業費や厚生年金基金還元融資が行われ、日本赤十字社、済生会、厚生連（全国厚生農業協同組合連合会）などの公的病院が整備され、多くの市町村で国保診療所が設けられたが、計画のようには拡大せず、一九六〇年代には民間医療機関の拡大へと転じていった。

幸田氏は「医務局は、ある程度、国公立病院を中心に病院は整備をしようという気持ちだった」が、武見氏が日本医師会長になって「いや、日本の医療は国営ではないんだ」というようなことで、計画は「頓挫した」と述べている。一九六〇年に医療金融公庫が設立され、さらに六二年の医療法改正で私的医療機関に対し多額の低利資金が融資されることとなり、公的医療機関を中心とする医療機関整備計画は変更された。

⑪ 国民皆保険に対する批判について

幸田氏は、冒頭の話の最後に、国民皆保険に対する批判について述べている。一つは「『継ぎ接ぎだらけの皆保険』

ではないか」という批判である。三種八制度といわれた各種の医療保険をそのままにして、未適用者をすべて国民健康保険の被保険者にしたという仕組みの是非を問うものであり、その後の医療保険行政では制度間の格差是正が大きな課題となってきたことにも関連する問題である。それについて幸田氏は「医療の機会を国民が享受できるチャンスを与えたという意味で、『継ぎ接ぎだらけ』という批判はあるにしてもこの意義はそうとうに大きいと思っております」と述べている。既存制度の整備や統合に先立って、国民健康保険の適用拡大を行うという方策を講じたからこそ、きわめて早い時期にすべての国民が医療保険を享受することができるようになったことの意義を述べたものである（新村［二〇一二］は、当時の状況を実証的に明らかにしている）。

医療保険制度の分立については、給付面では二〇〇二年改革ですべての被保険者と被扶養者が同じ給付率となったが、保険料賦課においては制度間の差異が大きい。また、制度の統合一本化については、国家の関与が強まり、社会保険の当事者自治が弱化する可能性が大きいことや、疾病予防などを含むサービス給付においては保険者の規模は大きすぎないほうが適切に対応できるという主張もある。今後も検討される課題といえよう。

二つ目は、被用者保険と地域保険（国民健康保険）の二本立てとして行ってきたことが、保険料や給付において格差をもたらしたのではないかという批判である。これについて幸田氏は、「国民健康保険で生業的な事業とか五人未満事業所を抱えなければ、皆保険は（達成）できなかったと私は考えていますから、（中略）そういう意味で地域保険と被用者保険の二本立てでしばらくいく、基本的にそれでいくという方向は、私は間違っていなかったのではないかと思っています」と述べている。医療保障については、イギリスのようなNHS方式、ドイツのような社会保険を基本とする方式、アメリカのような民間保険の活用まで多様な仕組みがあり、それぞれの制度を支える理念がある。それらに比べると確かに日本の皆保険においては理念をめぐる検討は少なかったようにみえる。しかし、ボーダーライン層とも呼ばれた未加入者を包括した体制を実現していくという時代の要請をふまえてみるとき、幸田氏の証言は厚生行政を担う者としての説得力をもっている。また、その後の過程をみるとき、そうした証言のなかに日本の医療保険を支える理念の形成をみることも可能であろう。

三つ目は、「日本は当時、貧しいから皆保険ができた」というもので、これについて幸田氏は「ある程度、真実なのかなと思っています」と述べている。その理由として、アメリカの状況をみるにつけ、「七割、八割の国民がまあまあ満足していれば、皆保険はできない、弱者は切り捨てられる」と述べている。そういう状況は、社会が豊かになってきたから生じることであり、「一様に貧しい時代だから日本はできたというのは、私は一面では真理ではないかなと思ってます」と語っている。先の指摘と同様に、時代の状況をふまえた説得性のある見解といえよう。

■参考文献

厚生省保険局・社会保険庁医療保険部監修［一九七四］『医療保険半世紀の記録』社会保険法規研究会
小山路男編［一九八五］『戦後医療保障の証言』総合労働研究所
友納武人［一九七三］「児童手当懐古」『季刊児童手当』三巻二号
中静未知［一九九八］『医療保険の行政と政治――一八九五～一九五四』吉川弘文館
新村拓［二〇一一］『国民皆保険の時代――一九六〇、七〇年代の生活と医療』法政大学出版局
前田信雄［二〇一六］『国民皆保険への途――先人の偉業百年』勁草書房
横山和彦［一九八五］「戦後日本の社会保障の展開」東京大学社会科学研究所編『福祉国家5 日本の経済と福祉』東京大学出版会

国民皆保険成立の史的評価

幸田 正孝 氏

1932年生まれ
1954年　厚生省入省
1954年　厚生省保険局健康保険課
1961年　厚生省年金局国民年金課
1970年　厚生省医務局指導課長
1970年　厚生省年金局年金課長
1974年　厚生省医務局総務課長
1977年　厚生省大臣官房総務課長
1979年　厚生省大臣官房審議官（医療保険担当）
1981年　厚生省児童家庭局長
1982年　厚生省官房長
1984年　厚生省保険局長
1986年　厚生事務次官

国民皆保険達成記念式典（中央・池田勇人首相）
（出所　『国民健康保険中央会50年の歩み』国民健康保険中央会）

■国民皆保険体制の成立

幸田　（前略）きょう申し上げることのなかには、後からの知見で助けられた面がかなり多いのではないかと思います。本を読んだり、関係の皆さんに教えをいただいたりということで、後から加わった知見がそうとうウエイトを占めているということを、まず最初にお断りをしておかなければならないと思います。（中略）

（国民皆保険体制について）幾つか申し上げたいと思います。ひとつは、当時の社会経済情勢であります。これも後からの知見が多いのかもしれませんが、日本経済がちょうどテイクオフを始めようかと。その前あるいはテイクオフをした後という当時の経済情勢です。昭和二〇年に日本が戦争に負けまして、非常に世の中に閉塞感が漂っていたわけでありますが、その敗戦直後の閉塞感が少しずつ薄れていくという社会的な情勢があったのではないか。国民生活も、少しずつではありますけれども、だんだんと良くなっていくという実感があった。そういう当時の社会経済情勢が、ひとつのバックグランドとしてあったのではないかと思います。

二番目に政治情勢でありますが、昭和三〇年に保守合同で自由民主党が生まれました。左右社会党の統一があって、保守合同が直接の切っ掛けだと思いますが、何か国民の福祉で役に立つということが政党の合言葉になったのだと思います。当時は安保の問題が非常に大きな問題でありましたが、国民福祉の向上ということで皆保険とか皆年金というのがスローガンになった。そういう政治情勢が二番目にあったのではないかと思っております。

それから三番目に、行政、とくに旧厚生省内の動きでありますけれども、ひとつはベヴァリッジの影響というのがそうとうあったのではないかと私は思っております。私はまだペエペエでしたけれども、省内でベヴァリッジの「ゆりかごから墓場まで」ということはもう当然のごとく語られていたわけでありまして、「ゆりかごから墓場まで」ではないけれども、皆保険、皆年金という、何かやろうという雰囲気が旧厚生省内には満ちていたのではないかと思っております。地方でも、当時、岩手県が最初ではないかと思いますが、県民皆保険ということをスローガンにして達成していくという動きがあります。地方の政治家、市町村長、県会議員等も、医療を地域の隅々までにという政治路線といいますか、そういう路線をそうとう強く訴え始めていた。よく「国保マニア」という言葉が使われますけれども、そういうことが地方ではかなり現実に行われてきた。たとえば診療所をつくる、病院をつくる、そういうことで医療を管内に行き渡らせるという、地方政治があったのではないかと思っているわけです。

四番目に申し上げたいのは、やはりいちばん大きいのは私は日本医師会、医療提供側の態度ではないかと思っております。これはあまり言われていないことかもしれませんが、当時は「スクーター医師」という言葉が端的に言われておりまして、若い医師がスクーターに乗って往診をしていくということが言われていました。敗戦によって日本は植民地を失って、旧軍隊の軍医が大量に復員してくる。それと旧植民地で開業した、あるいは医科大学を卒業したドクターが続々と日本に引き揚げてくる。そういうことで、終戦直後から昭和二〇年代には、かなり医師の過剰感というのがあったのではないかと私は思っております。もちろん、人口対比の医師数ではまだまだ貧弱ではありますけれども、敗戦前あるいは開戦前に比べると、かなり医師の過剰感というものが、少なくともお医者さん仲間の間ではあったのではないか。スクーター医師によって、中高年の開業医が危機を覚える、危機感を持ったということが私はあったのではないかと思います。（中略）

日本医師会が、結果的に皆保険を受け入れたわけでありますが、その要因は、今のようなことがあったのではないか。よその国、たとえばアメリカ医師会等が皆保険に反対している姿を見ますと、日本の場合には今申し上げたような過剰感というものが背景にあって、しかも当時は、一般の開業医は自分自身で保険をやっていた。貧乏人にはあまり料金を請求しない。それに対して、金持ちからはそれ相応の料金をいただく。そういうことで医療経営を成り立たせたわけでありますが、そういうことをやらないで済むということも皆保険のひとつの魅力だったのではないかと、私は考えているわけであります。

五番目に申し上げたいのは、「保険あって医療なし」という言葉で代表されるように、（中略）医療サイドの改革、あるいはそういうものが行われていないということが、日本の皆保険のひとつの特徴というのか、欠点ではないかと思っております。当時、健康保険をやっても、たとえば「医師のいないところでどうするのだ。保険料だけ集めて結局は医療が受けられない。そんな状況で、皆保険をやって何になるんだ」という議論がありました。たとえば、当時の今井一男さんなどもそういうことを非常に懸念されていた。そういう意味で、日本の皆保険は、保険というシステムを使って国民を入れたわけですけれども、それに対するいわゆる医療供給のほうが十分に整っていないという、バランスの欠いた皆保険ではないかという指摘は、私は受けなければならないと思っております。（中略）

皆保険についてはいろいろな意見、批判がありますので、そのことに最後に触れておきたいと思いますが、ひとつは「継ぎ接ぎだらけの皆保険」ではないかと。昭和二九年当時、総人口の六六～六七％ぐらいの適用だったと思いますが、そういうものをもとにして、しかも政府管掌の健康保険あり、健保組合あり、それから（中略）いろいろな共済組合があるわけですが、そういうものを基礎にして、その上に、あるいはその横にと言ったほうがいいかもしれませんが、皆保険を実現したということで、「継ぎ接ぎだらけの皆保険」ということが言われます。ある意味では「理念のない皆保険」とも言われることがありますけれども、私自身は、医療の機会を国民が享受できるチャンスを与えたという意味で、「継ぎ接ぎだらけ」という批判はあるにしてもこの意義はそうとうに大きいと思っております。

とくに、国民健康保険で五人未満事業所の従業員、あるいは生業的な人達を抱えたことが、皆保険を実現する原動力になったのだと思いますが、これは非常に日本的な解決ではありますけれども、私はそういう「継ぎ接ぎだらけの皆保険」という批判に対して、医療の機会を与えたという意味では、やはり素晴らしいことをやったのではないかと思っております。

それからもうひとつは、日本の医療保険は被用者保険と国民健康保険の二本立てということに、その後もずっとなってきた（ということへの批判です）。つい最近になって地域保険、都道府県に運営を一本化するという方向を向いているようでありますけれども、昭和の時代、それから平成の初めの時代まで、日本の皆保険は被用者保険と地域保険との二本立てでいくということを、当時の厚生省、また厚労省になってからも言ってきたと思います。これが結局は格差を生む、保険料にも格差を生みますし、また給付の面でも格差を生むという批判を受けているわけであります。

「理念なき皆保険」という批判もあります。私は、ある面では当たっている点がないとは思いませんけれども、（中略）おそらく、国民健康保険で生業的な事業とか五人未満事業所を抱えなければ、皆保険はできなかったと私は考えていますから、これは非常に日本的な解決の方法だったと思いますけれども、そういう意味で地域保険と被用者保険の二本立てでしばらくいく、基本的にそれでいくという方向は、私は間違っていなかったのではないかと思っています。

それから三番目の批判は、「日本は当時、貧しいから皆保険ができた」ということをアメリカの学者が言っておりますけれども、私はそれはある程度、真実なのかなと思っています。（中略）最近のアメリカの皆保険、公的保険でありませんから、日本とはちょっと違いますけれども、その状況をみるにつけて、七割、八割の国民がまあまあ満足していれば、皆保険はできない。弱者は切り捨てられる。言葉は悪いですが、仮に投票すれば七割ぐらいの人達が「現状でいい。これ以上はいらない」ということになれば、残りの三割は切り捨てられてもしようがないという投票行動に移るのは、私は自然の理だと思います。それは、ある程度社会が富んできたからそういうことになるので――富んだから格差が生まれてきたのかもしれませんが。そういうことであって、一様に貧しい時代だから日本はできたというのは、私は一面では真理ではないかなと思っています。（後略）

■ベヴァリッジ報告の影響

土田　（前略）先ほどベヴァリッジの話が出てきましたけれども、ベヴァリッジの影響を受けて、たとえば厚生省内に勉強会があったとか、そういう動きはあったのでしょうか。

幸田　当時の組織でいいますと大臣官房総務課で、（中略）研究会的なものはやってました。（中略）江間時彦さんなどが中心になっていろいろ話はしてましたね。また、ベヴァリッジ報告は、戦争中に厚生省保険局に『社会保険時報』という雑誌がありまして、内野仙一郎さんがベヴァリッジ報告を確か昭和一九年に紹介しているはずです。（中略）要するに厚生省の役人が、戦争中からずっと研究していたんだと思いますね。

土田　戦後間もない頃、研究者グループがベヴァリッジの影響を受けて、統一社会保険制度みたいなことを主張したのに対して、厚生省の方は一本化せずに従来からあった体制でこうということで、結局そちらを通すわけですよね。そのときに厚生省内で研究者グループの主張に対して、そうでない方向でやっていこうという合意の形成みたいなものはあったのでしょうか。

幸田　いやあ、記憶がありませんね。研究とか勉強はしてますけれども、そういう路線対立みたいなものがあったというのは、あまり記憶がないですね。

土田　そうすると、やはり経路依存的な形で、こちらのほうが具体的なやり方としては真っ当だろうと。

幸田　継ぎ接ぎだらけだけれども、今までの組織、制度の上に乗せた方が、役人的な発想ですけれども簡単だし、スムーズにいくし、抵抗が少ないということではないかと思います。

菅沼　入省当時、大臣官房総務課でいろんな研究をされていたということですけれども、その研究会というのは、厚生省の皆さん、誰でも参加できるような形で公開されていたのですか。

幸田　だと思いますね。そんなに排除するようなことはありませんからね。

菅沼　それは、定例化されていたのですか。

幸田　まあ、そうですね。僕らと同期では山本純男君がいまして、彼はそこで一生懸命に勉強していましたね。江間門下で。

土田　話は飛びますが、一九五六年に最初の厚生白書が出ますけれども、これができる経緯はどうだったのでしょうか。

幸田　「果たして戦後は終わったか」という白書でしょ。具体的にやったのは首尾木（一）さんと中野徹雄さん。首尾木さんは課長補佐か、今でいう参事官になったかならないかぐらいですよね。中野さんはまだ係長ですけど。経済白書で「戦後は終わった」というものの向うをやろうというので、第一回だからとにかく大向うを唸らせるものをやりたいということだったんですね。

田中　省内で反響とかはどうでした。

幸田　あまりないですね。白書という考え方がまだそんなに定着していない時代ですからね。

■日雇健保の創設・事務手続き

土田　次に、大きな改革として日雇健保ができたわけですけれども、これをつくる動きというのはどういうところから出てきたのですか。（健康保険とは）別枠でつくるわけですよね。

幸田　当時は（中略）日雇いにもいろいろなタイプがあって、ある程度は失業対策でやって、たとえば公園の掃除をやる人もいるし、港湾に荷役で出ていくとか、どこかの工場にいって下働きをするとか、土建の道路工事にいくとか、いろんな人がぜんぶ日雇いということになっているわけですけれども、日雇いグループというのは非常に力が強かったですよね。日雇失業保険というのが昭和二四年にできて、それで「失業保険はできたのに、なぜ健康保険はできないのか」という運動をやったわけですよ。毎年、毎年そういう陳情というのか要請があって、昭和二八年に日雇健康保険ができた。失業も大変だけれども、日雇労働者の場合には健康が駄目になれば翌日はもう働けないわけですから、やっぱり健康保険はやるべきだと。これもある程度、労働組合の組織化に私はつながったのではないかと思っています。（後略）

菅沼　日雇健保の事務上の取り扱いは、社会保険出張所が扱っていたとみてよろしいでしょうか。

幸田　ええ。

菅沼　職安の方は扱わなかったのでしょうか。

幸田　職安は扱っていないですね。

菅沼　そうすると、当時はどういう形で適用していたのでしょうか。つまり、日雇労働者の方が社会保険出張所に来て手続きをとるという形をとっていたのでしょうか。

幸田　基本的には、現場に出っ張ったんだと思いますね。

菅沼　じゃあ、事業所に行って……。

幸田　事業所に行って、バタバタ判子を押してということだと思いますよ。

菅沼　そうすると、非常に手間がかかりますね。

幸田　だから、日雇係というのが社会保険出張所におるんですが、その職員に手当を出せという話がありましてね。たとえば税務署などでも手当があるんですね。それから確か失業保険では出ていたのではないですかね。名前は別ですけれども、日雇手当みたいのがですね。だから、社会保険出張所の職員にもそういう手当を出せという要求がありましたから、たぶん出ていってやっていたのでしょうね、基本的には。

■一人親方の擬制適用

幸田　あの当時、土建の擬制適用ということが問題になりましてね。山本正淑さんが健康保険課長だったと思いますが、擬制適用というのを始めたわけです。一人親方に対しても適用すると。今でもときどき、土建総連に入ろうというビラが貼ってありますけれども、それはある程度労働組合の勢力を結集したいということにも使われたのだと思いますね。それに入れば日雇健保の適用があるよということで、擬制適用というのがむしろ原動力になったのではないかと思いますね。

土田　幸田さんは厚生省に入られて、最初は健保課ですよね。

幸田　私は、今でも記憶にあるのは、昔の厚生省というのは今の農林省のところにあったんですよ。（中略）（陳情団が来ると）もう上司の皆さんはいなくなっちゃうんですよね。それでしようがないから私が出て行って。その中庭に大群衆が、擬制適用の人達が集まっているわけですよ。「課長はどこへ行ったんだ。お前みたいな若造では話にならん。大臣を出せ」とかね。僕も若かったんですね、それを上司に伝えなければいけないと思って山本さんの自宅まで行ったんですよ。そんな記憶がありますけどね。大群衆に囲まれてね。

土田　それは、何を要求していたのですか。

幸田　擬制適用をもっと広げろと。簡単にしろと。二カ月で二八枚印紙を貼らなければいけないという法律があるんですけれども、それを二四枚でもいいとか、もうちょっと要件を緩和しろと。（中略）それと、擬制適用は行政運用でやっているので、いろんな要件があったわけですね。それをもっと広げろと。それは、組合としても自分たちの勢力を増やすという二重の意味があるのでね。団体交渉を何回もやりましたよ。役所に入って一年目くらいかな。（中略）

菅沼　日雇労働者と一人親方というのは、属性が違いますよね。

幸田　日雇労働者は必ず雇用主がいるけれども、一人親方は雇用主がいない。だから、一人親方は本来は国民健康保険に入るんですよね。

菅沼　当初の日雇健保は、日雇労働者の人達を適用対象とするものですけれども、それと一人親方というか、土建の方々というのは、一緒に行動していたんですか。

幸田　一緒ではないですね。組合が違うのではないですかね。

菅沼　日雇労働者は当時は全日土建、後の全日自労で、一人親方の方は土建総連、今の全建総連ですので、組合は別ですね。（中略）当時の失業保険と日雇健保の適用者を比べると、昭和二九年に日雇失保が四六万人、日雇健保が五六万人で一〇万人ぐらい多いんですよね。その後も日雇健保は被保険者数が増えていくんですけれども、日雇失保は昭和三一年ぐらいから減少傾向に変わっていきます。

幸田　それは擬制適用ですね。

菅沼　擬制適用が主たる原因ということですか。

幸田　擬制適用の解消は、昭和四〇年代の中ごろですよね。それは要するに日雇健保の半分以上が擬制適用で、これはやっぱりおかしいのではないかということで、整理しようと。

（後略）

■七人委員会報告（1）――政管健保の赤字対策

幸田　私の記憶では、（七人委員会が設けられたとき）山本正淑さんが健康保険課長でした。あの人は昔、大蔵省に出向して主計局の主査をやっていたんですね。旧内務省から一人は主計局の主査に出すというのがありましてね。（中略）その後、国民健康保険に国庫補助を付けるということがあって、それが後ほど法定化されることになるのですが、その最初の補助を付けるのは山本さんが国民健康保険課長のときにやったわけです。（中略）

健康保険課長の前にあの人は国民健康保険課長をやっていますから、それでなかなか難しいといわれた補助を、政治家を使ったり市町村長も動員したりして付けさせた。それぐらい大蔵省では昵懇の人でしたから、政管健保が赤字になったときにも、政管健保にそれまで国庫補助は入っていなかったんですよね。それを昭和二九年に、七〇億円だったと思いますが、確か赤字の半分、ちょっと金額ははっきり記憶してませんけれども、半分を国庫で埋めるからというので国庫補助をとってきたわけですよ。そのときに、これは大蔵省らしいやり方ですが、「金は出すよ。しかし、基本的にもう少し考えてくれ。政管健保、これからどうするんだ」という話があったんですね。それを受けてつくったのが、役所が入らない七人委員会で、外部の人にいろいろ検討してもらいますと。しかも、外部の中に大蔵省の先輩である今井一男さんをキャップにしたのではないかな。座長はいないでしょうけれども、実際上つくったのは、近藤文二さんと今井さんですよね。そういう内々の話があって、七人委員会ができたんだと思っています（中略）。だから、主導的に役所が何かをやろうというのではなしに、それから厚生省側も、当時の保険局の課長はだいたい旧内務省ですから警察出身の人が多かったんですよね。だから、若いときから保険をやっていた人はあまりいないのではないですかね。（中略）ですから、保険というものをもう一度、基本的に勉強してみようという機運が、私はあったのではないかなと思います。（中略）

私は、要するに大蔵省の要求というのか、「金を付けてやるかわりに基本的に考えろよ」というのがひとつと、役所側ももう少し基本的に勉強し直そうやと。勉強してみようという機運と、その両方があったのではないかと思いますね。ですから、役所は入らずに外部の人にと。当時の考え方としては非常に珍しいですよね。（中略）そのかわり自由に意見を言ってもらおうと。それで自分たちも勉強してみようということではないかと私は思っています。

菅沼　今井一男さんの証言ですと、七人委員会は、当時の川崎（秀二）厚生大臣が国会で答弁をして、それでトップダウンで設置されたというような証言になっていますけれども、そうではなく、その裏で山本さんが金をもらってくるときの条件だったと、私は思いますね。役所が自分でいうようなことではないのだと思いますよ。

土田　あそこで出てきた赤字対策は、一応は実行されたのでしょうか。

幸田　部分的には実行したのでしょうね。

土田　でも、もう景気が上向いていましたから、赤字の問題はかなり薄くなったと。

幸田　だから、そう言ってはなんですけれども、七人委員会で議論されたことは、今でもそのまま通用するようなものが多いのではないですかと、私は思いますね。だから、医療保険の話では、五〇年たっても六〇年たっても同じことをやっているのかなと（笑）。半世紀たってもね。

■七人委員会報告（2）――未適用者の問題

土田　未適用者に対する適用拡大の問題で、特別健保の創設という提言が出たわけですけれども、それに対して厚生省としてはどういう受け止め方をされたのでしょうか。

幸田　ひとつ対応したのは、総合健保かもしれませんね。総合健保はもっと前からできてますからね。それを広めようと。総合健保の第一号は昭和二八年ではないですかね。二七年か二八年ですよ、京都の西陣健保ではないかと思いますけどね。だけど、それは世の中全体にはなかなか広がらなかったので、それを広めようということになったんだと思いますね。

菅沼　健保連が組合主義ということを掲げて、昭和三三年頃、かなり総合健保も含めた組合設立の運動を強めていったように聞いてますけれども、厚生省も総合健保は奨励していたと考えてよろしいでしょうか。

幸田　していましたね。山本正淑さんのあと小沢辰男さんが健保課長で、私はその下にいましたけれども、総合健保は役所としても少し積極的にやりましょうやと。それがひとつは、適用拡大をしても社会保険出張所の人員が増えない。予算も十分増えない。総合健保をつくっていけばそれはよそでやるわけだから、ということがひとつあると思いますね。それから もうひとつは、総合健保はわりあいうまくいっているのではないのと。健保連が乗ってきたのはその後ではないですかね。

菅沼　健保連は組合方式推進について昭和三一年一一月の大会で議題にしていますが、推進の基本要綱（組合方式の具体的推進策に関する基本要綱）をまとめるのは、たぶん昭和三三年六月だったと思います。

幸田　三三年ぐらいでしょ。小沢さんは、昭和三〇年ぐらいに健保課長になって、三一、二年にそういう話をしていましたからね。小沢課長と宮澤真雄補佐で総合健保を少しやりましょうやと。あの頃は予算が非常に厳しかったですからね。

福祉予算は、昭和二九年はメチャクチャに切られましたのでね。（後略）

■国民皆保険をめぐって（1）——「国保マニア」

土田　先ほどのお話のなかで地域の「国保マニア」という言葉が出てきましたが、実態はどういうものだったのですか。

幸田　具体的には、僕が覚えている限りでいえば、たとえば永山忠則さんという広島出身の国会議員がいましたよね。あの人などはそうではないかと思うけれども。

土田　いちばん多いのは政治家ですか。

幸田　政治家ですね。（中略）国政の人もいますし、地方の市町村にもいますし、県会議員にもいるし。これについて前田信雄さんなどが詳しいと思いますけれども、岩手県などには武見（太郎）さんが推奨した沢内村がありますよね。

沢内村では健康管理を全村あげてやるという動きがあって、それは当時の村長さんが熱心だったと思いますがね。そういうものが国保という恰好になっていくと思いますけどね。

土田　行政と結びつく形でやっていこうということですか。

幸田　「国保マニア」といってもいろいろな意味があると思いますが、市町村長という立場になれば、たとえば国保病院をつくる。保健婦さんを呼んできて健康管理をやる。それから国保診療所をつくる。いままでの無医村にそういうものができるという、非常に政治的なインプレッシブな話だったと思います。（中略）今はもう都道府県保健師になってしまいましたけれども、やっぱり国保でいちばんうまくいったのは保健婦さんではないかと、私は思っていますね。市町村保健婦で、市町村を巡回してまわって健康チェックをやると。これを昭和何年でしたか、ぜんぶ都道府県保健婦に引き上げてしまったんですよね。これは私は失敗ではないかと。（中略）

菅沼　「国保マニア」という言葉は、当時から使われていたのですか。

幸田　厚生省保険局のなかで、国民健康保険課というのはちょっと別な存在だったんですね。やっぱり政管健保があり、健保組合があって、それから国民健康保険がある。国民健康保険課は、市町村でやるのに交付金を流したり監督をする。だけど、健康保険課は（中略）、企画運営をやると同時に政管健保の経営もやるということの二面性を持っていましたからね。そういう意味で、国民健康保険というのはちょっと感覚が別なんですね。

土田　国民健康保険課には地方の人が来ていたと聞いてますが。

幸田　市町村で国民健康保険をやっていた人が、かなり来てましたね。

土田　厚生省そのものではまだ人が育っていなかった。

幸田　そうですね。そういう人がいなければ、実際には動かないんだと思いますね。（中略）そういう人達が結局、厚生省に居ついたんですよ。（中略）その人達がだんだん係長になり、課長補佐になって号令をかけると。こういう人がかなりいましたね。だから、地方の実情はわかっていて、しかも全国的なこともよくわかる。そういう人がいたから、私はうまくいったのではないかと思いますよ。（後略）

■国民皆保険をめぐって（2）——日本医師会

土田　スクーター医師のお話を面白く伺ったのですが、医師の過剰感というのは日本医師会も共有していたわけですか。

幸田　そのへんは私はよくわかりませんけれども、苦情はいっていたと思いますね。「スクーター医師を取り締まれ」とか「制限しろ」という話は出ていたんですね。

土田　医師会は最初、国民皆保険に非常に強く反対していたのが、最後はどこまで賛成したかは別として、反対しなくなります。その契機というのは何がいちばん大きかったのですか。

幸田　要するに、（中略）医業経営が非常に難しいということがあるんだと思いますね。それから、やっぱり医師の過剰感みたいなものがあるのではないか。戦前に比べるとお医者さんがずいぶん増えたということを、開業医の人が実感していたのではないかと思います。しかも若い医師が稼ぎまわるというね。さっきも申しあげたように、昔は自分で保険をやっているわけですから、貧乏人からは金を取らないで、あるいは大根とか米で物納してもらう、金持ちからは金をもらうということでやっていたのだけれども、もうそれも限界だと。

菅沼　戦後まで、そういうのが残っていたのでしょうか。

幸田　残っていました。とくに終戦直後、結核の特効薬がなかった昭和二〇年代。ストマイとかああいう抗生物質が入ったのが、だいたい昭和三〇年前後ですからね。（後略）

土田　制限診療の撤廃と取引するような形で反対しなくなる。

幸田　と、私は思いますけどね。

土田　制限診療というのは、お医者さんの活動にとっては非常に障害になっていたということですか。

幸田　保険診療というのは、昔は施療だと思っていたんですよ。昭和のはじめとかね。ですから大学病院、たとえば慶應大学病院では健康保険は扱わなかったですよね。普通の町の開業医の先生方も、これは施療に毛の生えたようなものだと。だから、ある程度の制限があってもしようがないなと思っていたと思いますよ。だけど、それが皆保険ということになってからも、制限があっては困ると。当時はいろんな縛りがあって、ひとつは治療指針ですね。もうひとつは医薬品の使用基準。その二つがあって、医薬品は「このリストに載っているものをこの順序で使いなさい」と。抗生物質であれば、「まずこれをやってみなさい。一週間たっても駄目だったら、次のものをやりなさい。それで駄目なら最後のストレプトマイシンをやっていいです」というようなものがあったんですね。治療指針は、結核もあるし性病もあるし、いろんな治療指針があって、それからはみ出るとみんな（診療報酬を）カットするわけですね。

土田　そういうことに対して、医師会としてはもっと自由なものを求めていくと。

幸田　反対だと。施療だという頭が、やっぱり抜けきれなかったんですね。しかし、治療指針にしても医薬品の使用基準にしても、マイナスの面もあったけれども、私はプラスの面もあったと思っているんですよ。それは、抗生物質の使い方なんて言うのは、開業医のある程度の年配以上の先生は知らないわけですよね。使用基準なり治療指針は、それを教育したわけですよ。（中略）そういう意味で、私は教育的な意味があったと思いますよ。今は各学会がいろんなガイドラインを出していますが、あれと同じものだと私は思っています。だけど、当時の日本医師会は「けしからん」という話で。

土田　今では考えられないぐらい、厚生省と対立した記録がありますよね。

幸田　もうしょっちゅうね。

土田　やっぱり武見太郎氏が会長になってからですか。

幸田　そうですね。それまでは、そんなことはなかったですね。（中略）武見さんの前までは、医師会もいろいろ内部的な問題がありましたが、あんなことはなかったですね。だから、むしろ武見さんは、厚生省と闘うということが、地方の開業医の支持を受けたひとつの側面かもしれませんね。武見さんは、私は功罪両方あると思いますよね。今の面は、むしろマイナスの面だと思いますよね。（後略）

■国民皆保険をめぐって（3）――厚生省

菅沼　（前略）七人委員会報告と、それから社会保障制度審議会の報告があって、五人未満について、いわゆる特別国保とか第二健保といわれるような被用者保険でやっていくのか、それとも国保に吸収するのか、どちらがよいのかということで、昭和三〇年、三一年頃、かなり流動的だったと思います。医療保障委員会は、やはり被用者保険ではやっていけないということで、国保に吸収するんだということになったと思いますけれども、本当に被用者保険ではできないということだったのでしょうか。私のなかでは、厚生省の中でいつ頃国保に吸収というのが固まったのか、ちょっとわからないところがあるのですけれども。

幸田　かなり早い段階ではないですかね。（中略）五人未満を実際問題として考えて、被用者保険の体系でやるというのは、とくに生業的な二人とか三人で働いているようなところまでやるというのは、実務上できないですよね。（中略）

それを国保でやったから私は皆保険ができたのだと思います。それを被用者保険の体系でやったら、やっぱり適用漏れが次から次へと出てきて、（中略）（強制適用を）一〇人から五人に下げたわけですが、それ以上は適用を下げられないという気があったと思いますよね。（中略）当時、保険局は政管健保の経営を同時にやってましたから、社会保険出張所の保険料徴収番付みたいなのができましてね。一位から順番に徴収率が出てくるわけですよね。そういう面は非常に几帳面で、国税よりももっと徴収率を上げるというので皆さんがんばっていましたからね。だから、五人未満のところまで行って金を納めてもらうことがいかに大変かということは、身をもって感じていたと思いますよね。私どもが当時聞いた話では、一二月三一日まで事業所を歩いて社会保険出張所の職員が保険料を取っていると。

菅沼 ただ、国保の方から見るとどうだったのでしょうか。五人未満を吸収するというので、たとえば東京とか大阪とかの大都市で、ある意味では低所得の人達を国保に吸収するということで、喜んでそれを担当部門が受け入れたのかというと、そこはどうだったのでしょうか。

幸田 私はわかりませんね。

土田 東京が先駆けをしたので広まったといわれてますが。

幸田 そうですね。

土田 東京都に対して、厚生省がとくに働きかけをしたということですか。

幸田 まあ、当時は国民健康保険課長は伊部（英男）さんでしたけれども、それはずいぶん督励したと思いますね。督励というと言葉は悪いですが、要請したというのか。

菅沼 そうすると、東京都は当初はあまり積極的ではなかったのでしょうか。

幸田 そうですね。

菅沼 そうすると、保険局内で健康保険課と国民健康保険課との間の意見調整というのは？

幸田 あまりないですね。私の感じでは、伊部さんが旗を振って、国民健康保険でやるということで動いていたという感じですね。むしろ健康保険課の方は、政管健保の赤字をどうするかということに頭がいっている状況ではないかと思いますね。

土田 今のお話ですと、伊部さんにしても小沢さんにしても、その前の山本正淑さんにしても、（担当課長）個人がやるというところの権限が。

幸田 大きかったですね、今よりは。役所の組織がまだ柔軟だったのかもしれませんが、何かやろうと思えばできるというね。時代がそういう時代だった背景もあったと思いますが、やっぱりそれは課長が変われば一変しますよね。

菅沼 局議みたいなものは、そんなに開かれていなかったのですか。

幸田 いや、しょっちゅうやってましたね。やってましたけれども、連絡がそれほど密ではなかった。それぞれわが道を行くという感じでしたね。（中略）

菅沼 そうすると、昭和三〇年前後というのは、課レベルでいろんな意思決定がなされるというのが多くて。

幸田　そうですね。それは保険局に限らず、厚生省の課全体が、役所全体がそうでしたね。課で動くという。（中略）課長が「これをやろう」と決めてやれば、できるという感じでしたね。（後略）

■新医療費体系

土田　新医療費体系が一九五八年にできあがりますけれども、この策定の経緯みたいなものは。

幸田　私はあまりよく知りません。松浦十四郎さんが適任と思いますが、（中略）統計情報部というのが当時、文京区にありましてね。医系技官が、衛生統計みたいなのをやるというので入ってきたんですね。日本は非常に統計に弱い社会だったので、疫学をやる医系技官がとくにそういう統計に非常に関心があって、統計調査部が中心になっていろんなことを始めたわけです。それと、戦後の状況がある程度落ち着いてきたので、医療費を少し組み直さなければならんということで（取り組んだ）。だいたいが日本の医療費というのは、健康保険については団体請負でやっていましたから、開業医の先生方については日本医師会が配分する。病院については、個別に契約を結んで政管健保なり健保組合がやる。戦争中にはそれが統制で、日本医師会の使っていた配分表を昭和一八年に診療報酬点数表ということで決めたわけですね。それが戦後になって、いつの間にか病院にも適用されるようになるということで、単一の診療報酬点数表が開業医も病院も適用される。それも、当初は地域差があったわけですよね。一点単価に一〇円五〇銭と一一円五〇銭みたいに、甲乙丙まであったのかな。だけど、単一の点数表でぜんぶやるというのはちょっとおかしいのではないかと。医学なり医療が発達したこともあったと思いますけれども、新しい医療費体系を考えるべきではないかというのは、当時の医務局が中心になってやったんですね。それの下地になったのは、いま言った衛生統計などをやっていた医系技官ですね。

土田　それに対して日医が反対するわけですね。そこはやはり、病院と開業医と分かれることに対してですか。

幸田　分かれることについて、非常に抵抗感があったと思いますね。だけど、いずれにしてもそれは後に、一応の形としては甲乙二表という恰好に結実したんだと思いますね。だけど、新医療費体系は昭和三三年から始まって、しばらくは一生懸命やっていたけれども、いつの間にやらなくなったという感じですよね。（中略）その後の診療報酬改定を何回か重ねているうちに、甲乙一緒になってきて、平成になってそれを取りやめた。考え方はやっぱり、病院向けと診療所向けと分けることがあったんだと思いますね。日本の医療風土に馴染まなかったんですかね。（後略）

新田　新医療費体系というのは、昭和三三年にわざわざ狙ってつくったということではなく、たまたまその年にできてしまったのでしょうか。

幸田　さっき申し上げたように、昭和二〇年代の終わりからずっと継続してやっていたんですね。

新田　別に、皆保険に合わせてやろうということではなかったのでしょうか。

幸田　ということよりは、それは別だと思いますね。医務局が中心になって何かやろうというね。

菅沼　そうすると、保険局と医務局と調整しなかったのですね。

幸田　そうですね。（後略）

■医療供給サイドの課題

土田　当時は、新医療費体系の意図と、それが出来上がった後の結果というのはかなり違っていたということですか。

幸田　違うと思いますね。非常にプリミティブな話をしますけれども、それは日本の医療の生い立ちが、そもそも病院というのは開業医の集まりだという感じでしたからね。そこがヨーロッパや何かとは違うのではないですかね。

土田　そうですね。向うははっきり分かれていますからね。

幸田　日本は、診療所が大きくなったのが病院と。（中略）だから、質的な差がないような感じで。僕はそういう意味では、日本の医療サイドの改革は遅れたのではないかという気がしますけどね。昭和六〇年になって初めて医療計画制度を導入するということで、その間ももちろん医療基本法をつくるとかいろんな動きはありましたけれども。これもちょっと適当な言い方かどうかわかりませんけれども、それの反対にまわったのは日本医師会だと思いますね。武見さんは、専門医と一般医というものが必要で、あるいは病院と開業医の区別が必要だということは、頭ではわかっておられたと思うのですが、いざというときになると、それはなんとなくなくなってしまうと。ですから、私はいつも申し上げているのですが、医療法は昭和二三年にできて、改正は何回となく行われていますけれども、本当に意味のある改革というのは公的病院の病床規制だけですよね。昭和六〇年までは、診療科を追加するとか、麻酔医の制度をつくるとかという改正しかやっていない。何も改正をやっていないんですね。（後略）

菅沼　医療の社会化とも関係するかもしれませんけれども、供給体制として、イギリス風の家庭医というか、かかりつけ医というようなものを、昭和三〇年代に導入しようというような構想はなかったのでしょうか。

幸田　あまりないのではないですかね。当時はできるだけ公的なもので病院をつくっていこうという動きはありましたよね。とくに旧陸海軍病院を国立病院で引き受けましたからね。日本医療団というのが清算をして、ああいうものを軸にして、少し病院は公的なものだということで進めようという気運はありましたね。

菅沼　そうすると、かかりつけ医制度のようなゲートキーパー機能をもたせるという話は、当時はなかったのですか。

幸田　あまりなかったような気がしますね。

菅沼　ただ、ベヴァリッジがかなり注目されていて、イギリスのＮＨＳなども当時から紹介されていたわけですけれども、そこの家庭医の部分というのは注目されなかった。

幸田　それは後からいろいろご批判があるのだと思いますけれども、むしろベヴァリッジ報告は「ゆりかごから墓場まで」というところに焦点があたっていて、だから皆保険という、国民が等しく保険に入るというところが非常に強調されたけれども、それに対する医療の供給面の対応についてはなかなかうまくいかなかったし、考えも十分に及ばなかったというのが実情ではないのでしょうかね。

菅沼　やっぱり日本では、自由開業医制というものが大前提、無条件の前提になっていたというところがあるのでしょうかね。

幸田　しかし役所、とくに当時の医務局は、ある程度、国公立病院を中心に病院は整備をしようという気持ちだったですね。

菅沼　二次医療の部分を整備していくと。

幸田　という希望があったけれども、それは医師会長が武見さんになって、「いや、日本の医療は国営ではないんだ」というようないろんな関係があって、頓挫したというのが実情ではないでしょうかね。

土田　やはり頓挫したという意識があったわけですか。

幸田　そうですね。その当時はね。昭和三〇年代の中頃までは、そういう意識があったと思います。

土田　その後は医師会に任せようというふうになるわけですね。

幸田　ええ。あとは、むしろまったく規制がなくなったわけですよね。（後略）

田中　冒頭のお話のなかで、医療サイドの問題ということで、僻地医療対策も計画などができたりすると思いますけれども、そのあたり動かなかったということをおっしゃっていたようですが、そういった経緯とか具体的な様子というのは。

幸田　今井一男さんなどが言っていたのは、「保険料を払うのはいいけれども、実際に僻地に行ったらお医者さんがいないではないか。それで皆保険をやるのか」というのが一番大きなことだったのでしょうね。だけど、結局それは押し切ったというとおかしいけれども、目をつぶったということだと思いますね。僻地医療対策というのは、最初はいつからだったかな。私が医務局の総務課長のときに第七次か八次か、三年計画か四年計画をずっと積み重ねてきましたからね。昭和二〇年代から僻地医療対策というのはやっていたと思いますが、だけどいくらやってもなくならないんですね。そう言ってはおかしいですが。（後略）

第2章
国民皆年金の達成

解題　中尾友紀

1 国民年金法の制定と一九六〇年代の給付水準の改善

国民皆年金達成に向けた動きは、一九五五年二月の衆議院総選挙で日本民主党と左派および右派の日本社会党が、それぞれに国民年金制度の創設をスローガンとしたことに始まる。同年一〇月に左右統一を果たした日本社会党が「社会保障新政策」を発表して国民年金制度の創設を提唱すると、翌一一月に、保守合同として結成された自由民主党が、「六大政綱」のひとつに「福祉社会の建設」を掲げ、年金制度については、「国民年金制度の創設を期し、調査機関を設ける」と、明示した。国民年金制度は、五五年体制へと移行する政治構造において、いわゆる「政党主導型」で創設された制度でもある。

一九五〇年代後半から、日本経済は飛躍的な成長を遂げ、社会保障の重点は、救貧から防貧へと移行した。しかし、当時はまだ第一次産業の就業者が約四割を占め、第二次および第三次産業においても中小・零細企業が圧倒的多数を占めた。ところが、一九五四年五月の厚生年金保険法の全面改正では、従業員が常時五人未満の事業所への適用拡大は図られなかったために、公的年金の適用者は、全就業者の三分の一にも満たなかった。このような状況で一九五六年四月には大分県、岩手県久慈市、埼玉県蕨町、福岡県若宮町で「敬老年金」が実施され、翌年末には二三二の地方公共団体に広がった。また、一九五七年には、一九五三年に復活した軍人恩給の増額が検討され、農林漁業団体職員共済組合や中小企業退職年金制度が構想されたことで、これらに対する批判等が国民年金法制定への機運を高めることともなった。

厚生省は、一九五七年度の予算編成で国民年金準備費として約一〇〇〇万円を計上し、五月には大臣官房企画室に国民年金委員を設置した。橋本龍伍厚相が社会保障制度審議会に頼ることを「やめてしまったら」とする「与党の空気に乗って」、「厚生省は独自で政策を作れ」と主張したからだというが（小山［一九八〇］三九頁）、これが審議会の反発を招き、後に制度構想そのものの対立を生むこととなった。同委員は長沼弘毅（座長）ら五名で、一九五八年三月に「国民年金制度検討試案要綱」、七月に「国民年金構想上の問題点」を作成した。他方で、審議会は同時期に、藤林敬三（委員長）ら一二名で年金特別委員会を組織し、一九五七年一二月に首相からの諮問を受理すると、翌年六月に「国民年金制度に関する基本方針について」を答申した。

国民年金制度の一九五九年度からの実施が決定的となるのは、自民党が一九五八年五月の衆議院総選挙で国民年金法制定を公約して勝利し、岸信介首相が第二九回特別国会の施政方針演説でその決意を語り、佐藤栄作蔵相、橋本厚相が一九五九年度からの実施を明言したからである。福田赳夫政務調査会長は、公約の決定に際して、「実施の技術的可能性について再三厚生省事務当局にその意見を求め」たという（小山［一九五九］一七頁）。厚生省は、軍人恩給増額問題等で年金問題が「異常な高まりを示した」第二八回国会を受けて、「国民年金創設準備の事務を早急に進める必要を認め」、一九五八年四月に、事務次官を長として関係部局長を集めて国民年金準備委員会を組織し、そこに兼任で、保険局次長の小山進次郎を局長とする国民年金準備委員会事務局を設置していた（小山［一九五九］一六頁）。そこで、小山が福田に応えて、「国民年金制度を実施する場合の問題点」を提出し、実は、当時からすでに、拠出制および無拠出制年金の「両者を一本のものとして実施する必要がある」こと、しかし、「実施機構の整備等準備手続の関係で拠出制年金を一年遅らせて実施せざるを得ない」こと等を意見していた（小山［一九五九］一七頁）。

（年表）1950～60年代の年金制度の動き

1954年	厚生年金保険法の全面改正
1957年	農林漁業団体職員共済組合の設立
1958年	社会保障制度審議会答申，国民年金委員構想，「国民年金制度要綱第1次案」
1959年	国民年金法公布
1960年	無拠出制の福祉年金支給開始
1961年	拠出制の国民年金開始 通算年金通則法公布
1965年	厚生年金基金創設，厚生年金保険「1万円年金」実現
1966年	国民年金「1万円年金」実現
1969年	厚生年金保険「2万円年金」，国民年金「2万円年金」実現

一九五八年七月に、自民党は、公約の実現に向けて政務調査会に野田卯一を委員長として衆参両院議員七二名で構成された国民年金実施対策特別委員会（野田委員会）を設置した。他方で、事務局は、厚生省組織令の一部改正で正式に厚生省の一組織となり、審議官（事務局長）一名、参事官

四名、調査官一名が配置されて体制強化が図られた。野田委員会は八月に、「中間結論（三原則）」を公表して、橋本厚相、福田政調会長の合意を得ると、本格的な立案作業に入っていく。八月下旬には「国民年金に関する試算資料」をとりまとめ、事務局はそれに基づき保険数理計算に着手し、九月には合同で「国民年金制度要綱第一次案」を発表した。同案では、二〇歳以上六〇歳未満の全国民を適用対象とし、さしあたり既存の公的年金制度の被保険者を適用除外すること、拠出制年金を基本とし、拠出が不可能な期間を一定要件のもとに受給資格期間に算入すること等が規定された。野田委員会はこれを基礎に、一二月に「国民年金制度要綱」を最終決定した。小山は後に、同法は事務局と野田委員会の合作だったと述べている（小山［一九八〇］三八頁）。

国民年金法は、一九五九年四月一六日に法律第一四一号として公布された。事務局は、公布前から無拠出制の福祉年金について、九月に市町村で裁定請求の受付を開始し、一一月に都道府県で裁定を開始して、翌年三月に第一回の支払いをする日程を組んでいた。このため、五月には厚生省に年金局（庶務課、国民年金課、福祉年金課、企画数理室）、各都道府県に国民年金課を設置し、早急に実施体制の整備にとりかかった。ところが、同時期には、六〇年安保闘争を背景に日本労働組合総評議会（総評）や日本社会党が中心となり、拠出制年金は収奪性が高いとして反対運動を繰り広げたために、とくに国民年金課に配属された課長らは対応に苦慮した。

並行して厚生省は、通算制度の検討を開始した。国民年金の創設で皆年金になったとはいえ、既存の公的年金の被保険者を適用除外したために、転職等で加入する制度が変わると、受給資格期間を満たせず、年金を受給できなくなる可能性があったからである。そこで、七月には内閣総理大臣官房審議室を中心に関係各省庁の職員で組織した公的年金制度通算調整連絡協議会が設置された。協議会は一〇月に五原則を決定して、社会保障制度審議会が一九五八年一〇月に答申していた「数珠つなぎ方式」を検討し、試算を行った。それに基づき一二月には「公的年金制度における期間通算制度要綱」を決定した。通算年金通則法および通算年金制度を創設するための関係法律の一部を改正する法律は、一九六一年一一月一日に法律第一八一号および一八二号として公布された。これによって分立した公的年金は初めて相互につながり、国民皆年金が実質化された。

さて、国民皆年金達成後の一九六〇年代の公的年金は、給付水準の大幅な引上げが課題であった。同時期の日本経済は年一〇%以上の経済成長を達成していたにもかかわらず、厚生年金保険は、事業主側の強い反対で、全面改正以来その給付水準をほぼ据え置いたために実質価値の低下が著しかった。第二回財政再計算を一九六四年に控えて事業主側は、引上げの前提条件として、機能と費用負担とで重複する退職一時金や企業年金との調整を主張した。そこで、一九六五年六月の厚生年金保険法改正では、厚生年金基金を導入し、これと引き換えに給付水準を大幅に改善する。平均標準報酬月額二万五〇〇〇円の者が二〇年加入したときの年金額（月額）を定額部分五〇〇〇円、報酬比例部分五〇〇〇円の計一万円とする、いわゆる「一万円年金」を実現した。とはいえ、「一万円年金」では、将来発生する標準的な給付水準の「モデル」が示されただけであった。

次いで、一九六九年の第三回財政再計算では、原則一九五七年九月以前の低い標準報酬を計算の対象から外し、配偶者の加給年金額を大幅に引き上げ、平均標準報酬月額三万八〇九六円の者が二四年四カ月加入したときの夫婦の年金額（月額）を一万九九九七円とする、いわゆる「二万円年金」を実現した。「二万円年金」では、実際に受給する年金額を二万円に近づけていた。

他方で、国民年金は、一九六六年六月の第一回財政再計算で、厚生年金保険とのバランスを図って給付水準を引き上げ、夫婦で月額一万円年金を実現した。さらに、一九六九年一二月には、新たに設けられた任意加入の付加年金を含めて二万円年金を実現している。

2　国民皆年金達成の業務

①　野田委員会での議論の様子

野田委員会は、一九五八年七月に自民党政務調査会に設置され、同月二三日から八月一五日までのおよそ三週間のうちに計九回開催され、「中間結論（三原則）」を発表している。一九五九年度実施という公約を果たすには、「昭和三三年の暮に決まる昭和三四年度予算案に必要な予算を計上し、昭和三四年一月から始まる昭和三四年通常国会に法律を提出し、四月頃までに通さなければ」ならず、立案作業は急ピッチで進められた。

厚生省入省三年目に国民年金準備委員会事務局に配属され、当初は高木玄調査官の下で渉外を担当した吉原健二氏は、野田委員会に「高木班として」出席した。吉原氏は、「野田委員会があるときは小山（進次郎）さんが必ず出席をして、それから事務局の職員としては高木（玄）さんら十数人は出席した」、「昼間出席して、夜帰って報告をして、そして中で議論して、翌日かまた何日か後に野田委員会があるときには、そこに出席して意見交換する。そういうことをしょっちゅうやっていましたね」と証言する。

同時期の新聞紙上では、社会保障制度審議会答申と国民年金委員構想との違いが取り沙汰され、両者が対立していた。そこで、事務局は、それ以上の不要な混乱を避けるために、野田委員会と一体となって立案作業を進めることにしたというが、吉原氏の証言は、実際のその様子を捉えている。

②　拠出制年金の実現

吉原氏によれば、野田委員会の議論は、「拠出制にするか無拠出制にするか」から始まった。吉原氏は、「自民党は大勢は、最初の頃は無拠出制が強かったですから、『それではいい制度はできません』、そういうことを私どもが言って、野田さんなどはジッと聞いておられた」と証言する。高木は後に、「無拠出一本で行けという空気が一般に非常に強かった」時代に、「拠出制を基本にするという態度を決めることが、準備委員会事務局の最初の大きな課題だった」と述べているが（社会保険庁年金保険部編［一九八〇］二八二頁）、吉原氏の証言でも、事務局が「拠出制の年金を基本」とするように野田委員会を説得したことが裏づけられる。「中間結論（三原則）」では、「拠出制の年金を基本とし、無拠出制の年金は経過的、補完的に認める」こと、「老齢、障害、母子の三年金は昭和三四年度中に同時に発足させる」こと、「拠出制及び無拠出制の両者について、老齢、障害及び母子の三年金を実施するために必要なすべての規定を含む包括的な国民年金法案を、来る通常国会の冒頭に提出する」ことが確認された。吉原氏は、このような三原則を「決めるときは強い反対や異論は出なかった」と証言した。

しかし、「国民年金制度要綱第一次案」が公表された後に、「拠出制には反対という陳情が毎日自民党本部に山のように寄せられ」、「いっそ無拠出年金だけを実施して拠出年金は一旦白紙にもどし見送ったらどうか」と、「三木武夫さんに野田さんは呼ばれてそういわれた」、「大野伴睦さんとか党の長老の人の意見もそうだった」という。公約実現のために「拠出制年金を一年遅らせて実施せざるを得ない」状況で、小山は、当初から法律を「別々に分けて出したら無拠出だけ先取りされて、拠出が見送られ」かねないことを見越していたと考えられる。「三原則でも拠出制と無拠出制を一本の法律として両者を分離できない仕組みにすることをわざわざ明記し」、実際に、国民年金法が、あえて包括的な一本の「非常に難しい法律」となったのは、無拠出制年金が一人歩きするのを抑え、拠出制年金を実現させるための手段であった。

③ 保険料免除制度の発案と免除規準の作成

国民年金は、社会保険方式を採用しながら、当初からその枠を外れた仕組みを併せもつ。そのひとつが保険料免除制度である。吉原氏は、同制度のアイデアを出したのは「小山さん以外にないですよ」と笑い、それが「ひとつの大きな踏ん切り」だったと語った。

国民年金の被保険者は、「日本国内に住所を有する二十歳以上六十歳未満の日本国民」で（法第七条）、自営業者、農業従事者のみならず、従業員が常時五人未満の事業所に雇用される被用者や無業者も対象となった。被保険者には当然のことながら低所得者が含まれた。そこで課題となったのが、保険料の拠出能力のない低所得者がいかにして老齢年金を受給するかである。これについて社会保障制度審議会は、無拠出制年金を恒久的に拠出制年金の基礎とすると答申し、国民年金委員は、適用を除外して例外的に無拠出制年金を支給すると構想したが、大蔵省はそれらを批判していた。対して国民年金法では、保険料の負担能力にかかわらず被保険者とするが、保険料「納付義務自体を発生させない」ようにし（小山［一九五九］一三五頁）、その期間を受給資格期間に算入させた。免除者には、一〇年までの追納を認めた。そこには、「一時的には、病気や失業で納められない時期はあるだろうけれども、通常の場合、四〇年ずっと保険料を納められない人はいないだろう」との想定があった。

国民年金創設時は、「全被保険者の六割しか保険料を納めないという前提で制度ができていました」と証言するのは、一九六〇年四月に数理技官として厚生省に入省した坪野剛司氏である。「滞納者が一五％、残り三割が保険料を免除される。したがって、八五％の七掛けで実質的には五九・五」％になると見込んだという。保険料免除の基準は、一九六〇年六月の年金局長通達の別添「国民年金保険料免除基準」で示された。坪野氏は、この基準を淵脇学（企画数理室長補佐）の指導で「判別関数法」によって作成していた。具体的には、都道府県が抽出した五〇〇〇から六〇〇〇のサンプル世帯を職員たちが手分けして訪問し、「家はどんな間取りで、きれいかどうか」、「襖は破れているか、障子は破れているか、目張りが貼ってあるか」等、参考になることをすべて見た。そして、この「見たことを参考に」判断したデータと、所得税や住民税等の客観的なデータとの結びつきを分析し、計算したという。同通達によれば、免除は、「おおむね、市町村民税均等割を課せられていない程度の所得の人々」を対象としたが、坪野氏は、訪問調査で聞き取った所得と市町村の課税台帳に記載された所得とは、ほとんど一致しなかったと証言している。

なお、保険料免除期間についても保険料相当額の二分の一の国庫負担が行われるようになるのは、一九六二年四月の改正からであるが、吉原氏によれば、事務局は当初よりそれを検討していたようである。

④ 所得比例制年金の検討

国民年金は定額制の年金だが、吉原氏は、「むしろ所得比例の方が望ましいのが、小山さんの考え方」だったと証言する。小山は後に、定額制を「正しいという意味で採ったのではなく、やはり現段階では技術的に見てそうせざるをえないからそうする、いずれ将来、所得比例的なシステムを採っていかないと、年金制度として安定した姿には到達し得ない」とし、国民年金法には、「そうした考え方が随所にかなり濃厚に出ている」と回顧している（小山［一九八〇］三一頁）。それは、ティトマス等によるイギリス労働党の「国民退職年金計画」を参照したからであった。

国民年金法には、かつて第一〇〇条として、「被保険者は、別に法律の定めるところにより、この法律による保険料にあわせて、付加保険料を払い込むことができる」との規定があった。同条こそが小山のいう「いずれ将来、所得比例的なシステムを採って」いくための規定であったが、結局、別に法律が制定されることはなかった。

吉原氏は、「将来所得の正確な把握が可能になった時に所得比例制を導入しようと考え」、「それまで、別に法律をつくって、もう一口か二口高い保険料を払ってもらって高い年金がでる任意加入の付加年金という制度をつくることにし、国民年金法のなかにそういう規定を入れ」たと語る。つまり、国民年金をさしあたって定額制としたのは、「所得の正確な把握」が不可能だったからであり、付加保険料の規定もまた、将来、所得比例制年金を導入するまでの暫定的な措置であった。とはいえ、坪野氏は、所得比例制年金実現に向けた具体的な「議論はあまりなかった」と証言している。

⑤ 通算年金通則法の制定

国民年金法案は、衆参両院の社会労働委員会を通過する際に、「通算調整の措置は、昭和三六年度までに完了すること」

との附帯決議が行われた。そこで、一九五九年七月には公的年金制度通算調整連絡協議会が設置され、数珠つなぎ方式を基礎とした通算制度実施の検討が開始された。

吉原氏は、国民年金法公布後に、福祉年金課で政令および省令の制定を担当したが、一九六〇年四月に企画数理室に異動となり、岡本和夫参事官のもとで、通算年金通則法の制定に携わった。吉原氏によれば、通算制度には、「他の制度が付き合ってくれるか」という意識の問題、技術の問題、財源の問題、事務的な問題が立ちはだかったという。なかでも通算に必要な財源をどのように確保するかは大きな課題であった。受給資格期間が「二〇年にならない人は脱退手当金——一時金でもう終わりということになっているんです。通算をするということになると、年金を出さなければいけない。しかし、各制度はそんな金は取ってないよというわけです」。しかし、その後の試算で各種共済組合は、厚生年金保険と同水準の減額年金であれば、退職一時金を原資に、掛金率を引き上げずに済むことが明らかとなり、通算制度は、「原資も移管せず、掛け金も引き上げずに」実現に至っている。つまり、当時の厚生年金保険の給付水準は、それほどまでに低かった。通算年金通則法の制定は、厚生年金保険の課題を明確化するのにも一役買っていたといえよう。

⑥ 福祉年金の実施業務

一九六〇年一月に厚生省に入省した古川貞二郎氏は、二月に福祉年金課に異動となり、企画数理室に異動した吉原氏の後任として法令を担当した。各地の郵便局で福祉年金の支払いが開始される時であった。古川氏の仕事は、「法律の準備」と「法律の解釈運用に関する質問への回答」であった。前任の吉原氏同様、古川氏もまた、裁定事務を担った都道府県から、「法令の解釈・運用の照会がごまんと来ていましたね。電話でも来るし、文書回答、疑義回答ということで多忙を極めました」と証言している。「解釈・運用の照会」で最も多かったのは、外縁関係（重婚的内縁関係）や名義所得をはじめとする「生計維持関係の問題」であった。

他方、「法律の準備」で、「いちばん記憶に残っているのは、死亡推定規定国民年金法の一八条の二」で、それは、「青森県のイカの釣り船を頭に置いた規定」であったという。現在は第一八条の三となっている「死亡の推定」は、一九六一年一〇月の第一次改正で、死亡一時金の支給、準母子年金および準母子福祉年金等とともに規定された。

福祉年金のみならず国民年金は、支給開始後も解釈をめぐる疑義照会が長く続いた。そして、それを受けて実際に、第一次改正に続き一九六二年には第二次改正と改正を続けていく。古川氏の証言では、国民年金がまさに走りながら考え、つくられていたことを実感する。

⑦ 国民年金反対運動

国民年金反対運動は、安保闘争の責任をとって岸内閣が総辞職した翌月（一九六〇年七月）末に、総評の社会保障推進協議会が「中央統一行動」の実施を決定したことで激化したとされる。主な推進主体は、国民年金の直接の被保険者ではなかった。

一九六〇年一〇月に拠出制年金の適用事務が開始され、一一月に総選挙が終了すると、「各県や市町村での制度の説明会場にビケをはって入れないようにしたり、対象者に加入届をしないよう呼びかけたり、加入者に渡された国民年金手帳を一括返還してきたり」といった妨害行為に発展した。

その後、一九六一年四月に保険料徴収事務が開始されると、保険料不納運動に切り替わり、反対運動は徐々に下火になっていった。吉原氏によれば、反対運動は、「保険料が掛捨てにならないようにしてほしいとか、母と子の世帯だけでなく祖母が孫を養っている世帯にも母子年金を支給してほしいという要望や意見をとりいれ、死亡一時金の創設や準母子年金の創設などを内容とする法律改正を拠出年金発足に間に合うよう行」ったことで終息していったという。

国民年金はその後、反対運動によって生じた不利を救済するために、一九六九年改正では保険料の特例納付を認めたり、五年年金を創設したりしている。

⑧ 厚生年金基金の創設

一九六四年の第二回財政再計算を控えて、社会保険審議会厚生年金部会は、懇談会形式でいち早く検討を開始し、一九六三年八月に「厚生年金保険制度改正に関する意見」(中間報告)を発表した。ところが、この段階となってもなお、給付水準引上げの前提条件として、厚生年金保険と退職一時金等との調整を主張する事業主側委員と、それに絶対反対の被保険者側委員は激しく対立していた。厚生年金部会はその後も研究会を開催したが、同年一〇月に審議を中断し、対立を打開するために、具体案の作成を厚生省年金局年金課に委ねることとした。そこで年金課は、中間報告等に基づき、「厚生年金保険法改正案要綱」を作成した。

一九六二年七月に年金課に異動した古川氏は、「中野さんがよく電話でいろいろ総評の高野さんと話していた」、「日立の森岡さんがしょっちゅう来ていました」と証言する。年金課の課長補佐であった中野徹雄は、被保険者側(総評)の高野実や、事業主側(日本経済団体連合会)の森岡道一らと、日常的にも直接交渉していたようである。また、古川氏は、「実施する政令がまた難しいんです。(中略)私一人を箱根の三井生命か住友生命かどちらかの寮に行かせて、生保業界の人――一〇人ぐらいの本社の課長補佐の方にですよ。役所は私だけです。二泊三日ぐらいで政令とか実施基準の議論をした記憶がありますよ」と、政令等の作成にあたっては、基金の管理運用受託機関のひとつであった生命保険会社とも議論したことを明かしている。

他方で、基金の国庫負担割合が一七・五%となったのは、「年金数理に照らし」たからであると規定されたが(厚生年金保険法第一三七条第四項、現在は削除)、坪野氏は、「一口で言えば足して二で割って一七・五となったと聞いています」と語り、「数理だけで物事は動かないことも実感しました」と振り返っている。

⑨ 「二万円年金」の実現

一九六九年当時を振り返って、「あの時代は、いわば公的年金を本当に国民生活の中で大きな支柱にしたいという思いでやっていた時代です」と語ったのは、同年九月に年金課の課長補佐となった長尾立子氏である。長尾氏は、一九六九年改正は「『二万円年金』の反省です」、「それで『二万円は絶対に二万円にしたい』と伊部さんが言った」と、同年八月まで年金局長であった伊部英男が「二万円年金」実現の立役者であったことを証言する。現実に受給する年金額を二万円とするために、年金課長であった山口新一郎の構想で、一九五七年九月以前の標準報酬を切り捨てたが、長尾氏自身も「それは思い切っていますよね」と語っている。

坪野氏は、「給付水準をこうしたいと思っても保険料が推計できないと議論が進まない」と語ったが、長尾氏もまた、「実際、年金改正をやるのは大変なんですよね。『こうしたらいいんじゃないの』ということでは済みませんからね。『こうしたらいい』というのは、『ちゃんと見せろ』ということですから、ぜんぶ計算しなければならないですからね」と語っている。「二万円年金」から二年後の一九七一年にも緊急改正が行われており、長尾氏の証言には、政策スライドによって実質価値を維持し続けた当時の苦労が滲んでいる。

■参考文献

厚生省年金局編［一九六二］『国民年金の歩み』厚生省年金局

厚生省年金準備室［一九五八］「国民年金制度の胎動から生誕まで」自由民主党政務調査会編『政策月報』三三号、自由民主党出版局、六六―七〇頁

小山進次郎［一九五九］『国民年金法の解説』時事通信社

小山進次郎［一九八〇］「国民年金制度創設の舞台裏」日本国民年金協会広報部『国民年金二十年秘史』日本国民年金協会

社会保険庁年金保険部編［一九八〇］「第四部　国民年金二十周年記念座談会――国民年金制度の創草期を語る」『国民年金二十年のあゆみ』ぎょうせい

国民年金法の制定

吉原 健二 氏

1932年生まれ
1955年　厚生省入省
1958年　厚生省国民年金準備委員会事務局
1959年　厚生省年金局福祉年金課
1960年　厚生省年金局企画数理室
1961年　厚生省大臣官房企画室
1978年　厚生省年金局企画課長
1984年　厚生省年金局長
1986年　社会保険庁長官
1988年　厚生事務次官

※年金関係のみ
（読売新聞社提供）

国民年金法成立の祝賀会
（職員にあいさつする小山進次郎事務局長，1959年）

■野田委員会での議論の様子

吉原　（前略）野田委員会があるときは小山（進次郎）さんが必ず出席をして、それから事務局の職員としては高木（玄）さんら十数人は出席したと思います。

野田委員会だけでなしに、大蔵省とか他の省との関係も高木さんが担当だったんです。それで、高木さんの下にいたのが大和田（潔）さんとか私などが、いわば高木班として野田委員会に説明に行ったり、意見交換をしたりという仕事をしていたんですね。野田委員会に昼間出席して、夜帰って報告をして、そして中で議論して、翌日かまた何日か後に野田委員会があるときには、そこに出席して意見交換する。そういうことをしょっちゅうやっていましたね。野田委員会ができたのは昭和三三年七月で、もう八月一五日に三原則がきまりました。一月ぐらいの間に基本的な考え方を決めなければいけないということですから、連日のように野田委員会は開かれて、それに必ず局長や高木調査官、それから私なども行って、野田委員会の意見を聞いたり、私どもの考え方を説明したりしていましたね。

中尾　具体的に吉原さんが説明された内容とか、そのときにどのような反応があったかというのを、覚えていらっしゃることはありますでしょうか。

吉原　いや、説明するのは、私なんかはまだ下っ端だったですから、小山さんや高木さんがやっていました。説明する相手は国会議員の先生ですからね。そのときに議論になったのは、拠出制にするか無拠出制にするかということから始まって、全国民を対象にするか未適用者だけを対象にするか。そういうことから議論が始まったわけです。

それで、自民党は大勢は、最初の頃は無拠出制が強かったですから、「それではいい制度はできません」、そういうことを私どもが言って、野田さんなどはジッと聞いておられたと思います。

中尾　野田委員会のほうで、野田さん以外でよく発言をされたりした方とか。

吉原　それは、ちょっと覚えていませんね。野田さん以外で発言された人は誰かなあ。どういう方がどういう発言をされたかまではっきり覚えていませんね。

菅沼　野田委員会は大所帯ですけれども、実際には毎回何名くらい出席していたのでしょうか。

吉原　何名ぐらいかな。ずいぶん出席率はよかったですよ。出席率は六割ぐらいはあったんじゃないですかね。大勢だったですよ。ただ、そうはいっても、年金制度について詳しく知っているという人はまだ少なかったです。我々もいろはのいの字から勉強する、政治家の人もいろはのいの字から勉強する、そういう時代だったでした。「絶対こうでないといけないんだ」というふうに理論的に説明できる、意見を主張する人はあまりいなかったです。みんなで意見を交わしながら案をつくっていったということです。

中尾　朝からずっとですか。

吉原　朝からずっとというわけでもないですけれども、一回の会議が二時間とか二時間ちょっとぐらいだったと思いますね。外国の制度なども、今ほど情報がありませんで、知ってる人は少なかったです。ですから、田川（明）さんとか山崎（圭）さんも、一生懸命に勉強した上で外国の制度の説明をしていたということですね。

■制度立案までの急ピッチな動き

吉原　（前略）昭和三四年度から制度を実施するには、昭和三三年の暮に決まる昭和三四年度予算案に必要な予算を計上し、昭和三四年一月から始まる昭和三四年通常国会に法律を提出し、四月頃までに通さなければならないからです。野田委員会は先ず厚生年金など既存のわが国の年金制度や外国の制度について勉強を始め、社会保障制度審議会や国民年金委員から答申や報告について説明を聞き、農業団体など関係団体の意見を聞き、厚生省と一緒に中身の議論に入っていきました。八月の暑い盛りにも大変熱心に議論が行なわれ、野田委員会での議論をふまえて九月に厚生省が制度の第一次案を発表します。それに対する各方面の意見をつめて、一二月に野田委員会としての制度要綱を決めたのです。

田中　厚生省と自民党の間でとくに意見の相違があった点をお伺いしたいんですけれども。

吉原　制度の中身で自民党と厚生省の考え方が大きく違ったというのはないです。事務機構だけが違いました。厚生省は、国の事業だから国が最初から最後まで責任を持てる体制として、この事業をやるための国の出先機関を地方につくらなければいけないと考えたのですが、党は大掛かりな組織をつくってはいかん、県や市町村など既存の組織を使えという意見でした。（後略）

■自民党に根強い無拠出論

田中　野田委員会では拠出制を基本とすることに反対や異論は出なかったのですか。

吉原　基本三原則を決めるときは強い反対や異論は出なかったです。ただそうはいっても本当にできるのかと思っていた人は多かったと思いますし、野田委員会でそう決まったからといって党内に無拠出論がなくなったわけではありません。かなり農業団体を中心に反対論が強かったです。「拠出なんていったって、保険料を取れると思うのか。払ってくれると思うのか」と。「今の年を取っている人はどうするんだ。無拠出をやらざるを得ないじゃないか」と。

田中　具体的にはどのような動きがあったのですか？

吉原　昭和三三年九月野田委員会の基本三原則に基づいた厚生省の第一次案が発表されますが、そのあと農協中央会や農業会議所などの農業者団体などから国民年金は無拠出でやってほしい、拠出制には反対という陳情が毎日自民党本部に山のように寄せられるようになります。そのためこんなに全国の農協が嫌がるのなら、いっそ無拠出年金だけを実施して拠出年金は一旦白紙にもどし見送ったらどうかという意見が強くなり、当時幹事長だった三木武夫さんに野田さんは呼ばれてそういわれたそうです。大野伴睦さんとか党の長老の人の意見もそうだったようです。三四年からの実施という選挙公約と拠出制を基本にするということの整合性がとれるのかと。下手をすると、無拠出だけ先に実施して拠出制は見送る。それは小山さんが一番心配していたことでした。そのために基本三原則でも拠出制と無拠出制を一本の法律として両者を分離できない仕組みにすることをわざわざ明記したのです。野田さんも同じ考えでした。

そこで野田さんと小山さんが一緒に農民の総本山である農協中央会の会頭の荷見安さんや党の長老の人たちに直接会って拠出制でないといい制度にならないと懸命に説得された結果、党内の拠出制反対論は次第に沈静化していったのです。しかしその後もあちこちの団体から反対の声があがり、拠出制を基本とすることは三四年一月に法案を出すギリギリになってようやくきまったということです。

■国民年金法の性格——一本の法律で全体像を描く

吉原　そういうことでしたから、絶対に拠出と無拠出を同じ一本の法律にして出して、無拠出は先にやるけれども、拠出が本則で無拠出は例外。すでに年を取っている人たちには経過的に、補完的に年金を税金で出しましょうと、「経過的」「補完的」という言葉を使って説明したんです。それは、法律は一本でないといけない。別々に分けて出したら無拠出だけ先取りされて、拠出が見送られるということになりかねない。そこで、一本の法律で全体の姿を明らかにする。無拠出は税金だから三四年にできる。その後、追いかけるようにして拠出を始めるという考え方でつくった法律が、国民年金法という一本の法律なんです。そのために非常に難しい法律になりました。

■制度設計（1）——保険料免除制度

田中　月額一〇〇円、一五〇円の保険料も払えない、免除しなければならない人はどの位いると見込んだのですか。

吉原　加入者の約三割に相当する八五〇万人程度を見込みました。

田中　保険料の免除制度の根拠とかアイデアを出したのは誰ですか。

吉原　小山さん以外にないですよ。他に考えている人なんていないんだから（笑）。それから、四〇年ずっと免除ということは通常はあり得ないだろう。一時的には、病気や失業で納められない時期はあるだろうけれども、通常の場合、四〇年ずっと保険料を納められない人はいないだろう。五年や一〇年までは考えられますよね。だから、保険料を納められない人についてはその期間免除して、その免除期間も二五年という資格期間には入れるようにしようと。それで拠出年金に結びつくようにしようと。そんなアイデアを出すのは小山さんしかいないですよ。

社会保険でありながら、保険料を納められない人まで適用対象に強制加入してもらって、そのかわり免除制度をつくって、その期間については受給資格期間には入れますよという ことにしたのも、ひとつの大きな踏ん切りですよね。「社会保険の原則を踏み外しているではないか。そんなにたくさん保険料を払えない人がいて、所得税を払ってる人が二割ぐらいしかいないのに、なんで拠出制にするのか」という議論から、「無拠出にしろ」という議論になっているわけですからね。しかし、その人たちも、拠出制にしたら六五歳からの年金に結びつくんだから、できるだけ六五歳から、一時的に保険料を払えなかった人にも年金を出せるようにするためには、その方がいいじゃないかということで、社会保険の原則からいうと踏み外しているけれども、そうしようとお考えになったと思いますね。

田中　この時点では国庫負担分がついていないこともあって、保険料を免除されていれば、当然年金額が低くなりますね。

吉原　そうならざるをえません。しかし保険料の免除期間も原則二五年という受給資格期間内には算入し、二五年のうち実際に保険料を納める期間は一〇年でいい、あとの一五年は免除期間でも一〇年分の年金が受けられるようにしました。保険料を免除した人については国庫負担分だけはつけたいとも考えましたが、最初からはできず、あとからそうなりました。

■制度設計（2）――所得比例年金について

吉原　（前略）少し前まで社会保障の年金制度では保険料も年金額も国民一律の定額でよい、定額であるべきだという考え方もありましたが、私どもは国民一律の定額の保険料なら、そう高いものにはできない、いきおい年金額も低くなります。社会保障としての年金であっても、もう少し高い保険料を払える人には高い保険料を払ってもらって高い年金をだすようにできないか考えましたが、そうするためには加入者の収入や所得を正確に把握できることが前提になります。しかし、被用者と違って農業や自営業の人の所得を全国的な基準で正確に把握することは難しいと考え、さしあたって定額制とし、将来所得の正確な把握が可能になった時に所得比例制を導入しようと考えたのです。そしてそれまで、別に法律をつくって、もう一口か二口高い保険料を払ってもらって高い年金がでる任意加入の付加年金という制度をつくることにし、国民年金法のなかにそういう規定を入れました。しかし残念ながらその法律はできませんでした。

土田　定額か所得比例かというのは、結局は所得把握ができないということがいちばんですか。

吉原　そうです。むしろ所得比例の方が望ましいのが、小山さんの考え方でした。だから、最初から法律に、いずれ付加年金をつくりますよという規定をいれました。社会保障の給付は定額というのは、イギリスのベヴァリッジが言ったということですが、イギリスですら定額保険料ではあまりいいものにならないということで、直そうという議論が出ていたわけです。

定額でなければならないというのは、始めから強くなかったです。所得比例のほうが望ましいが、それは無理だ、できないと。定額というのは、できるだけレベルの低いところに合わせなければいけない。所得の低い人が多いですから、どうしてもそういい年金にはならない。しかし、無拠出でやるより遥かにいい年金になるし、将来、大きくできる可能性がある。無拠出だと、低額にせざるを得ない。もし無拠出だけで出発したら、今のような年金になっていないですからね。

（後略）

■実施における課題――通算制度の創設

田中　昭和三五年四月吉原さんは福祉年金課から企画数理室につかれましたね。

吉原　はい。企画数理室にいって岡本さんのもとで通算のしごとをすることになりました。福祉年金課長だった高木さんは今度は拠出制年金の準備でこれから最も忙しくなる国民年金課長に変わられました。さすがの高木さんも天を仰いでおられました。それだけ小山さんは高木さんを高くかっておられ、頼りにしておられたのです。

通算制度が本当にできるのかどうかというのは、これがまた、自信がなかったんですね。たとえば他の制度が付き合ってくれるか、「共済は共済で、国民年金とは違う。公務員は公務員制度の一環としてやっているので、社会保障ではないんだよ」という考え方も各制度に強かったですから、通算には、「そんなものに付き合う筋合いはない」といった意識の問題がありました。

それに、実際に付き合うとしても技術的に難しいじゃないかと。どういう制度にするか、なかなかイメージが湧かなかったです。国民年金法をつくる前から、制度審議会でも国民年金委員でも議論をされていました。国民年金委員は、「通算なんていったってそれは無理だから、国民年金を全国民に適用しなさい。通算なんか無理だよ」という考え方の意見でした。しかし制度審議会は、逆に「未適用者だけを、対象にする制度をとにかくつくって、あと通算をしなさい。通算も、あまり本格的な通算というとあれだけれども、数珠つなぎ方式で、合わせて何年かになればそれぞれが出せばいいじゃないのという方式の通算を考えればいい」という答申だったんです。

それで、どっちの方式をとるか中で議論して、結局落ち着いたのが、必ずしも数珠つなぎ方式でできるという自信はないけれども、通算ができないからといって全国民にいま適用してしまうと、そっちのほうがまた大変なんですよね。通算の問題は多少まだ時間があるから、拠出年金の発足の三六年四月までに結論を出しましょうということになったんです。

通算制度をつくる場合のもうひとつの問題点は、財源の問題です。いままでは各制度で、被用者ですからだいたい二〇年ですよね。恩給は一七、八年だったけれども、二〇年で年金を出すことになっていますから、二〇年にならない人は脱退手当金——一時金でもう終わりということになっているんです。通算をするということになると、年金を出さなければいけない。しかし、各制度はそんな金は取ってないよというわけです。

それから、事務的な問題が三つ目の障害でした。二〇年、二五年、誰が認定をして裁定をするのと。その原資はどうするの。これらについてぜんぶみんなが納得のいく結論を出さなければいけないわけです。

田中　通算制度については、どのように交渉を進められたのでしょうか。

吉原　昭和三四年七月事務次官会議の申合せにより関係省庁の職員で構成する公的年金制度通算調整連絡協議会をつくり、具体的検討に入ることにしました。私どもは果たして各省が検討のテーブルについてくれるのか心配しましたが、各省はこれまでの法案の国会での審議を聞いていてテーブルにつかないわけにはいかないと思ったのでしょう。みんなテーブルについて前向きに検討しようという雰囲気で検討が始まりました。

中尾　どのようなことから議論を始めたのですか。

吉原　社会保障制度審議会がいう数珠つなぎ方式ができるかどうかの検討から始めることにしました。数珠つなぎ方式というのは資格期間を満たさないで中途脱退した人の納めた保険料を凍結しておいて、それを原資にその人が他の制度の加入期間とあわせて二〇年なら二〇年になり、老齢になった時に、各制度が加入期間に応じて減額した年金を出すというものです。この方式にはまず第一にこれまで一時金で済ましていた人に減額年金とはいえ、厚生年金なみの水準の年金を出すとすれば、相当保険料や掛け金をあげなくてはならないだろうという問題がありました。それから減額年金の受給資格期間を通算して被用者年金の二〇年とするのか、国民年金の二五年とするのか、支給開始年齢は五五歳とするのか、六〇歳とするのかという問題もありました。こういった問題についていろいろ議論した結果、被用者年金だけで二〇年になるときは、厚生年金なみの水準の年金を六〇歳から出す、国民年金の期間をいれないと二五年にならないときは六五歳から加入期間に応じて厚生年金なみの年金と国民年金なみの水準の減額年金を出すことにしました。こういう風に減額年金、通算制度の水準を厚生年金のみの水準でよいことにすれば、厚生年金は今の保険料率では足りませんが、各共済組合は今の掛け金を上げずにいけるということが計算の結果わかったのです。減額年金、通算年金の資格を満たしたかどうかの認定は各制度がやることになりますが、原資も移管せず、掛け金も引き上げずに、加入者は各制度からバラバラに少ない年金を受けるということになりますが、それでいこうということになり、昭和三五年一二月に協議会として数珠つなぎ方式で通算制度をつくることを決め、次の国会に通算年金についての基本的事項、通則を定める通算年金通則法案を厚生省が出し、各制度から通算年金を支給する法律はその制度を所管する各省が出しました。それらの法律は四月には間に合いませんでしたが、昭和三六年一〇月に通り、四月にさかのぼって適用され、国民年金の拠出制年金と同時に通算年金制度が発足しました。

中尾　できないと思われていた通算制度ができたわけですね。

吉原　そうです。いままで縦割りでバラバラにつくられ、目的も性格も少し違い、内容も異なる年金制度が社会保障制度の一環として横につながれたわけです。よくできたと思います。

■反対運動のなかでの拠出制年金の実施

田中　（前略）反対運動というのは具体的にはどのような団体がどのように反対したのですか。

吉原　社会党や共産党それに革新団体です。彼らは昭和三五年の安保改定にすごい反対運動をおこしましたが、それに敗れ、のこったエネルギーを今度は拠出制年金の反対にむけてきたという感じでした。反対の理由は国民年金は大衆収奪だ、保険料は掛捨てになるし、拠出金は何に使われるか分らない、再軍備に使われるかも知れないというものでした。そして各県や市町村での制度の説明会場にビケをはって入れないようにしたり、対象者に加入届をしないよう呼びかけたり、加入者に渡された国民年金手帳を一括返還してきたり。それはひどいものでした。

中尾　反対運動にはどのように対応したのですか。

吉原　国民年金は大衆収奪などではない、老後の安定のための年金制度だと粘り強く丁寧に説明、説得する以外にありません。そのために私どもは全国を回り、県の初代の国民年金課長は県内の全市町村を回り、市町村の職員は一軒一軒戸別訪問までして説明し、理解を求めました。大変な苦労だったようです。また福祉年金の支給を始めてからこの制度につい て寄せられた保険料が掛捨てにならないようにしてほしいと か、母と子の世帯だけでなく祖母が孫を養っている世帯にも 母子年金を支給してほしいという要望や意見をとりいれ、死 亡一時金の創設や準母子年金の創設などを内容とする法律改 正を拠出年金発足に間に合うよう行うことにし、反対運動も だんだんとおさまっていきました。実際に法律が通ったのは 七月になりましたが、四月に遡って適用することにしました。

■国民皆年金の達成を振り返って

田中　最後に今ふりかえってあの時代に国民年金制度ができたことについてどう思われますか。

吉原　日本が戦後の復興を終えてまだ間がない、ボーダーライン階層の人々が一〇〇〇万人もいるといわれた時代に、国民全部を対象とした拠出制の年金制度などがよくできたと思います。今でもつくづく思いますね。しかもそれが昭和三六年四月に国民皆保険と同時に達成し、日本の社会保障の歴史のうえで大変意義のある画期的な年になりました。昭和三六年は池田（勇人）内閣の所得倍増計画の初年度の年でもあり、昭和三九年の東京オリンピックに向けて新幹線や高速道路などの建設が急ピッチで進められていった時期です。国民皆保険、皆年金はいわば国民生活のソフトのインフラとして、日本の経済、社会の発展にも大きく貢献したと思います。

土田　そのようなことができた理由は何だったのでしょうか。

吉原　党が制度の創設を五五年体制になって初めての選挙の公約にし、その選挙で大勝し、公約の実現に向けて本気で取り組んだからだと思います。厚生省はどちらかといえば、国民皆保険が先と考えていましたが、つくる以上は最初は小さくても将来大きく発展する可能性を持った最善の制度をつくろうと、これまでの社会保障の常識、概念をこえた発想で、いろいろ知恵をしぼり、党と一体になり、党に全面的に協力したからです。国民年金制度ほどの政治と行政、党と役所が最も望ましい、あるべき姿で役割分担をし、協力してできた制度はあとにも先にもないと小山さんがいっておられましたが、私もそう思います。もう一つ私がつけ加えたいのは、制度の立案にあたる党のトップに野田卯一さん、役所のトップに小山進次郎さんという最高、最適の人を得たからです。このお二人のうまのあった名コンビが国民年金制度の全国民への適用など、将来に大きな宿題をのこしつつも、あのような傑作をうみだしたのだと思います。私どもも苦労は多かったですが、名君、名将の下でやり甲斐のあった終生忘れることのできない大仕事でした。（後略）

国民皆年金達成の実務①

古川 貞二郎 氏

1934年生まれ
1958年　長崎県庁入庁
1960年　厚生省入省　年金局国民年金課
1960年　厚生省年金局福祉年金課
1962年　厚生省年金局年金課
1989年　厚生省児童家庭局長
1990年　厚生省大臣官房長
1992年　厚生省保険局長
1993年　厚生事務次官
1995年　内閣官房副長官

厚生年金保険法の改正グループ（後列左端：古川氏）

■福祉年金をめぐっての諸問題

古川 （前略）年金局で異動がありまして、吉原さんが通算年金制度創設のために企画数理室に移った後に、私は法令担当として福祉年金課に配属になりました。いちばん大きな仕事は、最初は三月の福祉年金の支払事務ですね。その時は僕は移ったばかりでしたから、全国の福祉年金の支払い状況の情報把握が仕事だったですね。各都道府県に聞いてね。その仕事を最初にしましたね。その時の印象がひとつあるんですけれども、最初の支払いの時、全国のお年寄りが「長生きしてよかった」と、本当に涙を流して喜びました。四〇〇〇円の金をもらうわけですよ。あの頃、私の給料が一万一〇〇〇円か二〇〇〇円ぐらいですから。四〇〇〇円というのは四カ月分ですが、それなりに大きな額で喜ばれましたね。ところが、数カ月したら「月に一〇〇〇円なんて安い」という人が出てきましたから、慣れてくると人々の心はまあそんなものかなと思いましたね。それがひとつですよ。

それからあとの仕事は、年金制度が発足し、拠出制はこれからですけれども福祉年金制度が実施に移された時に、全国の市町村から各種の届けがあがってくる、また都道府県からは今度は法令の解釈・運用の照会がごまんと来ていましたね。電話でも来るし、文書回答、疑義回答ということで多忙を極めました。その中では生計維持関係の問題が多かったですね。生計維持者が死亡した時に母子福祉年金がでるわけですが、誰が生計を維持していたのか、本当に生計を維持していたのかどうかという問題。

それから、後で申し上げますけれども、外縁関係というのが非常に問題になりましたね。内縁関係だと事実認定で、実際に内縁関係があって、その生計を維持していた人が亡くなった。それでは支給しようということですけれども、他にちゃんと戸籍上の奥さんがいるわけですよ。そこにも子供もいると。ところが、別の女の人と一緒に暮らしていて、そこでまた子供がいて、暮らしの中心になっている。その人が亡くなった時に、どっちに支給するのかと。時々、仕送りはしているわけですね。そういう場合、ひとつは実体の議論もですけれども、民法の重婚、つまり戸籍上の妻がいるのに他の女の人と実質暮らしていた人にやるということは、重婚を国家が認めることになりはしないかという議論がありましたね。それから、公序良俗に反するのではないかと。れっきとした奥さんがいて子供もいるのに、他の女とそのできた子供を、今度は国がそっちが生計維持関係ありとして出すと。どっちにも出すというわけにいかないですから、どっちかにしか出せない。そうすると、そっちに出すということは、公序良俗に反するのではないかという議論があったのですね。

それがいちばん大きかったことと、それから今度は準母子が出てくるわけだけれども、おばあさんが孫をお母さんと同じように維持している。それはどうするかと。それはもう、準母子年金をつくるということになっていましたけどね。

さらには、名義所得の議論がありましたね。名義所得というのは、農村です。国民年金というのは、今はほとんど自営業者は少なくなりましたけれども、あの頃は就業者の三〇％ぐらいが農民だったんです。ですから、農民とか自営業者などを対象にした制度なんです。つまり、生産手段を持っている人ですから、補完的性格の年金と言われていて、従って厚生年金や共済年金に比べて年金水準も低いわけです。それは、年をとってからも生産手段があるから。ところが、日本の農家というのは、お祖父さんが六〇、七〇でがんばっている。親父さんが三〇代、四〇代で働き盛りだけれども、所得名義はお祖父さんになっているわけです。そして、農業の実質的担い手である親父が死ぬと。だけど、所得上も税法上も、その人に収入がないわけですよ。お祖父さんの収入になっている。そうすると、生計維持者と言えるかという問題ですね。それで通知書を出して、「名義上の所得と実質所得者は違うんだ。だから、実質所得者であれば支給しよう」という通知書を出した記憶がありましたね。（中略）

最後は、障害年金の障害等級の問題ですね。これは、下河辺征平という、障害者のリハビリで小金井に緑会というのがあるんですが、そこの主宰をされた人で亡くなられましたけれども、彼がいろいろやって、障害等級のことをしょっちゅう議論しましたね。

法令の解釈とそういうことが主な仕事で、ちょっと時間がずれるけれども、合わせて準母子年金の法律の今度は立法の作業。いちばん記憶に残っているのは、死亡推定規定国民年金法の一八条の二というのが……いま何条になっているのかな。僕は高橋さんに言われて、いろんなのを調べて死亡推定の条文案を持っていったら、「えらいよくできている」と褒められた記憶があるけれども。というのは、青森県のイカの釣り船というのがありまして、よく転覆するんですよ。そして、行方不明になるわけ。行方不明になると五年間は生死が確定しない。そうすると、五年間待たなければ年金がもらえないじゃないですか。死んだということの証明がないから年金がもらえない。それで、死亡推定規定を入れたんですよ。青森県のイカの釣り船を頭に置いた規定でしたね。

そんなことをやって、法律の準備と、一方は法律の解釈運用に関する質問への回答。私の仕事は、こういうのが中心でしたね。でも、山のように来ましたよ。毎月、三〇件、四〇件、解釈の疑義照会が来ていましたから。

土田　すごいですね。この所得制限の緩和というのは？

古川　所得制限もありましたね。所得制限も、本人所得と扶養義務者所得ですけれども、本人はだいたいそんな所得はないけれども、扶養義務者所得が厳しいから打ち切られていくんですね。経済成長時代で通常所得が上がっていく。そのままだと基準を超えるので支給が打ち切られることになります。

だから、所得制限の緩和を毎年やっていたのではないかな。今では考えられない時代なんですよ。昭和三〇年代半ばというのは、収入がどんどん増えていく時代なんです。公務員の給料が、一割五分か二割ぐらい上がった年もあります。それだけ貨幣価値が下落していくわけです。そうすると、所得制限が厳しくなっていくわけです。だから、所得制限の緩和がいつも問題だったですね。

それから、所得の調査とかのために、六月に定時届出というのがあって、その届出が出て来ないんですよね。それは、受給者が届出をしないわけですよ。そういうことに対する督励もやっていましたね。届出が出て来なければ審査ができないから、結局支給ができないわけでしょ。

土田　各地域から照会があがってきた場合に、「こういう形で回答します」というのを省内で決めるわけですか。それとも、かなり個人的に？

古川　いやいや、個人的には決めません。それは、法令担当の私がだいたい起案するよね。いちばん新兵が起案して、そしてそれを今度は課長補佐の高橋（三男）さんのところに持って行って、高橋さんをクリアしたら今度は課長のところに行ったり。最終、局長までですよ。

土田　各事案をぜんぶあげていくわけですね。

古川　そうです。だけど、多かったですから、早かったですよね。みんな忙しかったですよ。だいたい、夜の一一時前なんて帰ったことがないぐらいね。ところが時々、一〇時頃になると、高木課長が「古川君の入魂式をやろう」と言い出すんですよ。入魂式というのは僕は初めて聞いたけど、消防自動車を購入しますと、事故が起きないように酒を注ぐらしいんですね。僕は消防自動車並みなんですよ（笑）。それで、新橋の烏森口にあった「よっちゃん」という、縄のれんの安いところへ行って飲むんですよ。「古川の入魂式」といって、高木さんが口実にするんですな（笑）。多分課員が一生懸命働いているので慰労の意味もあったのではないかと思いますよ。

土田　法令のそういうことをやるのは、何人ぐらいのメンバーがいらしたんですか。

古川　法令係は、厳密には福祉年金課では一人です。だって、係長もいないわけですから。ただし、高橋さんという法令の補佐がいましたね。それから、国民年金の時は法令係の中に、いちばん最初は山崎（圭）さんというキャリアの法令係長がいて、その後に幸田（正孝）さんになるのだけれども。その下に社会保険のプロパーの人たちが四、五人、法令係でいました。福祉年金課になると、法令係というのは僕だけだけれども、実際は係長級の、社会保険庁のプロパーの人で岸（正幸）さんという障害をやっていた人とか、支払いとかをやっていた郵便担当でもあった楠田（善二）さんとか、それから横山（俊次郎）さん、小田島（昭二）さんとか、三、四人はいましたね。ただし、純粋に法令は福祉年金課は一人しかいなかった。あとは、すぐ高橋さんに直結していましたから。

菅沼　支払いは郵便局で行ったとのことですが、そこでトラブルみたいなことはなかったでしょうか。

古川　郵便局との交渉は難行したと聞きましたね。郵便局は二万四〇〇〇ぐらい全国にありましたでしょう。銀行なんかないところがありますから、振込ではないわけですから、そうするとやっぱり郵便局を使わないと、どうしてもへき地とか過疎地の人たちは年金をもらえないと。そういう意味で郵便局をというので、委託料の問題もあるし、それから郵便局も本来の仕事がいろいろあるでしょう。そこに国民年金の仕事がわんさといくわけですから、郵便局も大変だったと思いますけれども、その交渉にそうとう苦労したと聞きましたね。ただし、私が入った時はもうだいたい郵便局でということは、決着がついていたような気がしますね。だから、後は郵便局の支払い通知書とか、そういったことを検討していましたね。

それから、印象に強い話を申し上げると、ひとつは各都道府県の年金課長さんたちがしょっちゅう上京して来るわけですよ。苦労しているんですよ。苦労しているというのは、ひとつは予算があまりない。役所というのは実績主義だから、だんだん制度が成熟してきて暇になってくると予算がつくんですよ。最初の発足の時はお金つまり経費がないんです。ですから、お金の苦労を課長さんたちはしていた。それを私は、そばで交渉しているのを聞きましたね。

土田　お金というのは、事務作業を進めていく費用ですか？

古川　都道府県で仕事をするじゃないですか。市町村に出張したり会議を開いたり、そういう金がないんですよ。それを、「お金をいくらくれ」なんて陳情に来る。だから、国民年金課の補佐の竹内（嘉巳）さんなんかは怒鳴りつけていました。「なんだ、おまえのところは成績が悪いじゃないか」とかね。そういうお金の陳情。高木課長の部屋の後ろには、加入者率とか保険料の納付率とか、いろんな統計数が貼ってあって、陳情に来るとそれを見て、「君のところは成績が悪いな」とか言われて、慌てて帰っていましたね。

土田　都道府県別に書いてあるわけですね。

古川　書いてある。だから厳しいものです。それがひとつと、それから県の課長さんたちは、県に赴任する時に今度は天下り反対で、激しい反対運動が地元組合からあるわけですよ。それでだいぶ苦労していた。課員の反対で課長の席に着けないような人もいた。そういう苦労の中でやったんです。

■年金課——企業年金

古川　（前略）主な仕事は、行ってすぐ何回か局議とかで議論して入って、それで大綱の粗っぽいのがもうあったんですよ。前の人たちが、佐藤君とかいろんな人がつくっているんですよ。それを引き継ぐ形になった。あれは、法律がものすごく難しいんです。何が難しいかというと、公的な年金と、それから企業年金とか退職年金とかいうのは私的年金でしょ。はっきり言えば、公的年金と私的年金の結婚なんですよ。公と私の結婚みたいなものなんです。法律の例がないんですよ。それから、実体論としても日経連は退職金の負担ということでしょ。だから、公的年金を充実していくならば調整しなければ嫌だというわけでしょ。ところが労働組合のほうは、退職金とか企業年金というのは労務管理の中で、いわば自分たちの権利だというわけでしょ。厚年は厚年で充実してくれと。こっちはこっちで俺たちの権利だと。両方出せと。それを調整するのはおかしいという議論ですよね。そういう議論が行われていたと思うんですよ。

私は、直接そういう現場ではなくて、中野さんがよく電話でいろいろ総評の高野さんと話していたから、たぶんもうそれが収束する頃だと思いますよ。(中略)

土田 もうひとつ、労働省のほうで適格年金が。

古川 税制適格年金が三七年に出るんですね。それも、そのひとつの動きです。

土田 やっぱり影響があったわけですか。

古川 あると思いますよ。僕は行ったばかりの時に、税制適格年金がどうだこうだというから、税制適格年金とは何だろうなと。最初は苦労しましたよ。国民年金にはそんな税制適格年金なんてぜんぜんないからね。そういう時代でしたね。

それで、私がそういう背景の中で行った時には、もうすでにアバウトな大きな大綱みたいなのができていましたね。それで、法律になるのかならんのかというので、最初の取っ掛かりで、とにかく法律の形にしてみようじゃないかと。中野さんから言われたのかな、水田(努)さんと私で、小金井の水田さんの宿舎に泊り込むわけです。二泊三日で、ほとんど徹夜しましたよ。それで、その要綱をもとにして、附則まで入れて二〇七条を書き上げるんですよ。僕も、長崎県でやっていたことと、厚生省で二年間ずっと法律をやっているから、腕があがっていたんですかね。

土田 そういうのは、一条から書き始めるわけですか。

古川 そうです。大綱はありますから、それを条文に。すぐ条文にできるようなやつもあるわけです。それを水田さんと議論して。(中略)

土田 どこがいちばん難しかったですか。

古川 やっぱり、企業年金のイメージがないというのと、企業年金と厚生年金の調整のところが、ちょっと条文は忘れましたけれども難しかったのと、それから附則が難しかったね。年金というのは経過措置があるじゃないですか。それが難しかったような気がします。ともかく要綱があったんですよ。それがなかったら、そんな二〇七条もできませんよ。そのかわり、一睡もしなかったから。(中略)

もうちょっと言うと、国会の提出はともかく、企業年金の関係というか、厚生年金保険法の改正法文をつくってしまうわけですよ。その後、実施する政令がまた難しいんです。実施する政令と実施基準。そこで、中野さんというのは偉い人で、私一人を箱根の三井生命か住友生命かどちらかの寮に行かせて、生保業界の人――一〇人ぐらいの本社の課長補佐の方にですよ。役所は私だけです。二泊三日ぐらいで政令とか実施基準の議論をした記憶がありますよ。それは夜は寝ましたけどね（笑）。中野さんも私を鍛えようと思っていたんですかね。

そういう時代で、政令をつくる頃までやりましたね。（後略）

■厚生年金基金をめぐって――労使間の調整

古川　そういうことで、さっきも言ったように労働組合も、賃金水準や実質賃金が下がっていくような状況の中で認めたのではないかと思いますね。それと、企業も高齢社会になってくるとだんだん退職者が増えてくるじゃないですか。そうすると、退職金を払わなければいかん。その負担がかなり大きかったんですよ。それは、厚生年金の給付水準を上げるからこっちもと言っているけれども、それもあるだろうけれども、それ以上に、自らも退職金の一時的な負担が大変耐え難かったと思いますよ。年金化すれば先延ばしじゃないですか。平準化されるでしょ。その議論が強かったような気がしますね。（中略）

土田　それで、先ほど基金の調整みたいなものは、厚生省が多少絡んで、使用者側と組合側の意見の相違みたいなものは。

古川　絡むというか、その絡み方ですよね。中野さんがどうしたかわからんけれども、たとえばあなたが日経連だったら、そっちの意向を話しますよ。それから、こっちは個別に話しますよ。両方を会わせてではないですよ。そして、ある程度の段取りがついたところで会わせるとかね。そういうやり方でないと、二人を会わせて調整するというのは、絶対にできませんね。だから、日経連の立場、それから弱みも、話の中で捕まえるわけです。日経連はこういう主張だと。しかし、ここのところに弱い面があると。こっちも譲ったら、こっちだってこうと。そういう話がわかるわけです。結局のところ、筋を通すことが大切だと思いますね。

国民皆年金達成の実務②

坪野 剛司氏

1937年生まれ
1960年　厚生省入省
1968年　厚生省年金局数理課数理専門官
1970年　厚生省年金局企画課数理専門官
1977年　厚生省年金局数理課課長補佐
1981年　社会保険庁総務課数理調査室長
1985年　厚生省年金局数理課長
1991年　総理府社会保障制度審議会事務局
　　　　年金数理官
1994年　内閣官房内政審議室内閣審議官

年金局企画数理室の職員（1961年頃）

■入省当初の担当業務――保険料免除基準の作成

百瀬　最初の数年間、保険料免除基準の作成に携わられたということですが、そのあたりのことを。

坪野　国民年金は本人自ら保険料納付する必要があり、収納率が問題とされます。最近の収納率は六割ですが、マスコミではこれをもって制度が破綻していると言いますけれども、国民年金制度創設時、保険料が一〇〇％納付という前提で制度はできていません。全被保険者の六割しか保険料を納めないという前提で制度ができていました。滞納者が一五％、残り三割が保険料を免除される。したがって、八五％の七掛けで実質的には五九・五となります。最初に数理計算の資料を見せられて、五九・五という数値はどこから出てきたのか、わかりませんでした。細かいことは教えてくれませんから。「あとは自分で考えろ」という感じでしょ。五九・五とはどこから出てきた数字だろうと思ったら、一五％が保険料を滞納し、残りの七割が保険料を納めて制度が維持できるという数理計算をしていましたから、約六割の人が保険料を納めるという前提で制度ができているのです。

問題は、免除者三割はどういう収入の人を免除対象にするかということです。制度発足して保険料を納められる人はいいとして、市役所に行って「保険料を免除してください」といったら、市役所の職員は何を根拠にして免除にするかということです。市の担当者がいちいち自宅に行って、「なるほど、保険料納付は無理ですね」というわけにいかないでしょう。何らかの事務的基準をつくり、その基準に従えば、「あなたは免除対象者になります」という基準をつくれという命令です。

そこで、統計情報部から年金局に異動された淵脇（学）さん、二代目数理課長ですが、あの方は統計の専門家で、その指導に基づきつくりました。判別関数法という方法を使ってつくりました。多くの調査員が調査に係りました。後に事務次官をされた幸田（正孝）さんも調査されたことがあります。数理課の職員はほとんどみんな調査員として、各家庭を訪問したわけです。家はどんな間取りで、きれいかどうかなど。襖は破れているか、障子は破れているか、目張りが貼ってあるかなども調べます。今はできませんが、六〇年前ですから調査ができました。あくまで保険料が納められるかどうかを客観的に判断するためです。さらに、お子さんは何人いるか、奥さんは働いているかどうかなど。お子さんの様子など、参考になることはぜんぶ見るわけです。見たことを参考にして、「この家庭は保険料一〇〇円程度を納められそうかどうか」を判断するわけです。

調査したデータにより保険料を免除しなければならないグループと免除しなくてもよいグループにわけます。後に市役所へ行って、所得とか税金とか固定資産というものを補完してもらいます。もちろん当時の自治省の許可を取りますが。

自分たちがいろんなことを聞いた直観的なデータによる判断と、客観的なデータとがどう結びつくかを分析します。いわゆる免除しなければいけないと判断したのと、免除する必要はないと判断したのと、所得や固定資産がどのくらいなど、判別関数を使って分析します。その判別関数を使って計算した指数が何百以下なら免除、何百以上なら免除する必要はないと。数学的な判別関数を使って計算をします。

どうしても判別できない部分があります。それは、市町村が実態調査をして判断してくださいということになります。所得や固定資産など市役所が被保険者から聞いた情報により判定します。被保険者の負担能力を点数で指数化します。たとえば、固定資産はプラスにカウント、所得もプラスに。それから、子どもの数は一人について何点マイナス、学生は一人何点マイナスする。そういうことを判別関数で判断して、何百以下なら免除、何百以上なら非免除という判断する、このような判別関数法の免除基準をつくったということです。それが、私が入った時の最初の仕事です。（中略）

百瀬　当時は、厚生省の方が実態を見た上で、そういうものをつくったんですね。

坪野　はい。調査客体は五〇〇〇～六〇〇〇世帯でした。先に話したように淵脇さんも幸田さんも調査に行かれました。

菅沼　どうやってサンプルを集めたのですか。

坪野　サンプルの取り方が難しいのです。まず市町村に行って、所得がどのくらい以下の世帯を抜いてもらう。こちらで、ある一定の設定書をつくるわけです。世帯人数が一人の世帯、二人の世帯、三人の世帯、四人の世帯、五人以上の世帯を、バランスがとれるように抽出します。しかも、所得は何十万以下、あるいは何十万から何十万と複数に分けて抽出します。また、農業者の人、自営業の人、サラリーマンの人とか、それぞれ一定の数を含むようにサンプルを選んでもらう。これを都道府県に頼むわけです。「難しい」といって嫌がられました。客体が五〇〇〇ぐらい必要とすると、それ以上の数を抽出しないとうまくいかないわけです。それから、生活保護級地も後で入れました。私が担当（専門官）の時に、「地域差というのがいるのでは」ということで、生活保護の四段階を入れたと思います。客体を選ぶのに大変だと、各都道府県がみんな泣いていました。それがあってやめたと思いますが。それがいちばん最初で、いちばん大変な仕事であったことは事実ですね。

田中　あと、市町村民税非課税というものが低所得の基準としてもうひとつあったと思いますけれども、そこの見合いみたいなことは考えられなかったですか。

坪野　課税台帳は許可を得て、公務員という証明書を持っていかないと見せてもらえない。市町村の課税台帳に載っている所得は、当時正確に把握していたと思うのですが、ほとんど収入がゼロでした。所得割の税金が取れない人はゼロと書いてありました。だから、それを補塡するために、調査に行った時に「悪いけど、だいたい収入はどのくらいありますか」とか、おそるおそる聞くわけです。市町村の台帳とはほとんど一致していません。課税台帳上はゼロですが、収入があってよい生活をしている人もいました。後から出てきますが、所得比例年金をつくれと言われても、いったい何を根拠に所得比例年金をつくるのか。本人の申告によると、収入が多い人は保険料が高くなり、正しく申告するかどうか、なかなか難しい問題だと思います。

百瀬　実際、この免除基準をつくって、想定していたぐらいの免除者が出たのでしょうか。それとも、かなりズレたのでしょうか。

坪野　少しズレました。被保険者の三割を予定していたけれども、いちばん多い時で一八％ぐらいだと思います。

百瀬　それは、何が原因だったのでしょうか。

坪野　結局、免除申請が出て来ないのです。本当に貧しい人は出しますが。判別関数で予測した免除対象より、実際に保険料を納めようという人達が意外に多かったということです。

（後略）

■入省当初の担当業務——所得比例年金の検討

百瀬　もうひとつ入省当初の大きなお仕事として、先ほども少しお話がありましたが、所得比例年金の検討があったと思います。それについては如何でしょうか。

坪野　入省当時はなかったと思います。その後国会で二、三回言われたことがあります。国民年金に「所得比例年金をつくったらどうか」と。収入の多い人に、どの程度の給付ができるかを検討させられました。それと併行して、国民年金の加入者に付加年金の検討も。厚生年金の定額と（国民年金の）バランスがとれるよう、付加年金をつくりました。当時はスライド制がないので、二五年拠出で月額四五〇〇円という年金が、（昭和）四五年にできたと思います（四九年に五〇〇〇円）。

その前に、自営業者とサラリーマンとで、同じ年金額でなくてよいのかという議論がありました。幸田さんも言っておられたと思いますが、「サラリーマンは定年になると所得基盤がなくなってしまう。自営業や農家の方々は、歳をとっても家や店もある、田んぼもある、そういう人たちと同額の年金にする理由はない」と。被用者の八掛けが国民年金の水準でいいと言われたことを記憶しています。

百瀬　それは、どなたがおっしゃったのでしょうか。

坪野　これは世界の常識だと。竹内（邦夫）課長は外書を読まれ、それを主張されました。確か、厚生年金の二〇年の定額と国民年金の二五年の定額が同じだったはずです。いわゆる基礎年金ができる前までの定額の水準は、厚生年金の二〇年拠出と、国民年金の二五年拠出とが同額になっていたはずです。一方、厚生年金の報酬比例と定額は、審議会で議論した上で、半々がいいということになったわけです。半々となると、被用者は夫婦年金、国民年金は夫婦二人が入る年金で、定額と報酬比例に入ったのと同じになります。国民年金と厚生年金の給付はバランスがとれる設計になっているわけです。

国民年金に付加年金を導入したらということで、強制でなく任意加入の制度になりました。最初の保険料は一カ月三五〇円だったと思います。私が計算したので覚えています。二五年拠出五〇〇〇円の給者の保険料は一カ月三五〇円必要で、四九年に四〇〇円になりましたが……。それが所得比例の最初です。だから、四五年に、所得比例的な年金制度が入ったと思います。

その後、国会筋からだと思いますが、「厚生年金に報酬比例があるのだから、国民年金も報酬比例年金をつくれ」と言われ、検討はしました。そこでいろんな統計を分析し、国民年金の被保険者の収入が正確にわかったと仮定して、厚生年金と同率の保険料率を徴収し、当時の国民年金の保険料以上の保険料が徴収（増収）できるか推計しました。計算上、人数で約一割いなかったと思います。私の計算だと、全体で三%増収になったかどうかと思います。所得比例年金の導入は所得再配分機能を持たさなければ意味をもちません。所得の認定は強制的にせざるを得ません。たとえば、「あなたの収入は五〇〇万円」あるいは「あなたは二〇〇万円」と認定します。市町村の課税台帳から見て定めることになります。

たかだか三%になりました。そのうち半分を所得再配分に使うとすれば、残りはチョロチョロとしかないわけです。「これで所得比例年金をつくる必要があるのかどうか」議論したことがあります。「そこで強制でなく任意でということになり、国民年金基金にまかせることになりました。（昭和）六〇年改正で国民年金基金に魂を入れた改正が行われました。法律は、農業者年金基金ができた頃、昭和四四年にできています。

田中　同事業者の三分の二以上は入らないと基金ができないということになっているので、事実上できないという。

坪野　全国一本はできないから都道府県単位にして、また職業別にできる改正だと記憶しています。

田中　それは、元年改正ですね。

坪野　その時も「所得比例年金をつくれ」と言われて、「それは無理」という報告をした記憶はあります。結局、国民年金基金制度は国民年金の所得比例の代わりです。任意の制度として給付建てにしたわけです。

田中　細かい話になってしまいますけれども、国年審の資料を見ていると、昭和三六年に厚生省は一応、所得比例年金の検討みたいなものを出していたりしたみたいなのです。

坪野　昭和三六年に?

田中　はい。これはちょっと、現物を私は見ていないのでわからないですけれども。また三六～三七年ぐらいには、まだ小山局長時代ですけれども、国民年金の将来計画みたいな議論があって、そちらでも議論があったようなんです。

坪野　何に書いてありました？

田中　「社会保険週報」の昔のやつを洗っていくと、国年審の議論がありました。

また三七年一一月ですけど、これは山本正淑さんに変わっていますけれども、この時には国民年金制度の基礎調査というのをされていて、それは坪野さんも関わっていたようなんです。

坪野　私も関わりました。

田中　その段階でけっこう所得比例年金の技術的な問題点みたいなものを、坪野さんが当時のインタビューの中で答えてらっしゃったりしていたんですけれども。

坪野　思い出しました。年金局で初めて全国的調査をやったことは事実です。当時の国民年金は三五歳未満一〇〇円、三五歳以上一五〇円の保険料でした。そのために、国民年金は定額でした。もう少し違った方法がないのか議論する前に、とりあえず基礎調査をしようということになり、「保険料はどのくらいまで納められますか」などを調べました。これはあくまで基礎調査です。所得比例制度を導入するかどうかよりも、年齢によって保険料に差をつけるのではなく、保険料を一本にしたいためです。

田中　小山さんは年齢による保険料の差にこだわっていたんじゃないですか。

坪野　すごくこだわっていました。

田中　年金局の人はあまり、という。

坪野　言われるとおりです。小山局長が変わられる前後に調査をやりました。私は、保険局長室まで行って説明しましたから。当時、小山局長は年齢差による保険料を気にしておられた。他の人は、定額給付で所得比例保険料が取れるかという人が多かったと思います。当時は国民年金被保険者のうち四割が農家ですから（今は数％）。基礎的資料だけは取っておきたいと。しかし、議論はあまりなかったと思います。

■厚生年金基金の創設

坪野　（前略）（昭和）四〇年改正で基金制度が導入されました。労使の対立で国会審議が進まず、国会は何日もストップしました。厚生年金の報酬比例部分を代行する基金制度が入っていましたので、国庫負担割合は、当時、厚生年金の国庫負担は一五％、共済組合は一〇％でした。佐藤総理の裁断と言われておりますが、改正案の保険料の大幅アップを少し下げるために、国庫負担割合を一五％から二〇％にしました。国庫負担が増えたわけです。

基金制度をつくると国庫負担割合を厚生年金に合わせるか共済に合わせるかの問題が出てきます。当時、厚生年金受給開始年齢の平均は六二・五歳です。その数字を今も使っている学者先生方がおられますが。ある会社（たとえば日立）が基金をつくります。日立を退職し日立の子会社（又は他の会社）に入るとしましょう。その人は厚生年金からは脱退しませんが、日立の厚生年金基金からの脱退になります。日立厚生年金基金を六〇歳で脱退するからその人には六〇歳から年金が出ます。しかし、厚生年金からの脱退にはなりません。厚生年金の国庫負担は二割といって、基金も二割の国庫負担をつけると多すぎるのです。基金がないときは平均六二・五歳から二〇％の国庫負担ですから。基金をつくったため六〇（歳）から厚生年金基金の給付を出し、国庫負担も二割出すと多すぎます。

当時大蔵省の船後（正道）さんが（確か主計局）次長で、坂中さんが数理課長で、平等になる案が話し合われ、一七・五％となりました。当初大蔵省は「基金は、共済と同じだから一五％でよい」。厚生省は、「民間の制度だから二割だ」と。数理的資料を我々もつくりましたが、最後、坂中さんと船後さんが、一口で言えば足して二で割って一七・五となったと聞いています。一七・五の資料づくりの過程で平均脱退年齢も六二・五歳となったと思います。

数理だけで物事は動かないことも実感しました。

それから、基金制度創立の時に、免除料率をいくらにするかも揉めました。高くすれば国の収入が減る。低くすると基金が困る。年齢分布や脱退率が違うと、基金ごとに免除料率が変わるが、それを厚生年金全被保険者の平均で定めました。確か男性二四（‰）、女性二〇（‰）の免除料率になったと思います。それにより基金制度が本体改正より少し遅い四一年一一月に発足した。

基金が実際の免除料率より安くできるところ、特に大企業を中心とした基金が多くできました。免除料率の決め方いかんにより、基金制度の発展にすごく影響したと思います。

安い企業が出たのでは、厚生年金本体に負担がかかる。総合基金は中小が集まって設立するから、年齢構成が高く、高い保険料率になる。だから、抜け出る時に高い企業と低い大企業が抜けて、だいたいバランスがとれたと思います（平成になって、後に基金ごとの免除料率が導入されることになる）。基金をつくる時にはそういう問題などいろいろありました。計算の仕方によって、その制度が発展するか発展しないかが影響したことは事実です。（後略）

1960年代の年金給付水準の改善

1933年生まれ
1958年　厚生省入省
1974年　厚生省児童家庭局母子福祉課長
1977年　厚生省年金局年金課長
1979年　厚生省年金局企画課長
1981年　厚生省社会局庶務課長
1984年　社会保険庁年金保険部長
1986年　厚生省大臣官房総務審議官
1987年　厚生省児童家庭局長
1989年　厚生省社会局長

長尾 立子 氏

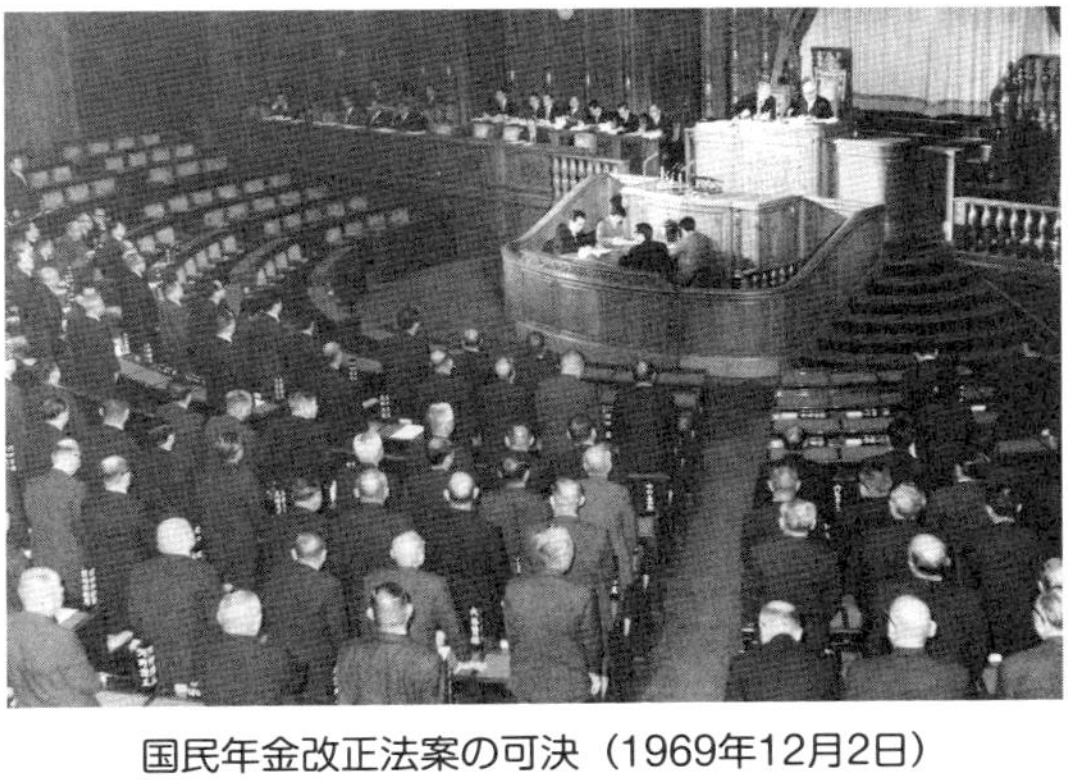

国民年金改正法案の可決（1969年12月2日）
（毎日新聞社提供）

■厚生年金保険の四四年改正（1）――「二万円年金」について

長尾　それから、（昭和）四四年改正ですけれども、これは「二万円年金」の反省です。「二万円年金」を必ず二万円にしたいという。この前に「一万円年金」があったんですよね。「一万円、上がらないじゃないか」というので散々やられて、それで「二万円は絶対に二万円にしたい」と伊部（英男）さんが言ったと。二万円というのはすごい感覚なんですよね。だけど、本当に下をこき使う人で、さんざんこき使われました（笑）。

田中　着任された時は、もう四四年改正が終わった後ですか。

長尾　まだ、法律が国会で継続審議ではないですか。その時だと思います。まだ上がっていないと思います。

■自動スライド制の議論

菅沼　（前略）昭和四四年に年金課の課長補佐になられた時には、年金課の中ではスライド制を巡ってそうとういろいろな議論があったと。

長尾　まだではないでしょうかね。

菅沼　着任した頃は、あまりなかったですか。

長尾　ええ、まだないと思います。あの時は、四四年改正というのはまだ実際に通っていなかったですから、何しろ四四年改正を通して、次のステップに行きたいということが大きかったのではないでしょうか。あの時代は、いわば公的年金を本当に国民生活の中で大きな支柱にしたいという思いでやっていた時代ですから、支柱になったならば逆に、いま言われるようなスライド制というのは出てこないと駄目ですからね。課題としては、まず支柱にできるようにやっていくと。その上で、支柱の恒久性というものを考えるとスライド制と。それから、その次には財政方式でしょうけれどもね。（中略）

中尾　社会情勢としても、四四年の「二万円年金」が実質的に二万円になったのは、確か四五年の一〇月以降で、すぐまた四六年に緊急改正というのは、本当に大変な時代だったと思いますが。

長尾　同情していただければありがたいですけれども、大変でした。実際、年金改正をやるのは大変なんですよね。「こうしたらいいんじゃないの」ということでは済みませんからね。「こうしたらいい」というのは、「ちゃんと見せろ」ということですから、ぜんぶ計算しなければならないですからね。それはあらゆるケースについて計算しなければいけないし。経営者にしてみれば、雇用者の生活保障は重要だけれども、企業が潰れてしまっては元も子もないわけだから、企業が潰れないかどうかということも重要でしょうしね。それは、社会保険料の負担は大きいでしょうからね。（後略）

■厚生年金保険の四四年改正（2）——昭和三二年九月以前の標準報酬の切り捨てについて

菅沼　昭和四四年の改正のところで伺いたいのですけれども、いわゆる標準報酬の昭和三二年以前のものを切り捨てるというのは、ある意味ではものすごく大胆なことだったと思いますけれども、どういう理由でされたのかというのと、これについてはいろいろな議論というのはどの程度あったのかと。

長尾　私は、あの案が出来てから年金局に行っているので、いま言われた後半の、過程でどういう議論があったということとは詳細に承知しないですが、切り捨てをなぜやったかということは、本来は再評価というのが基本でしょうけれども、いろいろな意味で記録の曖昧さとか、それからご承知のようにインフレみたいな非常に大きなギャップがあるとか、いろいろな要素で思い切ってやるというのが山口（新一郎）さんの構想だったのではないでしょうかね。切り捨てというのは、それは思い切っていますよね。ある意味ではメチャクチャだけど。

菅沼　すごいですよね。再評価できるようなデータがなかったとか、そういうわけでもないですか。

長尾　その点は、全部が全部ではないでしょうけれども、一部はあったかもしれませんね。再評価していくにはね。

中尾　もうひとつには、実質的に二万円にするためには、もうそうするしかないという。

長尾　二万円というのは、ひとつの皆さんへのイメージとして出したわけですから、現実に二万円にならなかったらそれは約束違反で、公約違反ですから、それは絶対にあったと思いますよ。それから、そこのひとつの年金の水準として、まあ妥当な線なのではないかということはあったのではないでしょうかね。それから、そこならやれるという厚生省の計算もあったと思いますけれども。いろいろなものが重なって、その数字なのでしょうね。

中尾　いつ以前を切り捨てるかという、そこの話でもあったわけですか。

長尾　どこから切り捨てるかというのは、ひとつはうちの事務体制の問題もあって、いわば業務課がああいうふうに完全管理しているわけですけれども、それ以前の社会保険事務所のデータの中には若干、不正確というか、確認の難しいものもあったという話は聞いていますね。だから、被保険者であったことはわかるにしても標準報酬を確実にできないとか、それからご承知のようにすごいインフレがありますから、そういういろいろな要素を勘案して、思い切ってそうやろうと思ったのではないでしょうかね。私は、その改正過程のところにいないものですから、後から又聞きですけれども。

中尾　それに対して四六年の緊急改正のほうの特徴は？

長尾　それはやっぱり、四〇年改正に比べれば色が薄いのではないでしょうかね。ですけど、そういう形で年金の水準を確実に経済情勢に合わせていこうというような、ひとつのルールみたいなものがそういう形で出来ていったのは大きかったかもしれませんね。四〇年の大改正があって、四四年改正があってという形ですからね。四〇年改正は非常に大きな意味があるわけでしょうけれどもね。

人物紹介① 小山進次郎

小山進次郎といえば、生活保護法の全面改正と国民年金法の制定であろう。「厚生省きっての秀才」は、社会局保護課長、大臣官房総務課長、保険局次長、大臣官房審議官（国民年金準備委員会事務局長）、年金局長、保険局長と、その時代における要職を歴任し、「厚生省の頭脳」として生活保護体系を築き、国民年金の生みの親となった。

小山は、一九一五年四月に新潟県柏崎市に生まれた。一九三八年三月に東京帝国大学法学部政治学科を卒業すると、同年四月に、創設されたばかりの厚生省に採用された。学生時代から社会局を志望していた。

一九五八年四月に、保険局次長との兼任で国民年金準備委員会の事務局長となったが、甲乙二表問題等で対立する医師会との折衝で多忙を極めていた。国民年金についてはは時期尚早論者だったという。当時の事務局は「小山学校」と呼ばれ、連日連夜、局員らと国民年金について議論した。小山自身が事務局長となるまで年金の知識をほとんどもたなかったからでもある。生徒のひとり吉原健二氏は、小山を「学者肌の人でしたが、先の先までいろいろなことを考え、幅広い柔軟な発想をもち、思い切った決断のできる人でもありました」と述懐する。思い切った決断とともに、それを貫く意思の強さがあったことを懐かしむ声は多い。国民年金法をわずか半年足らずで国会提出まで漕ぎ着けたのは、そうした小山の力量に負うところが大きい。国会でもしばしば厚相に代わって名答弁をし、社会党議員を悔しがらせたという。同法が国会で可決された際の祝賀会で局員らが、二宮金次郎の替歌「手本は小山の進次郎」を歌ったという逸話は、閣下と呼ばれた小山がいかに省内で敬愛されていたかを示す好例であろう。

小山は、早くから事務次官となることが嘱望されていた。しかし、保険局長だった一九六五年に職権告示問題の責任を問われて更迭され、同年六月に厚生省を退職した。その後は、国民年金審議会委員、国民生活審議会委員、社会保障制度審議会委員等、各種委員を歴任した。一九五二年に心臓弁膜症を患ってからは、「スタートダッシュやラストスパートは避け」、最後まで淡々と歩き続ける生き方に変えていたというが一九七二年九月に五七歳の若さで急逝した。

『生活保護法の解釈と運用』（一九五〇年、日本社会事業協会）、『社会保障関係法』（一九五三年、日本評論新社）、『国民年金法の解説』（一九五九年、時事通信社）等の著書がある。

■ 参考文献

小山進次郎氏追悼録刊行会［一九七三］『小山進次郎さん』社会保険広報社

「時の人 厚生省年金局長になった小山進次郎」『読売新聞』一九五九年五月一一日、朝刊

（文責：中尾友紀）

第3章 生活保護制度をめぐる展開

解題 岩永理恵

1　生活保護制度、法制定段階からの仕組み

一九四五年八月、国民に敗戦が発表され、九月には日本政府が降伏文書に署名し第二次世界大戦が終結した。以後、日本は連合国軍最高司令官総司令部ＧＨＱ／ＳＣＡＰ（以下、ＧＨＱ）の占領下に置かれた。ＧＨＱの救済福祉政策の基本は、自力更生の原則であって、行政機構と手続きの民主化に重点が置かれた。これが戦前の福祉行政機構を根底から変えるものであったため、ＧＨＱは日本の社会福祉の発展に寄与したと受け止められてきた（菅沼［二〇〇五］一二頁）。

ＧＨＱは、一九四六年二月、ＳＣＡＰＩＮ七七五「社会救済（公的扶助）」を発した。この指令は、一九四六年九月公布の生活保護法、一九五〇年五月に公布・施行の生活保護法に継承され、政策の基本理念とされてきた（菅沼［二〇〇五］二頁）。

一九五〇年成立の生活保護法は、一九四六年の「旧」生活保護法（以下、旧法）と区別して、「新」生活保護法（以下、新法）と呼ばれた。新法は、旧法の欠格条項を廃止し、憲法第二五条に基づく健康で文化的な最低生活保障と自立の助長を目的として掲げた。新法成立により、日本に近代的な公的扶助制度が確立したとされる。

新法は施行一年にして、社会福祉事業法の公布・施行にともない一部を改正した。その後も他法の制定や改正にともなって、時折、一部改正がなされてきたが、制度の根本に関わるような改正はされず、今日まで七〇年近く運用を積み重ねてきた。それゆえ、生活保護制度の歴史を知るには、運用上の変化に着目しなければならない。

（年表）1940～60年代の生活保護行政

1945年12月	生活困窮者緊急生活援護要綱
1946年 2月	SCAPIN775「社会救済（公的扶助）」
1946年 9月	旧生活保護法公布（施行10月）
1947年12月～48年2月	第1回被保護者全国一斉調査
1948年 8月	保護基準第8次改定――マーケット・バスケット方式の導入
1950年 5月	新生活保護法公布・施行
1951年 3月	社会福祉事業法公布（施行6月，同時に生活保護法の一部改正）
1954年 1月	第5次吉田茂内閣，国の生活保護費負担を5割に引き下げることを提案
1957年 8月	朝日訴訟提訴
1960年10月	朝日訴訟，第一審判決
1961年 4月	保護基準第17次改定――エンゲル方式の導入
1965年 4月	保護基準第21次改定――格差縮小方式の導入

運用の〝要〟は最低生活を表す保護基準、そして実施要領であり、これらを実際に適用する実施機関、実施体制である（岩永［二〇一一］）。

保護基準には、最低生活費の水準を決定するという役割と、実際に生活困窮者に対する保護を行う際の基準としての役割がある。すなわち、国（厚生労働大臣）が定める最低生活費という規範的意味と、受給世帯数および予算規模を決定するという財政的な意味合いをもつ。この保護基準をいかに設定し改定していくかは、生活保護法運用上の大問題のひとつである。

保護基準額設定の第一回目は、一九四六年三月で、旧法制定以前の生活困窮者緊急生活援護要綱時代にさかのぼる。旧法施行時の保護基準額は、一九四六年七月一日の第二次改定のものである。一九四七年一一月の第七次改定までは、基本的にそれまでの基準を物価改訂に合わせて引き伸ばした。これに対し、一九四八年八月の第八次改定は、画期をなす改定であった（岩永［二〇一一］六一頁）。

その所以は、保護基準額が憲法第二五条の規定を踏まえた最低生活費として考えられたことにある。さらに、最低生活費の根拠を栄養学に求め、栄養学的見地から必要とする飲食物費を定めて、一つひとつ必要なモノを積み上げる、いわゆるマーケット・バスケット方式という算定方式を用いて生活扶助基準額を定めた。ただし、当時の食糧事情や統制経済という建前があって、参照した栄養上の必要すら充たしていない内容であった（岩永［二〇一一］六二頁）。敗戦直後で国民全体が貧しい暮らしを送るなかで、その水準は低く抑えられた。

一方で、根拠をもって保護基準を算定したことは、運用にも影響を与えた。保護基準を適用する際、この理論を理解して保護基準を用い、生活に困窮した者を捉え、救済につなげなければならないと考えられた。このような法の運用を実現するには、無給の名誉職である民生委員では困難があり、行政機構と手続きの整備が必要と考えられ、旧法改正の契機となったのである。

今日、実施要領といえば、まず毎年度刊行される『生活保護手帳』を想起するが、当初よりこのように網羅的かつ整備された内容が示されていたわけではない。旧法時代は、画期となった第八次改定の考え方を解説した『生活保護百問百答』という冊子を作成して民生委員に配付した。新法制定直後の実施要領は一九五一年三月発刊『生活保護百問百答第四輯』に詳しく、適切な最低生活費の認定と収入の認定の二点について、方法を示したものであった。これを加筆・修正して、現在では、保護の申請から決定・廃止などの支給に関わることから、要保護世帯に対する指導・指示、支援の実施など、生活保護行政全般を規定する分厚い内容となっている。

実施機関については、社会福祉事業法により福祉事務所の設置等が明記され、それが今日まで存続している。新法に「国家責任」とあるものの国直轄の事務所は置かず、機関委任事務（現在は、法定受託事務）として都道府県および市（特別区を含む）に福祉事務所を必置とした。福祉事務所は、国（厚生労働省）が所管する事務を執行するために、同省が所管する社会福祉事業法（二〇〇〇年法名改正、社会福祉法）に基づいて都道府県および市区に置かれたものである。

他方で、都道府県および市区の行政組織は、地方自治法に規定され、自らの判断で設置する。生活保護の実施体制については、国家責任の建前を保持する国（厚生労働省）、福祉事務所の必置が課せられた都道府県および市区、さらに地方自治法を所管する省庁も利害関係者と考えうる。地方分権や、基礎自治体の役割に関する議論などとも関わって、福祉行政のあり方は論議を呼んできた。

新法施行後、医療扶助人員および医療扶助費が急増し生活保護費の決算額が年々増加し、一九五四年一月第五次吉田茂内閣は、国の生活保護費負担を五割に引き下げ、地方負担を増やす国庫負担削減の法律改正を提案した。この国庫負担削減案は撤回されるのだが、国庫負担を維持するかわりに、見積もった予算を超過しないことが求められた（岩永［二〇一一］九三頁）。

保護基準は一九五三年度以降、一九五七年度まで改定されず、実施要領によって厳格に保護基準を適用し収入認定を行うことや、扶養義務調査の徹底が指示された。さらに医療扶助削減のため、生活保護の入退院基準を定めた。これら一連の「適正化」の取組みがあって一九五六年度は、予算の剰余が生じるまでになった（岩永［二〇一一］九七頁）。新法施行から一九六〇年まで概ね被保護人員および保護率は低下した。

国立岡山療養所に入所する結核患者であった朝日茂氏が、療養所の実情を告発し、入院患者日用品費六〇〇円では必要な栄養補給もできないと岡山県知事に訴えたのは、一九五六年のことであった。この不服申し立てが却下され、一九五七年八月、国（厚生大臣）を相手に行政訴訟の提起に踏み切った。この朝日訴訟に対し、一九六〇年一〇月の第一審判決は、日用品費の不十分さを認め、原告勝訴の判決を下した。

朝日訴訟の盛り上がりとともに、一九五〇年代半ばからの高度経済成長によって国民全体の生活水準が向上するなかで、生活保護受給世帯の生活改善は取り残されているという認識が広まっていった。一九六〇年代の国会では、保護基準の改定率や改定方法に関する議論が高まった。一九六〇年八月、厚生省は一九六一年度予算において、生活扶助基準を対前年基準二六％引き上げるという案を提示した。

予算折衝を経て、一九六一年度の第一七次改定の生活扶助基準は、改定前基準対比一八％の増額と決められた。厚生省は、この基準額の算定にあたって、従来のマーケット・バスケット方式からエンゲル方式へ変更したと説明した。エンゲル方式は、まずはマーケット・バスケット方式で飲食物費を算出するが、飲食物費以外を実態生計から算出する。マーケット・バスケット方式のような理論的積み上げでは考慮されない生活実態を反映できるとされた（岩永［二〇一一］一二一―一二二頁）。

保護基準の水準の改善は、逐次図られた。しかし、一般国民の生活水準が着実に向上し、所得階層間の消費水準の格差が縮小する傾向にあって、さらに相当の改善を行うことが必要であるとされた。一九六四年一二月、中央社会福祉審議会の生活保護専門分科会は、一般国民の消費水準との格差縮小を計るべきだという中間報告を行った（篭山［一九七八］二五五―五六頁）。この中間報告に基づき、一九六五年度の第二一次改定において、生活扶助基準の算定方式は、格差縮小方式へ転換したとされる。

一九六〇年代初頭の国会では、八月の予算編成時に厚生省が提示する保護基準改定率が削減されることについて、保護基準は厚生大臣が定めるという建前が守られていないことを示すものだ、という批判が起こった。厚生省が格差縮小方式を採用した経緯には、この批判を避けるべく予算編成のやり方を変えて、保護基準改定率への注目度を下げるねらいがあった（岩永［二〇一二］）。格差縮小方式採用後一九六〇年代末から、国会において保護基準をめぐる議論はもちろん、生活保護について取り上げられる頻度は少なくなっていった。その一方で、行政運用上の取扱規定は、細密さを増していくのである。

敗戦直後の混乱期に成立した旧法を経て、近代的な理念を掲げた新法のもとでいかにして行政として体制を整えていったのか。予算圧縮の要請のもと、現場の運営はどのようであったか。生活保護行政は、法改正によらない保護基準や実施要領の変更によりさまざまな事情や変化に対応できて「柔軟」とされる一方で、制度運用上で生じるトピックの対応に追われる側面がある。次節では、その渦中にあった担当者のオーラルヒストリーから、現場の実情の一部を明らかにする。

2　生活保護行政の実際

①　占領下の生活保護予算編成

井手精一郎氏は一九四九年一〇月三一日付で引揚援護院から厚生省社会局へ異動し、占領下で旧法から新法への転換期にあたる時期から在籍した。社会局への人事発令前から保護課へ勤務し、一九五〇年度予算要求の作業に従事したという。「保護費の担当者が、経理状況合計が合わないので適当に数字を合わせてやってしまったために、予算要求の根拠がぜんぜんでたらめで予算が足らなくなった」。「当時は算盤ですから、しっかり経理状況を算盤で弾いて欲しいということで、発令になる前にもう保護課で作業をしました」。

さらに異動して間もない一九四九年一二月、井手氏は、一九五〇年度の予算編成に際し、大蔵省から「ＧＨＱに一緒に行ってくれ」といわれたという。新参者で「『なんで私が行かなければいかんのですか』とは云いましたが、（中略）厚生省からは私一人」、「大蔵省からは主査が顔を出しました」。「広い部屋に、担当官が一人しかいなかった（中略）たった一言、『今度の予算について厚生省は異議がありませんか』と、それだけなんですよ」、「『異議がない』と言ったらそれでお終い」であった。井手氏がＧＨＱに呼ばれたのは一九五〇年度予算の一回だけで、その後予算査定で呼ばれることはなかったという。占領下の緊張感と急ごしらえの様子が伝わるエピソードである。

② 社会福祉事業法における福祉事務所の現業員定数に関わる調査

占領期のエピソードとしてもうひとつ、井手氏が言及されたのが、福祉事務所の設置に関する調査である。ＧＨＱは、救済福祉政策の行政機構のあり方を重視しており、日本政府に対しその整備を指示した。「本格的にアメリカが日本の行政に頭を突っ込んできたということだと、私は思うんですけれども、福祉事務所をつくれということになった」。井手氏は、「その時の福祉事務所が発足する調査に」従事し、調査のリーダーは「社会局の庶務課のスーパービジョンをいってる課長補佐」、「調査員は私と児童局と、それから身体障害者福祉をやっている者と三人」で、「埼玉県へ調査に行った」。

社会福祉事業法には、何よりも生活保護実施のために都道府県および市に福祉事務所を必置とし、有給吏員の設置を定めた。有給吏員の定数は、都道府県の設置する事務所は六五世帯に一人、市の設置する事務所は八〇世帯に一人である。井手氏によると、当時、この数字ありきで埼玉県で調査を行い、その報告書が、「おそらく福祉事務所発足に当っての唯一の調査じゃないでしょうか」という。制度草創期の実施体制整備の課題は、一九五一年の社会福祉事業法によっていちおう決着する。

③ 人事交流

旧法から新法へと法改正し、福祉事務所が設置され、実施機関は都道府県および市と整理され、町村は基本的に都道府県が所管することとされた。井手氏は、それにより「実施機関が大変に数が減りまして楽になった」と同時に、都道府県のベテラン係長を相手にするようになり、「とても鍛えられました」という。都道府県が設置する福祉事務所、その職員への信頼が語られた。

苅安達男氏も「今と違って都道府県の人たちの中にベテランの人がいっぱいいた」、「各県の社会課出身で、日本の社会事業の基礎を勉強した人、第一線の行政をやった人」で、後に厚生省で活躍した方は少なくないという。いわゆるキャリア官僚が都道府県の課長を務めた際、そこで優秀な部下をスカウトして本省に連れ帰り「やっぱりいい仕事をしてました」、「福祉事務所の現場にいたとかいうのが何人もいました」とし、「現地で勉強してきている。福祉事務所で勉強してくるから、本省でもすぐ使える」。厚生省と都道府県の生活保護行政の部局やその担当者が、直接深い関係性を築き、制度運用の安定に寄与してきたと推察される。

④ 予算・保護費増加・入退院基準

①でふれたように井手氏は予算編成に従事していて、自身の立場を「予算派」と称した。井手氏ら「予算派と木村(孜)君みたいに保護の基準をつくるほうと、ちょっと考え方が違うんです」と評した。「基準をつくるほうは、『無差別平等に、予算なんか関係なく全員保護したらいいじゃないか』と」、これに対し「予算派」は、「『何いってんだ。いくら何でも予算がなければできないんだぞ』という気持ち」であった。保護課の課員のなかで、従事した職務によって制度への考え方、スタンスが異なることをうかがわせる。

「予算派」の井手氏の立場からみて、一九五〇年代の医療扶助費および生活保護費の決算額の増加は、当然大問題であった。被保護者全国一斉調査は「一種の監査的な調査」であり、これによって「保護費は減ってきたという事実はあった」。医療扶助費増加の対策として設けられた「生活保護の入退院基準というのは、保護課の技官が中心になって立案した」。これに反対した日本患者同盟の座り込みを実際に目の当たりにして、複雑な思いを抱かれた様子がうかがえる。

⑤ 保護課における社会調査と基準策定作業

一九五四年から保護課に在籍した苅安氏は、当時の保護課長である「黒木利克さんに挨拶した時に言われたのが『君はこれから一年間、黙って計算機を回しなさい』」であった。「これからの日本の社会保障の基本を見出すために、国民生活の実態をよく調べろということ」であり、「社会調査が基本」と教えられたという。保護課は、一九五〇年代に入り、生活保護統計の整備を進めていた。

苅安氏は最初に「調査・基準係」に在籍し、「生活困窮者の調査と、その資料を基に、当時の生保の基準を作成」した。「被保護者の全国一斉調査」、「それから、被保護者の生活実態調査、要するに家計調査」、「もうひとつは、私が入った後で考えたんですが、生活保護の動態調査」に携わった。生活保護動態調査は一九五六年開始であった。その発案は「やっぱり黒木さん」で、「貧困の質が変わってきた」ことを捉えようとした。

「調査・基準係」は、これらの調査によって貧困を捉えつつ、マーケット・バスケット方式による基準算定作業に従事した。苅安氏は、マーケット・バスケット方式による基準算定作業について、まず所要栄養量から食費を算出すること、その際、労働科学研究所の藤本武氏に協力を仰いだこと、「食料品以外をどうするかというと、これは品目の積み上げ」であり、「新宿の伊勢丹とか銀座の三越へ行って調べたりとか。一生懸命に飛び回って」値段を調べる作業を行ったという。

⑥ マーケット・バスケット方式からエンゲル方式へ

このような食料品以外の費目の算定の難しさがあって、苅安氏は、「このマーケット・バスケットの調査をいつまで続けるのか疑問をもっていました」という。通説として、マーケット・バスケット方式から算定方式が転換し、基準が引き上げられた背景には、朝日訴訟とその判決が関わっているといわれるが、判決が出る前の一九五七年頃から「我々基準係の中では議論しておった」という。

マーケット・バスケット方式の次に採用したエンゲル方式のアイデアは、「誰というわけじゃない。我々の中でもありました」。「積み上げ方式は無理」というのは、「実務担当者が一番痛感」していたと苅安氏は証言する。「特に家計調査の企画とか現場指導もずーっと私らが実際に、回って歩きましたから」、実際の家計と保護基準の差異も検討していた。ただ、基準額が実際にどれくらい引き上げられるかは「国の財政事情」で、「我々がいくらがんばったって駄目なときは駄目だし、いい時はグーッといいんですよ」という。

⑦ エンゲル方式から格差縮小方式へ

基準算定方式は、エンゲル方式ののち格差縮小方式へと変化する。一九六九年から四年間基準係に在籍した田中敏雄氏の証言にあるように、格差縮小方式とは、まず保護基準の改定率について「一人あたりの最終消費支出の伸び率にプラス・アルファをして決め、これをエンゲル方式で検証する」というものである。先に格差縮小をめざした改定率を決め、その決めた水準の確認をエンゲル方式によって行うのが格差縮小方式の作業過程である。

田中氏によると当時は、当初内示を「受けて初めて大蔵省の意向がわかるという状況だったのですが、私の時にはぜんぶ同じパターンで、最初に一三%の内示があって、あとプラス・アルファ一%を大臣折衝で上乗せをして、それで一四%というのが三年間続きましたので、そんなに折衝という意味で大蔵省とやり合ったということはない」。「格差縮小方式が守られていることが前提ですが、一四%がもう最終的にあって、それは大臣折衝に取っておこうということで一三%とやったんだろう」という。先に述べた国会での批判、論議を受けて、このような予算編成のあり方の変化をともなう格差縮小方式が考案されたことをあらためて確認できる。

⑧ 保護基準の標準世帯と検証の方法

格差縮小方式の時代は、一般世帯の消費水準がどんどん上がっていき、これにどうやって追いつくかということが課題であった。その比較対象である「一般世帯」がどのようなものであったか、これは現在でも問題になる概念である。田中氏によれば、当時は「格差の目標を六〇％という時の一般世帯というのは、一般の勤労者世帯を基準」にしていた。「エンゲル方式で使うエンゲル係数などは、主に一〇分の一階層の消費実態から算定」し、「一般の勤労者世帯をベースに置いて比べて」いた。実際の保護世帯は、一般の勤労世帯に相当するような世帯類型ではなく、高齢者、障害者や母子世帯が多いわけだが、「母子世帯などを比べてしまうと、被保護世帯がものすごく良くなってしまう」、「母子世帯は、保護を受けていない一般の世帯が低い」という現在と同様の実態があった。「むしろ低所得の多い母子世帯等の底を上げるための基準なのだから、やっぱり特定の類型の世帯どうしの比較ではなくて一般の世帯を考えながら」基準を算定したという。

⑨ 厚生省と福祉事務所

第一節で言及したように、福祉事務所という特別行政機関を通じて実施されてきた生活保護は、その後、かなり明確な形で、それ自体公選首長から相対的に独立し、厚生省社会局と縦に結びつく福祉官僚制を形成してきた（伊部・大森編［一九八八］）。そのあり方は、地方分権改革などの議論において繰り返し問題にされてきたが、在籍した者しか知りえない実態もある。

一九七〇年代の様子を証言された西沢英雄氏も、苅安氏と同様、地方との関係の重要性を証言した。運用上の「問題に日々取り組んでいる現場の意見を取り入れ」、地方自治体とともに実施体制を強化した。「意見を聞くためブロックで会議を開き」、各県から保護、医療係長の職員や豊富な経験のあるケースワーカーが出席し、「改正意見を出したところから、その趣旨・背景などを説明いただき、ほかの県からはその県の状況、改正の要否等をうかがい、時には白熱した議論になったこともあった」という。

⑩ 保護課の「伝統」

一九四九年から保護課に在籍した井手氏は、生活保護行政を担当する者の発想として「いくらやってもまたそれに洩れる人は必ずいるんだ、そういう人をいったいどうするんだという考えが常に残っていました」、「生活保護というのは、まさにそういう意味ではあとがない制度として覚悟してやらなければしょうがないんだなという感じを常に持っていました」と話した。この発言に、当時の保護課担当者らが、新法第一条に書き込まれた「国が生活に困窮するすべての国民に対し、その困窮の程度に応じ、必要な保護を行い」という理念を実現しようとした意気込みが読み取れる。

一九五〇年代に保護課に在籍された苅安氏は『生活保護法の解釈と運用』を読み込まなければ仕事ができなかったと話した。このように、法の原理原則をよく理解して、深刻で多様な貧困問題に向き合うという発想はのちに引き継がれる。

一九七〇年に保護課に入った西沢氏は、着任直後、「係長か補佐か何人かいたようだったけれども、『来たのはおまえか』と言われて、まず『当分の間、電話は取るな』と言われ」驚いたという。では、何をすればよいのか、といえば『生活保護法の解釈と運用』を読み、その次に『百問百答』そして実施要領、「生活保護手帳」を読むことである。西沢氏は、「生活扶助がいくらとか、あれで足して引いてと書いてあるけれども、そんなことはいいと。まず、原理原則を覚えろ」、「それが入っていないと後の議論に参加しても何もわからないよ」といわれたと証言する。

今回得られた証言からは、法の理念を理解し、課内での議論さらには地方の担当者との交流や議論、社会調査を重んじながら、生活保護法の運用を積み重ねていった保護課の「伝統」を看取できる。

参考文献

伊部英男・大森彌編［一九八八］『福祉における国と地方』中央法規出版
岩永理恵［二〇一一］『生活保護は最低生活をどう構想したか――保護基準と実施要領の歴史分析』ミネルヴァ書房
籠山京［一九七八］『公的扶助論』光生館
社会保障研究所編［一九六八］『戦後の社会保障　本論』至誠堂
菅沼隆［二〇〇五］『被占領期社会福祉分析』ミネルヴァ書房

新生活保護法実施と運用

井手 精一郎 氏

1924年生まれ
1946年　厚生省入省
1949年　厚生省社会局保護課
1964年　厚生省社会局更生課
1970年　厚生省大臣官房広報室長
1974年　厚生省社会局更生課長

厚生省社会局保護課での旅行（伊豆，1949年）

■昭和二四年の保護課――予算編成・GHQの介入

井手　私が厚生省で最初に入ったところは外局の引揚援護院ですが、社会局へ替ったのは昭和二四年一〇月三一日付けなんです。それからまず申し上げたいと思います。社会局へ発令になる前に私を呼びに来まして。「保護課長が呼んでいるから来てくれませんか」と。一〇月の半ば頃だったんじゃないかと思っておりますけれども。保護費の担当者が、経理状況合計が合わないので適当に数字を合わせてやってしまったために、予算要求の根拠がぜんぜんでたらめで予算が足らなくなった。当時は算盤ですから、しっかり経理状況を算盤で弾いて欲しいということで、発令になる前にもう保護課で作業をしました。各県からの経理状況を、縦横の計算を合計するわけです。それが毎月出てくるわけです。数字の桁数が最後の合計が一〇桁もありますから、それがなかなか合わないんです。合わないと、どこかで合わせてしまうんです。そうすると、それが実績になって予算の要求をいたしますから、従ってちょっとしたミスでも何倍かに膨れて結果予算が不足する。そういうことが、あったようです。それで結局、本格的に生活保護に関わったのが昭和二四年一一月からですけれども、二五年度の予算要求の作業を私がいたしました。

その時に、最終の予算編成は普通は一二月にやるわけですが、政変などによっては一月になったことが二、三回ありました。確か、この年は一二月だと思いますけれども、私が行きましてからまだ半年にもならないときに二五年度の予算編成について、大蔵省から「GHQに一緒に行ってくれ」というんです。「なんで私が行かなければいかんのですか」とは云いましたが、とにかく新参ですから。「誰もいないから、おまえ行け」ということで、厚生省からは私一人です。大蔵省からは主査が顔を出しました。広い部屋に、担当官が一人しかいなかったんです。確か、アメリカの二世じゃないかと思うんです。それでたった一言、「今度の予算について厚生省は異議がありませんか」と、それだけなんですよ。「異議がない」と言ったらそれでお終い。そのことは、二五年度が初めてで、最後でした。（後略）

■保護費の増加問題――医療・入退院基準・患者の反対運動

井手　医療費の増加なんです。戦前から結核はありましたが、特に終戦直後はご承知のように結核の流行です。私の友達でも、おそらく一〇人のうち二、三人、あるいは半分近くまで結核になっておりました。日本身体障害者団体連合会の会長をしておられた灘尾（弘吉）さんが、内務次官当時（昭和二〇年）陸軍は満州に兵隊を送ったけれども、一割とか二割とか非常に大きな確率で結核患者として内地へ送り返してきた。どうしようもない。そういうことを言っていました。もっとも満州は北のソ連との国境ですから、冬の間は遮蔽しているところに兵隊が入って生活している。伝染性の結核が流行ればいっぺんに全部隊が感染してしまいますから、そういうことであったようです。

この生活保護の入退院基準というのは、保護課の技官が中心になって立案したものです。佐藤道夫という技官で、佐倉順天堂の直系の息子さんなんです。本人は威張っていました。私ども予算派と木村（孜）君みたいに保護の基準をつくるほうと、ちょっと考え方が違うんです。基準をつくるほうは、「無差別平等に、予算なんか関係なく全員保護したらいいじゃないか」と。私どもは、「何いってんだ。いくら何でも予算がなければできないんだぞ」という気持ちです。それが底流としてあるわけです。お互いに討論するわけですから。

当時、一年にいっぺん、被保護者全国一斉調査というのをやったんです。これは、じつは調査となっていますが、最初から一〇年ぐらいは一種の監査的な調査なんです。ですから、全国一斉調査の機会に保護を打ち切ったんです。ですから、一斉調査の後は保護費は減ってきたという事実はあったわけです。やっぱり、どうしたって無駄はあるんです。医療費は結核と精神病ですけど、当時、増加が甚だしい。というのは、結核患者はやっぱり国立療養所の患者が大多数です。国立療養所はもとの陸海軍病院をぜんぶ厚生省が引き受けたわけですから、そこに結核患者が盤踞しているわけです。（後略）

■生活保護の実施——監査・福祉事務所

井手　（前略）それから、昭和二六年になりまして福祉事務所が発足したんです。退職をしてしまって現在はわかりませんけれども、都市部ではケースワーカー一人について八〇世帯、それから町村部では六〇世帯ということになっていたんですけれども、どうもアメリカでのケースワーカーの担当数がそうなっているんだというんです。当時ケースワーカーとかスーパービジョンとか、盛んに英語を言うんです。私どもはよくわからないです。それが、社会局庶務課の課長補佐（吉田正宜さん）より皆が指導を受けました。すべてアメリカ風でえらいことだなと思っていました。

本格的にアメリカが日本の行政に頭を突っ込んできたということだと、私は思うんですけれども、福祉事務所をつくれということになった。教育制度と同じです。教育委員会と同じです。選挙で当選した市町村長が生活保護に余り干渉しないよう、保護の権限を与えなくするため、福祉事務所というのをつくって、市町村長から独立した機関をつくれというアメリカの言い分です。まさにその通りです。町村長時代にぜんぶ保護を適用してしまったことがあったんですから。

その時の福祉事務所が発足する調査に、班長はさっき言った社会局の庶務課のスーパービジョンをいってる課長補佐です。それで調査員は私と児童局と、それから身体障害者福祉をやっている者と三人を引き連れて、埼玉県へ調査に行ったんです。埼玉県は、とくに山の中の地域もずいぶんあるんです。結論は、先に八〇世帯・六〇世帯ありきです。だから、結果的には、それに合わせるような調査になることとなります。足で歩いて、調査はしたんです。いったい町村部で六〇世帯なんて担当できるのか。アメリカはおそらく自動車で調査に行くんでしょうから、「できっこないじゃないか」という気持ちがあったんですが、やってみたら、まあ毎日行くわけでもないから、無理すればできないことはないだろうということで、八〇・六〇に決まったわけです。その報告書を出したのが、おそらく福祉事務所発足に当っての唯一の調査じゃないでしょうか。福祉事務所が発足したわけですからそれが昭和二六年一〇月一日です。

その時には実施機関が大変に数が減りまして楽になったわけです。町村というものを相手にしないわけですから、郡部はすべて都道府県でやりましたから。都道府県相手だと、都道府県はもうベテランの係長がいますから、私どもの言うことなんかはすぐには聞きはせん。「そんなこと言ったって、そんなもの机の上のことだ。そんなことはできっこないですよ」なんて、ずいぶん叱られました。神奈川県の係長の加賀美（精章）さんなんていう人はベテランで、立派なものでした。全国にそうした係長が多くいて、何れもぜんぶ一家言もっていましたよ。保護係長をやった人はだいたい県の部長以上になり多くが民生部長になりました。あとは、副知事になった方も何人かいました。それほど当時、広く国民を相手にする行政だったですから、いい加減なことを言って過ごすわけにいかないということがあったんでしょう。立派なものでした。

会議に行くと必ず言われるんです。私は、とくに新しく制度ができた時などに地区の会議に行ったんです。京都へ行った時です。人数がそんなにいないですから厚生省からは二人で行ったんですけど、同行の課長補佐から「おまえ、一人で行ってこい」と言われました。神戸だって、奈良だって、大阪、みんなベテランの保護係長です。それはもう終戦直後からやっている人々ですから、年だって上だし、とても鍛えられました。そういう点では、都道府県というのは組織も人もちゃんとしていました。

当時における町村は、行政に対応し切れていないです。今でこそ市町村民が喧しいから、そんない い加減なことをやったら大変でしょうけれども、当時なんかほとんどそうです。まったくいい加減でそれは無理がないです。厚生省とか文部省とか農林省とかというのを、役場の人は一人で担当しているんですから。生活保護なんてほんの一部です。それを一人でやっているんですから、災害なんかになったらとても対応できないのは当たり前です。ましてや、財源がそんなにあるわけではないですから、職員を増やすわけにいきません。そういう問題があると思います。

■障害者施設

井手　身体障害者の話が出ましたからついでに申し上げておきますけれども、障害者施策というのは施設とはどうしても切り離せないです。そこで、身体障害者更生援護施設というのがあるのですが、なかなか施設の運営費予算というのは増やしてくれないんです。というのは、ちょっと増やすと、施設がたくさんありますから、金額がそうとう増えてしまうということもあったんだろうと思います。関連する施設もありますので。そこで考えましたのは、重度障害者を収容する重度障害者更生援護施設をつくるということで予算を持ち込んだんです。これは聞いてくれました。昭和三〇年代です。大蔵省が聞いてくれまして予算を付けてくれた。重度、とくに身体障害者福祉法の一、二級の人たちを入れるんだと。重度の肢体不自由者を入れるんだということでつくったんです。だいぶ施設をつくってくれました。

仙台の関係したお医者さんが言っていましたけれども、「重度施設をつくって募集したら、何年も風呂に入っていない人が出てきました。私も東北ですけれども、まさかこんな人がいるとは思わなかったです」と言ってびっくりしていました。それで、「先生、どうしたんですか」と言ったら、「何にもしないでそうっと風呂に入れてそうっと出した。それを何回か繰り返して、ようやく一人前に洗うことができた」と。「そうですか。やっぱりそういうものですか」と。「そうだ」と言っていました。風呂に入っていないんだそうです。永いこと。

とくにまだ東北あたりは、障害を持っている子供を持つということは、悪いことが自分にあるんだというような考え方が昔からあったようです。そういうことで、障害者を人には見せない。誰にも言わないで家の中にいる。それは、やっぱり親御さんにしてみれば本当に可愛くて手放せないという面もあったんだろうと思います。だから、人に見せないように大事に大事に育ててきたということがあったんだろうと思います。昭和三〇年代、そういう重度の人がいました。戦前ならそういうことがあったでしょうけれども。

このような施設は、施設を運営する人からみれば、その中でもわりあい扱いやすい、比較的軽い人を入れます。そうすると、やっぱりまた重い人たちが後に残るんです。しょうがないので、最後に療護施設というのをつくりました。生活保護をやっているものは、いくらやってもまたそれに洩れる人は必ずいるんだ、そういう人をいったいどうするんだという考えが常に残っていました。ただ、いま野外で生活している人たちというのは、浮浪者収容施設に入ってもらおうとしても駄目なんです。入らないんです。そうなるとどうしようもないです。そういう問題が常にあります。だから、生活保護というのは、まさにそういう意味ではあとがない制度として覚悟してやらなければしょうがないんだなという感じを常に持っていました。

保護基準，マーケット・バスケット方式，社会調査

苅安 達男 氏

1928年生まれ
1954年　厚生省入省　社会局保護課
1961年　厚生省社会局庶務課総務係長
1964年　厚生省社会局書記
1979年　厚生省保険局国民健康保険指導管理官
1981年　厚生省国立身体障害者リハビリテーションセンター管理部長

九州地区ブロック会議（保護課，1954年）

■調査・基準係（1）――社会調査重視

苅安　私は保護課に入り、黒木利克さんに挨拶した時に言われたのが「君はこれから一年間、黙って計算機を回しなさい」と。要するにこの人は社会調査をものすごく重視した人なんです。いろんな調査データを見て、それを分析して解析しろというんです。昔のタイガー計算機という、数字を合わせてガラガラ回す。それでいろんな数字の勉強をしなさいと。基本的には、これからの日本の社会保障の基本を見出すために、国民生活の実態をよく調べろということなんです。社会調査が基本だよということをおっしゃっていたんです。そのために大内兵衛とか穂積重遠さんとか、東大の有名な先生がいっぱいいましたよ。とくに穂積先生は社会調査の権威者だったんですね。そういうのを黒木（利克）さんが「勉強しろ、勉強しろ」と言うんです。厳しいの厳しくないの。それから、宿題をくれるわけでしょ。

菅沼　穂積先生以外に、思い出せる先生はいらっしゃいますか。氏原正治郎さんとか？

苅安　氏原（正治郎）先生もそうですね。やっぱり東大では穂積重遠先生がいちばん先駆者だからね。戦後の日本の社会調査の開祖だったと思いますね。後で日本社会事業大学というのをつくった時に仲村優一先生というのがいましたけれども、あの人も有名な先生で、それから次が三浦文夫先生、みんな黒木さんがいう、日本の社会保障の根幹を成す社会調査を基本に踏まえて福祉国家の形成をするんだという理念を持っておられました。だから、それはずっと伝統的に、日本社会事業大学にも受け継がれたような気がします。

菅沼　保護課の社会調査は、具体的にどういうことをされたんですか。

苅安　自分たち行政でやれる範囲は予算に限られますから、まず被保護者の全国一斉調査です。それから、被保護者の生活実態調査、要するに家計調査です。それからもうひとつは、私が入った後で考えたんですが、生活保護の動態調査というのをやります。どうして生活保護に落層してくるのかという、落層原因を調べる調査です。

岩永　生活保護動態調査は一九五六年（昭和三一年）ぐらいからですけれども、誰がやろうと言い始めたかご記憶ですか。

苅安　それはやっぱり黒木さんの発想です。それもだんだん世の中が変わってきて、この動態調査も確か、今はやっていないはずですよ。それは、貧困の質が変わってきたからです。要するに、後でもまた出てくるけれども、日本が朝鮮戦争以来、ものすごい経済が成長していって、仕事はいくらでもあるわ、給料はどんどん上がっていく時代がきました。要するに、労働賃金が安いから貧困とか、働く場所がないから貧困という人はいなくなってしまったんです。ものすごくいい時代が来たんです。

私の入ったところは調査・基準係なんですよ。調査・基準係というのは、いうまでもなく生活困窮者の調査と、その資料を基に、当時の生保の基準を作成していました。だから、日本は、とりあえずはイギリスの救貧法を勉強して、日本の貧困者対策の基本をちゃんとしなければいけないのだということを教わったんです。だから、小山進次郎もおそらく昭和二五年に新しい生活保護をつくった時に、日本の貧困というのはどういうものか？ということと、これから先どうなるか？ということを考えて、無差別平等のすぐれた法律をつくったわけです。いま考えたら、あんな法律をよくぞつくったと思いますよね。大蔵省の連中は驚いたと思います。極端なことを言いますと、あのために膨大な金がかかるようになっていくわけですからね。要するに、受給の資格を問わないんです。現在の時点で貧困であれば、人間はすべて無差別平等に保護しろという考え方です。（後略）

■調査・基準係（2）――保護基準の策定・労研

刈安　生保の基準の話をいたします。これは国民の社会生活にとっての大事なニーズが基本ですよね。同時に国の財政のことも考えながら、どうやって立派な憲法二五条に保護する基準をつくるかという点です。マーケットバスケットというのは、ご存じのように私の頃はものすごく厳しかったんですよ。なぜかといいますと、衣類等の配給制度がまだ残っていた時代なんです。それから、物価統制令というのがありまして、これらのものの値段がぜんぶ決められていたんです。米などの主要食品から衣類に至るまで。そういうところで基準をつくり始めたわけですから、そう簡単に算出することができません。

まず日本人としての所要栄養量というのは厚生省において決めてありましたから、基準カロリーが、年齢・性別でカロリーはいくらと決まっていました。マーケットバスケットでは標準五人世帯（非稼動世帯）を想定し、夫婦と子どもが三人です。そうすると夫婦と、その子どものカロリーは年齢別に（五歳、三歳、一歳）に計算するものと決まっていました。従って食料費はわりかし簡単につくれたんです。当時は国立栄養研究所があったし、また、労働科学研究所に藤本（武）さんという、私らと長い付き合いをした人がいました。この人は後で、エンゲル方式に変えようと言ってくれた人なんです。この藤本さんのところにしょっちゅう行って勉強していました。

食料品以外をどうするかというと、これは品目の積み上げですよ。パンツ一枚、シャツ一枚、縫い針が何本で糸が何グラムなど。それをどうやって調べたかというと、当時はまだ物価は勝手に値上げできませんから、小さな商店とデパートの値段は変わらなかったので、新宿の伊勢丹とか銀座の三越へ行って調べたりとか。一生懸命に飛び回っていました。係長が石井律三という京大出身の優秀な人でした。

彼が責任者で、その部下で私の同僚に木村孜というのがいて、彼と二人で手分けして調査に歩くんですよ。それを何軒か集めてきて、多少違いましたからその平均値をとるわけです。

菅沼　そうすると、栄養をもとにそれを献立に直して、それを材料費に換算をするというので、食費については非常に厳格に基準が決まったと考えてよろしいのでしょうか。

刈安　算定は簡単にできました。労研と緊密に連携していました。

菅沼　それをそのまま保護基準に使ったのでしょうか。

刈安　ほとんどそのまま使いました。しかし、その他の費用についてはこのマーケットバスケットの調査をいつまで続けるのか疑問をもっていました。（後略）

■朝日訴訟

菅沼　朝日訴訟と保護基準との関係ですけれども、朝日訴訟が裁判として訴訟が起きてくるのが昭和三二年ですね。そうすると、その段階で保護基準は見直さなければいけないだろうというふうに、保護課の中では判断されていたのでしょうか。

刈安　我々基準係の中では議論しておったです。此村さんが苦労しているし、此村さんが帰ってきて机の上で深刻な顔をしておられました。要するに、受けて立つ立場だから。行政訴訟というのは、本当に役所はきついんですよ。

菅沼　此村さんからは、保護基準はやっぱり厳しいのではないかと。

刈安　お互いにそんなことを言ったら、「おまえら、憲法違反を認めているのか」ということになってしまうから、我々は絶対に「違反ではない」と言い張らないといかん。裁判用語でいえば、正当性を立証しなければいけない立場なんだな。

菅沼　実際にエンゲル方式に転換したのはいつ頃でしょうか。

刈安　私の後に植林（博）というのが出てくるでしょ。学習院大学を出た優秀な人で、彼の時代です。

菅沼　『生活保護三十年史』ですと、植林さんが保護課に名前が出てくるのは昭和三五年一一月ですが。

刈安　その頃から基準係に来たんです。

菅沼　その頃にエンゲル方式に。

刈安　変える準備はもっと早い時期に始めたんです。

菅沼　三五年一一月というと、第一審判決のひと月後ですね。そうすると、一審判決が出た後で、やっぱりこれはエンゲル方式に変えなければいけないという判断をされたと。

刈安　いや予算編成の初期、五・六月頃であったと思う。

菅沼　私、研究者としては、裁判に国が負けそうだなというので、第一審判決の前からエンゲル方式にと考えていたのかなと推測していたのですが。

刈安　もっと前から考えています。朝日訴訟を提起された頃から、我々はもう内々に、考えていました。

菅沼　検討はしていたと。最終的な決断というか決定は？

苅安　相手は大蔵省だから。

菅沼　三五年の一一月、一二月頃。

苅安　もっと前の予算編成の時です。三六年四月からエンゲル方式に変えているはずです。かなり前から内々で準備していたと思います。

菅沼　その準備は、基準係中心に。

苅安　基準係でやるんです。その当時は、課長補佐は藤井（康）で統計情報部から来た。東大の社会学系で小沼（正）さんの後輩です。

■エンゲル方式

菅沼　そもそものエンゲル方式の発想というのは、どこからきたのでしょうか。

苅安　朝日訴訟が起きて私がまだ医療係長か……その後予算係長をやっている最中です。

菅沼　そもそもこういうエンゲル係数を使うというのは、藤本先生が最初のアイデアの提供だったのでしょうか。

苅安　誰というわけじゃない。我々の中でもありました。もうこのままでは積み上げ方式は無理であるという。

菅沼　積み上げ方式はもう駄目だと。

苅安　それは実務担当者が一番痛感していました。特に家計調査の企画とか現場指導もずーっと私らが実際に、回って歩きましたから。藤本さんにも解析してもらって、基準との差異なども検討していました。

岩永　集計は統計調査部で行われたのですね。

苅安　社会統計課があって、そこに委託していました。集計の結果を我々のところでいただいて、藤本さんなどに見てもらっていました。それから、総理府の家計調査と対比をやってみたり。

菅沼　エンゲル方式をつくる時に、保護基準はどのくらい上がるのかというシミュレーションというのは、そうとうされたんですか。

苅安　いくら上げるかというのは、極端なことを言うとその時の国の財政事情です。だから、我々がいくらがんばったって駄目なときは駄目だし、いい時はグーッといいんですよ。

■保護基準、『生活保護法の解釈と運用』、歴代保護課長・課員

菅沼　（前略）当時、まだ小山進次郎の『生活保護法の解釈と運用』が出て少ししかたっていないですけれども、やはりあれはよくご覧になりましたか。

苅安　家に置いといて、毎日、暇さえあれば。そうでないと中野（徹雄）さんに怒られたもの。勉強しておかないと、今度は後輩に対して失礼になる。だから、あれは一応、ぜんぶ

読んだ。それからもうひとつは、今と違って都道府県の人たちの中にベテランの人がいっぱいいたんですよ。というのは、昔の内務省時代から、都道府県の中に社会課というのを全部つくってあったんです。灘尾（弘吉）さんという人はすごい人だと思います。そして、日本の社会福祉事業の根底を成す、組織と人材の基礎をつくっておられた。しかも中には、県の社会課から厚生省に引き抜かれて来た人がたくさんいたんです。私の先輩の永原勘栄さんとか、中川良雄さんなど。

菅沼　瀬戸（新太郎）さんは違うんですか。

苅安　あの人は確か軍事保護院からの人です。この人はまた一種独特な力のある人ですね。軍事保護院派と都道府県派というのがあって、軍事保護院派というのは、要するに瀬戸さんを中心にしてひとつの派閥をつくっていたわけです。

菅沼　軍事扶助をやっていた人たち。

苅安　そうです。自分たちが日本の、恤救規則に始まって古い日本の救済制度をつくってきた。一方、各県の社会課出身で、日本の社会事業の基礎を勉強した人、第一線の行政をやった人。これが、永原、中川、田中明さんもそうかな。その後、私の友達の児玉（昭吾）、土屋（三友）、小林（昭三）、仲（康守）等々、埼玉県、長野県、佐賀県等から来た人達です。山口新一郎が山形の社会課長をやっており、その時の部下の中に斉藤君というのがいて、自分が本省に帰ってくる時に社会局に推薦してくるわけです。そうすると社会局では、地方で勉強した優秀なやつを「あの山口が推薦するなら間違いない」ということになって太鼓判を押して採用しているわけだよ。やっぱりいい仕事をしてました。福祉事務所の現場にいたとかいうのが何人もいました。土屋、仲の両君が代表格でした。

岩永　そういう人たちも、『解釈と運用』を熟読されていた。

苅安　現地で勉強してきている。福祉事務所で勉強してくるから、本省でもすぐ使えるわけです。

菅沼　まさに『解釈と運用』はバイブルの中のバイブルだと。

苅安　だから、当時の社会局の若手連中は、保護課にいなくてもぜんぶ一通り勉強していないと務まらなかった。「あいつは何も知らないな」ということになってしまう。それほど、あの本はすごい。（後略）

生活保護行政の実際

西沢 英雄 氏

1940年生まれ
1960年　厚生省入省
1972年　厚生省社会局保護課係長
1983年　福岡県民生部保護課長
1994年　厚生省社会局監査指導課長
1995年　厚生省社会局保護課長

生活保護手帳

■保護課――最初の仕事、『生活保護法の解釈と運用』

岩永　昭和四五年に保護課に入られて。

西沢　そこで、辞令をいただいて挨拶に行ったら、出会い頭に一発、お言葉を頂戴しましてびっくりしちゃったんです。

菅沼　どなたから？

西沢　係長か補佐か何人かいたようだったけれども、「来たのはおまえか」と言われて、まず「当分の間、電話は取るな」と言われたんですよ。その心は、取っても回答できないというわけですよ。生活保護のことなんて何も知らないのが来たわけですから。保護係というところに行ったんですが、保護係は法令係と並んで、各県が生活保護の問題について、新しいことが起こったり、「テレビが出てきたけれどもどうしよう」とかいうことが起こったときに、どうするべきかという相談を受けるところなんです。それは、「そもそも法律の何条にこう書いてあって、云々かんぬんとやらなければいかん。できっこないだろう。だから、ややこしいから電話を取るな」と。それで、「誰もいなかったら取ってもいい。取ってもいいが、そのときは相手の電話番号と、用件を聞いておいて、追って返事しますと。それだけでいい。それしか言うな」と。びっくりしました。

いままで五〇年ほどやってきましたけれども、だいたい仕事をしながら覚えてきました。建前があるし法律もあるし説明するんですけれども、来た申請書を見ながら首っ引きでやりながら、わからないところは人に聞いて教えてもらいましたけれども、いきなり言われたのでびっくりしました。それで、「何をするんですか」と言ったら、解釈と運用というこんな厚いやつね。

菅沼　小山進次郎の。

西沢　そうそう。まずあれを読めと。それから次は、『百問百答』というのが一輯、二輯と出していたんです。あのときは三冊ぐらいだったと思いますが、ケース別に問題を取り上げて、法の解釈はこうあって、こう解釈すればこうであるというふうに書かれていたので、ケーススタディに沿った法解釈みたいな話だったんです。非常に勉強になると。それから、実施要領という、バイブルみたいなものだけれども、「これは後でいいよ。どうせ読んでもわからない」と。

菅沼　『生活保護手帳』というのが、実施要領ですか。

西沢　そうです。あれは、生活扶助がいくらとか、あれで足して引いてと書いてあるけれども、そんなことはいいと。まず、原理原則を覚えろと。前任者に聞いたら、「原理原則は、俺は一〇回ぐらい読んだよ」と言っていました。

菅沼　こんな分厚いやつを一人で読んだんですか。

西沢　ええ。朝から行っても、本を読むのが仕事ですから。原理原則のところは頭から一〇条なんですけれども、それだけで二、三割ぐらいの分量があって、そこにいろいろ、そう決めた経緯とかが書いてあって、「それをしっかり頭に入れておけ。それが入っていないと後の議論に参加しても何もわからないよ」と。それで、そればっかり読んでいました。

菅沼　そうすると、みんな保護課の職員は全員、小山進次郎の『生活保護法の解釈と運用』を持っていたと。

西沢　それが、僕が入ったときは、もう表紙が切れたようなボロボロになったやつが一冊あっただけで、「これが彼の本である。それをおまえに貸してやるから、読め」と。その後で、どうしても各県からの要望があるので、復刻版を。

菅沼　復刻版が七五年頃、全社協から。

西沢　その頃は、一冊ずつ配給があったんですね。本当は法改正もあったんですが、議論をして、とにかく復刻版を出すということにしたみたいです。生活保護は、一条から一〇条までの基本原則のところは変わっていないはずです。

■生活保護行政の実際

西沢　このあたりで実施要領及び医療扶助運営要領改正の手順について整理してみますと、年度初めに各都道府県・指定都市から改正要望事項をいただいて、これに監査関係事項を加えて取りまとめ、その意見を聞くためブロックで会議を開きました。

　生活保護では原理原則といわれる制度の基本的なところは法律で定められていますが法令通知により個別事例にかかる対応ぶりに至るまで相当細かいところまで示されております。一方、福祉事務所の門をたたいてくる人たちの抱えている問題は多岐にわたっており、また、その対応に当たっては、一般国民生活とのバランスという面からの検討も必要になります。こうした問題に日々取り組んでいる現場の意見を取り入れようとするものです。各県からは保護、医療係長はじめ数人の職員が参加していて、福祉事務所で保護の実施にあたっているケースワーカーの経験を有するなど知識・経験の備わった方々が出席しておられました。ここでは、改正意見を出したところから、その趣旨・背景などを説明いただき、ほかの県からはその県の状況、改正の要否等をうかがい、時には白熱した議論になったこともあったようです。

　ブロック会議が終わると、次は課内会議です。各ブロックでの意見を踏まえ、法令、保護、医療の三係りで改正案をつくり、課内会議にかけます。係長が被告席に座って、担当補佐が後ろから何かあったら応援と。最後は、課長がご判断を下すと。監査指導課が、まだ参事官室といったかな、同じようなものですけど、そこに監査官なんかも参加していただいて、指導監査として各都道府県、福祉事務所を回りケースワーカーと接触している中で得られた情報をもとに現実的な意見をいただきました。私は一年生ですから、声もかけられないぐらいの人たちがいっぱいいました。

　それで、課内会議をやって叩いて決めて、これでいこうという話になったら、代表県の係長会議というのをやるんですね。だいたいこんな線でどうかという話を持ち出して、もう一回叩いてもらうんですね。というのは、この規定で出して、ケースワーカーに読ませたらすぐわかるかどうかと。ケースワーカーが保護を決める時に、目安を何にするかと。留意すべき事項などをもう一回詰めていただくんですね。

生活保護法は、保護の基準は厚生大臣が定めることになっています。したがって、一月、二月の部局長会議、課長会議があって、保護の係長会議というのを三月の頭にやるんです。そのときに、仮に本予算が成立していなくても新しいものはもう案として渡してしまう。白表紙と言っていましたけれども、『保護手帳』の版の大きさを倍にして厚さはずっと薄くして、そこに基準の表をぜんぶくっつけて、改正のところは太字か何かで入れてと。それで、『保護手帳』ができるのは時間がかかるので、それまでの保護の決定はこれでやれと。それをとにかく係長さんが持って帰って、直ちに県内の福祉事務所を集めて、白表紙を配って説明して、三月中に、四月一日の保護の変更、その大作業をやらなければいかんと。そういう段取りだったんですよね。

これを取りしきるのが各県の係長さん方であったこと等から、よく生活保護は係長行政だと言われました。白表紙を持って帰って説明するのは、部長さんがやるのはちょっとレベルの違う話でもあるし、実践部隊として帰ったらすぐやらないかん仕事があるので。各県の保護係長さんというのは、ケースワーカーの経験者で生活保護の主みたいな人がデンと座っていて、待ち構えておりました。そういう意味では、ときどきお会いして議論すると、現実に即したいい話も教えてもらいました。

保護基準，格差縮小方式，家計・消費実態調査

田中 敏雄 氏

1943年生まれ
1961年　厚生省入省
1970年　厚生省社会局保護課基準係長
1983年　厚生省更生課身体障害者専門官
1995年　厚生省社会局監査指導課長
1997年　厚生省社会局保護課長

45年度予算、きょう政府案

生活保護14%上げ

警察官五千人増　新機構も大幅に

財投三兆五、八四〇億前後

『読売新聞』1970年1月31日（読売新聞社提供）

■保護課・生活保護基準の設定（1）――格差縮小方式

田中（敏） その後に社会局保護課に戻りました。保護課は（昭和）四四年から四八年までの四年間で、ずっと基準係でした。基準係に入って一年たって基準係長になりまして、四六、四七、四八年度の三年間の予算に関わったということですね。もう、当時は格差縮小方式になっていましたから、保護基準の改定率は、一人あたりの最終消費支出の伸び率にプラス・アルファをして決め、これをエンゲル方式で検証するという作業をやったんです。この頃は、暮れの予算折衝の前に事前にセットするというのはなかったんですね。当初の内示を受けて初めて大蔵省の意向がわかるという状況だったのですが、私の時にはぜんぶ同じパターンで、最初に一三%の内示があって、あとプラス・アルファ一%を大臣折衝で上乗せをして、それで一四%というのが三年間続きましたので、そんなに折衝という意味で大蔵省とやり合ったということはないんですね。もちろん、資料のやり取りみたいなことはしょっちゅうやりますけれども、「何%上げろ」「上げられない」なんていうことで大々的に折衝したということはなかったですね。あの頃はまだ財政のほうもそんなに厳しくなくて、たくさん上げるというのが常識的な時期だったから、「このくらい上げておけばいいんじゃないの」というのが財政のほうもですし一四%で、プラス・アルファも付いていたから、いい悪いということでそんなに議論はなかったと思っています。

菅沼 この一三%というのは、どういう数字だったのでしょうか。

田中（敏） 格差縮小方式が守られていることが前提ですが、一四%がもう最終的にあって、それは大臣折衝に取っておこうということで一三%とやったんだろうと思っているんですけどね。だいぶ後になって、大蔵省と事前にぜんぶセットするという方式に変ってからは、それはわかるんですが、その当時はそういうことをやっていなかったからあくまでも推測ですけれども。答えが一四%であって、一%だけ削っておこうという意図だろうというふうに思っていたんですけどね。内容的には、さっき言ったような格差縮小方式をカバーしているし、それからエンゲル方式で検証しても、一応改善されている水準だと。

菅沼 エンゲル方式で計算したものよりも、水準は高く設定したのですか？

田中（敏） 格差縮小方式で決めた水準にあうように逆算してエンゲル方式で積算してみるのです。そうすると、エンゲル係数も改善されてるとか、食費がどの程度の水準になるかとかがわかることになります。それであればエンゲル方式でみても十分改善されているなということがわかるので、いいんじゃないかということになるんですね。

菅沼 当時、一般世帯の消費支出が年間どれくらい上がっているかとかを調べて、それがだいたい一三%、一四%というふうに、大蔵が計算していたということはあるのでしょうか。

田中（敏）　それは、予算編成の前に政府の経済見通しが出ますので、それを見れば来年度の一人あたりの最終消費支出の伸び率がわかります。確か、三年とも一一％、一二％程度の数字だったと思うんですけどね。ですから、一三％でも一四％でもプラス・アルファも確保されている。ただ、直前にならないとその経済見通しが出ませんから、厚生省も大蔵省もそこまで待っているという状況なんですね。だから、予算的には金目の枠で要求しておいて、編成の直前になって、その政府の見通しを見て、これなら大丈夫そうだなというベースは両方ともわかる。だから、大蔵省は「一四％にしておけば大丈夫だな」ということで決めたんだろうと思っているんですけどね。

■保護課・生活保護基準の設定（2）——一般世帯・標準世帯

岩永　今のお話と関係するんですけれども、これは現在の話になってしまうのですが、一般世帯といった場合に、今は低所得世帯みたいなのを考えているんですけど、この時代の一般世帯は、働いている、あるいは日雇いの労働者世帯というのを一般世帯として見て標準四人世帯とされていましたか。

田中（敏）　格差の目標を六〇％という時の一般世帯というのは、一般の勤労者世帯を基準にして言っているのですが、たとえばエンゲル方式で使うエンゲル係数などは、主に一〇分の一階層の消費実態から算定していましたし、消費支出の内容の比較も第一十分位のところをベースにおいて、見ていました。それで十分位のベースになるのは日雇いとかということではなくて、一般の勤労者世帯をベースに置いて比べていましたね。ですから、エンゲル方式で検証する時なども、まずは食費を積算するのですけれども、その基礎になる食品構成なども第一十分位の食品構成をベースに置いていましたね。もちろん、全体の平均とも比較していましたけれども。

岩永　その場合の世帯と、先ほど触れてくださった少人数世帯、実際に生活保護を受けているのはもっと高齢者とか母子世帯だけれども、検証は稼働世帯だと。そこが一致しないというか、ちょっと違うというのは、何か意識されたりしましたか。

田中（敏）　そこは、厳密にはなかなか比べ方が難しいというか。母子世帯などを比べてしまうと、被保護世帯がものすごく良くなってしまうわけですよ。母子世帯は、保護を受けていない一般の世帯が低いですからね。だから、そこのところをどういうふうに、一般の母子世帯と比べればいいのかという点が難しいので。一般の母子世帯と比べてバランスをとるなんていうと、保護基準を低くしないといけなくなりますから。むしろ低所得の多い母子世帯等の底を上げるための基準なのだから、やっぱり特定の類型の世帯どうしの比較ではなくて一般の世帯を考えながらと。ただ、内容的にこういう類型の世帯には特別な需要があるという部分はそれなりに考えなければいけないと。たとえば、障害者世帯などは特別な支出が必要というところは考えなければいけないですが、一般的な生活水準はやっぱり普通の世帯をベースに考えていかないと、基準がおかしくなってしまうと。だから、一般の勤労者世帯との比較が中心になるということですね。

　ただ、消費の内容をいろいろ比較する参考には、そういう類型別に世帯を取り出してどんなふうになっているということは見ますけれども、同じ類型の世帯同士を比べてその格差を基準算定に直接使うことはなかったですね。一般の低所得世帯の家計調査なども、別途やっていましたからね。国民生活実態調査の中から選び出してもらって、低所得世帯の部分を特別な家計調査をやって、そういう消費の動向なども見ていましたけどね。いろいろ使っていたけれども、具体的にどこをどう使ったかというのはよく覚えていないんだけれども。

資料紹介

『生活保護法の解釈と運用』

『生活保護法の解釈と運用』は生活保護法に関する総合的な解説書である。初版は一九五〇年一二月に横書きで日本社会事業協会から刊行され、改訂増補版が一九五一年一二月に縦書きで中央社会福祉協議会から刊行された。著者名は厚生省社会局保護課長小山進次郎とされているが、実際には、同保護課の職員である戸澤政方、高橋三男、瀬戸新太郎との共同執筆である。

一九五〇年五月に改正・施行された新生活保護法（いわゆる「新法」）は全面改正であり、総則（保護の原理）、保護の原則を詳細に規定するなど、総合的かつ精緻な法体系となった。本書はこの「新法」の条文を直接立案・起草した社会局保護課の官僚が執筆したものである。「新法」の各条文、個々の概念・用語をなぜ採用したのか、つまり法の精神・理念と目的を具体的に説明している。たとえば、政治過程（占領軍、政治家、社会運動）、法理論、保護の経験を踏まえた現実論などを具体的に掲げて、なぜこのような条文になったのか、なぜこのような文言を採用したのか、を説明している。その説明は洞察に富んでおり、当時の時代状況も彷彿とさせるもので、味読に足る叙述となっている。また、行政法、民法等の当時の法理論を十分に咀嚼して、実定法に具体化しており、法学書としての理論水準も高い。

本書の前身として岡田好治『生活保護百問百答第一輯』（一九四七）、厚生省社会局保護課編『生活保護百問百答第二輯』（一九四八）、小山進次郎『生活保護の基本問題――生活保護百問百答第三輯』（一九四九）がある。質と分量において本書はこれらを凌駕するが、救護法、軍事扶助法、医療保護法など内務省社会局以来の長年にわたる救護・保護行政の経験が蓄積されて本書が書かれていることも忘れてはならない。

本書は、「新法」の成り立ちとその立法精神を知るために最も重要な歴史的資料である。だが、それだけではなく、「新法」は現行法であり、生活保護法の解釈と運用に関して疑義が生じた場合には、現在でも必ず参照される生活保護実務のバイブルでもある。厚生省社会局保護課の職員も、着任するとまず本書を読むべきとされてきた。たとえば、苅安達男氏は一九五〇年代において「家に置いといて、毎日、暇さえあれば。……あれは一応、ぜんぶ読んだ」という。西沢英雄氏は一九七〇年に保護課に着任した際に、上司から「まずあれを読めと」言われたという（第二章参照）。田中敏雄氏は一九九〇年代においても保護課において「何か問題があって読むと、必ず問題を捉えているんですよね。……非常に役に立つ本でしたね」という。

なお、改訂増補版は、一九七五年と二〇〇四年に復刻版が刊行されている。

（文責：菅沼　隆）

第4章 社会福祉の展開と児童手当の導入

解題　浅井亜希
　　　田中聡一郎

1　「福祉六法」体制と児童手当の導入

一九六〇年代の社会福祉は、生活保護法を中心に児童福祉法、身体障害者福祉法という、いわゆる「福祉三法」の時代から、「精神薄弱者福祉法」(一九六〇年三月)、「老人福祉法」(一九六三年七月)、「母子福祉法」(一九六四年七月)の三法の成立によって、「福祉六法」体制の時代となった。社会福祉事業は、それまでの救貧政策から社会的弱者に対する救済政策へと移行し、高度経済成長を背景とした拡充期を迎えることになる。

法体制の整備によって、社会福祉の対象が低所得者から、精神薄弱者、老人、母子世帯へと拡大し、それぞれのハンディキャップに着目して、彼らが円滑に生活を営めるよう援護する傾向を強めていく。たとえば「精神薄弱者福祉法」により、それまで児童福祉法に適用する年齢に限られていた援護事業が一八歳以上の精神薄弱者にもひらかれた。「老人福祉法」の成立は、老人福祉に対する基本理念を明らかにするとともに、生活保護から養老施設を分離吸収するなど、救貧政策ではなく、寝たきり老人問題等に対応する高齢者施策の整備をめざした。また母子世帯問題は、「母子福祉法」により、経済的問題に加えて、児童の健全育成を考慮した母子一体の理念に基づく福祉の措置を義務づけた。また当時の社会福祉は、施設福祉対策が中心の時代ではあるが、老人家庭奉仕員制度といった在宅福祉サービスが導入されていく時期でもある。また、保育政策については、既婚女性の職場進出の増大による保育需要の高まりを背景とした、保護者や当事者団体による全国的な運動もあり、保育所の増設および多様化した保育ニーズへの対応(小規模保育所、事業所内保育、乳児保育、障害児保育)がなされていく。一九六三年一〇月、厚生省と文部省による協議の結果「幼稚園と保育所の関係について」(両省局長連名通知)が各県に示された。ここで保育所は「保育に欠ける児童」を対象とすること、幼稚園は「教育」であるとする見解が出されたため、幼保二元化問題という現在まで続く議論が形成される基礎となっている。

一九六〇年代は社会保障関係費が一八〇〇億円余りから四三〇〇億円余りへと、この間急激に増加し、国家予算に占める割合は一〇％前後から一三％前後へと高まっていく。福祉六法体制の成立によって、とくに社会福祉施設の整備を中心とする施設関連費用が増大したため、法体制のみならず実態としても、それまでの貧困者対策から多様なニーズに応える社会福祉へと移行し、「福祉元年」へとむかうのである。

児童手当法は一九七一年五月に公布され、翌一九七二年一月より施行された。児童手当は日本における「最後の社会保障」といわれるように、他の社会保障制度より遅れて実現したこと、先進国のなかで最も遅いスタートであったこと、また、その制度の不十分さが特徴としてあげられる。戦後直後から児童手当の必要性は指摘されていたが、制度創設についての本格的な議論は、一九五〇年代半ば以降、児童の養育費負担の問題や出生率の低下といった背景から行われることとなった。一九六一年五月に厚生大臣が児童手当制度の創設を検討する旨を閣議で報告し、六月に中央児童福祉審議会における特別部会として児童手当部会（部会長：今井一男）が設置された。児童手当部会は三年余りにわたる審議から、一九六四年中間報告「児童手当について」を行った。この報告は、日本ではじめて児童手当制度のあり方に関して総合的な検討が行われたものとして、制度設計の出発点となっている。中間報告では、児童福祉の観点・社会保障の観点・賃金体系の観点・所得格差是正と人間能力開発の観点という四つの観点から児童手当の必要性が主張された。制度設計については、被用者に対する雇用主負担を中心としながら、自営業者および農民は本人負担を導入した社会保険方式も検討された。

国会や地方自治体等においても、児童手当制度の早期実現が求められるなかで、厚生省は一九六五年五月に児童手当準備室を設置し、近藤功児童手当準備室長を中心と

（年表）　1960年代の社会福祉と児童手当の展開

1960年	精神薄弱者福祉法
1961年	児童扶養手当法
1961年	児童手当部会設置
1963年	老人福祉法
1964年	母子福祉法
1965年	母子保健法
1967年	児童手当懇談会設置
1969年	児童手当審議会設置
1971年	児童手当法

しながら、制度設計のため児童養育費調査をはじめ、具体的な検討作業が行われた。そして、一九六七年一一月厚生大臣の私的な諮問機関として児童手当懇談会（座長：有澤廣巳）が設置され、児童手当の具体的な制度設計が行われていく。同懇談会は一九六八年一二月、児童手当の具体的な制度案を含めた「児童手当制度に関する報告」を行った。この報告では、児童手当は全国民を対象とした義務教育終了前のすべての児童を養育するものに対し支給するものとされた。そのため、被用者と非被用者（自営業者・農民）という「二本立て」の制度として、前者には拠出制（雇用主負担による）、後者には無拠出制（暫定的に全額国庫負担）で財源を賄い、さらに無拠出制児童手当には所得制限が設けられた。懇談会の報告を受け、一九六九年七月には児童手当審議会（会長：有澤廣巳）が設置され、児童手当制度の実現にむけた手続きが開始された。同審議会第一回の会合において、斎藤昇厚生大臣よりいわゆる「斎藤大臣構想」が示され、被用者および非被用者をひとつの制度に統一し、地方公共団体に負担を求めること等、新しい制度のあり方が示された。斎藤大臣構想、審議会による海外調査および国会の要請を背景として、一九七〇年九月、児童手当審議会の中間答申「児童手当制度の大綱」が示され、早急に制度創設が進められていく。大綱では、所得制限は行わないが、非被用者については一定程度以上の所得を有する場合には拠出が求められた。また支給対象については、斎藤大臣構想と同様、義務教育終了前の児童が三人以上いる場合の第三子以降とされた。

児童手当審議会の答申を受け、厚生省において自民党と調整しながら政府案が作成された。一九七〇年一一月自民党世話人会による「児童手当制度の構想」は、支給対象年齢を一八歳未満と拡大、非被用者に対する児童手当は公費負担とされたが、再び所得制限が設けられた。最終的な児童手当法案は、概ね自民党世話人会の構想に沿ったものであったが、費用負担については事業主および地方公共団体から強い反対意見もあり、段階的に支給対象範囲を拡大することが盛り込まれ、実現に至った制度内容は当初のアイデアよりも貧弱なものであった。しかしながら佐藤栄作総理大臣の強い意向により、まずは制度創設、すなわち「小さく生んで大きく育てる」という方針が明らかにされ、児童手当法案は一九七一年五月二一日に全会一致で可決された。翌一九七二年一月より始まった児童手当制度は、支給対象児童を段階的に拡大し、一九七四年四月から完全実施されることになり、手当額も当初月額三〇〇〇円から、一九七四年に四〇〇〇円、一九七五年にも引き上げられ、制度成立直後は順調に推移していた。しかしながら一九七二年のオイルショックを契機とした福祉見直しの議論により、児童手当制度もまもなく見直しの対象となっていく。

2　一九六〇年代の社会福祉と児童手当・児童扶養手当についての証言

①　児童手当制度の成立のために必要なものは何か

児童手当制度は「最後の社会保障」といわれるように、他の社会保障制度より遅れて成立した。遅れた要因について横山和彦は、賃金体系における家族手当、年功序列型賃金の存在とともに、消費者物価が比較的安定していたこと、また児童手当により人口増加をもたらすという誤解、という四点をあげている（横山・田多編［一九九一］）。厚生省内においては児童手当制度の導入に対し「低調ですね。それから、官房長とか次官が本当にやる気があればいいんですよ。次官が、やる気がぜんぜんないんだから。わりあい有名な次官だったんだけど、大蔵省のほうばかり見ておって、本気になってやる気はなかったね」と、冷ややかな状況であったと近藤功氏は当時の様子を述べる。そのため近藤氏は児童手当審議会の設置の前に、厚生大臣の私的諮問機関である、児童手当懇談会を設置したのである。審議会の前に懇談会を設置するという二段方式について、「私も恩給なんかの仕事をやりまして、あそこでも懇談会とか審議会という二段構えの仕事をやったことがあるんだけれども、わりあいに懇談会、審議会というやつはやりやすいなという気がした」として、これが近藤氏のアイデアであったと述べている。

一九六九年には、全国一三六の地方公共団体が独自の児童手当を実施しており、国民からの請願運動や署名運動もあったため、児童手当制度実現にむけた要望が活発化していたように見受けられる。しかし近藤氏は、「盛り立てるという団体はひとつもないものね。（中略）恩給だったら、すごい圧力があるからね。持ち上げてくるのがいるんだけど、ああいう圧力を持ってるものは児童手当にはない」として、推進の後ろ盾となる利益団体が存在しなかったと証言している。

児童手当制度が成立した背景について横山は、若年層の賃金水準上昇による年齢別賃金格差の縮小や消費者物価指数の拡大、教育費負担の増大をあげている（横山・田多編［一九九一］）。しかし近藤氏によると、児童手当のために最も重要であったのは、海外の状況（とくにＩＬＯ第一〇二号条約）であり、「外国でここまでいっているのに、どうして日本はいかないんだ」と説得したことであった。つまり、広報（パンフレットや講演といったＰＲ活動）、経営者団体と労働組合、大蔵省をはじめとした省庁間の調整、政治家への働きかけやマスコミ、世論の結実として成立したものであったと説明している。

② 制度設計について

近藤文二によると、成立した児童手当制度には被用者型と国民型の混合型という、日本の社会保障の特徴が表れているという（近藤編［一九七七］）。児童手当制度の構想にあたり、当初から事業主による拠出が重要だと考えられていた理由としては、被用者および自営業者・農民すべてを税財源でまかなう無拠出制とすると、社会扶助としての機能にとどまってしまい、資産調査をともなう救貧政策の延長とならざるをえない、という懸念からであった。また、個人の私生活は個人の責任と負担で行うという原則も存在している。

教育費負担に関しては、児童手当準備室が毎年児童手当基礎調査を行い、「最近の数字がだいたい五千何百円だったものですから、丸めて半分だったら三〇〇〇円という単純な。外国の例を見ても、だいたいそのぐらいのところになる」として、児童数にともなう養育費の実態に即し、児童手当の月額三〇〇〇円を算出したと近藤氏は説明している。また児童手当の基本設計である、雇用主等から拠出金を求める「拠出制」および全額国庫負担とする「無拠出制」という表現自体は、児童手当懇談会報告より正式に使用され、児童手当部会による中間報告の際に「一種の社会保険制度で発足することが妥当」とも表現されている。日本の児童手当のモデルとされていたのは、歴史的に事業主の拠出を主として発展していたフランスであった。近藤氏は、「私はだから、児童手当をつくる場合には無拠出でやったらぜんぜん駄目だと。それこそ、多子貧困家庭だけになっちゃうと。それでは意味もないだろうと。それで、拠出制にこだわったんです」と、海外調査の経験から、設計当初よりフランス型を強く推進していたことを証言している。

また、被用者と自営業者・農民で制度を分ける、いわゆる「二本立て」の制度として設計されていたものが、斎藤大臣構想より、突如として制度が一本化された。そのことについて近藤氏は、「あの人はやっぱり政治家ですから、まずわかりやすい制度ということなんです」と、拠出制を前提としながらも制度を一本化し、被用者とそれ以外の給付額を同額、また所得制限を設けないといった平等な制度構想を発表した意図を述べている。

一九七〇年七月三〇日、近藤氏は内示を受け、児童手当法案の成立を目前としながら、児童手当準備室長を退官することになった。成立した児童手当制度の印象について、近藤氏は、「当初は、まあよくやったと思うよ。問題はその後だよ。その後、どうしてこういうことになるのかと思ってね。ずっと一本道を歩けばいいのに、行ったり戻りでしょ。世界の児童手当発展史からみれば、日本の歴史は非常に特異な存在だと思うんです」として、現在までの児童手当制度の道程を憂慮している。児童手当は一九七二年一月より実施され、当初は支給対象児童を段階的に拡大したが、オイルショックを契機として、一九七五年には早くも制度見直しの議論がなされるようになった。事業主拠出に対する反発も強く、一九七八年の児童手当法改正では、児童手当による所得保障という当初の観点から、児童の健全育成を目的とする児童福祉へと移行していくのである。

③ 児童扶養手当の創設

一九六一年制定の児童扶養手当法は、死別母子世帯を対象とした母子福祉年金を補完するものとして制定されたと一般にいわれる。その一方で児童手当の創設を見越した先行的制度としての狙いもあったのではないかとも指摘されている。今回、当時児童局母子福祉課に在籍し児童扶養手当法を準備していた長尾立子氏の証言は、そうした側面を物語っている。長尾氏は母子福祉年金の創設が児童扶養手当の導入の契機になったことを確認したうえで、伊部英男氏（当時児童局企画課長）が児童局で児童扶養手当を引き受けた時の様子を次のように回想している。「やっぱり、厚生省のキャリアが児童手当をつくりたいというのは、それは非常に大きな夢はみんなあるんですね。伊部さんはおもしろい人で、児童扶養手当を児童局でやるまでに、当然、省内でものすごい議論があったんです。徹底的に反対しているんですよね。『こんなに反対して、児童局はやらないんだな』と思って少し席を立ってと思ったら、いちばん最後に児童局に落っこちて来たら、うれしそうな顔はしないけれども、『しょうがないな』という顔をしながら本当はうれしいんですよね（笑）。それは、戦術なんですね」。

④ 老人福祉法の制定

一九六三年制定の老人福祉法は、老人福祉の単独法としては世界最初の法律といわれる。また今日、同法は、生活保護法から養老施設を養護老人ホームとして分離・吸収し、特別養護老人ホーム、老人健康診査や老人家庭奉仕員制度の創設なども盛り込み、それまでの救貧政策から一般的な高齢者福祉に変えたものとして知られている。しかし、その立法の担当者であった社会局施設課長の瀬戸新太郎の証言によれば、同法の立案は政府内ではかならずしも歓迎された様子ではなかったという。老人福祉法の制定については省内外で消極的な状況で、また予算面でも大蔵省から養護老人ホームの予算要求は従来の生活保護法の養老施設以上の要求をしないように求められたという回想がある（老人福祉研究会［一九七四］）。当時社会局庶務課に在籍していた苅安達男氏は、老人福祉法立案時の省内の様子について次のように回想している。「その当時は、生活保護で老人の施設はやっていた。ところが、それを切り離して今度は老人単独の法律をつくって、特別養護老人ホームなどを生活保護から切り離そうと。これも生活保護の金を減らすためのひとつの手段とされていた。とくに老人はこれから先どんどん増える。生活保護のほうで抱えておったらえらいことになってしまうと。今のうちに切り離そうという発想で、老人福祉法をつくろうという空気があったんです」と述べられた。老人福祉法の立案においては、救貧政策から一般的な高齢者福祉への移行という目的とともに、高齢化による保護費急増への対応という将来的な課題も意識されていたことがうかがえる。

参考文献

植山つる［一九八六］『大いなる随縁――植山つるの社会福祉』全国社会福祉協議会

近藤功［二〇〇六］『児童手当創設日録』講談社出版サービスセンター

近藤文二編［一九七七］『社会保障入門〔新版〕』有斐閣

堺恵［二〇一五］「児童扶養手当制度の成立過程における制度創設の経緯――一九五九年から一九六一年までの国会審理および新聞報道からの考察」『社会福祉学』五五巻四号、一四―二九頁

坂元貞一郎［一九七二］『児童手当法の解説』社会保険研究所

横山和彦・田多英範編［一九九一］『日本社会保障の歴史』学文社

老人福祉研究会・厚生省社会局老人福祉課監修［一九七四］『老人福祉一〇年の歩み』老人福祉研究会

なお、一節、二節①・②は浅井亜希、二節③・④は田中聡一郎が執筆した。

児童手当の立案

近藤　功氏

1924年生まれ
1947年　厚生省入省
1960年　大阪府民生部国民年金課長
1963年　厚生省統計調査部管理課長
1964年　総理府恩給問題審議室長
1966年　厚生省大臣官房児童手当参事官
1969年　厚生省児童家庭局児童手当準備室長
1970年　環境衛生金融公庫総務部長
1974年　公害健康被害補償不服審査会審査長

中間答申「児童手当制度の大綱」を内田常雄厚生大臣に手渡す
有澤廣巳児童手当審議会会長（1970年）（毎日新聞社提供）

■児童手当準備室の設置

菅沼　それからもうひとつ、この準備室設置のときは、準備室と児童家庭局との関係はどうなっていたのでしょうか。

近藤　準備室は、児童家庭局の中に入っているんです。児童家庭局の中のひとつなんです。ただ、初めは違いますけどね。

菅沼　準備室は大臣官房で児童家庭局に設置されたということですか。

近藤　大臣官房の頃は企画室というのがあって、そっちのほうです。児童手当準備室というのは、児童家庭局で独立の組織になったんです。

菅沼　参事官で児童手当準備室担当ということで、所属は大臣官房で、ただ準備室は児童家庭局の中に置かれているという？

近藤　そうではなくて、初めは大臣官房におったんですよ。準備室が児童家庭局に置かれたのはずっと後なんです。斎藤大臣のときです。大臣官房企画室というのは調整関係の仕事で、そういう現実の仕事をするのは原局だと。だから、だいぶ後になってからです。

菅沼　『日録』にございました。後になって、児童家庭局のほうに移したということですね。

近藤　それは斎藤大臣の英断です。やっぱり役人出身だからわかるんですよね。他の大臣はそんなことぜんぜん気がつかなかったけど。

菅沼　やはり原局に降ろさないと駄目だという考え方ですか。

近藤　というのは、人の問題もあったんですけどね。人の問題もあったけれども、一応それは言えないから、とにかく官房なんかは調整機関であって、原局でないと仕事はできないと。それで、児童家庭局に移せと。それで、児童家庭局に児童手当準備室をつくったんです。

菅沼　そうすると、この昭和四一年に辞令を受けたときは、児童家庭局とはどういう関係にあったんですか。

近藤　何も関係ないんです。

菅沼　そうすると、職員も児童家庭局から引っ張ってくるのではなくて。

近藤　何も関係ない。

菅沼　そうですか。途中で黒木利克さんが陣中見舞いなんていう叙述がありますけれども、黒木さんはその少し前まで児童家庭局の局長さんだった方ですよね。そうすると、児童家庭局と何か関係があるのかなという感じがしましたけれども、そうではないんですか。

近藤　最初は官房だけだったんですね。官房が招集して、各局から集めて協議会みたいなことをやったんですよ。そんなのはまとまりっこないんですよ。それも斎藤大臣は見ておったんでしょうな。それで、児童家庭局に移して、「準備室というのは普通の課よりも偉いんだ」とか何とか、本当かどうか知らないけど言っていてね。あの頃、普通は課には次長なんていないんです。準備室は、室長の下に準備室次長というのがいるんです。それはちょっと、格が違うんだというね。準備室次長というのがいたんです。（中略）

菅沼　そもそも準備室は、誰がどういう意図で設置されたのでしょうか。たとえば、局長とか、あるいは次官とか。

近藤　斎藤大臣のご意向で。

田中　準備室が斎藤大臣ということですよね。参事官というのはどういう位置づけなのでしょうか？

近藤　参事官は、児童手当参事官という、児童手当のつく参事官なんだよね。それで、児童家庭局に来たときは、児童手当準備室となって私が室長だったんですけれども、役所の場合、課長というのはちょっと偉いというか、やたらにできないんです。定員がないとお金がつかないんです。だから、児童家庭局に児童手当準備室をつくっても、室長にはお金がついていないわけです。大臣官房参事官はちゃんと月給をもらえるんです。その肩書で児童家庭局に来たわけです。だから、一応大臣官房参事官兼児童手当準備室長という形だったんです。（後略）

■海外調査と日本の制度設計への影響

浅井　準備室長や大臣官房参事官として、海外の制度について二度調査に行かれ、また海外から資料を取り寄せていらっしゃいますが、とくに児童手当審議会の児童手当調査団による調査では、かなり海外の制度を参考にされているように思います。とくに日本に関係がある、制度として取り入れたいと思っていた国がありましたら、その理由を教えていただければと思います。

近藤　これはいろいろあると思うんだけれども、だいたい、フランス語をやる人がいないんだよな。それで、私がフランス語をやるものだから、フランス語の本をずいぶん読んでいて、児童手当というとだいたい大きく分けて、無拠出制の国、これは英連邦系でイギリスとかカナダとかオーストラリアとか、全額国庫負担。それから、北欧系も全額国庫負担。あとは多くは、どちらかというと普通の家族給に類するものを家族手当としている。一応、被用者・非被用者、両方含めたところでは、いちばんがフランスで、フランスとまったく同じなのがベルギーです。ドイツは初めは拠出制だったんだけれども、途中で全額国庫負担に変えちゃった。イタリアは拠出制ですけれども。そうすると、拠出制を目指す場合には結局、フランスぐらいしかないんです。なぜ私ががんばったかというと、私は国民年金をやっていまして、福祉年金というのがくっついてあったんです。これは経過的年金で、無拠出なんです。全額国庫負担ですよね。全額国庫負担というのは大蔵省の関係もありますが、福祉年金を引き上げようとすると本当に苦労するんですよ。あれは最初、一〇〇〇円で出発したんですが、一〇〇円上げるのにも大変なんですよ。

菅沼　大蔵との関係が非常に難しいということですね。

近藤　とてもとてもこれでは大変だと考えました。私はだから、児童手当をつくる場合には無拠出でやったらぜんぜん駄目だと。それこそ、多子貧困家庭だけになっちゃうと。それでは意味もないだろうと。それで、拠出制にこだわったんです。だから、私は海外の調査に行っても、拠出制の国しか回っていないんです。ただ、調査団になると拠出制の国ばかりというわけにいかないから、カナダもイギリスも行っていますけど。有澤（廣巳）さんがわりあいに拠出制にこだわってくれたものですから、そのへんはうまくいったんです。結局、私は理念とか実際の行動から見ても、フランスがいちばんいいんじゃないかと思った。実際にどうなるかはわからなかったですが。

フランスは、人口問題があるでしょ。企業が非常に人口育成に金を出すんですよ。日本の企業だったら、「被用者分はいいですよ。しかし、非被用者のほうには金を出しません」となるんです。ところがフランスの場合は、企業が集めた金を、もちろん被用者分もぜんぶ賄うんですけれども、それ以外に非被用者、自営業者にも金を渡しているんです。とくに、農業児童手当なんていうのは、企業から回る金がすごいですよ。そういうことで、理想どおりいくかどうかわからんけれども、一応目指すのはフランスではないかという感じがしまして、フランスの制度に固執したんです。

だから、児童手当懇談会の組み立て方というのは、フランス式です。ただ、日本の場合は非被用者については金を集めるのが難しい問題があったから、とりあえずは無拠出でいこうというので、被用者の分だけは拠出と。だから、一応二つに分かれた格好になっていますけれども、ゆくゆくはフランスみたいに、二つでありながら企業の金が農民などにも回るようにしたい気持ちがあったんです。それは、後でも出ると思いますが、児童手当のほうにも「次代を担う児童の育成」というのがあるでしょ。「次代を担う児童」というのは労働者ですよね。労働者を雇うものはそれなりの負担をしないといけないと。雇用税なんです。（後略）

■財界・労働組合との交渉

浅井　各界との交渉についてはいかがでしょう、財界に関しては先ほど少しお話しいただいたように、時間をかければ説得できるという印象でしたか。

近藤　折井（日向）さんは、審議会の当初からそう言っていましたよ。だから、あの人は初めから反対で乗り込んできたんじゃないんだよな。あれは、植村（甲午郎）さんあたりの考えがあったのかなという気がしているんだけど。とにかく、反対という言葉は私は聞いたことないものね。

菅沼　財界を説得すればちゃんと理解してくれるというふうに折井さんが言ったというのは、会って間もないときにそういうことを言われたのですか。

近藤 わりあい早い段階です。だから私は、あの人と川井（陸夫）さんという社会保障部長と、あのへんが相談して、児童手当をやらんといけないという気持ちになったんだと思うんです。それで、社会保障委員会のなかに児童手当小委員会をつくって、そこでまとめようと。児童手当小委員会をつくったのは折井さんですからね。まとめる気がなければ、あんなのつくらないと思うんです。それが、結局いつそれを出すかという問題があって、見ておったんでしょうけどね。たまたま海外調査団の派遣があり、自分も参加しましたから、それで天池清次さんという労働代表ともあったでしょう。天池さんという人もなかなか立派な人ですから、いろいろ意見の調整なんかをやって、それでタイミングをみて、海外から帰ってから企業も出しますよということになったんです。だから、海外調査をやらなかったらなかなか難しかった。折井さんの立場もあるからね。自分は言いたいんだけれども、なかなか言い出しようがないからね。だから、あの頃は私の考えでは、社会保障部長の川井さんとか折井さんのことを考えてみると、積極的に反対というのは別に聞いていなかったからね。財界、経営者としても、もうしょうがないなという気持ちがあったんだと思うんです。

制度設計・拠出金徴収にかんする議論

菅沼 そうしますと、ついでだから伺うんですけれども、自営業者から拠出金を徴収すると。たとえば、国民健康保険とか国民年金のような保険料に上乗せして児童手当の拠出金を徴収しようという議論という構想があったのですか。

近藤 ありました。それは非常にいい考えではあったんだけれども、ちょっと最初の段階でどうかというのもあって、懇談会の段階ではそこまでいかなかったですね。

菅沼 それは、どういう理由なのでしょうか。

近藤 それはやっぱり、なかなか難しいだろうという。とにかく、児童手当はこんなものだという実物が見えないと、ついてこないだろうというのがあったんです。（中略）

浅井 制度設計に関してですが、児童手当審議会の段階になりますと、いわゆる斎藤大臣構想と呼ばれる形で、懇談会では拠出制と無拠出制という二つの形式だったものを、斎藤大臣によって一つの制度にすることや、所得制限、支給対象に関しては、少し後退していくようにも見えます。児童手当に関してかなり積極的だった齋藤大臣に、ここではどのような苦慮があったのかお聞かせください。

近藤 斎藤さんとはいろいろ話をしたけれども、あの人はやっぱり政治家ですから、まずわかりやすい制度ということなんです。一本にしたいというのは、わかりやすいということ。それから、額も一緒にしようと。所得制限もなくそうと。それは政治家の発想ですよ。わかりやすくて、あまり差別をつけないと。それで、あの人もやっぱり拠出制を前提にしているんです。斎藤さんは、一所懸命、財界工作もやっていたんですから。それで、外国のことなんかも勉強してくれて、「案外、無拠出の国が多いじゃないか」と言うんです。確かに、大きなところで英連邦系統とかスカンジナビアのほうは無拠出でしょ。だから、国庫はもっと金を出してもいいんじゃないかという気持ちがあったんですね。この場合も、その基本拠出が、自営業者に回るか回らないかは別のものとして、一応拠出してもらって、残りは全額を国庫負担と。今の外国の制度を見ると、イギリスとかカナダとか全額国庫負担でやっていますからね。だから、ほどほどのところだったらそれで済むんじゃないかという見通しがあったんです。わざわざ国民から金を取ることもないんじゃないかと。斎藤さんの発想はそういう発想です。どちらかというと、わかりやすく一本でということです。

浅井　三〇〇〇円という児童手当の額に関してですが、かなり前の段階から三〇〇〇円がいいと『日録』にもありましたが、これはどういった経緯で決まったのでしょうか。

近藤　それは、児童手当準備室で毎年、基礎調査というのをやっていまして、そこで児童の数とか養育費の実態などを調べたんですが、最近の数字がだいたい五千何百円だったものですから、丸めて半分だったら三〇〇〇円という単純な。外国の例を見ても、だいたいそのぐらいのところになるんです。半分を下回るのではあまり意味がないだろう、せめて半分ぐらいと。先ほどもちょっと言いましたけれども、経済計画の振替取得なんかにも、あのとき二〇〇〇円案と三〇〇〇円案と両方、私たちは出したんです。だから、二〇〇〇円案というのもあったんです。二〇〇〇円案だったらいくら、三〇〇〇円だったらいくらというのを経済企画庁に出していましたけどね。だから、あの頃は二〇〇〇円か三〇〇〇円という議論はあって、高いほうの三〇〇〇円をとりあえずというようなことでしょう。(後略)

■厚生省および政党の動き（児童手当懇談会の設置にむけて）

浅井　『日録』の最初のほうに、児童手当連絡会議というものもあったようですが、それは省内のものですか。

近藤　そうです。連絡会議なんて、省内のは駄目なんですよ。みんな責任がないからね。あれでもって、懇談会にいくまでにだいぶ時間を潰したんだけれども。各局から来ますから、自分のことしか考えないから。

田中　省内の議論は、わりと低調だったんですか。

近藤　低調ですね。それから、官房長とか次官が本当にやる気があればいいんですよ。次官が、やる気がぜんぜんないんだから。わりあい有名な次官だったんだけど、大蔵省のほうばかり見ておって、本気になってやる気はなかったね。だから、せっかく拠出制をといって懇談会ががんばっているのにね。一時、「もうそんなことはやめて、多子貧困、無拠出でそういうのをやろうじゃないか」というのが大蔵省から出たらしいんだよ。それが次官のほうに来るでしょ。そういうのが頭にあるものだから、そういったものに固執して、「審議会なんかやってもしょうがない」と言ったことがあります。人によっていろいろあるからね。

浅井　審議会に入る前に懇談会をつくるというのは、どのようなお考えでしたか。審議会を直接立ち上げれば、もう少し早かったとも考えられますが。

近藤　審議会というのは、法律でつくらないとできないんです。懇談会というのは、あまり金もかからないからね。じつは、私も恩給なんかの仕事をやりまして、あそこでも懇談会とか審議会という二段構えの仕事をやったことがあるんだけれども、わりあいに懇談会、審議会というやつはやりやすいなという気がしたんです。それで、児童手当についても、懇談会だったらすぐにでもできるからというのでやったんです。時間はかかったけれども、あれはわりあい成功したと思っているんです。懇談会にいい先生が集まったものだから、しっかりした報告が出ています。私は今でも、あの懇談会の報告は立派な報告だなと思っているんです。

浅井　懇談会を設置しその後に審議会、という二段構えは、近藤さんのアイデアだったのですか。

近藤　いや、私のアイデアというのでもないけれども、結果的にはそういう段取りとなったわけです。それは、たまたま私が前の仕事で経験したことなのです。審議会というのは法律をつくらないと駄目ですが、法律をつくるのは大変なんです。まず、行政管理庁とか何とかという役所へ行って相談するとか、予算を取るとかいろいろありまして、ややこしいんです。懇談会というのは、誰でもすぐにできるから。たまたま児童手当の場合は、児童手当調査費という予算が一〇〇〇万ぐらいついておったんです。大蔵も、反対とは言うんだけれども、何もさせないわけにいかないというので、生活費は出しますよというんです。児童手当準備室の生活費です。それは何かというと、児童手当調査費なんです。だから、一〇〇〇万をもらって、その一〇〇〇万を先ほど言った基礎調査とか懇談会とかにあてたのです。（後略）

■児童手当の追い風はなにか

浅井　地方自治体が独自の児童関連給付を出し始めたことについては、どのような印象だったのでしょうか。

近藤　普通だったら警戒するのかもしれませんけど、我々としては、ここまで児童手当に対する機運が醸成されてきたのかなと思って、私などは内心喜んでいました。だから、別に「やめろ」とは言わないし、そうかといって進んで「やれ」とは言わないけど、内心、ここまで来たのかなと。すごい数でしたからね。我々のPR活動の努力が実りつつあるのかなと、そういう具合には思っていました。だから、静観しておったというか。内心は喜んでみていました。

菅沼　この『日録』でひとつ非常に印象的だったことは園田直厚生大臣が「児童手当は圧力団体がないのでPR活動を進めるように」という文言がありますけれども、やはり実際やっていて、後押ししてくれる圧力団体というものはあまりなかったという印象ですか。

近藤　率直にいってないですね。確かにそれは、大臣の言う通りです。よく見ていると思いました。確かに、盛り立てるという団体はひとつもないものね。たとえば、その前に私は恩給のことをずっとやったでしょ。恩給だったら、すごい圧力があるからね。持ち上げてくるのがいるんだけど、ああいう圧力を持ってるものは児童手当にはないものね。そういう意味では、孤軍奮闘です。

菅沼　児童扶養手当の受給者というか、低所得の人たちの運動というような圧力もあまりなかったということですか。

近藤　なかったですね。公明党の署名運動、それから同盟の署名運動ぐらい。公明党も、川崎とか横浜で署名運動をやっていました。あれもそうとうの数がありました。それから、地方の議会での議決が、昭和四四年あたりからずっと増えてきました。あれがひとつの追い風ですかね。だけど、団体としてはないんじゃないですか。国会議員だって、恩給族みたいな議員はもちろんありませんでした。拠り所になっていたものは何なのでしょうか。（中略）

菅沼　圧力団体がなかったなかで、拠り所になっていたものは何なのでしょうか。たとえばＩＬＯの勧告とかＩＳＳＡの勧告とか海外のそういうものがあったのか、それとも制度審の勧告とか国内のいろんな審議会や何かの答申とか、そういうものが拠り所になっていたのか。

近藤　いろんな審議会の答申とかは、拠り所にならないですよね。枯れ木の賑わいみたいなもので、いろいろあると話はしやすいというのはあったけれども。やっぱり基本は、ＩＬＯ条約とかああいう関係です。それから、もちろん外国の事情です。外国でここまでいっているのに、どうして日本はいかないんだと。それがいちばん大きいんじゃないですか。

菅沼　日本の社会保障制度の体系を考えると、やっぱり児童手当が必要だという考え方だったのでしょうか。

近藤　まあ、そういうことになりますけど。基本的には、我々は条約とか何とかの関係で法律みたいなのが頭にきちゃうものだから、ＩＬＯ条約できちんとしているのに、この先進国の日本はなんだというのがあって、何とかしたいという気持ちはありました。それと、外国の実際の実情です。なんで外国はこんなにやっているのに、日本はいつまでも遅いんだろうと。（後略）

■創設された制度についての印象（「小さく生んで大きく育てる」）

浅井　実際に創設された児童手当制度については、当時、どのような印象でしたか。

近藤　当初は、まあよくやったと思うよ。問題はその後だよ。その後、どうしてこういうことになるのかと思ってね。ずっと一本道を歩けばいいのに、行ったり戻りでしょ。世界の児童手当発展史からみれば、日本の歴史は非常に特異な存在だと思うんです。普通だったら、児童手当懇談会に沿って、最初のときからじわじわ、じわじわと上がっていくだろうと期待しておったんだけれども、それが上がったり戻ったり、あいうのは児童手当の歴史からみても世界的には非常におかしいなと思っていますけどね。それはやっぱり、金の問題なんです。大蔵省の圧力が大きいと思うんです。あのなかでしか、やり繰りできないものだから。だから、「社会の子ども」なんていう言葉をつくって、それでやるとかね。何か知恵を出さないとやれないから。「社会の子ども」という言葉も生まれたんじゃないですか。

浅井　児童手当制度を「小さく生んで大きく育てる」ということは、はじめから言われていたのでしょうか。

近藤　それは、初めからそうです。児童手当懇談会というのは、わりあい大風呂敷ですから。というのは、これは有澤さんの考えで、ある程度きちっとやっておきたいと。これは一応やっておいて、実際は別だよと。懇談会の報告のなかでも「審議会でやってくれ」なんて、下に預けているんです。それは、きちっとやっておかないとメチャクチャになってしまうから、とにかく最初の報告はきちっとやっておこうというのはありました。だから、児童手当をいかにやるということは、言ってないんだよと。それで、「審議会をつくってやれ」なんて書いてあるでしょ。時間がかかっても、それはそれで私はよかったと思っているんです。だから私は、児童手当懇談会の報告というのは、よくできてるなと思うんです。（後略）

児童福祉の展開と児童扶養手当の導入

長尾 立子 氏

1933年生まれ
1958年　厚生省入省
1974年　厚生省児童家庭局母子福祉課長
1977年　厚生省年金局年金課長
1979年　厚生省年金局企画課長
1981年　厚生省社会局庶務課長
1984年　社会保険庁年金保険部長
1986年　厚生省大臣官房総務審議官
1987年　厚生省児童家庭局長
1989年　厚生省社会局長

当時の保育園の様子（労働省クラブ保育園，1964年6月30日）
（毎日新聞社提供）

■母子福祉課での仕事（1）――「保母試験実施要領」の作成

長尾　（前略）植山（つる）さんは保母の社会的な地位の向上ということを非常に強く思っていた方なんです。幼稚園教諭に比べて非常に保母の社会的評価が低いと。幼稚園教諭は大学を出てなられて、それで幼稚園教諭でしょ。保母さんというのは、子守さんとかお手伝いさんというイメージが一般にはあると。植山さんの構想は、やっぱり幼稚園教諭と同じように大学で教育するというのを原則だとしようと。養成施設があってもしようがないけれども、大学が教育できるということにしようと。それから、保母試験はすぐにやめるわけにはいかないけれども、各県がバラバラにやっていて、かつ水準が非常にバラツキがあるという評判もあったのを、全国統一にすると。一定のレベルまで絶対に上げるということを強く指示しまして、保母試験の準則みたいなのを作らされたんです。……「された」という言い方はちょっと不適切ですけれども。そういうことは私は専門家ではないので、いろいろ専門家の方々のご協力をいただきましたが、植山さんのこういう構想というのは私は非常に立派だったと思いますね。

今、保育士について社会的な評価が非常に高いし、その後、福祉関係の専門職というのはいろいろな形で出てきました。その当時、福祉関係の専門職は事実上、保母しかなかったですからね。それは、実際に働いていてすばらしい方々はおられたんですよ。しかし、善意と努力さえあればいいという考え方がまかり通っていた時代ではあって、それだけでは駄目なのではないかという植山さんの発想は当然だと思いますよね。植山さんがそう言われたのは、やっぱり幼稚園教諭という似ている構造があったということかもしれませんが、彼女の絶対に専門職として社会的に認められる高いものを確立したいという構想は、正しかったのではないでしょうかね。

■母子福祉課での仕事（2）――「保育問題をこう考える」の作成

長尾　それから、「保育問題をこう考える」ですけれども、福祉というのは大変難しくて、地域、地域でいろいろなパターンの福祉があってもいいと思うし、それからいろいろな事業者がそれぞれ独創性をもって事業展開していくこともすばらしい、それが全体として福祉の内容を高めることではあると思うんですよ。だけどこの時代は、水準を引き上げるためにはやっぱりこういうことが私は必要な時期だったのではないかと思いますね。だから、保育所というのがこういった社会的な大きな使命を担っていて、社会に対してこういう貢献ができる機関であり、こういう事業なのだということをはっきりと打ち出すことによって、たとえば植山さんにしてみれば、そのことによって財政的な支援を堅実なものにしたいと。その当時、なかなか厳しい財政事情の中で保育の予算を獲得するためには、そういうことを考えられたのではないかと思いますけれども、こういう構想は、いろいろ言われる福祉の内容をはっきりと確立していく。たとえば、老人福祉の中でのことか、障害者の福祉はどういうものなのかとかいうものの内容をきちんと整理し、それから水準を高めていくということに、こういう「保育問題をこう考える」といった手法は私は非常に有効だったのではないかなと思うし、彼女の功績は大変高く評価してほしいと思いますね。

■児童扶養手当の創設

長尾　それから、その次の児童扶養手当ですけれども、児童扶養手当がなぜ創設されたかというのはご存じですか。

田中　いえ。

長尾　これは、母子福祉年金が創設されましたでしょ。国民年金ができて母子福祉年金ができた時に、受給者数の予想というのが厚生省としてはあったわけですよ。ところが、蓋を開けてみたら実際はものすごく少なかったんです。それはなぜかというと、生別の母子が、「お父さんは死んだんだ」ということを子どもに言って、繕っているという母子家庭がその当時はそうとうあったということなんです。つまり、離婚ということがまだ社会的に、今でもマイナスかもしれませんけれども、マイナスイメージで、それを実際は救わなければいけないのではないかということになって、伊部英男さんはご存じかと思いますが、その議論の中で伊部英男さんが、児童扶養手当を児童局がやるということを引き受けたわけです。省内でいろいろ議論があったようです。それで、児童扶養手当というものを創設しようと。私は母子福祉課の職員でしたけれども、伊部さんの企画課に併任になりまして、この法律をつくることに専念しろということで始めたわけです。

それで、母子福祉年金というのは、財源はいわゆる一般財源ですけれども、国民年金法の中にありますので非常に年金的な権利構造を持っているわけです。だけど、この児童扶養手当はそうだとうまくいかないんですよね。それで、これはどういう権利なのかと。この児童扶養手当を受ける権利はどういうものなのかということを議論していくのが、いちばんきつかったように思います。

結局、もやもやもやっとした権利ということになって、母子福祉年金を受けている方、また遺族年金を受けている方は除外する。そういうぼやっとしたものの中から外していった残りが、児童扶養手当の対象者と。それが結局、生別とか未婚の母の手に育てられているお子さんたちということに落ち着いたんですね。その時は真田（秀夫）さんという方が法制局の参事官でしたけれども、本格的な法律論になるまで、あの頃は本当に多いんですよね。真田さんを囲んで何晩も徹夜したんですよ。こっちだって徹夜するのは楽ではないですよね（笑）。三番目か何かに、「そういう構造でいこう」というふうに真田さんが言ったんですよね。

田中　三番目というのは？

長尾　積極的に「これが児童扶養手当の受給権だ」というのではなくて、これではない、これではない、これではないというところに、残ったものが児童扶養手当の受給権と。つまり、福祉年金を受け取っている方は駄目と。それから当然、遺族年金を受けている方は駄目と。母子状態にあるということが最初のもやもやなんですよ。その中に当然、遺族年金を受けている、福祉年金を受けている方がいるでしょ。それをとっていって、あと残るもやもやっとしたものが児童扶養手当の受給者と。そういう権利の形だということに落ち着いたんです。

■児童手当の創設を見据えていたか――伊部企画課長の戦術

田中　一方で、伊部さんは児童手当を先に見ていて、児童扶養手当を創設されたというようにご著書『三つの絵』の中ではお書きになられていたと思いますが。

長尾　それは、本当はそうだと思います。

田中　実際にそういう会話をされたご記憶は？

長尾　会話はしません。伊部さんという方は、あまり自分の本心を言わない人でした。やっぱり、厚生省のキャリアが児童手当をつくりたいというのは、それは非常に大きな夢はみんなあるんですね。

伊部さんはおもしろい人で、児童扶養手当を児童局でやるまでに、当然、省内でものすごい議論があったんです。徹底的に反対しているんですよね。「こんなに反対して、児童局はやらないんだな」と思って少し席を立ってと思ったら、いちばん最後に児童局に落っこちて来たら、うれしそうな顔はしないけれども、「しょうがないな」という顔をしながら本当はうれしいんですよね（笑）。それは、戦術なんですね。

菅沼　児童局の中でも、やはり児童手当は必要であると。

長尾　児童扶養手当？

菅沼　扶養手当ではなくて一般的な児童手当ですけれども、必要であるという議論は当時、内部でされていたのでしょうか。

長尾　あまりないと思います。まだ財政的にも、また世の中の一般的な情勢からいっても、児童手当を主張する人は少数派だったと思いますし、児童局でその議論が熱していたとは思いません。もちろん、伊部さんというのは非常に先進的な人ですから、じっと思っていたと思いますが、それを口に出して言ったり、そのために何か動き始めたりということは記憶していません。

■保育所増設の陳情

菅沼　当時、たとえば保育所を増設するというので、外の運動というか、陳情などを含めてそういうものは強くあったのでしょうか。

長尾　ものすごくありました。その当時は私は平の職員ですから、植山さんなどは大変だったのではないでしょうかね。私は、後で母子福祉課長をやりますけれども、私が母子福祉課長の時も陳情はすごかったですよ。摂津訴訟というのをご存じですよね。つまり財政当局は、設備費の費用よりも後から出てくる保育費のほう、ランニングコストのほうが財政上、大きな負担になるということで、設備費を非常に制約したんですね。それで考えた苦肉の策が、本来の補助率を半分にするということをやって、それで摂津市長は「それは法律に書いていない。おかしいじゃないか」というので訴訟を起こされて、あれは国が負けたと思いますけれども。そういうことがあったぐらいで、保育所の増設はその時にはそうとうな強い社会的なプレッシャーだったですね。

菅沼　どういうルートで来るのでしょうか。自治体経由で陳情が来るのか、あるいはいわゆる市民団体みたいなものなのか。

長尾　市民団体の陳情というのはありましたけれども、いちばん日常的に大変だったのは市町村長さん、および市町村長さんの陳情による国会議員の皆さんの圧力ですね。それはもう、その時の母子福祉課長というのは、ずいぶん国会議員の偉い方に怒鳴られていますよ。私だって、申し上げたら皆さんがよく知っている人に怒鳴られていますよ。だって、大蔵省はきついですから、こっちはお金がないんです。それは、「何々先生の地盤ですから」といって県は説明するけれども、こちらとしてはそんなこと知っちゃいないわけでしょ（笑）。それはもう、ぜんぜんお金がないわけですから。

それで、県の持って来た順番で「今回は一二番までです」と言うと、一三番とか一四番が落ちるわけですね。ものすごく怒鳴られましたよ。もちろん、その前にもわざわざ課にまでお出でになって陳情される国会議員の方もずいぶんおられました。だから、母子福祉課長というのは、非常に偉い国会議員の顔を知っているのではないでしょうかね。私はそうでした。その前の課長さんたちもみんなそうでしょうけれども、それはすごいものだったですよ。

■「保育問題をこう考える」に関する議論

中尾　「保育問題をこう考える」では「保育七原則」を出されていますが、家庭での保育が望ましいと解釈されてしまい、揉めたとも読みました。当時、このことについて厚生省として何か議論はありましたか。

長尾　厚生省としてというよりも、それが省レベルまで議論が上がった時代ではなかったと思いますね。だから、児童局内部の議論に止まっていたのではないかと思います。児童局というのは、一方において児童の福祉、児童の幸せを図ることが非常に大きな原則で、いわゆる女性の自立というのは、植山さんは強く思っていたと思いますけれども、児童局からいえばやっぱり児童の福祉を守る、健全な児童を育成することが大きな課題ですからね。その上に沿った形で保育対策を推進したいということは、強く思っていたと思うんです。だから、植山さんが言うのは、保育の内容を高めるとか保育者の質を高めるということは、皆さん何の反対もないと思いますけれども、保育所をどれぐらい増設していくべきかということになると、なかなかその点は難しい問題がある。植山さん自身には、大変風当たりは強かったのではないかと思います。私はまだ若かったですから、直接そういう目に晒されたことはありませんでしたけれどもね。

予算というのは、児童局全体で他のいろいろな課題もあるわけですからね。まだ戦災孤児の子どもさんの養育問題というのは非常に大きな問題としてありますし、母子衛生の問題も児童局は抱えていたわけですから。それから、障害児の問題も児童局としては非常に大きな問題ですから、そういう中で保育をどれくらいバランスをとって力を入れていくかは、当時の局長なり企画課長のなかなか采配の難しいところだったと思いますけれどもね。その中で植山さんは、いろいろな意味で非常にがんばられたということではないでしょうかね。

中尾　「保育に欠ける状況」を、かなり広い範囲で設定されたようですが、実際に、これまで対象ではなかった子が対象になったり。

長尾　現実の問題としては、こちらで何か基準を決めたから市町村のそれぞれの運営がころっと変わるというものではないと思うんですよ。市町村は市町村の置かれた状況の中で保育をやっていたわけで、たとえば山村の中でぜんぶ一家族みたいな気持ちで暮らしている村落だったら、ぜんぶ子どもさんは保育所に行くと。小さいうちは、お母さんが働いていようが働いていまいがみんな行くというところがあったのではないでしょうか。保育所というのは非常に地域、地域のニードに即応するものだと思いますね。それを、中央としてどういう形でバックアップするのか。どことどこを押さえなければいけないのかということなのではないでしょうかね。

だから、植山さんの考え方は、保育の内容というものは一定のレベルにきちんと高めなければいけないと。これは、物的な設備は当然のことだけれども、保育者とかそこで行われる保育のあり方も含めて、一定のレベルは絶対に守らなければいけない。これは児童福祉のいろはだという、非常に強い思いはあったと思うし、それを守って欲しいという気持ちは非常にあったわけです。だけど、その上でやっぱりその地域、地域で保育の実態がそうとう差があって、都会の非常に貧しいスラム街みたいなところの保育所と、農村でみんな家族同士というところの保育所とは、実態がそうとう違って、それはそれでよかったということなのではないでしょうかね。やっぱり地域性があるものだと思います。（後略）

1960年代の社会局の雰囲気
──老人福祉法の立案など──

1928年生まれ
1954年　厚生省入省。社会局保護課
1961年　厚生省社会局庶務課総務係長
1972年　厚生省社会局老人福祉課課長補佐
1979年　厚生省保険局国民健康保険指導管理官
1981年　厚生省国立身体障害者リハビリテーションセンター管理部長

荊安 達男 氏

当時の都立福祉事務所の様子（東京都中央区，1964年5月）
（池田信撮影／毎日新聞社提供）

■庶務課（1）――社会福祉事業法の改正

岩永　では、昭和三六年から庶務課に移られて、社会福祉事業法の改正などに関わられたお話をおうかがいします。

苅安　まず、社会福祉事業法というのはご存じのように昭和二六年につくったんですよ。あれは福祉事務所とケースワーカーをつくるためにつくった法律といわれています。

これも黒木（利克）さんが手がけた。小山（進次郎）さんというのは生活保護一辺倒で来たんです。ところが、黒木さんという人はアメリカなどに行ったり、イギリスへ飛んで行ったり、要するに外国好きなんですよ。やたら横文字が好きで、ぜんぶ我々には横文字だ。

菅沼　『Welfare from U・S・A』とか。

苅安　そうそう。「黒木さんというのは、横文字がわからんと大変だぞ」と言われたことがある。あの人は小山さんと違って、日本の福祉の第一線の機関をどうするかということ。たとえば、後で児童相談所なんかのこともそうだけれども、あの人は福祉事務所とか児童相談所とか、要するに日本の福祉の拠点をどうするかということに対して、ものすごい情熱を持っておったですよ。福祉事務所の中に児童相談室もつくった、あれも黒木さんだよ。そういうふうにいろんなことを頭の中に描きながら、あの人が児童局長になった人なんです。

また、社会福祉事業の中でいちばんあの人が頭を砕いたのは、戦前から日本は、何でもお上がやるという思想でしょう。ところが、イギリスとかアメリカに行けば、福祉事務所を州でやっているけれども、その他の諸々の制度はほとんど民間でやるじゃないですか。公私の区分をはっきりさせたいというのが、この人の念願なんです。それで、「公私分離、公私分離」と口を開けば言っていました。

そのために何をやったかというと、社会福祉協議会と世帯更生資金制度をつくったり、共同募金制度とか、民間でやれるものは民間でやれるシステムをどんどんつくろうという発想で進んだ人です。私が庶務課へ来た時には、中川という課長補佐で、この人も北海道庁から来た人で仕事師なんですよ。民間の施設を経営する社会福祉法人が何でもできるように、社会福祉法人にどんどんお金を出せるような仕組みを考えようといって、社会福祉事業振興会法というのをつくったんです。

菅沼　これは中川さんが中心になってつくられたのですか。

苅安　私が行った時はもう発足していました。私が行った時はその次の、県の事業団をつくる新しい方針です。要するに、まだ県立の施設がたくさん残っていたんです。都道府県のホワイトカラーが施設の経営の現場に働くのは似合わないと。そのかわり、いわゆる公立民営の方式です。社会福祉法人の事業団をつくり始めたんです。昭和三九年かな。私が行った頃は年中、委員の先生が日比谷公園の松本楼で集まって議論していました。その時は、全社協では木村忠二郎さんが副会長をやっておったかな。あの時の委員長は中川善之助さん。これが非常に大きなことでね。

■庶務課（2）——老人福祉法

刈安　もうひとつ私が庶務課の時に悩ましかったのは、老人福祉法をつくらなければいかんのですよ。その当時は、生活保護で老人の施設はやっていた。ところが、それを切り離して今度は老人単独の法律をつくって、特別養護老人ホームなどを生活保護から切り離そうと。これも生活保護の金を減らすためのひとつの手段とされていた。とくに老人はこれから先どんどん増える。生活保護のほうで抱えておったらえらいことになってしまうと。今のうちに切り離そうという発想で、老人福祉法をつくろうという空気があったんです。

ただし、その時にいちばん問題になったのは、新しい課をつくることには行政管理庁がものすごく厳しかったことです。生活保護の施設は施設課というところでやっていたんですよ。災害救助はしょっちゅうあるわけではないから、災害救助と生活保護の保護施設のことを施設課で所管していた。本当は施設課なんていうのは名前も変えて老人福祉課にしたいなと思っていた。制度の仕組みや組織を考えるのは当該の課よりも局の庶務課の仕事なんですよ。私らは、「もう施設課なんていう名前も古いし、新しい老人福祉の時代が来るんだから老人福祉課にしたい」といって、何べんも行政管理庁へ行った覚えがありますよ。組織改正というのが毎年あるんです。ところが、行政管理庁は駄目というんです。新しい老人福祉課が出来たのは何年か先になりましたけどね。

その時の施設課長は瀬戸新太郎だったんです。施設課には災害救助とか現場に行くメンバーが多く、法律をつくる専門の人材はいません。庶務課の法令担当が全面協力して、老人福祉法案をつくり、とりあえず施設課にやらせた。村上松五郎が老人福祉課の初代の課長になったのが昭和三九年。それまでは施設課の所管でした。

田中　サポートがそうとうあったんですね。

刈安　そこのところは鮮烈に覚えていますね。

菅沼　そうすると、生活保護の負担を減らしたいと。高齢者がかなり大きなウエイトを占めていたので、それをなるべく軽減するために、方法として老人福祉法を作ったということですか。

刈安　老人福祉法をつくったのは昭和三八年だから。早く切り離そうというわけです。高齢社会の到来も今から考えておかないといずれ大変だという心配もあった。それで、特別養護老人ホームというのをあの法律をつくった時に考えたわけです。

菅沼　その時、現金給付まで切り離すということは考えてはいなかったんですか。

刈安　それは考えていない。人生の最後にふさわしい施設だ

から。（後略）

■社会局長書記──社会局の雰囲気

田中　福祉六法体制となりました当時の社会局の雰囲気を教えて下さい。

苅安　もう、忙しくて、忙しくてすごいです。それで、精神薄弱者福祉法というのも、じつは社会局でつくったんですよ。児童家庭局も黒木さんがつくったのだけれども、新しい局だからまだ力がない、人材が育っていないんですよ。それで、しょうがないから精神薄弱者福祉法を三五年につくった時も、社会局でつくったんです。社会局は、上の人も熱心だし、下っぱの僕らみたいな木っ端役人まで、何か目新しいことがあったら「やろう、やろう」といってね。何であんなに遮二無二働いたのか。

菅沼　措置費とかそういうものもどんどん増やしていきますね。

苅安　そうです。あの頃の措置費なんかもすごかったです。今と違って、国家公務員並みの給与にして。従事者の育成を図ってきました。

田中　わりと予算も余裕があった。

苅安　余裕がありましたよ。だから、施設職員のなり手があった。今みたいに人材不足はない。社会福祉施設職員は誇りをもって、ちゃんとなる人がいたんです。

第2部　「福祉元年」と一九八〇年代の社会保障の見直し

（一九七三～八五年）

第5章

「福祉元年」前後

――一九七三年年金改正、健康保険改正、老人医療費「無料化」

解題　菅沼　隆
森田慎二郎
深田耕一郎

1 概観――「福祉元年」

一九七三年は「福祉元年」として知られており、年金の給付水準の引上げ、老人医療費の「無料化」、健康保険に高額療養費制度の導入など、給付の充実が図られた。

①年　金

年金では、一九六九年の厚生年金改正により二万円年金となった(第二章参照)。だが、高度経済成長にともなう物価の上昇が著しく、年金の実質価値の目減りが生じた。また、現役世代である労働者の実質賃金が上昇し、約束した年金給付額の魅力が低下していった。このため緊急措置として一九七一年に厚生年金の給付額を引き上げた。国民年金は一九七〇・七一年に福祉年金の引上げが行われ、七二年に拠出制年金の給付額を引き上げた。

年金の財政方式に関しては、厚生年金保険法は一九五四年の改正で修正積立方式となり、一九六五年の「一万円年金」の実現の際に、それに見合う保険料引上げを行わなかったため、積立方式から乖離していった。国民年金も、一九六六年の給付引上げの際、国庫負担率の引上げがなされなかったため、修正積立方式に移行した。

物価や賃金の伸びに応じて自動的に年金給付額を増額するスライド制については、一九六七年九月に社会保障制度審議会が、その導入を勧奨した。また、一九六八年六月財政制度審議会で、厚生省年金局長が経済成長にスライドさせる必要性を認めるなど、その機運が高まりつつあった。一九七〇年八月には社会保険審議会もスライド制を導入する意見書を提出した。一九七一年一月には厚生省として物価スライド制の導入を決め、その検討作業に入った。社会保険審議会も「四万円年金」の検討に入った。一九七二年七月「福祉内閣」「福祉充実」の看板を掲げて田中角栄内閣が発足した。同月、全国県会議長会が福祉年金の改善などを要望し、国民年金審議会でも給付の充実が検討され、田中首相も年金給付の改善に積極的であった。八月の『経済白書』では「成長と福祉の乖離」を指摘し「社会保障の充実」を提言した。

一九七二年一二月の総選挙で、田中角栄首相が年金のスライド制を公約に掲げると、野党も年金の給付額の引上げを公約にして、さながら「年金公約エスカレート」（『読売新聞』一九七二年一一月二八日）が生じた。こうして、スライド制の導入と給付水準の引上げは必至となった。一九七三年一月に年金の充実を図る予算案が策定され、この前後に「福祉元年」という言葉が使われた。一九七四年に予定していた財政再計算を一年繰り上げて実施することになり、年金改正も一年早めた。一九七三年一〇月施行の改正年金法により、年金給付水準の大幅な引上げと物価スライド制の導入などが行われた。物価スライド制は厚生年金・国民年金ともに適用された。厚生年金は「五万円年金」と呼ばれ、現役世代の平均所得の六〇％の水準になったとされ、ＩＬＯ第一二八号条約の水準を満たすものとされた。また、在職老齢年金の支給範囲が拡大され、障害年金・遺族年金の最低保障額の引上げもなされた。国民年金は、拠出制の部分について厚生年金との均衡をとるため付加年金を引き上げて、二五年拠出で夫婦で月額五万円の年金が受給できるようにした。また、各種福祉年金（老齢福祉年金、障害福祉年金、母子福祉年金）も大幅に引き上げられた。

（年表）　福祉元年前後の社会保障 年金年表

1967年	社会保障制度審議会，年金の物価スライド制の検討を政府に申し入れ
1968年	厚生省年金局長，物価スライド制の必要性認める
1969年	2万円年金
1970年	厚生年金受給者100万人超え
1971年	厚生年金給付額10%引上げ
1972年	国民年金給付額10%引上げ
1973年	「福祉元年」。厚生年金の給付水準を男子平均の60%，月額5万円，福祉年金の引上げ，物価スライド制導入，老人医療無料化，高額療養費制度創設，健康保険家族給付7割に引上げ
1974年	年金給付に物価スライド制適用16.1%引上げ
1975年	年金給付に物価スライド制適用21.8%引上げ

②医療保険

一九六一年四月より国民皆保険が実現されたが、健康保険グループ（組合健保、政府管掌健康保険（政管健保）、船員保険）、共済組合グループ（国家公務員共済、職員共済、公共企業体、私立学校教職員共済組合）に分かれ、それらに加入できない者（農業者、自営業者、無職者、家族従事者等）を地域保険としての国民健康保険（国保）の被保険者とする三種八制度の分立型体系と

（年表）　福祉元年前後の社会保障 医療年表

1960年	岩手県沢内村で65歳以上を対象に国保10割給付（外来）
1961年	全市町村で国保実施（国民皆保険の達成。ただし給付率は5割）
1962年	制度審が国保の給付率を9割に，最低でも7割に引き上げるよう勧告
1963年	全市町村で国保の世帯主に7割給付実現
1968年	全市町村で国保の世帯員に7割給付実現
1969年	秋田県で80歳以上の老人医療費無料化を実現
1969年	東京都で70歳以上の無料化を実現，全国自治体に無料化が広がる
1971年	診療報酬引上げをめぐり日本医師会が保険医総辞退，1月続く
1973年	老人福祉法改正により政府が70歳以上の老人医療費無料化を実施
1973年	高額療養費の導入を含む「福祉元年」医療保険改革が成立

なった。そこには、①保険者間の給付水準の格差（被用者保険は一〇割給付、国保は五割給付など）、②同じ被用者でも五人未満の事業所は任意適用などの選別性、③保険者間の財政力の格差が大きく、とくに国保と政管健保は財政基盤が脆弱、④医療供給体制の地域差などの課題が残されていた。

一九六二年八月の社会保障制度審議会の「社会保障制度の総合調整に関する勧告」では、家族給付率を現状の五割から九割に、さしあたっては最低七割に引き上げ、給付期間も三年以内という制限を撤廃し転帰までとし、薬剤使用など制限診療も緩和するよう勧告した。負担能力の低い自営業者に対して国庫負担を厚くする原則を示すとともに、保険者間で財政の不均衡を調整するプール制の導入を求めた。制限診療については、日本医師会の要請もあり、同年九月に撤廃された。

厚生省は、一九六三年から五カ年計画で給付率の改善を図った。一九六三年三月の健康保険法改正で、療養給付期間の制限が撤廃され、国民健康保険法改正で、国保の世帯主の全疾病に対して全市町村で七割給付が実施された（一〇月より）。国保の家族（世帯員）に対する七割給付も、一九六四年度から四カ年計画で国庫負担を増やし、一九六八年一月までに全市町村が実施した。制限診療の撤廃、給付率の改善は、高度成長期のインフレ、医療技術や薬剤の進歩等にともなう診療報酬の改定ともあいまって、一九六〇年代に国民医療費の急増をもたらし、国保と政管健保の財政危機が大きな問題となった。一九七一年七月に医師が保険診療を拒否するという「保険医総辞退」が発生するなど医師会との関係で混乱が生じた。

一九七三年九月に医療保険の抜本改正がなされた。その内容は家族給付率の五割から七割への引上げ、高額療養費支給制度の創設、分娩費・埋葬料の改善などである。高額療養費支給制度とは一カ月の患者負担分が一定額（当時は三万円）を超えた場合、これを保険者が肩代わりをする制度である。また、長年赤字に苦しんだ政管健保について、一九七三年度までの累積赤字を政府一般会計で補填することで解消するとともに、定率一〇%の国庫負担の導入を行った。さらに、政管健保の保険料率の引上げと給付改善に対応する保険料率の調整規定などを盛り込んだ。

③ 老人医療費の「無料化」

国民皆保険実施後において、国民健康保険加入の高齢者および被用者保険加入の高齢者の家族給付率が低かったため、高齢者の受療率が伸び悩んだ。地方自治体では、岩手県沢内村が一九六〇年に高齢者外来医療の患者負担をゼロにして、受診率を高め、医療費を節減した事例が注目を浴びた。一九六八年に秋田県で高齢者の患者負担が一定額を超えた部分を公費負担する政策が採用された。一九六九年には東京都が七〇歳以上の高齢者の患者負担を都の公費で負担する「無料化」政策が実施された。以後、高齢者医療費に公費負担する自治体が相次ぎ、一九七二年一月には「未実施の都道府県は二県のみ」（『厚生省五十年史』）という状況になった。一九七一年に厚生省は「老齢者対策プロジェクトチーム」を立ち上げ、自民党は「老人対策特別委員会」が老人医療費特別措置制度の創設を発表した。一九七二年六月に「老人福祉法の一部を改正する法律」が成立し、翌一九七三年一月から老人医療費支給制度が実施された。これは、七〇歳以上の高齢者の窓口負担分を公費で肩代わりする制度であり、患者負担は実質ゼロになったので「老人医療費無料化政策」と呼ばれた。

以上のように「福祉元年」といわれた年には社会保障制度の大幅な改善がなされ、西欧の福祉国家の水準に近づくことが期待された。だが、同年秋に勃発した第一次オイルショックにより、日本経済は不況とインフレの時代に突入し、「福祉元年」を上回る給付の充実は見込めないことになった。

2 「福祉元年」に至る道

① 年金に対する国民の認知度は低く、支給要件の緩和と給付引上げを急ぐ

一九六〇年代末まで年金に対する国民の関心は低かったという。幸田正孝氏はこのことを強く覚えている。年金課長になった一九七〇年頃「非常に感じたのは、年金に対するメディア、あるいは社会の関心がまったく現在とは想像もつかない状況だったということであります」と社会的関心が非常に低かったことを指摘している。

国民年金は、一九六一年以降、毎年一部改正が行われてきた。福祉年金の給付額の引上げ、支給要件の緩和などがなされた。そして一九六六年には「モデル年金」として、夫婦あわせて月額一万円に給付水準が引き上げられた。国民年金について、幸田氏は「(初代年金局長の小山進次郎は)国民年金は、成熟化を本命にすべきじゃないかと。そうしないと国民から支持されないぞとお考えだったのではないでしょうか?(中略)反対運動とかも非常にありましたしね」「年金の世の中の認知度がまだまだという時代でした」と回顧している。このため国民の認知度を高めることが国民年金政策にとって重要であり、給付水準を引き上げるとともに、一九六九年には経過年金として五年加入でも年金の給付が行われるなど(五年年金)、成熟化を早める改正が行われた。

② 政治と年金

幸田氏は、田中角栄首相から「福祉年金の給付水準を引き上げろ」という「直筆のメモ」を受け取ったという。これは『厚生年金保険制度回顧録』の横田陽吉年金局長の「メモ用紙に五〇〇〇円、七五〇〇円、一〇〇〇〇円と鉛筆で書いて」という回想と一致している。福祉年金は一九六一年に国民年金制度が発足した際に、国民年金の受給権がない低所得の高齢者に対する年金給付であり、低い額ではあったが、当時の国民年金受給者の大多数を占めていた。農家や都

市の自営業層が自民党の支持層であったために、福祉年金の充実を重視したのであろうと幸田氏は推測している。これに対して、厚生年金の充実を要求したのは主として社会党であったという。

また、過去に未納だった年金保険料を一〇年一括して納付することを認める「特例納付」制度については「自民党の部会からの非常に強い要望」があり実施したが、幸田氏は「そんなことをすると（中略）公的年金のみんなが助け合いでやる」制度ではなくなるのではないかと「ずいぶん局内で抵抗した」という。政治的圧力があったことと、年金制度の原則を守るために抵抗したことがうかがえる。

③ あまり使われなかった「福祉元年」——厚生省は「年金の年」を使用

一九七三年は田中角栄内閣の「福祉元年」の年であったといわれている。だが、幸田氏の記憶によると、その年ではなく「後になって聞いた」という。幸田氏からみると、「私は年金課長をやっていましたから年金なんですけど、『年金の年』ということを、これは私ども自身が考えた言葉なんですね」という。むしろ、幸田氏の認識では、「年金の年」であったということは興味深い。聞き取りの際、筆者（菅沼）は、「福祉元年」という用語の発案者は福田赳夫であるといわれていると発言した。聞き取りの後、田多英範氏の論考などで資料的な裏づけをとってみた。田多氏は『厚生年金保険制度回顧録』の横田陽吉年金局長（当時）の証言から「福祉元年」は第二次田中内閣の愛知揆一蔵相の造語だとみなし、福田説を否定されている。また、横田局長が明くる一九七三年を「年金の年」と名づけたという。福田説は『評伝福田赳夫』にも記載がなく、根拠に欠ける。だが、愛知説も他に裏づける資料がない。国会で野党議員から「福祉元年」について質問されても、愛知自身は一度もその言葉を使っておらず、言行録『天神町放談』では「年金の年」「福祉国家の建設」「福祉社会の建設」を使用している。「福祉元年」は一九七二年一二月末から新聞に登場しており、次年度予算編成の過程で使用されたものと思われる。

④スライド制の導入と賦課方式

一九七三年の年金改正で、年金給付に物価スライド制が導入された。これは全国消費者物価指数が五％以上変動した場合は、年金給付額を自動的に改正する制度であり、年金の実質的価値を維持する重要な制度である。スライド制の導入について、幸田氏は前任の年金課長であった山口新一郎氏から引き継いだとき、「最低限、年金の実質価値は消費者物価に合わさなければいかんと」ということで、物価スライド制の導入に強い意志を示していたことがわかる。

スライド制を導入することは、完全積立方式を維持することが不可能になることを意味する。幸田氏はスライド制を採用した段階で、将来的には賦課方式に移行することはやむをえないが、移行する時期を「一〇年先か二〇年先か、多少とも延ばしたい」と考えていたという。

また、年金の議論についても、「賦課方式」や「積立金を今使ってしまったらいいじゃないか」と主張する研究者や国会議員などがいて、厚生省として「現在の世代と将来の世代とが負担の面で均衡がとれる」修正積立方式で段階保険料が望ましいと「反論」したという。そこでは年金制度の原理原則を守るという官僚の姿勢が見受けられる。

⑤保険医総辞退の原因

厚生省側が作成したメモをめぐって、一九七一年武見太郎日医会長による保険医総辞退が発生した原因について、幸田氏は「私はいまだに、なんで保険医総辞退が行われたのかということがよくわかりません」と回想している。

また当時、直接の現場を担当していた古市圭治氏のエッセイでも、厚生省側のメモは松浦医療課長の「いろいろな意見を価値判断をつけずに全部並べて書くように」という指示のもとで作成されたものであり、厚生省が何らかの意図で作成したものでないことを示すために、あえて「案」ではなく「メモ」としたとしている。

診療報酬引上げをめぐり鋭く対立していた中医協の場において、厚生省の医療統制強化を極度に嫌っていた武見会長が、多くの医師会員の鬱屈を背景に「伝家の宝刀」を抜いたというのが中立的な見解と思われる。総辞退の対象は被用者保険、とくに組合健保が標的とされた。健康保険組合連合会（健保連）・日本経営者団体連盟（日経連）・総評の「受けて立つ」という強い姿勢や医師会の横暴を非難する世論を背景に、自民党は事態収拾に動かず、全国の医師会会員が保険医を辞退した。幸田氏の回想にあるとおり、医師会だけでなく国民一般、さらにその後の医療制度のあり方にどのような影響を与えたのかはさらなる検証が必要と思われる。

⑥ 高額療養費制度は日本独自

この制度は国民皆保険において重要な位置を占めている。この制度について幸田氏は外国にモデルがない日本独自の仕組みであるという。「高額療養費制度というのは、（中略）要するに七割の給付率、本人の場合はもっと高い給付率の現物給付の上に、現金給付を組み合わせるという仕組みですよね。これは、世界的に見てもこういう仕組みはあまりないんですね。現物給付は現物給付で行い、その上にというのか、患者の自己負担に対して現金給付を後払いすると。後払いをするというのはあまりないケースだと思います」と現物給付に償還払いを組み合わせたことを評価するとともに、「非常に日本的な発想」と見なした。二〇〇七年以降、窓口での現物給付化が進んでいる状況には批判的である。

⑦ 老人医療費無料化の決め手は東京都の導入決定

老人医療費支給制度――いわゆる老人医療費無料化の導入の経緯について、幸田氏は「岩手県の沢内村から老人医療費の無料化が始まって、市町村がやって、そうすると府県がやるようになって、結局、決め手は東京都知事の美濃部（亮吉）さんが、『東京都でも無料化する』ということで、当時は斎藤昇さんが大臣でしたけれども、斎藤昇さんが『これは国としては放っておけない』という政治判断ですね。役所のほうは、老人保険制度をつくるとか別建ての制度をつくるとか、いろいろな考え方がありましたけれども、とにかく早くやらなければいかんと。美濃部さんがやるのなら、自民党政府は早くやらなければいかんという、こういう考え方が基本にあったと思います」と振り返り、先行した自治体の動向の重要性を指摘している。

この「老人保険制度」とは、横浜市、秋田県、東京都などで老人医療費無料化が進むなか、厚生省が一九六九年八月に発表した「老齢保険制度」であると思われる。これは、被用者保険の被保険者を除く七〇歳以上を対象に、通院一〇割（ただし被用者保険に準じた一部負担あり）、入院七割とする構想だったが、世論の反応は芳しくなかった。革新自治体が広がり、保革伯仲の政治状況のなかで、政府自民党は、高齢者の医療費の自己負担分を公費（国が三分の二、都道府県と市町村が六分の一ずつ）で負担する老人医療費支給制度を創設することを、老人福祉法改正のなかに公費負担の規定を設けることを政治決断したことが読み取れる。

当時、社会局老人福祉課にいた田中荘司氏は、老人福祉課としては「（老人医療費無料化を）歓迎していた」が「医務局は乗り気じゃないんですよ。（中略）医務サイドはやる気がないから、老人で、福祉の局でやってしまおうということで、そういう（老人福祉法）法案のなかには入ったんです」と社会局が所管になった理由を説明している。「無料化」によって、受診率が上がったことについては「国民にとっては善政だったんですよね」と評価している。

■参考文献

年　金

厚生団編［一九八八］『厚生年金保険制度回顧録』社会保険法規研究会

田多英範［二〇〇二］「『福祉元年』小考」『週刊社会保障』二一九三号、二四―二七頁

横山和彦・田多英範編［一九九一］『日本社会保障の歴史』学文社、第Ⅲ部第一章（横山和彦）、第二章（清水英彦）

吉原健二・畑満［二〇一六］『日本公的年金制度史――戦後七〇年・皆年金半世紀』中央法規出版

医療保険・高齢者医療

有岡二郎［一九九七］『戦後医療の五十年――医療保険制度の舞台裏』日本医事新報社

厚生省保険局・社会保険庁医療保険部監修［一九七四］『医療保険半世紀の記録』社会保険法規研究会

幸田正孝・吉原健二・田中耕太郎・土田武史編［二〇一一］『日独社会保険政策の回顧と展望――テクノクラートと語る医療と年金の歩み』法研
古市圭治［二〇〇七］「中医協余談（上）」『週刊社会保障』二四三四号、二七頁
山口新一郎追悼集刊行会編［一九八六］『山口新一郎さん』中央法規出版
吉村仁［一九七一］「国民健康保険の現状と問題点」週刊社会保障編集部編『日本の社会保障――一九七一年の現状と課題』社会保険法規研究会
吉村仁さん追悼集刊行会編［一九八八］『吉村仁さん』吉村仁さん追悼集刊行会
なお、一節①および二節①～④は菅沼隆が、一節②および二節⑤⑥は森田慎一郎が、一節③および二節⑦は深田耕一郎が執筆した。

「福祉元年」

――1973年年金改正，保険医総辞退，老人医療費無料化――

幸田 正孝 氏

1932年生まれ
1954年　厚生省入省
1954年　厚生省保険局健康保険課
1961年　厚生省年金局国民年金課
1970年　厚生省医務局指導課長
1970年　厚生省年金局年金課長
1974年　厚生省医務局総務課長
1977年　厚生省大臣官房総務課長
1980年　厚生省大臣官房審議官（医療保険担当）
1981年　厚生省児童家庭局長
1982年　厚生省官房長
1984年　厚生省保険局長
1986年　厚生事務次官

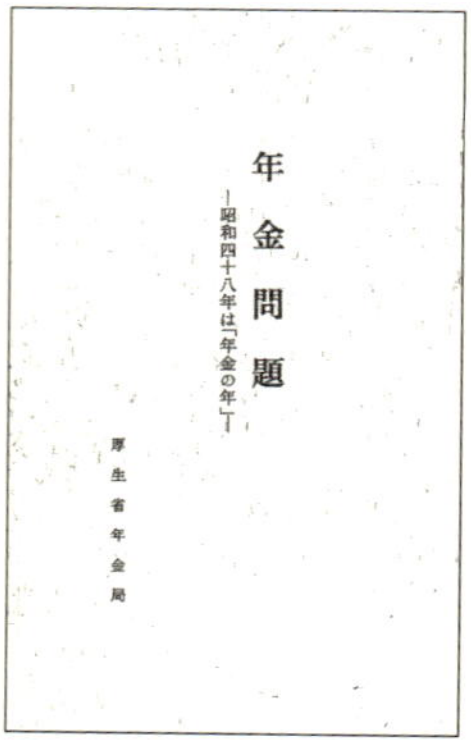

年金問題
―昭和四十八年は「年金の年」―
厚生省年金局

当時の厚生省年金局パンフレット
「年金問題――昭和48年は『年金の年』」

■「福祉元年」について

菅沼　「福祉元年」という言葉を、田中内閣が初めて使われたというふうに言われていますけれども、厚生省としてその言葉を聞いたときに、どのような印象だったのでしょうか。

幸田　私の記憶では、四八年（一九七三年）当時ではなしに後になって聞いたという感じですね。四八年（一九七三年）のときに「福祉元年」と言われた記憶はあまりないんですよね。むしろ、私は年金課長をやっていましたから年金なんですけど、「年金の年」ということを、これは私ども自身が考えた言葉なんですね。四八年（一九七三年）は「年金の年」だと。「福祉元年」という言葉は、僕の感じでは一年かそこらたってから、「四八年は福祉元年だ。もっとやろうや」と、こういう話になったように記憶しています。四八年（一九七三年）に最初から、「今年は福祉元年だ」といわれた記憶はあまりないですね。当時の新聞などを見ていただくと、たとえば四八年（一九七三年）の予算編成は四七年（一九七二年）の暮れに終っておりますから。

土田　福田（赳夫）さんが大蔵大臣ですよね。

幸田　ですかね。そのときに、「福祉元年」というのが新聞の記事に踊っているかどうかですね。来年は予算で「福祉元年」にすると。たぶん、踊っていないので、ある程度時間がたってから、しかもこれは役所が言ったというよりは、どなたか学者の先生ではないですか。僕の感じではそういう感じですね。

菅沼　最初、福田大蔵大臣が思いついたと言われています。

土田　そういう話がありますよね。あの方は、ネーミングがうまいですからね。

幸田　「昭和元禄」とかね。だから、福田さんが言われたとしても、四八年の後半以降だと思うんですね。僕の感じではそういうあれですね。

■年金をめぐる議論の今昔

幸田　（前略）私の経歴で、年金に直接・間接に関係するのはだいたい以上でありますが、この機会に私から、年金について現在と若干比較していくつか申し上げたいと思います。私は直接に関係していちばん印象に残っておりますのはやはり四八年改正でありますが、四五年（一九七〇年）八月から年金課長になりまして、いろいろと年金の仕事をやっていくなかで非常に感じたのは、年金に対するメディア、あるいは社会の関心がまったく現在とは想像もつかない状況だったということであります。

新田さん（聞き手）はよくご存じだと思いますけれども、厚生省の記者クラブは第一記者クラブと第二記者クラブ――日刊紙と業界紙とありますが、とくにテレビも含む日刊紙の新聞記者さんたちには役所のサービスとして、たとえば正月原稿とかゴールデンウィークとか夏休みとか、皆さん夏休みをとられますから夏休みには紙面が非常にないんですね。それからゴールデンウィークもないというので、役所のほうが見繕ってというとおかしいですが、いくつか話題を提供して資料をつくってお配りをする。その五つか六つのなかから記者さんがこれと思うものを選んで、自分でも取材をされ、それでゴールデンウィークの原稿とか夏休みの原稿をつくられて、ご自分もお休みになると。こういうのが記者クラブ・システムのひとつの特徴なんです。

私どもは、そういう度ごとに年金制度のピーアールをするために原稿を記者クラブに出すんですが、ほとんど反応がない。それを使ってくれる記者さんはごく少数だと。年金に対する関心が日刊紙の記者さん、テレビの記者さん、まったくといっていいほどなかったというのが四五年当時の感覚です。それは、今は非常に隔世の感があります。

それから、最近では議論が逆転しているなと思うのは、年金の財政方式の問題です。四五年(一九七〇年)当時は、そうとうな積立金がありました。全部とはいいませんが、相当数の学者は、「日本は積立金があるんだから、積立方式をとる必要はないんじゃないか。賦課方式で年金を運営したらどうか」という論陣を張られました。いちばん典型的なのは、法政大学の力石(定一)教授ですね。その他何人かの先生は、非常に極端なことをいうと、「今の積立金を使えば、福祉年金は孫の小遣い年金、飴玉年金じゃなしに、五倍にも一〇倍にもできるじゃないか。いま積立金をぜんぶ使ってしまえ。賦課方式でやれ」という議論を展開された。

私ども役所側はそれに対していろいろと反論したわけですが、要するに私どもの論理は、世代間の公平をどうするか。確かに、その時の昭和四〇年代半ばの老齢世代は保険料をほとんど払わないで福祉年金が出せる。しかし、いずれそれはなくなって保険料を取らなければいけない。そこで急カーブで保険料が上がることになると。だから、私どもが言ったのは、修正積立方式で段階保険料という考え方でいったほうが、現在の世代と将来の世代とが負担の面で均衡がとれるのではないかということです。それから、積立金をある程度もつことによって、それが給付費に対して相当財政負担を和らげることになると。そういう修正積立方式のいい面を強調して、いわゆる段階保険料というものを取るという論陣を張ったわけです。国会でも何回か質問が出て、「いま使ってしまったらいいじゃないか」という議論がありました。今の世の中は、むしろ学者の先生は積立方式でいけと。新聞記者も含めて、個人の積立てでいけと。賦課方式よりはという感じが強いようですね。非常に隔世の感があるなというのがひとつであります。

それから、三番目に私の感じですが、私は比較的医療とかヘルスというのが長いものですから、年金というのは非常に論理として自己完結型なんですね。国民サイドからいうと、自分が支払った保険料が運用されて、利子がついて年金として戻ってくるという感覚が当時も非常に強かったし、今でもそういう感覚がある。それはそれだけで完結をしてしまう。これが医療ですと、自分の払った保険料は最終的にはお医者さんの収入になり、看護師さんの所得になり、製薬会社の社員のサラリーになるわけですが、そういう利害関係者がたくさんいる医療の問題に比べて、年金というのは非常に自己論理、自分の論理だけで動かせるなという感じがいたしました。

ですから、当時の厚生省年金局というのも、自分で考えて自分の頭の中だけで裁量ができるというのは、若い諸君にとっては非常に魅力的なんですね。うるさい上司が何か変なことを言わないし、理屈が通ればその理屈でそのままやれるという、言葉は適当かどうかわかりませんが、そういう雰囲気が局内にはちょっとあったのではないかなと。それはやっぱり、記録問題ということを念頭に置かないということが出てきている、ひとつの原因かなと。私ども、年金改正をやって五万円年金のときにも、常に当時の業務課の人を呼んで、「これはもう半年は無理だ」と。あるいは「一年間かけなければ無理です」とか、「これはそもそも無理だ」という話をずいぶん聞きながら作業を進めた。

それはまた後ほど申し上げますけれども、新規裁定、新しく裁定になる年金がいくらになるんだということが、四八年（一九七三年）当時は非常に問題になって、それは果たして五万円なのかというのが非常に問題になったんですね。それは実際、出てくる年金がいくらか、この改正が実現をして初めて年金をもらい始める人の年金がいくらかということが問題になりましたから、そういう意味では実際の支払いと関係づけないとそういうことは進められないところですが、それまでの年金局というのは、一万円年金にしても二万円年金にしても、言葉は適当かどうかわかりませんが、頭の中で描いている年金で、現実に出る年金ではない。理論的にこういうものが出ますよという年金だったきらいがある。それに対して五万円年金というのは、実際に新規裁定で出てくる人の年金がいくらかということですから、そこは質的に違う。先ほどの話に戻りますと、そういう点が年金の自己完結型の論理でやれるというのが、魅力でもあるけれどもいろんな弊害を生んでいるかなと思います。

それから、非常にその当時の記憶に残っていますのは、四五年か四六年（一九七〇年か七一年）の改正のときに国会で質問が出まして、社会党のある衆議院の先生でしたけれども、当時の局長に対して「年金とは何か。おまえ、一言で答えてみろ」という質問が出てきました。当時の年金局長はちょっと答弁に困っていたという感じがありましたので、私が横から助言をして、「年金というのは、家族扶養を社会的扶養に切り換える装置ですよ」という話をした記憶があります。ですから、今では当たり前のことですけれども、当時は年金制度というのはそんな程度の認識しかなかった。というのが私としては非常に印象に残っていると。そんなことが、だいたい私から申し上げたい全般の話です。

■一九七三年改正（1）――給付水準の引上げ

菅沼　（前略）国民年金の成熟化についてですが、（中略）成熟化を急いだ理由のひとつには農林省対策があったのですか？　例えば、農林省が当時農業者年金基金というものをつくる動きがあったのですが、それを制したいというような意図があったのですか？　その様な意図がかなり強かったのかなという印象もありますけれども。

幸田　国民年金の成熟化にですか。

菅沼　はい。つまり、給付水準を上げないと農林省がつくろうとしていた農業者年金基金制度が作られてしまう。このことについて厚生省はどういう態度だったのか。それとの関係で成熟を急いだということは、あったのかどうかということを伺いたいのです。

幸田　後者のほうからいうと、そのために成熟しておいたということはないと思いますね。小山さんの頭の中には、たぶん厚生年金はあまりにも成熟化対策がなさ過ぎたと。国民年金は、成熟化を本命にすべきじゃないかと。そうしないと国民から支持されないぞとお考えだったのではないでしょうか？　さっき申し上げたような、反対運動とかも非常にありましたしね。そういう認識が非常に強かったんだと思います。だから、いま農業者年金のために成熟化を急いだとか何とかというよりも、本来的に年金というのは早く成熟化させるのが必要なのではないかと。厚生年金が反面教師だったんじゃないかと、私は思っていますね。

土田　その場合、財源の心配はなかったんですか。成熟化されると当然、出ていきますよね。

幸田　まだ、おそらく合計特殊出生率があの頃は二・〇か二・一ぐらいですからね。昭和四〇年代前半から後半にかけては二を切っていないと思いますから、そんな少子化が話題になる時代ではないんですよね。ただ、非常に高齢化が進むよということはありましたけどね。長生きをするという、寿命が延びるという話はあったけれども、少子化の話はあまりないですね。その頃、昭和四〇年代の少なくとも前半については、その意識はまったくなかったですね。

■一九七三年改正（2）――国民年金と厚生年金の給付水準の均衡、福祉年金について

土田　（前略）当時は田中角栄内閣ですよね。こういう政策について、田中内閣からの指示というか、何かサジェスチョンとかはあったのでしょうか？

幸田　田中さんからの指示は、さっき申し上げた斎藤邦吉さんが（厚生）大臣の頃だったと思いますが、福祉年金の水準

を上げろということで、田中角栄さん直筆のメモをいただいたことはありますね。

土田　それは、田中角栄としてはどういう意図だったんですかね。

幸田　やっぱり田中さんの頭の中には、拠出年金よりはいま給付されている福祉年金をどうするかと。それは、今のおじいちゃん・おばあちゃんの年金だという気持ちが強かったんだと思いますよね。それが飴玉年金とかいろんなことを言われていましたから、それをとにかく上げろという指示でしたね。三年だか四年だか忘れましたけれども何カ年計画かで、一年目はこうしろ、二年目はこうしろという、金額が書いてあるメモですよ。

土田　金額まで書いてあったんですか。だいたいそのとおりにされたわけですか。

幸田　たぶんそのとおりにしたんだと思いますけどね。

土田　その当時は、福祉年金の受給者というのは多かったんですか。

幸田　ほとんど福祉年金です。厚生年金は別としまして、大多数は福祉年金。国民年金の受給者は、さっき申し上げたように母子年金と障害年金しかありませんから。

中尾　福祉年金の給付水準を考えた際に、何か参考になさったことというのはあったのでしょうか。

幸田　あまりないんですね。世の中では生活扶助基準でやるとか、いろんな議論はありましたけどね。

土田　生活扶助基準より、当時はまだずっと低いですよね。

幸田　まだまだ低いです。だから、自民党の社会部会というのがあって、そこへ行くと話題に出るのは「福祉年金を上げろ、上げろ」という議論だけですね。当時は、喜多一雄という自民党の調査役の人がいまして、彼がいろいろと国会議員に話をして、それで部会に行くと必ずもう福祉年金を上げろと。予算要求のときも、「こんな額では足らない。もっと上げろ」という話ですね。とくに農村に行けば、受給者はそれしかいないんですから。

山田　もう少し掘り下げてお伺いしたいのは、先ほど、厚生年金と国民年金の外形的な基準を合わせると。局内では、どちらかというと自営業とか、要するに収入があってということを前提にして、あまり上げる必要がないと思いつつもこういうふうに至った原動力というか、何が実際にプレッシャーとなったのか。先ほど、マスコミというお話もありましたけれども、具体的には何があったんでしょうか。

幸田　やはり自民党ですよね。国会に両方の法案を一緒に出すわけですね。そのときに、「こっちはこうで、国民年金は何だ」という話になるわけですね。要するに、自民党の基礎票は農家であり中小企業なわけですから、厚生年金はむしろ社会党の法案……というと言葉は悪いですが。当時は、そういう意識のほうが強いですね。社会党のほうは、総評の言う通り六割ということをやっておいて、こっちは何だと。自民党の要望を取り入れないのは何事だと。こういう議論ですよね。とりあえずは福祉年金しか出ていないんだから、福祉年金を上げろと。

土田　自民党の保守政権が福祉年金に、むしろ社会党より力を入れたというのは、図式的には非常におもしろいですね。

山田　そうすると、福祉年金に引きずられるような形で国民年金の給付水準の引き上げが議論されたのですか？

幸田　いやいや、厚生年金は要するに五万円年金ですし新規裁定が出るなら、国民年金はそれよりも低いということはおかしいじゃないかというのが本論ですよね。五万円と、これはいろいろ上乗せするとか、いろいろな付加年金を付けて五万円にしたわけです。それに対して、いま現実に出ているのは福祉年金だと。その額は五分の一か四分の一しかないじゃないかと。もっと上げろと。こういう話ですね。

中尾　そのときに念頭にあった福祉年金というのは、やはり老齢福祉年金でしょうか。

幸田　そうです、老齢福祉年金です。障害や母子は老齢の何倍というふうに決まっていますから。一・三倍とか一・五倍とか。

土田　老齢福祉年金に引きずられて変わっていったというのは、この時だけではなくて、昔から自民党は？

幸田　昔からそうですね。それが変わってきたのは、平成になってからじゃないですか。厚生年金が大事だというふうになってきたのはですね。僕らの感覚でいうと、昭和六〇年ぐらいまではまだ福祉年金が多いですし、厚生年金の成熟化がそれほど進んでいないので。

■一九七三年改正（3）――スライド制の達成

土田　スライド制がこのとき入ってきますけれども、このスライド制のアイデアというのはどこから出てきたんですか。

幸田　要するに、年金というのは何だと言われるときに、さっきの社会的扶養ということになると、最低限やらなければいけないのは、消費者物価に合わせて年金額を上げなきゃいかんじゃないかという感覚ですね。当時は経済成長が一〇％近くあって、消費者物価が三％から五％ぐらい上がると。経済成長の果実をよこせというところまでは言わないにしても、最低限、年金の実質価値は消費者物価に合わさなければいかんと。これは昔からある考えですよね。僕は年金課長になったのが四五年（一九七〇年）八月ですけれども、前任の課長の山口新一郎さんから引き継ぎを受けた最大の課題は、「年金の実質価値を維持してくれ」ということです。その当時、毎年、毎年、年金額は法律改正をしなければ上がらないわけです。自動的に上がるという仕組みではないので、法律改正をやらなければいけないと。法律改正をすると、財源がどうだとかいつも大蔵省とゴタゴタする。しかも、法案を出してもすんなりと通るわけではなしに、年金のあれこれいろんなことを審議をされて、下手をすると他の法案の煽りで流れることもあって、とにかくさっき申し上げたような年金の認知程度ですから、認知してもらうためには実質価値だけは維持してくれよというのが彼の引き継ぎですよ。ですから、私が年金課長になったのは四五年（一九七〇年）八月ですが、最初にやったのは年金のスライド法案ですね。

土田　そのとき、五％の導入をされたのですか？

幸田　それは、四八年改正ですよね。その前に、四六年（一九七一年）に個別法で年金のスライド法案を出しているわけです。その当時、大蔵省の主計局の次長は佐藤さんという人ですが、僕は局長のお供をして一緒に行きましたよ。それで、山口新一郎さんが言うのはよくわかったんですが、「その法案を出すために、幸田君、これを載せてくれ」と要望を載っけてくるのです。要するに、大蔵省は余計なものを載せてくるわけですよ。それは非常に記憶に残っていますがね。向こうもさるもので、何かやるならこれをやってくれと。向こうの要望をね。

土田　どういうものですか。

幸田　「スライドはおまえらの言うとおりやるよ。しかし、標準報酬の上下限をもうちょっと上げろ」とかね。そういう感じですね。面倒なことを一緒にやって、言葉は悪いですけど、飴とムチを一緒に法案として出せと。こういう感じですよね。

土田　五年ごとの財政再計算、あれはいつ入ったんですかね。

幸田　あれはもう最初から、二九年改正。

土田　そこでは、実質的には賃金スライドをやりますよね。所得スライドといいますか、五年ごとに法令で変えていきますね。そうではなくて、このときは物価スライドが。

幸田　物価スライドです。だから、五年の間に経済成長があり物価上昇があるわけですから、仮に年率四％の上昇でも、五年間で二割ぐらいになるんですよね。だから、毎年、毎年というか、二年に一回とか、そういう改正をやらないと実質価値は維持できないという。

土田　それで、五％が出てくるのは七三年改正で出てくるわけですけれども、消費者物価水準が五％上がらなかったときは据え置いてと。

幸田　翌年なり、二年分まとめてやると。そのかわり、下がったときには下げますよと。そういう制度にしたんですね。

土田　最初から完全自動物価スライドという話にはいかなかったですか。

幸田　それはやっぱり、年金財政がそう潤沢ではないので、将来逼迫化すると。そのときの安全弁を少しつくっておかなければいけないというのが私の考えで、そのために、五％でなしに三％にしろとか、自動スライドで上がったら必ず自動スライドしろとかというのがあったんですけれども、もうドイツがそうとう年金財政が逼迫をして、三年分かそこらの積立金しかないという時代だったんですね。いずれ日本の成熟化が進んでいけば、高齢化が進んでいけば、年金財政で非常に苦しむときが来ると。そのときの安全弁で、自動スライドはやるなと。

土田　五％は守れということですね。

幸田　守れというのが僕の引き継ぎだったんですけどね。だけど、その後は、もう翌年か翌々年かに自動スライドにしちゃったんですね。それで、狂乱物価であのときは助かったということを皆さん言っているんですけれども。ドイツは確か、自動スライドではなかったんじゃないかと思いますね。

土田　ドイツは所得スライドが優先していましたので。

幸田　所得スライドも、ドイツはもう完全賃金スライドに近いような生産性年金ですけれども、日本の場合にはそこをちょこっと手を加える余地がある。

土田　五年ごとですよね。

幸田　五年ごとでやるけれども、五年のときにも自動的にやるんじゃなしに、法律改正で、評価計数を読み直すことについての多少のアローアンスがあるようにした。それがひとつと、それから物価スライドと、両方でやれば財政がもつんじゃないかと。明日払う年金がないということにならないんじゃないかという気持ちがあったんですけれども、私が残念なのは、とくに自動スライドにしたことですよね。いずれ上がることがわかっていれば、それは今の中国みたいな経済成長で物価上昇でしたから、五％は三％とか二％に下げなきゃいかんでしょうけれども、自動スライドにする必要はなかったんだと私は思いますね。

土田　でも、ここでやったお蔭で、狂乱物価のときにまず年金が引き上げられたと思います。

幸田　だけど、狂乱物価のときは法律改正でそれだけをやればいいだけの話なんでね、と思います。

■一九七三年改正（4）――財政方式

菅沼　基本的には、財政方式としては積立方式をこの当時も維持したいとお考えだった。ただ、自動スライドとかそういうことを入れていくと、実際には積立方式を維持できなくなっていくことは想定されていたのですね？

幸田　賦課方式に非常に早くなるんじゃないかと。だけど、世代間公平とか何かを考えると、修正積立方式をできるだけ長く維持したほうがいいと。最後には、五年分とか三年分しか残らないにしても、その年限をできるだけ延ばしたいという気持ちがあったんですね。そのために、自動スライドじゃなしに、多少アローアンスを持ったほうがいいんじゃないかと。

山田　自動物価スライドを入れなければ、具体的にはどういうふうにアローアンスをつくっていこうというふうに。

幸田　要するに、スライドをする時期が遅れるわけですよね。それだけの話です。だけど、それはもう毎年、毎年だから、ずっと積み重なっていくわけですね。それと、今の賃金スライドの部分も、法律改正をする——今でもそうですかね。再評価は法律改正しなければできないと。それは賃金自動スライドで、たとえば毎勤統計の勤労者賃金指数でやれという議論はずいぶんありましたよ。だけど、そこは法律改正しなければできないと。

菅沼　将来的には賦課方式になるということは、その当時から予想していたということですね。

幸田　ええ、そうですね。それを一〇年先か二〇年先か、多少とも延ばしたいという。

山田　財務省との折衝で、スライドを入れる替わりにというバーターのオプションがあったということですけれども、それは要するに、年金財政をむしろよくするようなバーターだったんですか。

幸田　その時その時でいろいろ違いますからね。

山田　交渉パッケージについてぜんぜん違う要素が入ってきていると。

幸田　それと、必ずその法律が成立するとは限りませんからね。こういう法案は、他の大法案、重要法案の煽りを食ってストップすると。「次の国会でいいじゃないか」という話になりますからね。

国民年金の成熟化（特例納付、再開五年年金）

土田　またその頃から、国民年金の成熟化ということで五年年金を再度やりますよね。そこにおける議論というのは、どういう議論があったんですか。

幸田　それはやっぱり、自民党の部会が非常に強い要望があったんですね。私個人としては、年金制度のあるべき姿として、時効とかなんかが過ぎたようなものまで認めるというのはおかしいんではないかと。現在もかなり行われていますけれども、年金の保険料を一〇年分まとめて払えば翌年からもらえると。そんなことをすると年金ではないんじゃないかと。私的保険ならともかく、公的年金でみんなが助け合いでやろうというのに、一〇年分一括して昔の分を払うという思想がわからないと、ずいぶん局内で抵抗した記憶がありますよ。だけど、後払いをやるということになりましたし、また新しい新五年年金をつくるとかいろんなことをやった。ああいう例をつくったから、またその後も何回も何回も繰り返されて、それで国民年金の成熟化はもうメチャクチャに進んだんですよね。

土田　ということは、この頃はやっぱり、年金をやれば票に結びつくというふうに自民党が判断をしたということですかね。

幸田　だと思いますね。農家なり商店街の人が基礎票で、そこからの話として、「せっかく制度ができたけど私たちは知らなかったんで保険料を納めていない。ＰＲが悪いんじゃないか」と。

百瀬　一九七〇年に最初に特例納付をやって、その後三回ぐらいやりますね。非常に厚生省としては抵抗したにもかかわらず、三回もやったというのはなぜでしょうか？

幸田　それは、私は後のことは知りません。

百瀬　最初の特例のところでは、局内ではかなり反対意見もあったのですか？

幸田　強かったですよ。だから、これはもうこれ一回だと。将来、こんなことはやるまいという感じは強かったですよね。

土田　それが二回、三回というのは、自民党の圧力ですかね。

幸田　だと思いますね。もう私保険と変わらないですよね、一括払いして年金をもらうというのであれば。

土田　そういう自民党の圧力に対して、やっぱり厚生省としてはなかなか抵抗は難しかったですか。

幸田　それから、事柄としてはそんなに大きくないと。全体のウエイトのなかで五万円年金とか何とかに比べると、それほどウエイトは大きくないと。当面、それで済むという感じでしたね。

■医療保険のあゆみ（1）――一九七〇年代

幸田　それから、一九七〇年代の話になりますと、一九七三年は「福祉元年」と言われた年ですけれども、一九七三年には私は健康保険のあり方というものはそうとう変わってきたのではないかなと思います。七三年はいろんな意味で「福祉元年」といわれておりますけれども、政府管掌健康保険にとっては、いままでの赤字は国から借金をして医療費を支払っていた。大蔵省資金運用部から金を借りまして操業をしていたという関係ですが、それをぜんぶ棚上げすると。それで、新しく政府管掌健康保険財政としてスタートするというのが、昭和四八年（一九七三年）のひとつの特徴であります。もちろん、年金の問題とか老人医療の無料化とか、いろいろな問題があって「福祉元年」といわれていますが、政府管掌健康保険、あるいは日本の医療保険にとっては、そういうことで従来の財政問題はこれで一応棚上げして済ませる。そして新しいスタートを切る。従って、施策としてもかなり前向きの施策を打ち出すと。四八年（一九七三年）の健保法改正は、こういう格好に私はとらえていいのではないかと思います。

もちろん、その後も健康保険財政の問題はついて回りますけれども、一九六〇年代から七〇年代初頭のようなことではなしに、そこで日本の健康保険というのはもうちょっと前向きに進む。あるいは、これからの高齢化にどう対応していくかという前向き志向の改正が、私は四八年（一九七三年）の改正の特徴だと思います。それはいま申し上げたように、政管健保の財政問題というものが一応、けりがついたと、そういうことがバックグラウンドにあるのではないかと思っています。

ただ、四八年（一九七三年）の「福祉元年」のときのことを考えてみますと、高齢化がもう間もなくやって来るということは頭の中ではわかっていたのですが、実感としてまだそこまでいかないという時代だったと思います。やはり、経済成長というものがまだある程度、続いていくのではないかという観念が、これは政治家も官僚も、一般の国民も持っていたのだと思いますが、そういうバックグラウンドがあって四八年（一九七三年）にかなり前向きの改正が行われました。それが昭和四八年（一九七三年）の秋にはオイルショックがあって、それから時代の様相がだんだん変わってきて、高齢化がさらに進んでいく。こういうことが七〇年代の特徴ではないかと思っております。そういう意味で、六〇年代初頭から七〇年代初頭に比べて七〇年代というのは、前向きのというと適当かどうかわかりませんが、時代を先取りするようなことを多少は行ったのが、日本の健康保険ではないか思っております。

■医療保険のあゆみ（2）――日本医師会との関係

幸田　この当時のことでエピソード的なことを一つ、二つお話をしたいと思います。医療経済研究機構のオーラルヒストリーのときにも申し上げたことでありますが、大阪の病院で、それぞれの頭文字がN・H・Kという、N病院、H病院、K病院というのがございました。先ほどの制限診療の撤廃に絡むものでありますけれども。

それに対して健康保険の監査をしようとすると、監査については、これは日本医師会とのいろんな折衝の結果ですけれども、まず保険医になったときにはいろいろと指導をする、これは普通のことだと思いますが、通常の監査は集団指導といって、たとえば医師会館あたりに先生方に集まっていただいて、保険局医療課の監査官、それから地方の県の保険課にもそれぞれ監査官のドクターがいますから、それがまず皆さんを集めて集団指導をします。そして、そのなかで「どうかな」というケースがあれば、それは個別に呼び出して個別指導をします。その個別指導の際には、必ず県の医師会の役員が同行します。必ず立ち会いますというルールですね。そして、個別指導をしてなおかつ疑念が残る場合に、初めて監査をする。監査をするときにも、もちろん医師会が立ち会ってやる。確かに、昭和三四年（一九五九年）には、監査ということで、それが直接の原因かどうかは私はよくわかりませんが、自殺をされるという保険医が一人、二人と出て来られました。

そういう事件もありましたけれども、そういうことで大阪府の医師会は、たとえばK病院に監査をしようといっても、「いや、やる必要はないよ」ということで反対されます。医師会の立ち会いがなければ監査ができないですから、ずっとそういう状況が昭和三〇年代の終わりから四〇年代と続いてきているけれども、監査ができない。

そして、初めてK病院の監査ができたのは昭和五六年（一九八一年）でありますが、これは園田直大臣が「あまりにひどいじゃないか。監査をやれ」ということで、当時は日本医師会は武見さんが引退をされる直前という時代背景もあったと思いますが、これは一例ですけれども、そういうエピソードがひとつあるわけであります。

それからもうひとつは、ご質問にあるのですけれども、保険医総辞退というのが昭和四六年（一九七一年）にありました。私は、直接にその時代はタッチをしておりませんからわかりませんが、当時の保険局の江間（時彦）審議官が出したメモ、これが発端だということであります。メモは今でも現存されていますから、ご覧いただければおわかりいただけますが、「出来高払いにはこういういい点もある。しかしこういう欠点もある」という、その程度のメモなのですね。若干、他の文言が加わっていますが、それを中医協に出したということが保険医総辞退の直接の原因だといわれています。そのへんの状況は、私もいまだに、なんで保険医総辞退が行われたのかということがよくわかりません。役所としても、総辞退の総括は行われていないといっていいと思います。

保険医総辞退というのは、実はそういう言葉は別に昭和二〇年代からありましたし、武見さんが副会長の昭和三〇年代の初めにもありました。それから、その後も度々「保険医総辞退をやるぞ」という掛け声はあったわけですけれども、実際に実施したのは昭和四六年（一九七一年）だけで、それ以降はあまりそういう言葉も聞かれなくなったわけです。これは皆さん方が、何のためにこのことが行われたかというのは、もう少し時代考証などをなさると、かなり役に立つのではないかと思います。

たとえばフランスあたりでは、医学部の学生を中心にした定員を増やすとか何とかということで保険医の総辞退が行われているわけですけれども、日本はそういう直接の結果がないので、あえて申し上げれば、やっぱり当時の日本医師会の中を引き締めるという意味合いが、私は非常に強かったのではないかと思います。武見さんが昭和三二年（一九五七年）に医師会の会長に就任されて、二年ごとの会長選挙を乗り切ってこられたわけですけれども、昭和四四～四五年（一九六九～一九七〇年）になると会長に就任されて一二、三年になりますから、いろいろと内部の声も出てくる、そういうことが、私はひとつはバックグラウンドにあったのではないかなという気がいたします。

保険医総辞退によって、医療側、とくに日本医師会が何を得たのか、それから何を失ったのか、また国民一般がどういう被害があったのか、どういう感じを持っているのかということは、一回検証されるべき事項だと思いますが、まだ十分なものがないといっていいのかと思います。（後略）

■一九七〇年代の改革（1）――高額療養費制度の導入

土田　（前略）七三年の医療改革のプランは厚生省でつくられたわけですか。あるいは、社労族が考えたとか。

幸田　いや、それはないですね。高額療養費制度というのは、いま名前が変わっていますけれども、要するに七割の給付率、本人の場合はもっと高い給付率の現物給付の上に、現金給付を組み合わせるという仕組みですよね。これは、世界的に見てもこういう仕組みはあまりないんですね。現物給付は現物給付で行い、その上にというのか、患者の自己負担に対して現金給付を後払いすると。後払いをするというのはあまりないケースだと思いますが、結局、それによってある程度、受診率とか医療費というのに影響するのではないかと。高額な医療費がかかった場合には、その患者負担は何か補塡をしなければいけないし、埋めなければいけない。しかし、今は現物でやるようになってしまいましたけれども、現物でやる必要はないのではないかと。いろんなことを考えれば、現金給付で後払いでやったほうがいいのではないかと、そういう政策判断ですね。ですから、今はもう現物化になりましたけれども、これは言葉が適当かどうか、私としては残念だというのか、そういう発想はないのかなということですね。

土田　償還払いでいくべきだと。

幸田　そうですね。給付抑制的だという批判があるから現物化したのでしょうけれども、非常に日本的な発想で、少なくとも七割は現物給付されるわけですから、残り三割については本人がとにかく一〇万円でも払って、しかしそのうちのそうとう部分は戻ってくる、そのために借り入れをする制度もつくったわけですよね。だから、長い間、健康保険の実務に携わってきた身としては、やっぱり現物給付か現金給付かというのは昔からある議論で、皆保険のときにも、またその直後にも、償還払いでいったほうがいいのではないかと。当時の日本医学協会の吉田（富三）さんは、さっきの制限診療の問題にも絡みますけれども、そのほうが医療は自由にやれるという考え方でね。日本医師会の会長にも立候補されたんですよね。

それから、もう一方は現物給付でいくべきだという考え方で、それは昔からある論争です。今はもう世界的にみても現物給付をやっていない国は珍しいので、現金給付はないのでしょうけれどもね。そうした考え方の流れのなかで、現物給付で七割を出して、残りの三割について高額であれば現金で後払いするよというのは、私は非常にいい考え方なのではないかなと。保険証を一枚持っておけば、日本の場合はどの医療機関も大した経済負担なしに診てくれるというのは、それはそれですばらしいけれども、ある程度健康保険を考えてもらうためには、この現物給付と現金給付の組み合わせの高額療養費というのは、非常に意味のある制度ではなかったかと思いますけれどね。

土田　実質的には十何％まで負担が減りますからね。あそこで三万円という線が単純に引かれました。けれども、今はかなり複雑な数式でやっていますけれども。

幸田　当時の経済情勢とか、いろいろな家計調査とかを見てね。それから、今みたいに合算するとか、ひとつの病気でやるとかいうのはなくて、当時はレセプト一枚ごとでしたからね。それは後の改善だと思いますけれども、そういう考え方が今の世の中では通用しないというのが、私としては残念ですね。

菅沼　高額療養費制度が、おそらく国民皆保険の国民の信頼を支えているのではないかなと私は思っているのですけれども、この高額療養費制度というものの発想はいつどこで出てきたのでしょうか？　政管健保の赤字問題に決着がついてからなのか、あるいはその前から、どのあたりでその議論が始まったのでしょうかね。

土田　後で聞こうと思っていますが、老人医療費の無料化が始まりますよね。それとも関連するんですかね。

幸田　あまり関係していないですね。全く関係ないといえば嘘になるでしょうけれども、やっぱり患者負担を減らすというのか、軽減するという考え方は基本的にありましたからね。今のご質問は、ちょっと私にはよくわからないですね。

菅沼　たとえば、三割の自己負担が非常に厳しいというところでいろんな問題が発生してきて、そういうのがいろんな陳情など政治的なチャネルとか、国民からそういう要望があがっていたとか、どうなんですかね。

幸田　それはあまりないのではないですかね。むしろ、役所で役人が頭の中で考えたというほうが、正解ではないかと思うんですけれども。

■一九七〇年代の改革（2）――老人医療費支給制度の導入

土田　（前略）老人医療費支給制度ですけれども、あれがどういう経緯で出てきたのか、はっきりわからないんですけれども。

幸田　岩手県の沢内村から老人医療費の無料化が始まって、市町村がやって、そうすると府県でやるようになって、結局、決め手は東京都知事の美濃部（亮吉）さんが、「東京都でも無料化をする」ということで、当時は齋藤昇さんが大臣でしたけれども、斎藤昇さんが「これは国としては放っておけない」という政治判断ですね。役所のほうは、老人保険制度をつくるとか別建ての制度をつくるとか、いろいろな考え方がありましたけれども、とにかく早くやらなければいかんと。美濃部さんがやるのなら、自民党政府は早くやらなければいかんという、こういう考え方が基本にあったと思いますね。

土田　あの当時は、保革伯仲と言われた時代ですね。やっぱりそういう政治的な判断があったのですね。

幸田　政治的判断があったと思いますね。ただ、普通であれば制度をつくって何とかということになるのですが、そのためには半年、一年、二年とかかりますから、それよりは老人福祉法の一部改正ということで、「無料化をします」ということだけ、ほんの一行直せばそれで済むと。それは、斎藤昇大臣の決断ですね。

土田　老人福祉法のなかで健康審査を一応、義務付けられて、健康審査で実際に病気が見つかった場合に患者負担がじつは三割だというところが、かなり負担になっていたということが背景にあるというふうに読んだことがありますけれども、そういう老人福祉法との関連というのはどうでしょうか。

幸田　それよりは美濃部さんだと思いますね。東京都がやるということは、もう日本全国がやるということに近いですからね。それで、国民健康保険、要するに医療保険サイドで何か無料化はできないのかという話が、斎藤昇さんから保険局に降りてきました。

土田　幸田さんはその当時ちょうど秘書官でしたよね。

幸田　それで、当時は国民健康保険課長が松田正さん――もう亡くなってしまいましたけどね。僕も覚えているけれども、彼が大臣室に来て、「国民健康保険ではできません」という返事を持って来たんですね。それで、老人福祉法でやるのですね。それは財政問題、それから市町村国保で今すぐ実施できる状況かどうかなど、いろんなことを考えたら。

土田　最初、国保のほうに来たわけですか。

幸田　そのときに、無料化はこんなに高いものはないという議論はずいぶんあったのですけどね。高くつくよと。だけど結局、東京都で無料化をやるのなら、政府として有料化はできないと。

菅沼　当時、沢内村の例などですと、むしろ無料化して受診率を高めることによって、予防の効果というか、疾病率を下げるというので、全体としてみると医療費はそんなに増えないとか、場合によっては抑制できるんだという理屈があったと思うんですけれども、そのような議論はあったのでしょうか。

幸田　そんな議論はあまりなかったですね。やっぱり有料化をすべきだという、多少でも患者負担をという議論はずいぶんありましたよね。

土田　ずいぶんあったというのは、厚生省内にですか。

幸田　内も、それから政党の中でもね。自民党の中でもありましたよね。

土田　でも、あれによって、それから高額療養費制度がありますから、結局、国としての負担はある程度制限されて、実質的には保険者負担に変わっていきますよね。老人医療費無料化によって、患者負担がゼロになって、しかも高額療養費のところが三万円で切ってしまうと、無料化して国が負担する患者負担分というのはその範囲内に限られまして、保険医療費の残りはぜんぶ保険者にいきますよね。

幸田　また、国保が半分ありますからね。
土田　そうすると、保険者負担というのが結果としては増えていくという構造になって、国保があの頃から急に赤字が問題になってきたように思うのですが、そこはあまり関係ないですか。
幸田　そこはわかりません。

■医療費の急伸について

土田　七三年改正以降、とくに老人医療費を中心として医療費が増えていきますけれども、あそこの予測みたいなものはある程度、厚生省内で立てていたのか。予想の範囲外だったと思いますけれども、どうでしたでしょうか。
幸田　結局、保険の医療費の予測は、例の長瀬係数しかないんですよね（笑）。長瀬恒蔵さんが戦前の時代につくられた、あれしかないのでね。だから、老人医療費の無料化というのはどのぐらい医療費が増えるかとか、患者負担率を変えればどのぐらいかというのは、結局、長瀬係数でやったものですからね。今でもそうではないですか。
土田　その頃の医療費の伸びというのは、急速に伸びていきますよね。
幸田　ええ、経済成長をはるかに上回るね。それは、老人医療費無料化の影響があると思いますね。それから、やっぱり高齢化がそのバックにはあると思いますね。
土田　結局、一九八〇年頃までずっと長引いてしまうわけですけれども、途中でいくつか見直しみたいなのがありますが、そこがうまくいかなかったというのは、やっぱり背景としては政治状況が、保革伯仲だったということですか。
幸田　ええ、そうだと思います。
土田　それは、厚生省にとってはプラスだったのですかね、マイナスだったのですかね。
幸田　どうですかね。
土田　国民に保険医療が広まっていく上では、非常に大きな役割を果たしたと思うんですけれども、財政的には非常に厳しくなった。
幸田　老人医療の世界でいうと、よく逸話として知られるのは、病院の待合室でお年寄りが何人か並んで、「きょうは○○さんが来ていないけど」「いや、彼女は今ちょっと病気だから」というのがね（笑）。そういう逸話がずいぶんあったという時代ですね。

それからやっぱり、今は療養病床ということでは、老健施設ができましたからかなり議論が下火になりましたけれども、社会的入院といわれたのが起こったのはやっぱりこの影響ですね。この頃が最盛期といってもよろしいのではないですかね。
土田　おっしゃったような病院のサロン化みたいなものは、実際の現象としてあったのですか。

幸田　ありました。後でつくった語ではないですね。それはあったと思いますね。うちにいるよりは病院に行ったほうが話し相手がいると（笑）。老人病院はずいぶん社会問題化したし、身体の拘束とかいろんな問題があったけれども、かなりの期間、放置されてきたということは非常にありますよね。最近はあまり聞かなくなったけれども、病院経営はそれでずいぶん潤ったというね。

菅沼　社会的入院がいちばん問題になったのは、七〇年代後半から八〇年代初頭くらいといってよろしいのでしょうかね。

幸田　そうですね。

菅沼　それ以前はなかったのでしょうかね。つまり、老人医療費無料化以前は、社会的入院というようなことは。

幸田　やっぱり経済的な負担がありますからね。しかも、入院すれば一月に何十万円か何万円か自己負担があるわけですから、それはなかなか難しいのではないですかね。

社会局からみた老人医療費無料化

田中荘司氏

1935年生まれ
1958年　社団法人日本肢体不自由児協会
1960年　ニューヨーク州立リハビリテーション病院留学
1962年　東京都北療育園
1966年　厚生省入省
1970年　厚生省社会局老人福祉課
1977年　厚生省社会局老人福祉課老人福祉専門官

老人福祉法制定5周年を記念して開かれた
全国老人クラブ大会（1968年）（読売新聞社提供）

厚生省の医師との論争

深田　昭和四五年に、「老人問題に関する総合的諸政策について」がでましたが、どのような関わりがありましたか。

田中(荘)　これは、答申なんですよね。答申、諮問という形で、僕が老人福祉課に行ったときにすでに始まっていて、僕も文章化の手伝いというか、その審議会の答申書の作文に手を着けたんですよね。年金とか医療まで口出して、よくやったと思いますね。だから、当時は老人福祉法の中には、健康審査とかも入れてありましたしね。白内障の手術費の無料事業もやりましたからね。あれは、四六年でしたかね。それから、老人医療の無料化ですか。あれは、有名だったのは岩手県の沢内村ですよね。

田中(聡)　老人医療費無料化の検討に際しては、厚生省内に老年者対策のプロジェクトチームができていますけれども、そこととの関わりはどうだったのでしょうか。

田中(荘)　ありました。老人ですから、老人福祉課が主専の課でもあったんですよね。とくに、当時の医務局とか公衆衛生局という医者関係の局とよく話し合いましたし。思い出があるのは、認知症を健康審査に入れてくれと僕は何回でも主張したけれども、入れてくれなかったね。それは、無理もないんですけどね。「あなたはボケています」という認定を健康審査でしても、薬もなければ手術もできるわけでもないし。だから、厚生省が「あなたは認知症です」と烙印を押すだけのことで、何もできない。だから、医者が先頭を切りたくないというんですよ。（後略）

老人医療費無料化と老人福祉法

菅沼　老人医療費無料化のときに、老人福祉課としては歓迎をしていたということなのでしょうか。

田中(荘)　そうですね。医務局は乗り気じゃないんですよ。医療対策の一環としてやってくれればいいのに、検討が行われていて、あれはA、B、C案があって、結局分離すると。老人は医療制度を分離するという形の意見書が出ているんですよね。だから、健康審査ももともとから入っていたし、当時は医務サイドはやる気がないから、老人で、福祉の局でやってしまおうということで、そういう法案のなかには入ったんですけれども。ですから、老人福祉課としては要望がけっこう強かったのは、当時は国民健康保険は自己負担が……三割だったですかね。

田中(聡)　はい。あと被用者の家族なら五割だったと思います。

田中(荘)　それで、お年寄りの年金制度は不十分ですし、だからこういうことがよく老人福祉課へは声として上がってきたんですよ。文書としても上がってきたのは、「病気になっているにも関わらず、息子等に病院に通って治療を受けたいということが言えない。だから、黙っているんだ」という声がすごく上がってきたんです。そういう声はずいぶん聞いていましたので、じゃあ福祉サイドで力を入れるかという方針をとったんですけどね。

田中(聡)　もう一年目から受診率がバッと伸びて、見直しの機運がわりと早いころから厚生省内にあったという話も聞きますけれども、そのあたりはいかがですか。

田中(荘)　そうですよね。だから、国民にとっては善政だったんですよね。(後略)

■老人医療費無料化政策に対する見解

菅沼　老人医療費無料化政策というのは一〇年で終わりますけれども、無料化政策が終わることについては、何か議論とかご見解はございますでしょうか。

田中(荘)　お年寄りにとってはよかったとは思っていますけれども、老人福祉課が、自分の課が中心でやろうという勢いは、今はまったくないですよね。医療はとくに、別の課でやるという仕組みになっていますから、なお力を入れてやっていこうということではないし、介護保険が今のままでいいかどうかというのも、金が思ったよりもかかりすぎるというか。

四年前に、私はパソコンでメールを送って、ニューヨーク州立の大学へ「五〇年ぶりに訪問したい」と言ったんですけれども。そんな、五〇年前なんて誰も知らないよというけれども、「歓迎します」というメールが来て、二〇一〇年にニューヨークに行ったんですよ。同じ敷地内でしたけれども、まったく変わっていましたね。当時は入院機能だけでしたけれども、今は主だった疾病別にセンターがありまして、障害児の通園施設もありますし。よその国からの受入れは依然としてたくさんやっていましたけれども、やはり五〇年もたつとどこの国も変わっていくんですね。(後略)

第6章 医療保険制度改革

解題 新田 秀樹

1　低経済成長下での高齢化への対応——老人保健法制定と一九八四年健康保険法等改正

高度経済成長に支えられ一九七三年に福祉元年と謳われた社会保障の拡充は、同年の石油危機の発生により終了した。その後、日本の社会保障制度は、オイルショックとそれにともなう激しい物価上昇（狂乱物価）後に続いた慢性的な低経済成長と公的財政の悪化のなかで、人口高齢化への対応に悩まされ続けることとなる。診療報酬の大幅引上げなどにより医療費が急騰し政府管掌健康保険（政管健保）の財政が悪化したため、一九七六年、一九七七年、一九八〇年と立て続けに健康保険（健保）法が改正され当面の制度の維持が図られたが、経済社会状況の変化に対応した制度構造の改革はほとんど手つかずのままであった。また、相対的に医療費の高い高齢者が他の医療保険制度に比べ集中していたところに、老人医療費支給制度の実施（老人医療費の無料化）による受診率の急増が追い討ちをかけた国民健康保険（国保）の財政状況はさらに深刻であり、危機的様相を呈するようなった。このため、国保における老人医療費の増加にどう対応すべきかということが、重要な政策課題となっていく。

厚生省は、一九七六年に老人保健医療問題懇談会を設置し、同懇談会は翌年一〇月の意見具申のなかで、老人保健医療対策は総合的かつ包括的な制度として確立されるべきと述べたうえで、複数の財源調達方式とその問題点等を提示した。しかし、老人医療費の負担のあり方について関係者の意見がなかなかまとまらないため、一九七八年一一月には、小沢辰男厚相が別建ての老人保健制度（市町村が一元的に医療とヘルス事業を実施、財源は国・地方公共団体・事業主・住民（市町村が徴収する拠出金）で負担）の構想（小沢構想）を、また、一九七九年一〇月には、橋本龍太郎厚相が既存の医療保険制度を前提とした老人保健医療制度（市町村が四〇歳以上の住民に公費でヘルス事業を実施、老人医療の財源は医療保険者間で財政調整し共同で負担）の構想（橋本構想）を、それぞれ厚生大臣私案として発表するなど、関係者の反応を探りつつ議論の方向を誘導しようとする動きもみられた。

そして、厚生省は一九八〇年六月に省内に老人保健医療対策本部を設置し、同年九月に、①市町村が保健給付（医療とヘルスサービス）を行う、②費用は公費と医療保険者からの拠出金で賄う、③一定以上の所得があるときは患者一部負担を求める等を内容とする老人保健制度第一次試案を発表した（さらに同年一一月に、拠出金の割当てその他の費用負担につきA案〔加入者按分＋所得按分ほか〕とB案〔医療費按分＋加入者按分ほか〕が示された）。厚生省は、その後さらに関係方面等との調整を進めて、同年一二月には厚生・大蔵両大臣間の合意をみて、翌一九八一年三月に老人保健法案要綱を社会保険審議会（社保審）と社会保障制度審議会（制度審）に諮問している。このような経緯を経て、同年五月、老人保健法案は第九四回国会に提出された。同法案は、第九四回国会では継続審議となり、次の第九五回国会の衆議院で一部修正された後、再度継続審議となったが、第九六回国会においてさらに参議院での修正を受けた後、衆議院に回付され一九八二年八月に可決成立し、公布された。そして、翌一九八三年二月から施行されたのである。

老人保健法の成立により国保に対する老人医療費の重圧は緩和されることとなったが、高齢化のさらなる進行や医学医術の進歩等により中長期的にみて医療費の増大はなお避けられず、したがって、医療保険制度の効率的な運営の実現と医療費の適正化を図ること、そしてそのための医療保険制度改革を行うことは引き続き重要な課題であり続けた。同時期に行財政改革を推進するために設置された第二次臨時行政調査会（第二臨調）が行った数次にわたる答申もその追い風となった。こうした状況のもと、一九八二年八月には厚生省の国保問題懇談会が退職者医療制度の創設の検討等を求める中間報告を出し、同年一〇月には、第二臨調の答申を受けて前月に閣議決定された行財政改革大綱

（年表）昭和50年代（1975～84年）の医療保険制度改革

1978年12月	小沢構想発表
1979年10月	橋本構想発表
1980年 9月	老人保健制度（厚生省老人保健医療対策本部）第1次試案発表
1980年12月	老人保健医療制度についての厚生・大蔵両大臣の合意
1982年 7月	第2次臨時行政調査会第3次答申（基本答申）
1982年 8月	老人保健法制定
1982年10月	厚生省内に国民医療費適正化総合対策推進本部を設置
1983年 8月	1984（昭和59）年度予算概算要求
1984年 1月	自民党4役による裁定
1984年 8月	「健康保険法等の一部を改正する法律案」可決成立⇒公布

を受ける形で厚生省内に国民医療費適正化総合対策推進本部が設置された。並行して保険局内部では医療保険政策のあり方についての基本的検討が進められていった。翌一九八三年二月には改革の中心人物である吉村仁保険局長が制度改革の方向性を示唆する論文（「医療費をめぐる情勢と対応に関する私の考え方」）の公表なども行っている。

こうした流れに加えて、一九八三年度予算から導入されたマイナス・シーリングが一九八四年度予算においても継続されることとなったことも大きな圧力となって、厚生省は、医療保険制度を中長期的に維持するとともに、当面の国庫負担を縮減するための抜本的な制度改革を行わざるをえなくなり、一九八三年八月の翌年度予算概算要求のなかでその具体的改革案を提示したのである。かなりドラスティックな内容を含んだ改革案は関係者の間で賛否両論のさまざまな反響を引き起こし改革内容の決定に至るまでの調整は難航したが、最終的に一九八四年一月の自民党四役裁定により概ね決着した。

こうして、厚生省は、①健保をはじめとする被用者保険の被保険者本人の給付率の引下げ（一〇割を一九八六年度分から八割〔それまでの間は九割に〕）、②退職者医療制度の創設、③国保への国庫補助の縮減、④特定療養費制度の創設、⑤日雇健保の健康保険への統合などを柱とする健保法等の大幅改正案（健康保険法等の一部を改正する法律案）を作成し、一九八四年二月に国会に提出した。同法案は、衆議院で被用者保険本人の給付率を一九八六年度以降も国会の承認を得て厚生大臣が定める日までの間は九割のままとすること等の修正がなされた後、参議院でも高額療養費の改善等についての修正が行われて一九八四年八月に可決成立し、公布されたのである（施行は同年一〇月から）。

2　医療保険制度改革を規定する論理と情念

制度の改革（法の制定や改正等）には、改革の直接の担い手のほかにも、多くのアクターが関わるのが通例である。本章で取り上げた改革においても、改革を直接担当した厚生省老人保健医療対策本部事務局や保険局といった担当部局のほかに、省内の関係他部局（公費負担医療等を所管する公衆衛生局や社会局、省の予算や国会対策を担当する大臣官房等）、他省庁（財政・国家予算を所管する大蔵省〔現・財務省〕、地方自治・地方行財政を所管する自治省〔現・総務省〕等）、利害関係団体（三師会をはじめとする医療関係団体、健康保険組合連合会その他の保険者団体やそのバックの経済団体・労働団体、全国知事会・全国市長会などの地方関係団体等）、あるいはそうした団体ともつながる政治家（国会議員等）など、多くのアクターがさまざまな形で関与した。

これらの改革の理由・経緯・内容等については、本解題末に掲げた参考文献においてかなり詳細に説明されているので、本章後半で引用する証言（オーラルヒストリー記録）では、それらの説明よりもう一歩アクターの行動の内実に踏み込んだ述懐を紹介することにより、改革の「公式的な」理由や論理の背後にあるアクターの立場・利害・動機・思いなどを読者が汲み取ることができるよう努めたつもりである。

こうした改革が「法制度」の改革である以上、合理的な改革理由と整合的な改革の論理・内容が求められることはいうまでもないが、しかし、それだけでは改革実現の必要条件とはいえても十分条件とまではいえない。証言の行間からは、ⓐアクターの所属する組織・団体固有の立場・利害・論理・気風や、ⓑ職務上許された権限や上記ⓐによる制約、他のアクターからの圧力等を受けるなかでそれぞれのアクターがなお抱く改革への信念・価値観・情熱といったものこそが改革の内容や実現可能性に多大の影響を及ぼしていることを読み取ることができるであろう。以下、各事例を簡単にみていこう（詳しくは、証言〔オーラルヒストリー記録〕を参照のこと）。

① 老人保健制度案の検討・調整プロセスの実際

新たな制度創設や大きな制度改革の時には、前記のとおり、多方面との多大な調整が必要となる。老人保健制度創設の場合も例外ではなく、老人保健法案についての調整作業が本格化した一九八一年前半においては、老人保健医療対策本部事務局は、省内関係部局、各省庁（とくに大蔵省と自治省）、自民党の社会部会・ボス会議、社会保険審議会、社会保障制度審議会、内閣法制局などとの同時並行的な折衝・調整に追われることとなった。一九八〇年から一九八二年にかけて同事務局次長を務めた佐々木典夫氏は、この頃を「とにかく、超多忙の夢中で走り抜けた時期でした」と振り返っている。

② 老人保健制度創設に対する大蔵省のスタンス

佐々木氏によれば、老人保健制度創設に対する大蔵省の意見は、一九八〇年八月の段階では「基本は『一部負担を入れて財政調整をやってくれ。単独の別建ての制度をつくることは絶対にやめてくれ。（中略）特別会計をつくって政府でやるなんて絶対に駄目だ』と」いうものであったが、「手を組まなければ絶対に政府の案はできないですから」折衝を進め、一九八〇年一一月一七日の大蔵省主計局局議が「大蔵省のターニングポイント」となり、「厚生省と一緒になって進もう、それで注文をいろいろつけていこうという方向になった」という。

③ 老人保健制度創設に対する自治省のスタンス

佐々木氏によれば、老人保健制度の「中身はまさに市町村の行財政そのものですので、自治省との調整は極めて重要で」あったが、同制度創設に対する自治省のスタンスは「どなたが話しても一貫して」いてぶれることがなく、「『医療のチェック機能がないので市町村主体は無理。全市町村でヘルス事業の実施も困難。保健婦さんもいないし、定員削減要請と財政難から、拡充も難しい』と」いうものであった。このため、「大蔵省と並んで、自治省との折衝にはエネルギーを要し」「最終的に合意が成立したのはGW明けの法案提出のぎりぎりになってからで」あったという。

④ 老人保健制度案作成過程における政治家の役割――財源構造と患者一部負担の決定

自由民主党（自民党）の単独政権下においては、政府（厚生省）が制度改革のための法律案を国会に提出するに先立って自民党社会部会における了承を受けなければならず、その了承に至るまでの過程においては政治家がさまざまな形で関与した。その典型的な関わり方のひとつが、政治家自身が関係する組織・団体の利害を代弁するというものである。佐々木氏は、社労族の有力政治家の一人である田中正巳参議院議員が老人保健制度の患者一部負担を初診・再診の別なくエンドレスに徴収することに繰り返し反対意見を表明したことを紹介し、「無料だったところに鈴を付けるのには、いかに当時大変であったかということの一端ですね」と述懐している。

しかし、政治家は、関係団体の利害を代弁する一方で、厚生省と共闘しその政策の実現を支援することもある。佐々木氏は、老人保健制度の費用負担を法律にどこまで明記するかにつき厚生省と大蔵省の意見が対立したときに、前述の「田中正巳先生は、『万事、役人任せにはできない』という感じ」になったと述べている。

また、さまざまな組織・団体をバックにした多くの議員が集まる社会部会を仕切って政策を形成していくのも「ボス」と呼ばれる有力族議員（政治家）であり「そういうプロセスの一端に接しまして、印象は強いものがありました」と佐々木氏は当時を振り返っている。

このように、官僚と政治家とは、時に対立し時に協力しながら双方が受容できる内容となるような制度改革を進めていく関係にあった。ちなみに、老人患者一部負担の件が社会部会で決着した時には、入院時負担を求める限度月が「たぶん与党の先生の決めだと思いますけれども、六カ月から四カ月に変わってい（た）」（佐々木氏）という。

⑤ 老人保健制度創設における理念の意義と効用――ヘルス対策の推進

大きな制度改革にあたっては、その改革の意義や方向性を示す理念が示され、法律の冒頭部分に規定されることも多い。老人保健法の第一条及び第二条において新たに強調された理念は、予防から治療、リハビリテーションに至る保健（ヘルス）事業の総合的な実施による包括的な保健サービスの提供であった。その意義について、一九八〇年から一九八二年まで老人保健医療対策本部専任副本部長を務め、理念の発案者とされる吉原健二氏は、「共同拠出の案をみんなに理解してもらう（中略）には、どういう考え方で説明したらいいかということをそれこそ朝から晩まで考え」て「新しい制度は国民の健康、ヘルスの増進を目的とする制度であることを強く前面に打ち出したんです。それに誰も反対する理由はないだろうと思いましてね」と説明している。

新たな理念の提示は、老人保健制度に対する関係者の抵抗感を和らげるうえで大きな役割を果たしたと考えられる。しかし、ヘルス事業の具体的な実施・展開がともなわなければ、理念規定は法律案を通すための単なるお題目・方便で終わりかねない。そうした危うさについては当初から認識されていた。一九八〇年から一九八二年まで老人保健医療対策本部事務局次長補佐を務めた堤修三氏は、「どこまでできるかというと、なかなか実効は上げにくいという難しい問題がありました」と述べている。

制度改革の理念は、目標（建前）と戦術（本音）の二面性をもっていた。

⑥ 老人保健制度の財政方式を財政調整ではなく共同拠出と説明した理由

老人保健制度の財政方式は医療保険者間の財政調整ではなく全保険者による共同拠出であるとされた。吉原氏は、両者の違いを「国保も含め、各制度が一定の基準でみんなで金をだしあい、共同で老人医療費を賄う、その基準は各制度の財政力でなく、七〇歳以上の老人加入率が多いか少ないかを基準にするということですから、財政調整ではない」と説明している。ちなみに、「制度審は財政調整案だったのだけれども、中間意見の時に頼んでそこを変えてもらった」（堤氏）という。

しかし、共同拠出方式を採っても、それが結果的に財政調整機能を果たすことに変わりはない。それにもかかわらず、厚生省当局が共同拠出であるとの説明にこだわった最大の理由は、健康保険組合連合会（健保連）が財政調整という言葉にアレルギーに近い拒絶感をもっていたためとされる。このアレルギーにつき堤氏は、「財政調整アレルギーがあったのは健保連と政管健保の間ですね。それが、政管健保の財政問題というよりも、診療報酬引き上げのための財政調整だったので、反発が強かった」と述べている。

制度改革を実現するためには、理論的な整合性や説明の厳密さを多少犠牲にすることもやむをえない。老人保健制度の創設にあたっても、厚生省当局は、従前の経緯や関係者の利害・意向等を考慮した現実的な判断を行ったことがうかがえる。佐々木氏は、このあたりの機微につき「更地に物をつくるとか白地に絵を描くのと違って、大きなビルの下には深い杭なんかが入っているような過密な大都会の地下鉄工事みたいなもの」と述懐している。

堤氏によれば、この共同拠出方式の「ウリは、七〇歳以上の老人を各医療保険者に所属させ続けるということ」にあった。このアイデアの発案者は「僕（堤氏）ともう一人、藤山さんという保険庁の人」であったが、「老人保健制度の基本骨格も、この取扱いによって根拠づけ可能に」なった。また、加入者按分で用いる老人医療費を全国平均ではなく各保険者の実績医療費にすることで、「保険者が医療費を削減する努力をすれば、それが拠出金に跳ね返る」という工夫も、堤氏が「吉原さんを説得した」結果だという。

⑦ 老人保健制度と従前の制度との調整の煩雑さ——ねたきり老人の医療費無料化措置の扱い

老人保健法案の国会提出後、一九八二（昭和五七）年度予算編成過程において、法案の対象となっていない六五歳以上七〇歳未満の寝たきり老人に対して予算措置により行われていた医療費支給措置（老人医療費の無料化措置）をどうするかが問題になった。佐々木氏は、「新制度施行後どのような形でどこが所管するのか。この問題には難渋しました」と回顧する。省内関係部局の調整がほとんど進まないうちに八月二一日の厚生省概算要求決定省議というタイムリミットが迫り、「最終的に、吉原さんと（吉村）官房長とのご相談結果を吉原さんから頂き、小林（功典）会計課長にご説明して、当面の扱いを決め、切り抜けたのは、その前日」であったとのことである。結局、その後の国会での法案修正で寝たきり老人も老人保健法の対象とすることで「さらりと解決」したが、佐々木氏は、「省内での調整過程は、当事者としてはストレスフルの問題で」あったが、「あの時点では事務的に法案修正に織り込むという選択肢はない段階での議論だったわけで、ああいう道行でないとできなかったかな、という思いもありました」と述べている。

このエピソードからは、原則として自らに与えられた権限と責任の範囲内で最善を尽くさなければならない公務員（による行政）の信頼性と限界（ないし葛藤）の両面をうかがうことができよう。

⑧ 一九八四年健康保険法改正の経緯・実施体制・調整プロセス

一九八二年から一九八四年まで保険局企画課長を務めた多田宏氏によれば、一九八四（昭和五九）年の健康保険法等の大改正を担う保険局の体制は、改正の立役者である吉村仁保険局長が、「臨調の答申は自分でシナリオを書いたみたいなものですから、今度はそれを実現するための体制を組むんだということで」スタッフを集めたという。

役割分担は、「（吉村）局長が走り回っておられたのは田中角栄、中曽根康弘、医師会、第二臨調（中略）下村（健）審議官は主として歯科医師会担当」、多田氏は「社保審のメンバー（中略）、加藤（寛）臨調第四部会長それから大蔵とか国会とか」というものであった。これに関し、一九八二年から一九八四年まで保険局企画課課長補佐であった和田勝氏は、厚生省が一九八四年度概算要求を行うにあたって自民党の了承を求めた際に、「概算要求は予算案の決定に向けての政府部内のひとつの手順、作業ステップであり、厚生省の基本的な責任と役割として行って結構だという異例の扱いにしていただいた。（中略）党として関与するのは予算案の決定の段階であり、年末に向けて具体的な予算編成の過程、具体的な法案作成作業の中で、党として了解できるか詰めていくとされたわけです」とのエピソードを紹介し、「推測するに、吉村さん、多田さんがご苦労されたと思います」と述べている。

⑨ 一九八四年健康保険法改正の内容（1）――改正内容の全体構造

一九八四年健保法改正案は、①被用者保険被保険者本人に定率負担を入れて、患者負担が増える代わりに、健保の保険料が軽くなり、②その健保の浮いた保険料を財源にして、退職者医療制度をつくることで、③結果として、最終的には国保の国庫負担率を引き下げるといういわば三つ巴構造になっており、多田氏によれば「非常に多面的」で「なかなか対案が出しにくかった」が、和田氏によれば「（改革の検討の）初めから三つ（被用者保険本人の給付率の引下げ・退職者医療制度の創設・国保の国庫負担の縮減）を引っかけて一体としてというよりも、検討を進めていくうえで反対、抵抗も強くなってきて、さらに強くなるだろう、そういう時に、この三つは相互にリンクしていて、一つ動かすとみんな影響を受けるので動かせません、という形にもって」いった経緯があるという。

⑩ 一九八四年健康保険法改正の内容（2）——健保被保険者の定率負担の導入

被用者保険被保険者本人への定率負担導入の経緯に関し、多田氏は「九割で統一というのはこれだけ財政の苦しい時に難しいということだから、結局、八割ぐらいというのは常識的な判断」で「大議論を省内でしたという印象はあまりな」く「二割で持って行って、一割に直された」とするが、和田氏は「私は、初めから一割定率ができればと、それが本命だったと思いますね」と述べ、「『八割程度で統一』というのは、そういう中で当面一割ができれば上出来という感じ」だったと回顧する。両者のニュアンスの差は、中期と短期のいずれの給付率の目標に重点を置いていたかの相違と理解すべきであろうか。

⑪ 一九八四年健康保険法改正の内容（3）——退職者医療制度の創設

和田氏によれば、「退職者医療制度には国庫負担を入れない仕組みとするというのは、初めから意識して制度設計して」おり、「『総報酬割』で被用者保険の保険者に拠出金の割り振りをすること」も「早い時期から意識して制度設計が進められてい」たという。問題は、対象となる「退職者」をどのように把握するかということであったが、これについては、多田氏が「被用者年金は過去のデータを持っているじゃないかということを思いついて」目途がついた。

その退職者数の推計について和田氏は、保険局調査課の「鎌形健三さんと野々下（勝行）さんが大変苦労されて、散在する既存データを使いながら、四〇七万人と推計し」たのだが、「データ上の限界があり」、予算編成作業の終盤になって対象者数は当初の見込みより少ないことが明らかになってきたが、「その時にはすでに予算案の内容の中に折り込まれていて、大きな枠組みが固まってきていましたから、対象者数を小さくする、そうしたことができる状況、タイミングではなかった」のであり、だからそれを「省内の人が『見込み違い』というのは酷いな、どうかな？と感じていた」と述べている。

ここからは、退職者医療のいわゆる「見込み違い」の原因としては、推計ベースとなるデータの制約・限界と予算編成上の圧力という二つの要素があったことが推測できよう。

⑫ 一九八四年健康保険法改正の内容（4）——特定療養費制度の創設

特定療養費制度の創設に関し当時の保険局が本当のところどのように考えていたのかについては、今回の証言だけからは必ずしも明確にならなかったところがある。

多田氏は、「吉村さんからは『やってくれ』という話で」どちらかというと差額診療ではなく先進医療の話が優先していたと述懐されたが、同時に特定療養費制度は混合診療に「箍を嵌めた上で、認めるところは認めるということ」であるとも述べた。

特定療養費制度を思い立ち条文化を主導したとする和田氏も「局内でも、給付内容の改善充実、変な差額徴収の実態を是正することこそが大事だという考え、（中略）深めた議論をそんなにしていないのに勝手なことを言ってくれるなというプロセスについての抵抗感も多分にあった」と回想しつつ、特定療養費制度を「新技術についても、その技術の有用性などが医療の現場で評価され、ある程度普及してきた段階で保険導入する。（中略）当時の思いとしては、基本はできるだけ保険導入を遅らせる方法として着想した面がありました」と述べている。

ここからは、当時の保険局には、保険給付が医療のどの範囲までをカバーすべきかという価値観の相違を反映する形で特定療養費制度に対する積極から消極までに至る複数のスタンスが併存していたことがうかがえるのではないか。もっとも、そのような議論とは別に、特定療養費制度の提案には、室料差額や歯科材料差額をいわば公認することで、病院団体や歯科医師会の健保法改正に対する「絶対反対の声も少し弱まるかなという思惑も」あったとも和田氏は述べている。

⑬ 一九八四年健康保険法改正の内容（5）――病床規制等の検討

和田氏によれば、健保法改正の検討の一環として一九八三年末頃に「病院病床の過剰地域については、ベッドの新設・増設を伴う保険医療機関の指定はしないという法案の条文を書いて法制局に内々相談に行」ったが、内閣法制局から「『健康保険法の中で、病床数規制を書くのは問題がある』」との意見を受けたので、保険財政の見地からではなく、医療法サイドからの規制措置を受ける形で「健康保険サイドで過剰地域において保険医療機関の指定をしない、というなら法制化が可能である、と受け止めた」とのことである。また、和田氏は家庭医の制度化などの医療供給体制に関する項目も含む付帯決議の取り纏めにも関与しているが、家庭医などについては「反対論が強く実現性はなかった」とも回想している。

⑭ 一九八四年健康保険法改正の内容（6）――改正実現のための降りしろ

多田氏によれば、当初高額所得者を医療保険の適用対象から外す案も提案したが、吉村局長は「おそらく、ここは降りしろになるなということ」は読んでいただろうという。和田氏も同様に、この案の「言い出しっぺは吉村さんで」「真剣に議論したけれども、最後まで追いかけようと思っている事項ではありません。いろいろな論点、検討事項をポンと球を投げて、議論してもらう、チンと鳴らせて人の気を引いているうちに本来の狙い球をバーッと投げ込む、そんなもんだぞと」吉村局長は語っていたと述懐する。

⑮ 医療保険の一本化と一元化の違い

医療保険の「一本化」は医療保険制度自体を統合することと、また、「一元化」は複数の医療保険制度を併存させたまま給付内容等の統一を図ることと、一般には考えられているが、これに関し、和田氏は、和田氏が橋本龍太郎氏の指示を受けて、自民党四役と三師会会長とが一九八四年八月一〇日に結んだ覚書の素案を作成した際に、二回にわたり「医療保険制度の統合一元化」と書いた和田氏の案を、橋本氏が「『このペーパーは今、意味があるんだからな』」といって「統合一本化」に修正したエピソードを紹介し、「(だから、)『一本化』と『一元化』と非常に似ているけれども、理念的、制度論的には大いに違います」と述べている。

〔注1〕 後掲の引用証言(オーラルヒストリー記録)には、解題で紹介した事例との対応関係を明確にするため、解題における各項目を副題(~○○○○○~)として、便宜的に付している。

〔注2〕 『医療と社会』(医療科学研究所)において、医療政策ヒストリー座談会録として、一九八五年第一次医療法改正(二六巻四号)、一九八四年健康保険法改正(二七巻三号)に関する座談会録が掲載されている。本書では聞き取りすることができなかった当時のキーパーソンの貴重な証言も多く参考になるので、併せてご覧いただきたい。

■参考文献

厚生省保険局企画課監修[一九八六]『医療保険制度五九年大改正の軌跡と展望(改訂新版)』年金研究所
佐々木典夫[二〇〇三]『私の厚生行政――霞が関での三六年のあゆみ』中央法規出版
吉村仁さん追悼集刊行会編[一九八八]『吉村仁さん』吉村仁さん追悼集刊行会
吉原健二編著[一九八三]『老人保健法の解説』中央法規出版

老人保健法の立案

吉原 健二 氏

1932年生まれ
1955年　厚生省入省
1980年　大臣官房審議官（老人保健医療担当）
1982年　公衆衛生局老人保健部長
1986年　社会保険庁長官
1988年　厚生事務次官

※医療関係のみ

（読売新聞社提供）

老人保健法成立を祝って（1982年）

■第一次試案（1）——基本的考え方～⑤老人保健制度創設における理念の意義と効用（ヘルス対策の推進）ⓐ～

吉原　（前略）共同拠出の案をみんなに理解してもらう、反対できないように理解してもらうには、どういう考え方で説明したらいいかということをそれこそ朝から晩まで考えました。そして懇談会の報告書を何度も読み返し、これまでの経緯をふりかえって思ったのは、懇談会の報告は「これからの老人保健医療対策は、医療費を誰がどう持つかというより、老後の健康を目指した総合的な保健医療対策の推進でなければならない」ということをいっているのに、小沢案や橋本案は総合的な保健対策のことをいってはいるんですが、付け足しのようなもので、あくまで老人医療費の増加をどう抑制するか、誰がどう持つかという財政対策を表に出した案になっている。それがどうもみんなに受け入れられない一つの原因になっているのではないかと考え、新しい制度の最大の目的は老後の健康のための若いときから総合的な保健対策の推進にする、そのうえで病気になったときは適切な医療を行い、医療費は国民全体で公平に負担する制度にしようと思ったんです。いいかえれば新しい制度は財政対策、財政問題解決のための「保険」の制度としてつくるのでなく、国民の老後の健康の保持、増進するための「保健」「ヘルス」対策の推進を第一の目的とする制度にしようと思ったんです。そのうえで国民全部で老人医療費を公平に負担してもらう、その根っこの思想、哲学として国民の「自助と連帯」の精神であることをまず理解してもらおうと思ったのです。（後略）

■第一次試案（2）——新鮮な印象を与えた理由～⑤老人保健制度創設における理念の意義と効用（ヘルス対策の推進）ⓑ～

土田　第一次試案が各方面に新鮮な印象を与え、世の中の風向きを変えた理由は何だったんでしょう。

吉原　さっき言いましたように、新しい制度をつくる理由は、老人医療費の増加の抑制とか、それに対する各制度の負担の不均衡の是正ではなく、国民の自助と連帯の精神に基づいて、国民の老後の健康づくりと適切な医療、そして医療費を国民全部で公平に負担する仕組みをつくるんだということを強調したからだと思います。老人医療費が金がかかるとか、国や国保の財政が大変だから新しい制度をつくるなんていっていたら、金をだせといわれた方は簡単に「分かりました」というはずはないですよ。ですから「そんなことをいっているわけじゃない、新しい制度は国民全部の『自助と連帯』の精神に立って総合的な老人保健医療対策を進めるためなんだ」ということをですね。繰り返すようですが、新しい制度は国民の健康、ヘルスの増進を目的とする制度であることを強く前面に打ち出したんです。それに誰も反対する理由はないだろうと思いましてね。それが関係者や関係団体、各方面に「厚

生省がこれまでいってきたことと少し違うな」という印象を与えたんでしょうね。（後略）

■法案要綱案の作成時の論点――拠出金制度〜⑥老人保健制度の財政方式を財政調整ではなく共同拠出と説明した理由ⓐ〜

菅沼　（前略）この拠出金方式は財政調整ではないということを初めから強調されていますが、それは基本的には国保からも拠出金をださせているというところが最大のポイントとみてよろしいのでしょうか。

吉原　そうです。各制度の財政力の強弱、有無を基準とした金のやりとりでなく、国保も含め、各制度が一定の基準でみんなで金をだしあい、共同で老人医療費を賄う、その基準は各制度の財政力でなく、七〇歳以上の老人加入率が多いか少ないかを基準にするということですから、財政調整ではないといったわけです。

土田　それで老人加入率を基準にしたわけですね。

吉原　財政力を基準にしないとすれば何を基準としたらよいか、いろいろ考え、老人加入率が各制度によって大きく異なる、それが各制度の老人医療費の負担に大きな差につながっていると考えました。（中略）それで各制度に全国平均の老人が加入していると仮定して、老人医療費に対する各制度の負担の大きな差をなくす、大きな差をならしたらいいのではないか。健保組合には「金があるから、裕福だから出せ」というわけではない。したがって「財政調整ではない」といったわけです。（後略）

■当時を振り返って（1）――天の時、地の利、人の和

土田　そういう風に老人保健法がうまく制度ができた理由は何だと思われますか。

吉原　大きなことが成就するには、天の時と地の利、人の和の三拍子がそろった時といいますが、その通りです。まず今の制度のままではいけない、何とかしなければいけないという天の声、時期が熟してきていたことが第一です。第二に地の利というか、反対論一色であった世の中の空気、風向きが変わり、何とかしよう、何とかしなくてはいかん、という追い風が吹き始めました。審議会から「評価する」とはっきり書いた答申をもらいましたし、法律を国会にだしてからは、社会党の大原亨さんなんかも、「賛成はできないが、根っこから腐った駄目な案ではないな」といってくれました。それに人の和、省内外の多くの人が暖かい目で見て、協力してくれたことです。厚生省の幹部は無論、全職員、対策本部では古川（貞二郎）君以下全職員が全力で私を支え、協力してくれました。そのお蔭です。法律が通った日にはみんなで集まり杯をあげて成立を喜びあいました。

■当時を振り返って（2）――丁寧な説明と慎重な立案

吉原　それからもう一つこの法律がうまくできた理由は、最初に言いましたように国民の健やかな老後と適切な医療を目的とした「保健」の制度ということを前面に出して法律をつくったと同時に、診療報酬支払い方式の問題や一部負担のとり方など関係者の意見や利害が大きく対立する問題についてはっきりしたことをいうことは、できるだけ先にして、まずこの法律をつくる基本的な精神、目的、哲学を関係者に理解してもらって、それらの人たちに同じ一つの広い土俵にあがってもらい、その人たちに丁寧に説明し、その意見にしっかり耳を傾け、そして慎重に立案を進め、結論を出していったという運び方もよかったのではなかったかと思っています。そのとき何度もくり返し使ったキーワードが「自助と連帯の精神」「壮年期からのヘルスの推進」「医療費の国民全員による公平な負担」「老人の心身の特性に応じた診療報酬」の四つです。

■結び――老人医療の無料化と老人保健法の果たした役割

菅沼　国民皆保険以来の長い医療の歴史の中で、老人医療無料化の一〇年と老人保健法二五年のもつ意味、果たした役割についてどうお考えですか。

吉原　老人医療費の無料化は、率直にいって国の政策としては失敗だったと思います。しかしどんなものにも歴史には多かれ少なかれそうならざるをえなかった必然性というものがあります。老人医療の無料化もそれまで医療保険がめざしてきた給付率の引上げ、自己負担率の引き下げの方向の行きつく先であったといえなくはありません。そして無料化が始まった昭和四八年は「福祉元年」ともいわれましたが、その年にオイルショックが起き、福祉元年は一年、無料化は一〇年で終わり、老人保健法ができ、昭和五九年には健保本人にも一割の定率負担が導入されました。こういったことで昭和四〇年代のああでもない、こうでもないといっていた医療保険の抜本改正論議に事実上終止符をうつことができましたし、老人医療費全体を各制度からの拠出金で賄うという新しい財政方式が昭和六〇年の年金改革で基礎年金の財政方式にも導入されました。こうしたことを考えますと老人医療費の無料化も回り道をしたといえばしたわけですが、満更無駄、無意味だったとばかりはいえません。

菅沼　老人保健法は平成二〇年四月に廃止され、後期高齢者医療制度に移行していきましたが、これについて吉原さんはどう思われますか。

吉原　私は老人保健法は多少制度の中身は変わっても、寿命の長い制度にしたいと思ってつくりました。しかし退職者医療制度の医療費の推計に見込み違いがあり、それによる国保の負担増を軽減するために老人の加入者按分率を一挙に一〇〇にまであげてしまったことが老人保健法の寿命を縮めたと思います。そうするとあとは対象年齢をあげるとか、拠出金に各制度の財政力の要素を入れるしかありません。そういうことで老人保健法がなくなり、七五才以上の者を対象にし、財政運営を都道府県を単位とし、県内の全市町村が加入する広域連合が行なう後期高齢者医療制度に移っていったんですが、運営主体が市町村から都道府県中心に変わった以外、制度の基本的考え方や仕組みが大きく変わったとは思っていません。私自身は法律の名前まで変える必要はなかったのではないかと思っています。しかし、老人保健法は二五年もの間よく働き、立派に歴史的使命を果たしてくれたと思っています。

老人保健法の制定過程①

佐々木 典夫 氏

1941年生まれ
1966年　厚生省入省
1980年　老人保健医療対策本部事務局次長
1982年　社会局老人福祉課長
1993年　大臣官房総務審議官
1995年　社会・援護局長
1996年　社会保険庁長官

吉原審議官と対策本部事務局専従スタッフ
(1982年1月御用始め)

そんなことでありますので、大蔵、自治、そして与党、それからこの時期は予算委員会などもあって、国会答弁対応もあった時期でした。あと二つの審議会が同時並行なので、午後に制度審をやって、社保審はほとんど夜でしたから、三月から四月にかけてはダブルヘッダー審議の日も二回か三回ありました。とにかく、超多忙の夢中で走り抜けた時期でした。

■第Ⅱ期（1）――大蔵省との調整（その1）～②老人保健制度創設に対する大蔵省のスタンスⓐ～

佐々木　大蔵省の関係をもう少し触れましょう。大蔵省は（中略）老人医療を無料化して三年、昭和五〇年の一二月に一部負担の導入と所得制限の強化の内示を、五一年予算編成の大蔵原案でしてきました。以後、同じ主張を繰り返してきています。五四年一二月の五五年予算大蔵原案では、一部負担導入と老人医療費の財政調整の実施を内示してきます。（中略）

五五年六月になって対策本部をつくった後でも、大蔵省から、同趣旨の要請が来たこともありました。大蔵省の言い方は新しいことはないし、いま財政調整をやれといったって無理、承っておくしかしょうがない、というのが幹部の判断でした。

それで、八月の段階で、大蔵省の杉井（孝）主査、あるいは審議官と主計官とのやり取りでも、基本は「一部負担を入

■第Ⅲ期（1）――法案提出までの検討・調整～①老人保健制度案の検討・調整プロセスの実際～

佐々木　（前略）Ⅲ期の昭和五六年一月から法案を出すまでのこの時期ですと、やはり次官室幹部会が軸になりますが、本部事務局としては、まずは省内関係局との調整が要りまして、それをやりながら各省調整を、大蔵省とは年末に合意しましたけれども、第一次試案を基に法案を出すということだけですから、いよいよ具体的に各論で繰り返し折衝をいたします。並行して、未調整の部分もありますけれども、与党・自民党の政策決定の窓口の社会部会への説明報告、あるいは社会部会の幹部、実力者のいわゆるボス会議が頻繁に開かれ、協議検討が進められました。

それが固まりますと……というか、全部は固まりきりませんでしたが、社会保険審議会と社会保障制度審議会とに諮問したのが五六年三月一〇日、一一日でした。一部負担の具体的な案の提示は、要綱では政令委任の案でしたので、諮問後になりました。その段階からは、もう一つ重要なのが、実施主体が市町村で、制度の骨格にかかわりますので、自治省との協議でした。あと、その他の各省と調整もしますが、ある程度審議会の答申が出たらわずかな期間で法案国会提出ということですので、法案の条文作成は、内閣法制局にも協力願って別動部隊がどんどん並行してやっておると。こんな展開でありました。

れて財政調整をやってくれ。単独の別建ての制度をつくることは絶対にやめてくれ。また赤字たれ流しで政管健保の二の舞が出てきて、特別会計をつくって政府でやるなんて絶対に駄目だ。」と。要するに、「たれ流しのツケをかぶるのは、厚生省だろうと大蔵省だろうとそれは駄目だ。五四年一二月の大蔵省の内示の線がいちばんいい」と。それに対して我々は、「今の制度のままで何も制度改革をしないで、一部負担だけ入れるなんていうことはできっこないじゃないか。」と言っておりました。しかし、「国庫補助・負担が減るように、少しでもやってくれ。どうしても別建ての制度というのだったら、絶対に歯止めがいる。それには支払方式を出来高払いのままでは話にならない。支払方式で歯止めをかけるということがない限り、別建ての案は大蔵省は絶対に受け取れない」というのが八月末の時点の議論でした。(中略)

だけど、杉井さんは局内の情報を頻繁にくれました。そうすると、こっちも話をしますしね。手を組まなければ絶対に政府の案はできないですから。それで杉井主査から一〇月あたりに、主計官から主計局長にあげた感触なども伝わってきましたね。当時、まだこの時点は、「老人については強い態度で臨むべきだ。歯止めは絶対に必要だぞ。総額請負なり、多いに議論するように」と。

一〇月一五日の安原(正)主計官と吉原審議官とのやり取りでは、大蔵省の意見を典型的に言っていますのでもういっぺん繰り返すと、「別建ては赤字が見え透いている。たれ流しになるから駄目だ。特会をつくってやるなんてとんでもない」ということになるんですけれどもね。それから、「一部負担導入は、幅広くコスト意識を持ってもらうので、定率にしてくれ」と。定率だったら確かに、医療費のお知らせなんてやらないで済んだんですね。医師会の力で、それができないで来たわけだから。それから、「保健事業というけれども、健診などはそもそも自己責任だ。医療と同じ補助なんてとんでもない」と。(中略)

もうひとつ、「国庫負担はちょっぴり減る程度では駄目だ。制度の検討をするのに、現状の国庫負担を前提にした負担割合の議論では駄目で、もっと減るものにしてくれ。どうしても別建てと考えるのなら、本気で歯止めを考えてほしい。」と。それからもうひとつ、「自治体の上乗せを禁止する仕組みは今回の法案の中でぜひ検討してくれ」と。これは最後まで出てきました。自治体が独自にやっている上乗せ事業の扱いはなかなか難しくて、これは真に吉原審議官もご苦労されました。

それで、一一月七日に、大蔵省は重要局議というのをやったようです。重要局議で「潰すのはいつでもできる。もう少し様子を見よう。厚生省が一所懸命やっているので、主計局としても潰してしまうのは惜しい。」と。しかし、「歯止め、国庫負担〔削減〕は必ず入れるように」と。併せて安原主計官の主張か、並行して、「年金受給者を対象とする案は引き続き詰めてくれ」という注文がまいります。そこは結局、我々は受け取らなかったですけれどもね。

■第Ⅱ期（2）――大蔵省との調整（その2）～②老人保健制度創設に対する大蔵省のスタンスⓑ～

佐々木　（前略）（昭和五五年）一一月一七日に大蔵省では主計局局議というのがあって、予算編成の重要なことがだいたいここで決まってくるらしいんですね。その時の情報がまた杉井さんから入ってきて、先ほど触れました重要局議なるときの「潰すのはもったいない」と同じ大蔵省の感覚が出てきました。どういうことかというと「六〇点主義でいいではないか。パーフェクトでなくとも、厚生省の法案に付き合い、注文を付けて、医療費の適正化対策でやれるものは何でもやっていこう」と。私は大蔵省のターニングポイントは、この一一月一七日の局議で、厚生省と一緒になって進もう、それで注文をいろいろつけていこうという方向になったと思いました。それで、杉井（孝）主査から「第一次試案を前提としてすり寄れないか」となりました。（後略）

■第Ⅲ期（2）――自治省との調整～③老人保健制度創設に対する自治省のスタンス～

佐々木　老人保健制度は、実施主体は、医療にしてもヘルス事業にしても市町村であり、財政問題を抱える市町村国保ともかかわります。中身はまさに市町村の行財政そのものですので、自治省との調整は極めて重要でした。また、五五年九月の老人保健医療対策本部第一次試案には（中略）社会保障制度審議会の場においても反対の意見を述べていましたので、大蔵省と並んで、自治省との折衝にはエネルギーを要しました。大蔵省と先行して協議しますが、自治省も飲めるような制度政策でなければなりませんので、逆に自治省の意向も踏まえて大蔵省と折衝するということで、やってきました。

自治省との折衝は正式には法案協議という形になりますが、できるだけ早い段階から接触するようにしました。当時の自治省では官房企画室、行政局行政課、財政局調整室と窓口が三つありまして、全体の統括は企画室になるのですが、行政局、財政局はそれぞれ、力を持っていました。

五六年一月八日に仕事はじめの挨拶を兼ねて、財政（局）調整室長の前川尚美さんを訪問しました。前川さんは、私が滋賀県で企画部の課長の時に総務部長で、その後副知事をされて調整室長に戻っておられたのです。「ご無沙汰しています。やがて中身を詰めて老人保健法案を持ってきますので、よろしく」といった新年のご挨拶でしたけれども、一時間半ぐらいお会いしてきました。やっぱり自治省ではどなたが話しても一貫していました。「医療のチェック機能がないので市町村主体は無理。全市町村でヘルス事業の実施も困難。保健婦さんもいないし、定員削減要請と財政難から、拡充も難しい。」と。「課題はありますが、成案を早くまとめて持ってきますのでよろしく」という様なことで、ささやかな努力をしていました。

二月に入り、与党に説明をする要綱などは関係各省に持ち込んではいますが、特に自治省には公式非公式に接触をしていました。しかし、三月二七日段階での制度審において、自治省の矢野（浩一郎）審議官が、「全国同一水準で、全市町村でやるのは無理」となお反対意見を述べている状況であったわけです。

四月二日に、古川課長も煩わして、自治省の吉住（俊彦）企画室長のところで、本格的な折衝をし、引き続き事務方で長時間の協議をしており、その後も折衝を続けました。

自治省の意見は、大きくは、「国の法律で、医療とヘルスの保健事業を、基準を定めて、全国三三〇〇の市町村に実施を強制するのは困る」、「市町村国保の財政は改善されるとしても、新制度案による公費負担、国二〇％、都道府県・市町村各五％について、とくに市町村の負担増は問題」というものでした。（中略）

古川課長や私や堤（修三）補佐レベルでは、まったく埒が明かず、吉原審議官が自治省に乗り込み、矢野財政担当審議官とのマンツーマンの折衝がくりかえされました。

それで自治省が、条件を付けて法案の枠組みには乗り、細部の協議に応じたのは四月末になってからであり、法律条文の検討や細部の確認などを経て最終的に合意が成立したのはGW明けの法案提出のぎりぎりになってからでした。（中略）

自治省の主張を受けて、大蔵省とも交渉し、与党の了解も得てようやく調整できたものでした。（後略）

■第Ⅲ期（3）――与党との調整（その1）～④老人保健制度案作成過程における政治家の役割（財源構造と患者一部負担の決定）ⓐ～

佐々木　（前略）（昭和五六年）二月二四日にボス会議をやっています。ボス会議は、もう少し遡ると、まず一月二一日にやっています。このときの出席者は九人で、田中（正巳）、橋本（龍太郎）、今井（勇）、丸茂（重貞）、戸澤（政方）、竹内（黎一）、戸井田（三郎）、斉藤（十朗）、佐々木（満）先生でした。この時に、橋本先生の発案で、あまり詰まっていない段階でも大いに合同部会をやって、できるだけ社会部会中心に議論していくようにしようとか、基本論をされたように思います。それで、吉村官房長から「できる限り政令にして、五七年予算で勝負という仕掛けに持って行きたいと思います」という説明をされました。（中略）

それで、二月二六日に社会部会がありますけれども、それに向けて、基本的に社会部会のメンバーが大勢集まる時の前に社会部会の幹部の先生方にご相談して、その意見も踏まえて、社会部会ではむしろ一緒に議論すると同時に、ある程度話が進むように応援にも回ってもらうという期待も込めたのだろうと思います。そういうことによって政策形成をしていくのですけれども、二月二四日は、田中、橋本、小沢（辰男）、今井、丸茂、戸澤、竹内、山下（徳夫）、斎藤（十朗）の各先生。山下先生は、この時期は社会労働委員長。社会部会長のほか医療基本問題調査会長とか、それぞれの役職のある人です。田中正巳、橋本龍太郎、小沢辰男、斎藤邦吉の四先生は大ボスと呼ばれることもありました。

　このときの厚生省の出席者は、大石（千八）政務次官、八木（哲夫）事務次官、吉村（仁）官房長、山下（眞臣）社会局長、吉原（健二）審議官、竹中（浩治）審議官、幸田（正孝）審議官、下村（健）官房総務課長、古川（貞二郎）課長・事務局長、古市（圭治）課長、佐々木でした。

　この時期でいうと、費用負担割合、診療報酬・支払い方式、一部負担、ヘルス事業の財源、職域・保険者の事業との関係などについて、議論されています。

　そのうち、費用負担割合の試算Ⅰ、試算Ⅱについては、吉原審議官から、厚生省としては、Ⅰ案でいきたい、出てくる財源はヘルス事業にしたい、旨説明されました。

　先生方からは、政令に任せると大蔵省にやられてしまう。国庫負担も大変だし、当然Ⅰ案で法律に書いておくべきだ。生じた財源はみんなヘルスに回すべきだ、と、ありましたが、一方、橋本先生は、現時点では数字はあまり深入りしない方が良い。第二臨調では農業（食管法関係）とともに医療費が取り上げられる公算が大だ。国庫負担減に幅の余地のある方が納めやすいので、いまはⅠ案に固執しない方がよいのではないか、といった趣旨のご発言をされておられたと思います。

　診療報酬支払い方式については、厚生省の腹は決めておく必要があるが、変えるとも変えないともあまり早くから言わない方が良いのではないかとの議論でした。

　それから、一部負担と基金に関しては、吉原審議官から「一部負担はいろいろ検討しており、いずれご相談しますが、諮問の段階では数字は出さない」旨及び「保険者拠出金等を行う基金については、調整中ですが、支払基金を考えている」ことの説明・報告をしております。

　社会部会長の今井勇先生は、「中身の変更はあり得るけれども、役所が審議会に諮問して法案に向けて段取りが行くように、政府が要綱案を出していくことは基本的に了承しよう」ということで、まとめて、それで二月二六日の社会部会に臨んでいきます。

　二月二六日の社会部会では老人保健法要綱（試案）で説明して、「厚生省が二つの審議会に法案要綱ということで諮問していくことは了承」となります。「まだ十分審議できていないけれども、諮問は認めるということで了解しよう」ということを橋本先生や、社会部会長の今井先生が仕切っておられました。どうせ審議会からいろいろ注文が出てくるし、修正事項が出てくるのだから、またそこで、党としては審議を繰り返そうということで、認めていくという形をとっておりました。なにしろ、大勢のいろいろな思いを持った、自民党の先生方が社会部会には顔を出すわけです。医師会をバックにした人もいれば財界のバックの人もいる。そこの合意形成をしていくわけですから、そういうプロセスの一端に接しまして、印象は強いものがありました。

■第Ⅲ期（4）——与党との調整（その2）～④老人保健制度案作成過程における政治家の役割（財源構造と患者一部負担の決定）ⓑ～

佐々木　（次官室幹部会を行った）その翌日の（昭和五六年）四月八日にボス会議をやっていまして、「答申が審議会から出たらできるだけ早く法案を政府が出せるようにということで、必要な協力はしていこう」と。

「新制度は問題がいろいろあるけれども、どんなに国会修正が入ってもこの法案は断固、出さなければいけない。臨調は医療費補助金を狙っている。」と。これは、臨調にも深く噛んでいらっしゃった橋本先生だったと思います。

そして、答申を四月二〇日過ぎぐらいにはもらえるようにして、国会会期末に出すわけにいきませんので五月一〇日ぐらいが法案提出のリミットだと。

【費用負担】　それで、この八日のボス会議で費用負担の議論をやっています。吉原審議官から、試算Ⅰ、試算Ⅱについて財政効果などを説明し、「与党として試算Ⅰでご了解を得られれば、大蔵省との調整が残っているが、厚生省としては法律で書くように努力をしたい。」ということで了解をとっています。これに関しては、田中正巳先生は、「政令だと大蔵省が国庫の補助金を極端に減らす方向に動く。そうすると国庫の補助金が減って、それは社会部会として自民党として我慢ならない」というご発言でした。総じて社会部会の幹部の先生方は、「審議会で政令でなんて言ったら大変だ。それから保険者、健保連とかの声を聞いていても、財界の声を聞いていても、法定してもらうほうがいいという声が強い。浮いた財源はヘルス事業につかうべきだ。」ということだったと思います。

【一部負担】　それから、一部負担については、諮問案では健保の範囲で政令でとしてきましたが、初診三〇〇円、再診一〇〇円、入院三〇〇円程度としてはどうかと、吉原審議官から説明されました。審議会にも説明していきたいと。八日だから、これで一三日に両審議会に提示説明しているのですけれども。ここで田中正巳先生は、「健保並みと理解されていたのでないのか。再診を取るのはいいのか。無料でやってきた経過からも問題でないか。」と再診に反対の感じでした。

なお、一部負担の再診問題に関しては、この会議の後だったと思いますが、四月八日に、横田（吉男）秘書官から吉原審議官のところへ、「政府与党連絡会議で厚生大臣から連休前に法案を出したい旨発言されました。『大臣が再診はがんばれ。譲るな』ということでございます」という、伝言メッセージが入ってきました。それに先立っては、吉原審議官は園田大臣のところにはよく行かれ、ご報告ご相談されておられましたから、一部負担の導入についても意思疎通がしっかりしていたのだと思います。先ほど国会での園田大臣の一部負担のご答弁に触れましたが、田中先生はじめ与党内では再診に反対論が多かった中で、再診は頑張れのご指示は、大変大きかったと思います。（中略）

佐々木　それで、一週間後の四月一五日にもボス会議をやっています。連休前後、法案を出すまでは社会部会とともに頻繁に開かれています

四月一五日のボス会議では、審議会に提示された、三〇〇円、一〇〇円、三〇〇円の一部負担案について、とくに田中正巳先生からは、「このまま出したら野党の修正にあって、野党の得点になってしまう。」、「そもそも大蔵主導だ。健保並みと聞いていたのに、再診をエンドレスに取るのは大問題。」、「入院までエンドレスになったじゃないか」と。現在の高齢者の定率の自己負担制度を思えば、隔世の感ありで、三〇〇円、一〇〇円、三〇〇円ぐらいずっと取ったっていいじゃないかと、思えましょうが、でも、無料だったところに鈴を付けるのには、いかに当時大変であったかということの一端ですね。

佐々木　このときに戸井田（三郎）先生が「少数意見だが、一部負担ははっきり出すべきだ。野党に叩かれても、受診抑制は反対だが、一部負担はきちっとやるべきだ。老人の施策はずいぶんある。若い者にもっと金を使うべきだ。老人の意見でも負担してもいいという声もある。」という趣旨の発言をされていました。非常に印象的だったですね。戸井田先生は後に厚生大臣をなさいました。誠実、清廉な先生でした。

そうしたら、自分で病院をやっていらっしゃる丸茂（重貞）先生からも「少数意見じゃないよ。自分もそう思う。ただ、一〇〇円はどうかな」といった発言もありました。（後略）

■第Ⅲ期（5）――与党との調整（その3）～④老人保健制度案作成過程における政治家の役割（財源構造と患者一部負担の決定）ⓒ～

佐々木　（前略）連休直前、（昭和五六年）四月二七日のボス会議に、翌日の二八日の社会部会に、両審議会の、基本的には了承の答申をもらった旨の報告をしております。（中略）

特に議論があったのが、費用負担と一部負担でした。

費用負担関係については、「大蔵省と折衝しているけれども、大蔵省は、Ⅰ案の二分の一の法定化は絶対に飲まない。Ⅱ案

の選択肢を残す政令にすべき、と譲らず、調整がつかないので、政令でいかざるを得ない」旨説明されました。

それに対して多くの先生から、「費用負担のところは法律できっちり書いたほうがいいぞ。大蔵省の言いなりでは駄目じゃないか」ということになります。吉村官房長と吉原審議官から法定化するというのでは大蔵省と話がつかない旨重ねて説明されますが、そうすると田中正巳先生は、「万事、役人任せにはできない」という感じになりました。

一部負担関係については、田中先生や丸茂先生などから、「やっぱりエンドレスはきつい。初診だけにすべきでないか。一〇〇円はとらないところも出る」などという発言が続きました。吉村官房長と吉原審議官からは、「再診はぜひやりたい。大蔵省が言っているからではない。エンドレスと言われるがやはり、きちっと再診は取りたい」と主張されましたが、月ごとに取るのはどうかといった意見も出て、遠藤先生から「わかるけれども、エンドレスということに対して至急知恵を出してはどうか」となりました。遠藤政夫先生は、旧労働省出身の参議院社労委の実力者で、後の参議院における老人保健法案の修正の与党の責任者でした。

翌日四月二八日の社会部会でも、戸澤先生などは社会部会の幹部として、「かなり整理できたのではないか」という応援発言をやってくれましたけれども、「やっぱり一部負担は取りすぎじゃないか」と。

それから「政令で試算Ⅱもありで、国庫補助が減るのは問題」という議論が圧倒的でした。そこで、「与党の意向ということで、その二点は大蔵省に申し入れたらどうか」となり、社会部会の幹部の先生方が、二八日のこの会議の後に主計局に行かれることになります。

それで、そういう動きをすることにして、社会部会としては橋本先生のほうから、「七月には補助金減らしの臨調答申が出る。その前に老人保健法案はぜひ出しておきたい」と。言ってみれば、臨調の先陣として先にいったほうがいいよというご発言をされます。これが、社会部会をまとめるキーになります。

それで、二八日の社会部会の後、社会部会の先生方が大蔵省に行かれて申し入れをされてきたようで主計局長との折衝結果が伝わってきました。一部負担関係は、入院は六カ月ぐらいで切るとか、再診のエンドレスに工夫は余地ありとしたが、費用負担の政令規定については譲らなかったと。

大蔵省主計局としては、老人保健制度は、補助金整理のトップバッター、試金石だ。法定してしまうと五七年度予算編成時に相談の余地がなくなる。おそらく「その時にきちっと相談しますから、政令でいくことにしたい」ということで社会部会の先生方を説得したのだろうと思います。

■第Ⅲ期（6）――最終案（政府案）の確定、一部負担エンドレス問題～④老人保健制度案作成過程における政治家の役割（財源構造と患者一部負担の決定）ⓓ～

佐々木　（前略）（社会部会を開いた）翌（昭和五六年）五月八日のボス会議でようやく最終案が実質的に固まります。この時は、田中、戸澤、竹内、今井、小沢、戸井田、遠藤先生がご出席でした。ここで、「一部負担金については、外来は医療機関ごとに月一回五〇〇円、入院は三〇〇円、四カ月限度とする。法定するのか、政令でとするのかの費用負担については、加入者按分率を二分の一で法定しないで政令委任する案でいく」ということをこのボス会議で決めて、五月一二日の社会部会で今井部会長からご報告され、了承されて、法案が固まりました。

一部負担金は外来三〇〇円、再診一〇〇円、入院三〇〇円の案が、外来月一回五〇〇円、入院三〇〇円、四カ月限度の案で決着したわけですが、今井部会長も、「いい知恵が出るものだな」と喜んでおられました。

この一部負担のエンドレス問題に知恵、工夫を求められ、そこで、外来、医療機関ごとに月一回五〇〇円になったわけですが、GW中のこの案に到達するまでのことも、法案が出せるかどうかの瀬戸際で印象に残っています。（中略）

それから議論した時は、入院三〇〇円は六カ月でしたが、最後のこの過程はわからないのですが、たぶん与党の先生の決めだと思いますけれども、六カ月から四カ月に変わっていました。

■共同拠出方式の構想～⑥老人保健制度の財政方式を財政調整ではなく共同拠出と説明した理由ⓑ～

菅沼　（前略）先ほどのお話ですと吉村さんが当初から共同拠出方式を主張されていたということですけれども、そうすると吉村さんの意見がかなり強く入ったと考えてよろしいのでしょうか。

佐々木　制度の建て方はいろいろある中で、どれが筋が通って制度として成り立ち得るか。関係者の合意も、難しい中でどうやったら取っていけるか、ということでの選択を絞っていくと菅沼先生のおっしゃられたように吉村さんが、主張されてきた保険者共同拠出方式になったと思います。

対策本部が発足して最初の課題が、制度の実施主体をどうするか、財政責任はどう果たすのか、といった制度の建て方の検討でした。小沢構想型と橋本構想型と保険者共同拠出型の大きく三案について、長所短所を整理し、唸っていたわけですが、吉村さんは、かなり早い段階から共同拠出持ち寄り方式しかないと思われていたようで、「君たちの持ってきた、メリット・デメリット表を見れば、どの案にも長所・短所があり、すんなりいかないのはわかるだろう。通そうと思うから頭が固くなる。柔軟に考え、割り切って一番良いと思う案を早くまとめ、進むことだ。」と言われました。

長年にわたり何回も医療保険行政に携わられ、医療保険の吉村と言われるくらいに、心血を注いで医療保険改革に取り組まれ、医療保険の複雑さ、合意形成の難しさなりを熟知した吉村さんは経過を踏まえ、あちこち睨んだ時には、老人保健の制度の建て方としては共同拠出方式しかないというお考えになられたのだと思います。吉村さんは、次官室幹部会でもこのことを主張されましたし、個人的にも「財調は無理だから、共同負担と構成する別建て共同拠出方式が現実的だ。これしかないぞ。割り切ってやれ」と言われましたね。

そして、この構想を現実に機能する社会保障の柱となる老人保健制度として、精緻な検討を加え、関係者の合意形成にあたり、完成させたのが、事務方の責任者として、老人保健法の立案から施行まで指揮を執った吉原さんということだと思います。（後略）

菅沼 ただ、そうは言っても最終的に共同拠出方式というのが本部で固まるのは、五五年の八月と考えてよろしいですか。

佐々木 むしろ、次官室幹部会の第一回フリートーキングで本当にフリートーキングがあって、三案それぞれ長短論をやりました。そこでかなり出た中で、「やっぱり第三の別建て保険者拠出でないと無理なのではないか」という議論になったので、それで詰めることになり、その次の次官室幹部会で出しているのがその共同拠出です。正確にいうと、七月一一日の第一回フリートーキングの検討結果を踏まえた素材で、七月二五日の幹部会で検討し、保険者の共同事業のニュアンスをもっと強めたものにしようと。保険者拠出金といっても、いろいろなやり方が考えられるので、「とにかく共同拠出だ。それは財政調整ではないんだよ。こっちの懐からこっちに持って来るのではないよ。みんなが出してやるんですよ」という、その頭の切り替えがミソですね。

新田 （前略）さっき財政調整色を消そうとおっしゃったのは、逆に財調だと言ってしまうと負担をする側が納得しないという感じだったわけですね。

佐々木 そういう中で出来てきたということだと思います。従って、法律が成立した後では私も「老人保健法は、保険者間の一種の財政調整を行うという性格を有している。」と解説していました。（後略）

菅沼 その場合、健保連の反対をいちばん恐れたということなのでしょうか。

佐々木 健保連は、医療保険の抜本改正の歴史の中で、財政調整の案には一貫して反対でした。五四年五月自民党から医療保険財政調整法案が国会に提出されたときにも、当然のことながら、健保連は、財界四団体とともに大反対でした。（中略）

被用者保険制度間の財政調整に関してこのような状況でしたし、ましてや国保まで含む財政調整的なものは、さっき言いました所得のことやらなかなか収拾がつかないので、この仕掛け、保険者共同拠出方式以外は現実には無理だったと思います。

だから、メリット・デメリット表を見ると、やっぱりそうだなと思うと同時に、財調色を削ろうということでないと過去の経緯からみても、当時の関係者の意向からみても、あるいは国会をみても合意形成はできないなと。そもそも案にしても通らないねということだったと思います。更地に物をつくるとか白地に絵を描くのと違って、大きなビルの下には深い杭なんかが入っているような過密な大都会の地下鉄工事みたいなものだなという感じだったですね。（後略）

■第Ⅳ期――ねたきり老人の医療費無料化措置の扱いについて～⑦老人保健制度と従前の制度との調整の煩雑さ～

佐々木　老人医療費の無料化は、老人福祉法の改正をして、（昭和）四八年一月から実施されましたが、じつはねたきり老人の無料化措置は最初には入っていないのです。国会審議の際に、「対象年齢は七〇歳以上ではなく、東京都のように六五歳まで下げるべきでないか」との議論があり、附帯決議で「今後、速やかに年齢の引下げを検討すること。とくに寝たきり老人については緊急に措置すべきだ」とされた経過があって、翌年度四八年一〇月から予算措置により実施されました。根拠は老人福祉法にはなく、通達でした。

このことは承知はしていましたが、制度論としては七〇歳以上ということで、六五歳までに下げるという議論を避けるためにもまったく切り離して走ったわけです。最初からねたきり老人をも対象とすると議論が複雑になり、そうでなくても論点が多くてまとめきれないので、法案をつくる時には議論はそこまではやっておれなかったという事情もありました。

老人保健法案が法案国会提出でき、一息つきたいところでしたが、五七年度予算要求の時期に入り、ねたきり老人の扱いが問題になりました。老人保健制度は七〇歳以上ですので、老人医療支給制度に準じてやっている寝たきり老人に対する医療費支給については、新制度施行後どのような形でどこが所管するのか。この問題には難渋しました。

①新制度は七〇歳以上対象と割り切っており、準じた措置も難しいので、福祉の措置として、社会局に残すしかないのではないか。②老人保健法の所管が組織要求で老人保健部を作る公衆衛生局になるので、新制度に準じる形で予算措置を継続するのが素直なのではないか。③新制度に準ずると言っても予算措置で一部負担相当を負担してもらうのは無理でないか。④そもそも予算措置でというのでは、地方から見れば上乗せ禁止を言っている国の身勝手で、示しがつかないじゃないか。⑤経過的に何年かやって廃止していく発想は無理か？　などと。

（昭和五六年）六月七月のころにおいて対策本部内では、吉原審議官の下、竹中、古川、古市、佐々木、堤ほかのメンバーで議論しても、いずれの案も難ありで、収斂しませんでした。最初に議論した材料は、「ねたきり老人に対する医療費支給措置の所管について」というメモでしたが、問題意識が表れていて、この時期には制度本体に修正などで入れ込んでしまうという発想は全く選択肢にない時期でした。

それで、本部事務局としては、いずれも難ありの中で、できるだけ準じて公衆に持っていくのは素直だけれども、新制度の仕組みから準じる措置は無理だし、年齢引き下げの展望はないので、切り離すしかないのではないかということから、①案に傾いていました。そこで、この間、社会局の朝本（信明）庶務課長、成嶋（健次）老人福祉課長と当方は古川（貞二郎）事務局長、佐々木との間で話合いをしましたが、社会局としては、老人医療の制度と一緒に扱うべきでこれだけ残すのはおかしい、ということで話が付かずにいました。公衆衛生局の木戸（脩）（企画）課長は、素直に考えれば公衆衛生局に持ってきていいと思うが、対策本部内の意見もあるようだから静観するよ、という感じでした。

そうこうするうちに八月中旬になり、官房の概算要求作業もまとめの時期になりました。小林（功典）会計課長との間では、老人医療費本体の見込みの関係と自治省との約束の市町村への調整補助金の問題で、頻繁に接触していましたが、小林課長からは、ねたきり老人の扱いもそろそろリミットだ、切り離されて予算補助だけ残るのはまずい、やはり、老健法本体にかかる予算補助とできないか、と。この時点でも、対策本部事務局の意見を繰り返しましたので、直接私から吉村官房長にご説明となりました。

八月一四日金曜日、平時なら田舎のお盆で夏休みをとるところですが、私のメモだと、「夕方、官房長へ説明。ねたきり、納得得られず」というメモが残っていまして、たいへん怒られました。私としては、対策本部事務局としての考え方でご説明を試みましたところ、「君の説明は事務的でまったく納得できない」と。

官房長は、要するに「現在は寝たきりを一緒に対象にしているのに、新制度とは別だということで説明がつくのか」、「新制度とは別とする考え方で処理するのは、県単事業の指導にまったく示しがつかない。国自ら単独事業をやるということになりはせんのか」、「寝たきり老人は七〇歳以上の者と同様ゆえ、今も一緒にしているはず。予算要求は一緒にして置き、当然入るものと思っていたといえばいいではないか」、「方法は三通り。新制度と一緒の予算に入れる。別な予算措置でやる。この際、経過的にのこして、対象者がいなくなったらやめる。損得を比較してよく考えるべし。」と。

そして、さらに、「従来にとらわれず考えよ、寝たきり老人を対象に入れれば国保が少しでも楽になるじゃないか。なぜ君はそういう発想をしないんだ」、「七〇歳を引き下げる展望がない以上入れるべきではないというがそんなことはない。要は支払い方式次第で、これ如何によっては展望はあるはずだ」などと諭されました。堅い頭ではそんな発想はとてもできませんでした。立場を変えてみれば超多忙の官房長としてみれば、概算要求作業も大詰めになった時期の金曜日の夕方遅くなって飛び込んできた、できの悪いあきれた話だったと思いますが、この場面も私には忘れがたい一コマでした。

それで戻って、吉原審議官や古川事務局長に報告相談いたしましたが、やっぱり法案に対する影響などを考えると簡単にまとまりませんでした。「・予算要求は、どっちでも取れるようなことにできないか、・無理なら経過的にやるか、・場合によっては修正を考えなければならないか」と。「・いや修正していれるのは問題だ」といった具合で。

それで、小林会計課長に状況を説明すると、私のところでやっても、時間もないし埒があかない。吉原審議官に官房長に会ってもらう方が先決だ、となりました。

厚生省の概算要求を決定する省議というのが、この時は八月二一日でしたが、最終的に、吉原さんと官房長とのご相談結果を吉原さんから頂き、小林会計課長にご説明して、当面の扱いを決め、切り抜けたのは、その前日になってでした。その内容は、「ねたきり老人分も医療費本体と一緒の予算科目とする。できるだけ七〇歳以上の者に準じて所要の対応をするように予算措置を講じていると説明する。変化を待つ。修正含み。」といったものでした。

それで、国会も始まるし、どういうふうにやるのかの言い回しは整理する必要があるので用意した五六年九月の想定問答の中では次のようになっていました。「六五歳から六九歳までの寝たきり老人の医療についてはこれまで予算措置で行ってきたが、今回七〇歳以上の老人について新制度に移行したことに伴い、できる限り新制度に準じた形で予算措置を継続させる考えである」（中略）と。

苦しい説明ですが、これで乗り切ろうとしました。しかし、このような経過がありましたので、次の衆議院の審議の時には修正事項がいっぱい出てきましたが、これは最初からメニューに入りまして、特段問題にもならずに、「老人保健法の医療の対象者に、予算措置で行っている六五歳以上七〇歳未満の一定程度以上の障害のある者を加える」という修正により、さらりと解決しました。

政治家の舞台になれば何の異議もなく、また、国会での法案修正は官房長、総務課長が仕切ってくれまして、概算要求の際に官房長も煩わしていましたので、対策本部事務局は修正条文作成などは当然いたしましたが、ねたきり老人の扱い関係については、スムーズに老人保健制度本体に入れることができました。

以上のようで、ねたきり老人の扱いの問題は、外から見たら「なんだ。修正でスッと入ったのだから、最初からそうすれば良かったではないか」ということかもしれませんが、省内での調整過程は、当事者としてはストレスフルの問題でした。

特に社会局との間では、前向きでない事柄の調整であり、朝本課長との間のやり取りもお互いに立場上楽しい話にはなりませんでしたし、山下（眞臣）社会局長のところには古川さんを煩わしました。最終的には、小林会計課長を軸に吉原審議官と吉村官房長を煩わしました。

法案提出後で次官室幹部会もない時期でしたが、後から思うと、早く幹部の協議の場に挙げるべきではなかったか、先送りしたくなる良くない話はいやでももっと早く上司を動かせなかったかとの反省もありましたが、一方、やはりあの時点では事務的に法案修正に織り込むという選択肢はない段階での議論だったわけで、ああいう道行でないとできなかったかな、という思いもありました。

ねたきり老人の扱いについては私の本でも、書いてありますけれども、今となっては吉村官房長のお叱りも含めて懐かしい事柄でありますので、調整力不足の事務局次長のお恥ずかしい話になりますが、補完の意味もあり取りあげました。

老人保健法の制定過程②

堤　修三氏

1948年生まれ
1971年　厚生省入省
1979年　社会局老人保健課課長補佐／老人保健医療制度準備室室長補佐
1980年　老人保健医療対策本部事務局次長補佐
1982年　公衆衛生局老人保健部計画課課長補佐
2001年　老健局長
2002年　社会保険庁長官

老人保健法案参議院連合審査（1982年7月）（法研提供）

■保健事業・ヘルス事業～⑤老人保健制度創設における理念の意義と効用（ヘルス対策の推進）ⓒ～

堤　（前略）それから、老人保健法のタイトルの所以であるヘルス事業ですが、これが目玉というかウリというか、新味ということだったわけです。熱心だったのは吉原審議官でした。「ヘルス事業は画期的なんだ」と。若手の医者、若手の事務官――僕ですけれども――は、正直に言えば、あまり信じられなかった。大蔵省も本当は好きではないんですね。小村（武）さんという厚生担当の主計官・主計局長から次官までやった人がいましたけれども、あの人は公衆衛生等のチマチマした予算の補助金を配るというのはあまり好きではなかったと聞きました。ですが、何せ医療費の国庫負担を減らすというために、キラキラするものが欲しいということですから、「まあ、しょうがないか」と呑んでくれたのではないでしょうか。これがどこまでできるかというと、なかなか実効は上げにくいという難しい問題がありました。

もともとは、老人保健法の第一次試案の段階で、実施主体は市町村だとされていました。団体委任事務ですね。今でいう自治事務みたいな感じで書いていたわけです。保健事業、ヘルス事業は自治事務、団体委任事務でもいいけれども、医療保険のほうは完全に縛られているから機関委任事務ではないかと。それは僕も初めからそうしかないと思っていましたけれども、案の定、自治省からはそう来たわけです。ですから、医療以外の保健事業と医療とを節を分けて書くという格好になったわけですね。それを自治省に持って行ったら、「医療以外の保健事業はわずかな条文数しかないじゃないか。メインは医療だろう。ひっくり返せ」と言われました。「これはアクセサリーなんだから、アクセサリーは前に付けなければいけないんです」と言って説得して戻ってきたら、吉原さんが誰かから僕がそう言ったというのを聞かれたのか、「君、アクセサリーと言ったそうじゃないか」と叱られました（笑）。（後略）

■財政調整への評価～⑥老人保健制度の財政方式を財政調整ではなく共同拠出と説明した理由ⓒ～

新田　財政調整のアレルギーというのは、根はどこらへんからですかね。

堤　かつては政管健保が厳しいということで、組合健保は政管健保を助けてやれ、あるいは、健保連は保養所ばかりつくっていて怪しからんと日医はずっと主張していました。政管健保が厳しいので診療報酬が上がらない。武見（太郎）さんは「財政調整しろ」と言う。それに対して、診療報酬を上げるためにというので、健保連にとっては本当にタブーになっていったわけですね。ですから、今でこそ健保・国保を通じた財政調整を平気でやっていますけれども、昔は被用者保険間の財政調整のことだけを話していたわけです。ところが、老人医療費の無料化で国保財政が問題となると、頭数按分という荒業でエイヤッと乗り越えてしまいました。財政調整アレルギーがあったのは健保連と政管健保の間ですね。それが、政管健保の財政問題というよりも、診療報酬引き上げのための財政調整だったので、反発が強かったのだと思います。おそらくその背景には、武見日医のごり押しに対する反発とかも健保連にはあったのかもしれませんが。（後略）

■保険者拠出型案の検討～⑥老人保健制度の財政方式を財政調整ではなく共同拠出と説明した理由ⓓ～

堤　（前略）保険者拠出方式で出した時の対策本部案のそれまで誰も考えなかったウリは、七〇歳以上の老人を各医療保険者に所属させ続けるということだったんです。これは、僕とか社会保険庁から来た人たちが、期せずして「もうそれしかないじゃない。所属を切り離してどうするんだ」となった。たとえば、いろいろな現金給付があるわけですね。現金給付は被用者保険と国保では違うと。そうすると、医療のところは統一できるにしても、現金給付はどうするんだというと、やっぱりそれぞれの保険で出してもらうしかない。だから、そのためにも残そうではないかということにもなりました。もちろん、所属保険者が保険料を集めているから、保険者の代わりに医療の給付を行う市町村のために保険者がその費用を拠出するという、老人保健制度の基本骨格も、この取扱いによって根拠づけ可能になりました。

■加入者按分と医療費按分～⑥老人保健制度の財政方式を財政調整ではなく共同拠出と説明した理由ⓔ～

菅沼　一次試案をつくるところで、各保険者に在籍したままという発想は、いつ誰が思い付いたものなのでしょうか。

堤　時期はちょっと覚えていないですけれども、比較的早い、五五年七月ぐらい……七月一一日はまだ小沢案みたいなやつですよね。七月二四日に次回やりますよと書いてあって、その次が八月一日しか資料がないですけれども、八月一日ではもうおそらく保険者拠出方式になっているのではないかと思いますけれども。おそらく、七月から八月ぐらいにかけてですよね。発案したのは、僕ともう一人、藤山（彰司）さんという保険庁の人でしたけれども、同時に「入れちゃえばいいじゃないか」という意見を出しました。

土田　そういう時から、按分方式みたいなのを考えたわけですか。

堤　そうですね。按分方式は比較的先にあって、それをどういう仕組みの下でやるかと。籍を残したままというところに気づいて、いろいろな問題をババッと解決したわけですね。

（後略）

■加入者数按分の検討～⑥老人保健制度の財政方式を財政調整ではなく共同拠出と説明した理由ⓕ～

堤　（前略）この拠出金方式について申し上げなければいけないのは、これは佐々木（典夫）さんがしっかり議事録で残してくれていてよかったんですけれども、当初は加入者按分というのは全国平均の老人医療費の額で按分するという案だったんです。ところが、そうすると、逆転現象が生ずることがある、医療費が安いにも関わらず持ち出しになるとか、へんちくりんな現象が出てくるのです。そういうことがあるので、これもそれぞれの保険者に籍は残っているわけですから、それぞれの実績医療費というのは出せるわけです。計算上、出せますので、それをベースに加入者数で按分しましょうということにしたわけです。「した」というのは、僕が吉原さんを説得したんです。（五六年）五月の連休の日に吉原さんが審議官室に一人でいる時に行って、「こういう矛盾が生じるから変えましょう」と説明して、実績をそのまま加入者按分のベースにするというふうにしたわけです。

それによって何が起こったかというと、それぞれの保険者が医療費を削減する努力をすれば、それが拠出金に跳ね返るのです。とくに、持ち出しになるところは倍増されて跳ね返るわけですね。そういう意味では、いったん別建てで保険者の手を離れたわけですが、拠出金にいろいろ調整がかかるときに、それぞれの保険者の被保険者の医療費の実績をしっかり保険者がチェックして医療費適正化の努力をすれば、拠出金を減らせるという仕組みを内包させることになったわけです。

■制度審の中間意見と財政調整～⑥老人保健制度の財政方式を財政調整ではなく共同拠出と説明した理由ⓖ～

堤　ひとつだけ追加しておきますと、制度審から五五年一二月に中間意見が出されました。第一次試案に対する中間意見というのをもらってきたんです。じつを言うと、この中間意見というのは財政調整案だったんです。吉原さんがもらって来て、「できるだけ財政調整っぽくないような表現に変えてもらおう」と今井（一男）さんに頼みに行って、何とか変えてくれたのですけれども。いま残っている中間意見の現物をお読みになっても、修正後ですが、ちょっと痕跡が残っているんです。保険者間の財政調整ということを前提としたような表現が一部残っているはずです。じつは制度審は財政調整案だったのだけれども、中間意見の時に頼んでそこを変えてもらったというのは、誰も知らないでしょうね。保険者としての財政をきちんと完結するような財政規律を保てるかどうかを考えると、保険制度に公費を上乗せして給付率を上げるのがいいし、財政バランスの観点からいうと、財政調整後はそれを前提として保険者の規律が働くわけですから、今井さんはそういうことに筋を通してこだわっていたのだなと思います。それでも、今井さんは「そこまで厚生省が保険者拠出方式でやりたいんだったら」ということで認めてくれたのでしょう。

土田　トータルの印象としては、財政調整のひとつだろうなという感じはしますよね。

堤　そうですよね。そのへんをいかにお化粧するか（笑）。「みんなでもつんだから」とか何とか言って。（後略）

老人保健法の評価

堤　（前略）老人保健法の施行までは山あり谷ありでしたが、自分で言うのも変ですけれども、一応かなり技巧を尽くして、保険者拠出についてもギリギリの説明もでき、国保の救済もできて、保険者努力も反映しやすくなった。それを潰してしまったのは、一気に按分率一〇〇％までやったこと、その結果、いろいろな反動が起こったことにあります。健保らがケチって一〇〇％の反動が起きたということで、言ってみれば死期を早めたというと変ですけれども、ちょっとそんな感じがします。あそこで無理をしなければ、もうちょっともっただろうと思いますけどね。そういう意味では、その後の厚生省の周辺の政策、制度展開がやや振幅が大きすぎたと思います。その結果、老人保健法はちょっと早めに終わってしまったという感じがいたしますね。（後略）

1984年健康保険法改正①

1939年生まれ
1962年　厚生省入省
1980年　社会保険庁医療保険部健康保険課長
1982年　保険局企画課長
1993年　保険局長
1994年　厚生事務次官

（日本介護福祉経営人材教育協会提供）

多田　宏氏

衆院社会労働委員会理事会での健康保険法改正案の協議（1984年7月5日）
（毎日新聞社提供）

■第二臨調（1）――第一次答申と吉村仁さん～⑧一九八四年健康保険法改正の経緯・実施体制・調整プロセスⓐ～

多田　それから、私は健保課長を二年やったんですが、その間に第二臨調が始まりますね。この第二臨調には、梅本（純正）さんという元厚生事務次官を第一部会長に送り込んだと。これは、吉村（仁）さんが官房長で働いたんですね。吉村さんが送り込んだと。そして、審議内容を吉村さんと梅本さんで相談しながら、だいたいその方向を決めていったという感じですね。

そうこうするうちに、（昭和）五七年四月一日に日医会長が花岡（堅而）さんに替わる。これは、日医にとっても厚生省にとっても大変大きな出来事でしたね。それから、五七年七月三〇日、臨調基本答申というやつで国民負担率が出てきて、「租税と社会保険の負担が西欧諸国は五〇％を超えているけれども、こんなことにしてはいかん」という話になって、吉村さんは「そのとおりだ」という理解で走っていましたね。

それから、五七年八月九日に国保問題懇談会が中間報告というのを出して、「退職者医療創設を検討しろ」という意見でしたね。そうこうするうちに八月に老人保健法が成立と。九月に老人保健部が厚生省の中にできる。九月二四日に、臨調を受けた行財政改革大綱というのが閣議決定される。そして一〇月一日に、厚生省もそれを受けて医療費適正化対策推進本部というのを立ち上げると。こういう流れですね。だから、ご質問のところにあった経緯というのはそんな感じですね。

それで、私は五七年八月に健保課長から保険局の企画課長に替わると。吉村さんに引っ張られたという感じですけどね。吉村さんが、とにかく臨調の答申は自分でシナリオを書いたみたいなものですから、今度はそれを実現するための体制を組むんだということで、下村（健）審議官、企画課長に私、そして阿部（正俊）君が国保課長、伊藤（卓雄）君が保険課長ということでしたね。それから、寺松（尚）さんが医療課長かな。それで、途中で谷（修一）さんだったかな。人事異動で見えた直後に局長が言ったことは、「医療保険の大改正をやる。これについて来る気のない者はすぐ他へ替えてやるから申し出ろ」という話があって、みんなハッとなって、さすがに申し出る者はいなかったということでしたね（笑）。それで、局長室で連日、どういう改正内容にするかという議論を続けていったんですね。それまでに、極端にいえば手段はもう出尽くしているんです。いろんなところでいろんなことを言っている、それをぜんぶ集めて整理して、もう一回それを点検して、その中で実現可能か、これとこれの組み合わせは大丈夫かということを見ていくという作業でしたけどね。

（後略）

■五九年健保法改正（1）——吉村仁局長～⑧一九八四年健康保険法改正の経緯・実施体制・調整プロセスⓑ～

多田 （前略）それで、いよいよ法改正の作業で、分担というわけですけれども、あまり明確というわけではありませんが、局長が走り回っておられたのは田中角栄、中曽根康弘、医師会、第二臨調——これは梅本さんと合作だから打ち合わせをしてという、そのへんがだいたい局長の守備範囲でしたね。出かけて来て帰って来るとパッと電話に飛びついて、あちこちへ情報提供をしていましたね。それから、下村（健）審議官は主として歯科医師会担当だったですね。

土田 日医ではなくて？

多田 はい。それから、私はどちらかというと社保審のメンバー金沢（良雄）会長、小山（路男）、水野（肇）といった方々をはじめ委員の方々、加藤（寛）臨調第四部会長それから大蔵とか国会とか、そのへんに情報をいろいろ持ち合わせたりすることをやっていたんですね。

■五九年健保法改正（2）——給付率をめぐる議論～⑩一九八四年健康保険法改正の内容（2）（健保被保険者の定率負担の導入）ⓐ～

土田 （前略）九割を一回噛ませるというのは、（昭和五九年）一月一九日の自民党四役あたりで出てくるということではなくて、最初から、八割だけれども段階的にやるということで、省内でもそういうことが決まっていたんですか。

多田 いや、これは二割で持って行ったと思いますよ。二割で持って行って、一割に直されたと思います。この頃、吉村さんから、「やっぱり定額に戻せという声が非常に強いので、どうする？ これだけはしょうがないから定額にするか」という話がチラッとあったのだけれども、私は「いや、せっかく今回、改正するのだから、一割でいいですから定率でいきましょうよ」と言ってね。「これは、患者が自分の医療費をすぐわかる。一割だから、一〇倍すれば自分の医療費がいくらかかったかわかる。非常に重要じゃないですか。だから、二割を一割に下げてもいいからやっぱり行きましょうよ」と言ってね。

土田 定額か定率かというのは、だいぶ激しい議論になりましたか。

多田 それはもう、医師会は「定額、定額」ですからね。定率は絶対反対でしたから。そうすると、医師会の意向を受けた自民党はやっぱり、どちらかといえば「定額に戻せ」という議論でしたからね。

土田 さっきの話になりますけれども、結局、二割負担が三割負担で統一する方向にいきましたよね。あれは、当初はまったく考えていなかったのですか？

多田 考えていないです。だいたい二割で全保険を統一するという考え方でしたね。（後略）

■五九年健保法改正（3）——改正の決定的要因～⑩一九八四年健康保険法改正の内容（2）（健保被保険者の定率負担の導入）ⓑ～

田中 （前略）昭和五三年に、吉村さんが医療保険担当の審議官の時に「保険官僚の憂鬱」という論文を書いて、そこの論文の中でも二割というのが出てきています。実際、二割というのは吉村さんの持論であって、わりと皆さんの中で調整して出てきた結論ではないのではないかなと思っていたんですけれども。

多田 今のは最初から言っていたかもしれませんね。だけど、「二割は多すぎるよ」とか何とかいう議論は、あまり中ではしなかったと思いますね。「常識的じゃないかな」という感じだったですね。なにしろ、被用者の家族は七割ですからね。だから、統一するとすれば、九割で統一というのはこれだけ財政の苦しい時に難しいということだから、結局、八割ぐらいというのは常識的な判断だったと思いますね。

田中 課内で議論で揉めた部分はありますか。

多田 そこでも、大議論を省内でしたという印象はあまりないですね。「まあ、そんなところか」ということでしょうね。

田中 二割負担以外に、課内で判断に悩んだ要素というのは、今回の改正の時にはなかったんですか。

多田 案をまとめる段階で悩んだというのは……とくには。一つひとつ、「これはどの勢力がどういうことを言ってくるだろうな」というのは、いつも考えていましたけどね。「ここだけはちょっと」という議論を散々したというのは、あまり覚えがないですね。

土田 社会党などはどうだったですか。対案を出してくるということも？

多田 この案は、非常に多面的だったですからね。だから、なかなか対案が出しにくかったんですね。入り組んでいて、それで六二〇〇億の節減ということになっていますからね。

（後略）

■第二臨調（2）——第一次答申と吉村仁さん～⑪一九八四年健康保険法改正の内容（3）（退職者医療制度の創設）ⓐ～

多田 （前略）退職者医療というのはどうしてできないかというと、医療保険で被保険者の過去をずっと追っているデータがないということで、そうするとどの保険集団がどれだけ老人の金を負担したらいいかわからないと。その夏（五七年夏）に自宅でいろいろ考えていてフッと思いついたのは、「被用者、被用者」と思っていたら、被用者年金があるじゃないかと。被用者年金は過去のデータを持っているじゃないかということを思いついて、それで翌日、吉村局長のところへ行って、「局長、年金のデータを使うというのはどうですかね」と言ったら、「お、そうだな。それでいこう」という話になって、それでひとつ素案をまとめていこうということになったんですね。退職者医療が目途がつくということになったので、大改正の財源がだいぶ見えてきたことになりました。

■五九年健保法改正（４）――自民党四役による裁定～⑫一九八四年健康保険法改正の内容（４）（特定療養費制度の創設）ⓐ～

多田　（前略）特定療養費を新設をすると。これも、保険に継ぎ足しを認めるという制度ですから、継ぎ足しをやったらそれまでは根っこから保険は使えないということになっていたのを、継ぎ足しを認めると。ただし一定の要件で縛るということで、最近のそれこそ国際的な問題になっているのと同じような議論ですけれどもね。

それを入れるということになって、これは吉村さんも「まあ、入れようじゃないか」というぐらいだったのですけれども。というのは、保険が非常にリジッドだと、新しい技術に保険が対応していくことがなかなか難しいと。だから、新しい技術を入れるのだけれども、それまでの保険で認められる医療の範囲は保険でみて、新規の部分だけ自己負担というやり方をしようということで。差額ベッドや歯科材料差額もここに入れてしまおうということだったんですね。これによって差額ベッドがずっと普及することになるんですね。予約診療とかね。（後略）

■五九年健保法改正（５）――特定療養費制度をめぐる議論～⑫一九八四年健康保険法改正の内容（４）（特定療養費制度の創設）ⓑ～

土田　あとは特定療養費の話を聞きたいのですが、これは幸田（正孝）さんから聞いた時も、幸田さん自身が「特定療養費の意味がよくわかっているのは吉村さんと僕ぐらいだったかもしれん」という話を冗談半分におっしゃっていましたけれども、それはやはり上のほうから降りてきたという感じですか。

多田　そうですね。吉村さんからは「やってくれ」という話でね。これはしかし、法制的にもけっこう難しいことだったんですよ。それを法制局と議論をして、法制局に「何とかこれでいくか」と言わせたのは、たぶん和田（勝）君だと思いますね。富士銀行から出向してきていた西尾（真哉）君がコツコツと条文を書いたのです。法制局とずいぶんやってね。（後略）

土田　厚生省としては、混合診療の導入には反対だったわけですね。

多田　何でも混合診療だといってやられたのでは、まさに歯科の金歯みたいなもので、保険はあってなきがごとしになってしまうと。それは箍を嵌めた上で、認めるところは認めるということしか道はないと。今の、まさに国際問題になっていることと同じような問題ですね。

新田　（前略）特定療養費の時に、幸田さんなどが言ったように高度先進医療でそういうのを入れるという話と、歯科差額とか室料差額で問題になってコントロールしなければという話と、両方特定療養費に入ってしまったのですけれども、話の順序としてはやはり先進医療の話で先に特定療養費の話が起きてきて、後からそれに差額診療とか差額ベッドも入れてしまおうみたいな話で突っ込んだということなのでしょうか。性質の違う二つのものが両方入ってしまったわけですけれども、話の起こりとしては。

多田　それは、先進医療のほうですね。

土田　差額ベッドは確か、昭和二九年あたりに入っていますよね。

新田　入ったけれども、制度化していったのが五〇年代に問題化になって、それのコントロールの必要があってそういうのも入れたのかなとも、ちょっと。

土田　幸田さんは先進医療で話していましたね。

新田　やっぱり、そっちが話としては優先していたんですかね。

多田　だと思いますね。それを議論しているうちに、「差額ベッドはどうなんだ」という話があって、「それだって同じ構造でいいじゃないか」という話になっていったんだと思いますね。（後略）

■五九年健保法改正（6）――給付率を巡る議論～⑭一九八四年健康保険法改正の内容（6）（改正実現のための降りしろ）ⓐ～

新田　（前略）五九年一月一九日、さっきおっしゃった政府与党首脳会議とか自民四役裁定で出した案で、八割をとりあえず当分の間九割にするとか、高所得者を保険の対象から外すとか、ビタミン剤を給付から外すとか、あと医療標準を入れるとか、いくつか当初の案から落ちていったやつがあると思いますけれども、当初つくっていた案の中で、いわゆるそこらへんで落ちるだろうなと思ってつくられたのか（笑）。どれが落ちるかわからないけどという感じで、いくつか本丸という、ある程度そこらへんは予測のもとだったのか。とくに八割、九割のあたりとかですね。

多田　少し妥協できる部分も入れておかなきゃいかんなという感じは、ないではなかったですね。

新田　これもある意味で、通らないかもしれないということでの案だったかもしれませんけれども、高所得者を保険の対象から外すという案も当初は入っていたと思いますけれども、それで皆保険が少し崩れるとか、穴が開くということは、中では多少議論になったのでしょうか。それとも、「あそこはいいか」みたいな感じでいってしまったのか。

多田　吉村さんが「まあ、いいじゃないか」という（笑）。まあ、それは読んでいたんでしょう。おそらく、ここは降りしろになるなということはね。

土田　省内ではかなり綿密な財政計算というか予測を行った上で、そういう話が出てくるんですか。

多田　そうですね。これは調査課でいろんな推計をやりましたからね。

土田　その中で、六九〇〇億円の削減も医療で担うことができると。

多田　そうです。それだけ、とにかく積み上げていかなければいかんと。

1984年健康保険法改正②

和田　勝氏

1945年生まれ
1969年　厚生省入省
1982年　保険局企画課課長補佐
1984年　大臣官房政策課企画官（保険局併任）
1992年　保険局企画課長
1994年　大臣官房審議官（医療保険・老人保健・介護問題担当）／高齢者介護対策本部事務局長

健康保険法改正案可決（参院本会議：1984年8月6日）
（毎日新聞社提供）

■改革過程（１）——五九年度概算要求〜⑧一九八四年健康保険法改正の経緯・実施体制・調整プロセスⓒ〜

和田　（前略）概算要求に盛り込まれるのは予算要求額ですが、いろいろ幅広に議論してもらっているけれどもシーリングをクリアできる、それを可能とするような具体的な施策の内容は固まっていません。当時論議していた施策のアイデアは「医療保険政策の構想」の中にいろいろ書き込んでありますが、まだまだ、与党・自民党の了解を得るにはなお相当の時間がかかるとみていました。当時、与党との関係については、概算要求は予算案の決定に向けての政府部内のひとつの手順、作業ステップであり、厚生省の基本的な責任と役割として行って結構だという異例の扱いにしていただいた。その内容を党として了解するかどうかは別の問題である。とりあえず役所が概算要求を出すのは認めようということでしたから、大きな前進ですね。党として関与するのは予算案の決定の段階であり、年末に向けて具体的な予算編成の過程、具体的な法案作成作業の中で、党として了解できるか詰めていくとされたわけです。こうした手順、進め方を誰がやったかは記憶していませんが、推測するに、吉村さん、多田さんがご苦労されたと思います。予算の概算要求で白紙要求、事項要求といったことは今でもあるようですが、与党の承認なしに役所側が具体的政策の柱、内容を折り込んで概算要求を提出することについて、それは政府内部の手続きだから認める、その後秋以降の予算案策定、法律案審査の段階で党が審査するというのは、異例のことだったと思いました。その後、あまりこの種のやり方はないかもしれませんね。

■改革の前段階——医療費亡国論、医療保険政策の構想〜⑨一九八四年健康保険法改正の内容（１）（改正内容の全体構造）〜

和田　（改革の検討の）初めから三つ（被用者保険本人の給付率の引下げ・退職者医療制度の創設・国保の国庫負担の縮減）を引っかけて一体としてというよりも、検討を進めていくうえで反対、抵抗も強くなってきて、さらに強くなるだろう、そういう時に、この三つは相互にリンクしていて、一つ動かすとみんな影響を受けるので動かせません、という形にもっていこうとしていったのです。（後略）

■改革過程（２）——給付率九割〜⑩一九八四年健康保険法改正の内容（２）（健保被保険者の定率負担の導入）ⓒ〜

土田　八割で出して、九割に自民党とあれで下がりますよね。そこはどういう経緯を辿ったんですか。

和田　私は、初めから一割定率ができればと、それが本命だったと思いますね。定額負担ではなく、定率負担を導入することを狙っていました。

土田　初めからですか。

和田　ええ。私なども、これができれば差し当たりよしと思っていました。ただ、「なぜ一割だ」という説明ですね。「コスト意識」の喚起、「一〇倍すれば医療費の総額がわかる」とか言っていました。それだけではなくて、加入者間の公平を進める、そういうロマンがあったのですね。長く医療保険に携わってきていた先輩方の思いを感じてもいました。

土田　すべてを八割にするという話でしたよね。

和田　給付をできるだけ広げていって、患者の負担を少なくして、安心を実現していくという思いを持っている人も省内には少なからず、おられました。一割が、次は二割か三割かということになりはしないかと懸念している人も、外にも内にもおられたと思いますね。そういう中で一割負担導入を確実にしたい、そのためには論議が錯綜した時の「降りしろ」、「風鈴」をつけておきたい、という狙いも密かにですが持っていました。他方、給付率の統一といったときに、国保を三割負担から一割負担に持って行くことは、国保の国庫負担、財政が大変だといっている時に可能性はまずありません。他方、公平化という以上、ある程度の目安を言わないといけないし。各保険制度の加入者全ての平均給付率は、（昭和）五九年頃には八〇％を少し上回る辺りであったこともありますし、八割程度で給付を統一と打ち出し、健保法改正法案の附則に「八割程度で統一する」との規定を入れたのです。

土田　言っていましたね。

和田　八割程度というのは、国保七割だけれども、高額療養費制度の効果を入れると実効給付率は七七％強ぐらいになっていました。定率二割負担の人も、高額医療費制度を入れると実効給付率は八二～八三％くらいですよ。五ポイントぐらいの差だったら許されるかと「八割程度」と出した。そういう意味合いだったと思いますね。ただ、今は定率三割負担です。私は「エーッ」と思っていましたね。（中略）

「八割程度で統一」というのは、そういう中で当面一割ができれば上出来という感じでしたよ。ただ、初めから一割でいうと「なぜ一割か」の説明がつきにくいというのと、初めから抵抗が強くて「降りしろ」をつくらなければいけないと考えたからですね。攻められた時のバッファー的なものという思いもあってのことでした。それが一一月ぐらいまでの話。そのうち、かなり行けそうだという感じがしてきたこともあって、二割負担を前面に出すようになっていった、そういう経過だったように思います。

土田　二年間の間を置いて、次は八割と書いていますよね。それもだいたい予定どおりだったんですか。

和田　そこは、二年で移行出来れば上々ということでもありました。八割程度で統一というロマンですよね。「こうあって欲しい。こうありたいものだ」というのが相当先だというのでは納得されないでしょう。それでは、説明がつきにくく、一割負担も勝ち取れない。何か工夫した規定にしたい、と吉村さん、多田さんも考えられていた。最後は意表をつく案ですよね。その頃になると二割で統一ということで強く行こうという意識になっていったと思います。法律では二割の原則を書いた。ただし、当面は、日経連の意見もありショック緩和措置ということで一割にせざるを得ないが、原則は明記しておきたいし、改めて法改正しないと二割に移行できないということにはしたくない。そこで原則二割、国会で承認するまでの間は一割、という規定ぶりにしたのでした。法改正でない格好で一割を暫定的に位置づけて、本則二割、国会の議決があるまでは一割としました。珍しい法律の立て方ですよ。（後略）

■五九年健康保険法改正——退職者医療制度〜⑪一九八四年健康保険法改正の内容（3）（退職者医療制度の創設）ⓑ〜

和田　（前略）退職者医療を議論する時には、国庫負担を節減するというのが目的だから、退職者医療制度には国庫負担を入れない仕組みとするというのは、初めから意識して制度設計していたように記憶しています。退職者医療は、国保の軒先を借りて実施する被用者保険の共同事業である、という位置づけをしており、国庫負担を入れないというのは当然だと考えていました。それから、老人保健拠出金は、「人頭割」の考えで仕組まれましたが、退職者医療は「総報酬割」で被用者保険の保険者に拠出金の割り振りをすることとしています。これは退職者医療制度には国庫負担を入れないことを制度構築の大前提としたことと関連しています。各保険者の拠出額は、総報酬という財政力を勘案した算定方法になっているから、負担力の乏しい保険者に対して投入される国庫負担は、そもそも不要である、というものです。このことは早い時期から意識して制度設計が進められていました。（後略）

■改革過程（3）——退職者医療制度の「見込み違い」〜⑪一九八四年健康保険法改正の内容（3）（退職者医療制度の創設）ⓒ〜

田中　退職者医療で、できた後ですが、見込み違いがあるといって、また「見込みはわかっていた」のではないかという話もありますけれども、そのあたりお聞かせいただけないでしょうか。

和田　（前略）局内で論議が重ねられましたが、「半分以上、二〇年以上被用者保険の世界にいた人を対象」ということにし、要するに老人保健制度適用までの間のつなぎの制度、ということになります。（中略）

そういう中で大きな問題は、通算二〇年以上被用者保険の加入者をどう把握するか、加入数となるのか、です。マイナンバー制度もないし、健康保険組合は辞めた人の行き先を追いかけていませんし、政管健保についても同様です。政管健保と国民年金とが業務の実務面でつながる仕組みがあったら少しはよかったかもしれませんが、そうした実態でもありませんでした。

四〇七万人、だったと思いますね。それでもって退職者医療制度の設計をして、財政計算をしたわけです。誠実な数理・統計調査の専門家である鎌形健三さんと野々下（勝行）さんが大変苦労されて、散在する既存データを使いながら、四〇七万人と推計しました。可能な限り正確な推計をし、きちんと見込んだのですよ。適切に見込んだのだけれども、データ上の限界がありました。さらに関連資料を集め精査していくと「どうも四〇七万人はいないみたいだ。」というのが予算編成作業の終盤になってきてわかったのですね。その時にはすでに予算案の内容の中に折り込まれていて、大きな枠組みが固まってきていましたから、対象者数を小さくする、そうしたことができる状況、タイミングではなかった、と思います。予算フレームが固まってきているときに医療費国庫負担額に大きな関わりのある退職者数が大きく変動するというのは厚生省もですが、大蔵省だって困りますよ。あくまでも一定の仮定、前提の下での推計数ですから、それで行くしかなかった、それが実態であったと私は思います。（中略）

国保側が「見込み違い」というのならわかりますが、省内の人が「見込み違い」というのは酷いな、どうかな？と感じていました。大蔵省とも真摯にやり取りを重ね、第二臨調の基本理念に沿った難しい医療保険制度改革を断行するという点で、なんというか同志的関係にもあったように私は感じていました。そんなこともあってその後の財政措置などで特段の配慮があったように思っていたものでした。私は、消えた年金番号問題と本質的には同じ問題の所在であったように、今、思います。（後略）

■改革過程（4）――特定療養費制度～⑫一九八四年健康保険法改正の内容（4）（特定療養費制度の創設）ⓒ～

和田　（前略）差額徴収の問題がしばしば出てきていました。差額徴収は、ひとつは差額ベッドの問題で、これは大病院にとっては実態上、広く存在している。けれども、厳密な法律解釈からいくと、原則違法な行為である、という理解で来ていたと思います。これは、監査でもすると必ず指摘して、「返せ」とやらなければいけないわけです。

もうひとつは、歯科材料です。金属です。歯科医療という観点からすれば、銀・パラジウム合金で必要な条件は満たしている。（中略）歯科医療の現場では実態として、歯科材料費の差額徴収が行われていましたが、厳密にいうと、「原則違法」となります。歯科材料費の差額徴収問題は、しばしば国会で論議もされ差額徴収禁止が論議されていたわけですね。

あともうひとつは、新しい医療技術の扱いです。その頃、新技術がたくさん医療現場に出てくるようになってきたのですね。ＣＴなどの診断装置、人口透析装置や腎臓結石等の体

外衝撃波治療装置などです。（中略）

そういう新しい技術をどう保険で位置づけるか、吉村さんの挙げられた医療費亡国論、医療需給超過論、医療費効用逓減論に繋がる問題ということになります。私も、財源面での制約ということもありますが、金をかければ効用が上がるというものではなく、どこかで見極めがいると、そんなことも検討の時には意識するようになりました。局内勉強会をやって約半年あたりでそうした問題意識が強くなったのですね。その頃、「医療保険政策の構想」の中では、第三者評価的な組織をつくったらと書いてありますが、差額徴収を正面から認める、制度化をすることまでは書いていなかったと思います。（中略）

ひとつは高度先端、高度先進の医療について、もう一つは差額ベッドや歯科材料差額の問題について、長らく懸案であった差額徴収問題の法制度的な位置づけを考えました。「療養の給付」の原則はそのままとして、特別の負担を取ることができるというルール化について検討しました。つまり、差額徴収の全部を認めるのではなく、妥当性、適切性が認められるものに限って部分的に容認する、制度化を行うということです。その新制度の名称は、特定のサービスやその一部について差額徴収を認め、療養費として支給するというものですから、とりあえず「特定療養費」としておいたらどうかな、医療現場で定着した呼び名が出てきたり、いい名前を考えついたら、その時点で直したらよいとしましたがこの新制度の問題は、これはこれでけっこう大変でした。（中略）

つい数年前まで「差額徴収を見直して是正します」と国会でもしばしば答弁し、その是正に苦労をしてきていたのに、差額徴収の制度化、混合給付を容認するというのは問題だ、という反発だったかもしれません。局内でも、給付内容の改善充実、変な差額徴収の実態を是正することこそが大事だという考え、こっちが本当は正論かもしれません。どちらかというと局内でも深めた議論をそんなにしていないのに勝手なことを言ってくれるなというプロセスについての抵抗感も多分にあったと思います。官房の決裁をとる過程でも、保険課の浜田（淳）係長、福井（和夫）課長補佐や私も、相当苦労して困ったことがありましたよ。

本来、この問題は、診療報酬面の評価と新技術の保険導入、それと保険給付の財源が絡み、法改正を伴う事柄ですから、保険課と医療課の協働的な作業になる性格の事柄ですね。しかし保険課は定率負担導入や日雇健保問題など課題を多く抱えて忙しいし、医療課は医療課で診療報酬と薬価の改定、指導監査大綱の見直しとこれまた超多忙続き。そんなときに変なこと言わないでくださいよという反発であったかもしれません。そこで言い出しっぺのところで書くことにして、法制局にも相談しながらですが、こんな感じで書いたらどうかと考え方を整理しました。きっと法案の中に盛り込まれることになるだろうからと、富士銀行から企画課に出向してきていた西尾真哉君に関係条文を書いてもらい準備を進めました。健康保険法改正案では最後の段階になってですがうまく盛り込むことができました。（中略）

あともうひとつの側面は健保法改正全体について、自民党の中に強い抵抗感、反対論があったし、医師会、歯科医師会、薬剤師会の反対も相当強かったことです。（中略）三師会といっても必ずしも共通の理解、利益で一本になって結ばれているわけではないですよね。三つはそれぞれ別の立場で考えているところも多い。医師会の中でも、病院団体と開業医さんの団体とではだいぶ理解も違いますし、中医協でもそういう違いがしばしば表面化することがあったと思います。たとえば差額徴収を原則違法だとせずに、一定のルールの下で認められれば、経営面で安定するし、指導監査でいじめられることもない。そうなれば、大病院、大学附属病院などにはいいことですから、病院団体は比較的法律改正に絶対反対ではないという印象を持っていました。開業医さんのほうが反対、抵抗感が強かったようでした。

歯科医師会は、新しい技術などが出てきた時に保険の中に取り入れることには積極的ではなかったですね。新技術に対応できるところから診療の場で取り組むという実態でした。インプラントなども当時出始めたばかりの技術ですし、歯科材料もそうですが、保険給付の中に取り入れていないから実態上、自由診療或は差額徴収が拡がっていました。そうなった時点で保険給付にするとしたら、統一した値段、診療報酬の点数設定をしなければなりませんが、医療機関間、地域間で相当大きな差異が出てきていますから、同じ基準、価格では律せられず、なかなか合意が成り立たないですね。保険給付した瞬間にまた新しい差額の問題が出たりすることも考えられます。それに保険給付の財源制約もあります。

そうすると、一定のルールの下で差額徴収をしてもいいとしたほうが実態にも合うことになりますし、医療機関側にとってもメリットがあるでしょう。そうすると絶対反対の声も少し弱まるかなという思惑もありました。吉村さんは広島の方ですが、毛利元就の三本の矢の話を時々いっていましたよ。「三本の矢がまとまると強いが、逆に、三本の矢がほどければ目が開けるかな」と、そんなことを言っていました。三師会それぞれにメリットもある改正だと理解してもらえればと、そういういう意識も少しあった差額徴収制度の問題だったと思います。（後略）

新田　戦略的なところと理屈と両方が組み合わさって、でも歯科差額と室料差額と高度医療と、そこは一緒くたに議論していたという感じですかね。

和田　すべてのサービスを保険給付で賄うのには限界があり、他方、患者の側からみても納得できるような取り方であれば許されるだろうし、また、新技術についても、その技術の有用性などが医療の現場で評価され、ある程度普及してきた段階で保険導入する。それまでの間は、その新技術自体は患者の選択によって自己負担させ、その他の費用、例えば診断、検査、薬剤、看護などの既存の保険給付は行うこととする。要するに混合診療、混合給付の制度化ということになりますが、当時の思いとしては、基本はできるだけ保険導入を遅らせる方法として着想した面がありました。今の議論でいえば、費用対効果の視点も入っていたといいたいですね。（中略）

しかし、保険導入を遅らせるためにといったら、出来る改正もできないことになりかねません。そこで、新技術が開発された場合、保険導入されるまでの間にそれを使うと基礎的な診療費全てが自己負担になってしまいますが、今度の改正により保険で既に認められている検査料と、薬剤費あるいは入院料などは保険給付されるようになります、とメリットを強調した説明ぶりにしました。患者にとってのメリットを重視した言い方をしたわけですね。特定療養費制度については、当初予想したような強い批判、国会論議は少なかったように思いました。この新制度は、保険局企画課がリードする形で制度構想草案がつくられていったといってよいと思いますが、今日では、当時期待していたような、国民経済（あるいは負担力）と保険給付とを調整する役割、保険制度運営の透明性を高めるという観点から見て大変大きな意味がある制度となってきていると思います。良かったですね。

■改革過程（5）——付帯決議と医療提供体制～⑬一九八四年健康保険法改正の内容（5）（病床規制等の検討）～

和田　（前略）病院病床の過剰地域については、ベッドの新設・増設を伴う保険医療機関の指定はしないという法案の条文を書いて、法制局に内々相談に行きました。法制局長官まであげての判断だということでしたが、「健康保険法の中で、病床数規制を書くのは問題がある」というご意見でした。国民皆保険体制の下、殆どの医療機関が健康保険制度の下で事業を行っている実態の中で、保険財政の見地から保険医療機関の指定を受けられないというのは、医療事業を行うことができないことになり、職業選択の自由、営業の自由に触れるおそれがある。そもそも、国民医療、地域医療の観点から病院の機能や適正配置の基本的な考え方や必要病床数などを定めた医療計画が策定され、過剰地域における新増設に対して勧告や命令などの規制措置を行うことができるようになり、それを受けて、健康保険サイドで過剰地域において保険医療機関の指定をしない、というなら法制化が可能である、と受け止めたのでした。それは昭和五八年の末ごろの話ですね。

田中　さらに附帯決議を読んでみますと、家庭医などについても言われているようですけれども、当時はどういう。

和田　附帯決議の取り纏めも、与野党の理事の先生方のところをまわって調整したりしました。かかりつけ医、家庭医、コンサルティング・ドクターとか、局内でよく議論していましたが、当時は、それぞれの地域の医師と患者の間で形作られるものであって、役人がそういうことに立ち入ってくるのは官僚統制につながり、医師の良心や裁量を過剰に縛ることになる、と反対論が強く実現性はなかったと思います。

■改革過程（6）——高所得者の保険適用見直し〜⑭一九八四年健康保険法改正の内容（6）（改正実現のための降りしろ）ⓑ〜

田中　高所得者の保険適用見直しみたいなことも議論されたということですが。

和田　ややお楽しみレベルの検討だったように思いますが、結構論議しました。ドイツでは高額所得者を強制適用から除外して、本人が入りたいという選択すれば加入を認めるということですね。国保のことなども考えてですが、「高額所得者の医療費に国庫負担を入れるのはおかしい。見直したらどうだ」と。しかし、そのような制度を仕組もうとすると実行上難しいということもあって、ドイツの例を参考に「高額所得者を適用除外にしたらどうだ」と。言い出しっぺは吉村さんですよ。「ただし、俺までは入れてくれな」と（笑）。「局長の月給は私たち知りませんよ」と。「国家公務員の給与法を見てみろ。あれのいちばん高い辺りでどうか。このへんで手を打たないか」とかね。ある意味では真剣に議論はしました。真剣に議論したけれども、最後まで追いかけようと思っている事項ではありません。いろいろな論点、検討事項をポンと球を投げて、議論してもらう、チンと鳴らせて人の気を引いているうちに本来の狙い球をバーッと投げ込む、そんなもんだぞと。「じゃあその金額は、次官は外してもいいですかね」、「俺もそのうちなるかもしらんからな」と（笑）。「まあ、そんな辺りでどうですかね」と。当時、ドイツでは五〇〇万前後でしたよ。ただ、実際はドイツ国民の九二〜三％ぐらいは公的保険でカバーしていたと思います。（後略）

■改革過程（7）——医療保険の「一本化」と「一元化」〜⑮医療保険の一本化と一元化の違い〜

和田　（前略）健保法改正法案は八月七日に成立し一四日に官報公示されましたが、国会閉幕直後の九日深夜、村瀬（敏郎）さんと橋本（龍太郎）先生が秘かにお会いになることがありました。（中略）橋本先生は法律に直接関わらない要望だったら何でも聞くというスタンスです。村瀬さんは、「統合一本化」を強く言っていました。お二人のやり取りを聞いておりましたら、橋本先生が、今の内容を五、六項目にまとめて欲しいと指示されましたので、その場でまとめてお渡し、お二人で確認されました。その中に、五年後に統合「一元化」を行なう、としておいた部分を、橋本先生は「一本化」と直され、そのほかは原案のままでして、与党と三師会の確認事項、覚書の形で書いて、明朝、議員会館の部屋にもってくるようにと指示されたのです。吉村局長にもお見せして確認書をプリントし、朝早く議員会館の部屋に伺ったのですが、あえて、「統合一元化」としておきましたら、橋本先生は、君もしつこいなとニヤッと笑って、「元」を消して「本」と直されましてね。局に連絡してタイプを打ち直してもらい、その日、八月一〇日の午後、自民党四役、二階堂（進）副総裁、幹事長、政調会長、医療基本問題調査会長と三師会会長との間の手打ちの場に出されたのでした。「このペーパーは今、意味があるんだからな」と。「今、収まることが大事で、その通りに必ずなるというものでもないよ」というようなことを言っておられました。「一本化」と「一元化」と非常に似ているけれども、理念的、制度論的には大いに違います。

人物紹介② 吉村 仁

吉村仁（よしむら・ひとし）は、一九八四年の医療保険制度改革（健保法等改正）を始めとする一九八〇年代前半の一連の医療制度改革を主導した厚生官僚である。

吉村は、一九三〇年九月二七日に広島県加茂郡西条町（現・東広島市）に生まれた。一九五三年三月東京大学法学部政治学科を卒業し、翌四月厚生省に入省。同期には、後に「保険の吉村・年金の山口」と並び称された山口新一郎がいる。吉村は主として医療保険関係の部局を歩み、一九六七年一〇月に社会保険庁船員保険課長となった。その後、保険局国民健康保険課長、薬務局企画課長、大臣官房総務課長、同審議官（医療保険担当）などを経て、最後は大臣官房長、保険局長、事務次官を歴任した。

性格は豪放磊落な親分肌と評されるが、同時にきわめて繊細な感性の持ち主でもあり、仕事などで部下を叱責した後などは、きめ細かなフォローを欠かさなかったという。仕事を進めていくうえでの大局観の広さと深さは他の追随を許さず、その優れた戦略家としての資質がいくつもの制度改革を成功に導いた大きな理由となっている。中国の古典を愛読し、対人折衝では（相手の喜怒哀楽恐の感情を利用する）五車の術を活用したとされる。

保険局長に就任するや、すでに病い（肝臓癌）を得ていたにもかかわらず、「医療費適正化のためには鬼にも蛇になる」と宣言してその実現に全身全霊で邁進した。『社会保険旬報』一四二四号（一九八三年）に公表した論文「医療費をめぐる情勢と対応に関する私の考え方」は、当時の医療および医療費の実態についての問題点を指摘し関係者の反省を促すとともに、対応の考え方を示すことで制度改革の方向性を示唆しようとするものであった。論文では、医療費を考える視点として、①このままでは国民負担が増大し日本社会の活力が失われるのではないかとする視点（医療費亡国論）、②投入される医療費の効率・効用は逓減するのではないかとの疑問（医療費効率逓減論）、③現在の医療費の増大は需給ともに過剰気味なために生じているのではないかとの視点（医療費需給過剰論）の三つをあげ、それらへの対応として、ⓐ医療費総枠の抑制（負担できる範囲内で公共医療費を賄う）、ⓑ治療重視から予防・指導重視への移行、ⓒ過剰部分の見直しと是正を提案している。当時「医療費亡国論」という表現が物議をかもしたが、吉村は（彼一流の偽悪的な物言いではあるが）「春画と同じで、局所をパッと大きくみせることで、相手をグッと引き込んだ」と言って意に介さなかった。

医療保険制度の大改革をなしとげた後、事務次官を二年弱務め退官したが、在任中の激務により病状は進行しており、退官してわずか四カ月後の一九八六年一〇月二三日に帰らぬ人となった。享年五六歳。まさに「戦死」というにふさわしく、亡くなった直後、遺体が安置された虎の門病院の霊安室には当時の中曽根総理大臣が弔問に訪れた。

（文責：新田秀樹）

第7章
一九八五年公的年金制度改正

解題　百瀬　優
山田篤裕

1　一九八五年年金改正の経緯

皆年金体制の確立以降、公的年金は、分立した制度がそれぞれ拡充の一途をたどってきた。しかし、一九八〇年代には、制度見直しの動きが顕著となり、一九八五年に公的年金全般にわたる大きな改革が行われるに至った。

一九八五年改正の主な背景として、産業構造・就業構造の変化、国の財政危機、制度間の格差や不均衡、人口の高齢化、制度の成熟化などが指摘されている。とくに、産業構造の変化は、第一次産業従事者、自営業者や家族従業者を減少させ、こうした人々を主な対象者としていた国民年金の財政基盤を危うくするものであった。さらに、船員保険や国鉄共済組合など、特定の産業を対象とした年金制度において、被保険者の大幅な減少による財政状況の悪化が生じており、分立型の年金制度の維持は困難になりつつあった。また、人口の高齢化や制度の成熟化にともなって、公的年金の費用負担の膨張が見込まれており、そのことは、当時の国の財政危機とあいまって、給付と負担を抑制する方向での見直しを迫っていた。

このような背景のなかで、一九七〇年代後半以降、各種の具体的な年金改革の提言が行われるようになった。そのひとつが、一九七七年に社会保障制度審議会（以下、制度審）が発表した建議「皆年金下の新年金体系」である。その主な内容は、全額国庫負担（税方式案）で一定額を全国民に一律に給付する基本年金を新たに創設し、現行の各種公的年金を保険料拠出に比例する社会保険年金として、基本年金に上乗せさせるというものであった。後述するような批判もあり、税方式案が実現することはなかったものの、二階建ての制度体系案は一九八五年改正に反映されている。

また、厚生大臣の私的諮問機関として設置された年金制度基本構想懇談会（以下、基本懇）も、一九七七年の中間報告に続いて、一九七九年に「わが国年金制度の改革の方向」を提出している。同報告は、税方式案について、現行制度と円滑な接続が困難である点や財源調達に安定性を欠く点で否定的な評価をする一方で、これまでの制度体系を前提としながら、各制度の給付の一定の共通部分について、制度間の財政調整を行うことを提案するものであった。

両提言は対照的であったが、年金財政の安定などを考慮して、支給開始年齢の引上げを強調する点は共通していた。こうしたなかで実施された一九八〇年の年金改正でも、当初は、厚生年金の支給開始年齢を六五歳に引き上げることがめざされたが、検討の段階から異論も多く、労使だけでなく、与党からの反対もあり、最終的には実現することはなかった。その一方で、同改正では、保険料率を引き上げるとともに、厚生年金において単身と夫婦の給付水準に差をつけるために、妻の加給年金を大幅に増額している。これは、後の第三号被保険者制度のひとつの布石となっていた。

一九八〇年改正の翌年には、社会保険審議会厚生年金部会において、次期改正のあり方についての審議が開始される。その検討の結果は、一九八三年七月に提出された意見書にまとめられた。同意見書では、高齢化のピーク時においても制度を安定的に運営していくための基盤を確保することに最大の力点を置くべきとの考えが示されている。そのうえで、社会保険方式を維持し、各制度に共通する給付を導入するといった考えのもとで、現行制度からの円滑な移行にも配慮した制度の再編成を提案している。また、夫婦世帯と単身世帯の給付水準のバランスを合理化し、すべての女性に独自の年金権を確立するという方向での検討を求めている。さらに、現行の給付設計では、将来四〇年加入が一般的となった段階で保険料負担が過重になる恐れがあることから、将来に向かっての給付水準の見直しの必要性も指摘している。後に実現した改正案は、

（年表）1970年代後半から85年までの年金改革の動向

1977年12月	社会保障制度審議会「皆年金下の新年金体系」を建議
1979年 4月	年金制度基本構想懇談会「わが国年金制度の改革の方向――長期的な均衡と安定を求めて」を提出
1980年10月	「厚生年金保険法等の一部を改正する法律」公布
1982年 7月	第二次臨時行政調査会「行政改革に関する第三次答申」を発表
1982年11月～83年1月	厚生省「『21世紀の年金』に関する有識者調査」を実施
1983年 7月	社会保険審議会厚生年金部会「厚生年金保険制度改正に関する意見」を提出
1983年 7月	障害者生活保障問題専門家会議が報告書を提出
1984年12月	「国民年金法及び特別児童扶養手当等の支給に関する法律の一部を改正する法律」（スライド部分）公布
1985年 5月	「国民年金法等の一部を改正する法律」公布
1985年12月	共済改正四法公布

その立案の段階で発表された同意見書に基本的には沿ったものとなっている。

また、ほぼ同時期に、厚生大臣から意見具申を求められていた障害者生活保障問題専門家会議が報告書を発表している。障害年金における拠出制年金受給者と福祉年金受給者の間の給付格差の解消を図ることや、障害者の所得保障に必要な財源として社会連帯に基づく方途を考慮すべきことなどが提案された。これは、障害福祉年金の障害基礎年金への移行につながるものであった。

一方、臨時行政調査会においても、年金制度改革は大きな課題のひとつとして位置づけられており、一九八二年七月の「行政改革に関する第三次答申」では、被用者年金の統合、制度間不均衡の解消、給付水準の適正化、保険料の引上げなどにより制度運営の安定化を図ることが要望された。

こうした審議会等での議論の進行とあわせて、一九八五年改正に際して、厚生省年金局は、各界の有識者に対するアンケート調査も実施している。同調査では、年金改革に関する厚生省の基本的考え方や改革案が示された参考資料も同封されており、概ね、厚生省の改革の方向性を支持する調査結果が導き出されている。

以上のような各種審議会の意見や有識者調査の結果などを踏まえて作成された年金制度改正案は、国民年金を全国民に共通する基礎年金とし、厚生年金をその上乗せとする二階建ての年金制度に再編成すること、将来に向けて給付と負担を適正化すること、女性の年金権を確立すること、障害年金を充実させることなどを主な内容とするものであった。なお、一九八〇年改正で頓挫した厚生年金の支給開始年齢の引上げは、一九八五年改正では、改革の選択肢から早々に外されている。ただし、法律上、本則での老齢厚生年金の支給開始年齢は、老齢基礎年金に揃える形で、六五歳からとされ、附則において、六五歳未満の者に対しても、当分の間、老齢厚生年金を支給する（特別支給の老齢厚生年金）と規定された。これは将来的な支給開始年齢の引上げを見据えたものであった。

改正案は、関係審議会での諮問・答申を経て、一九八四年三月に国会に提出された。同国会では、健康保険法改正案の審議が優先されたことの影響などから、まず、一九八四年一二月に、同年度の特例物価スライド部分だけが分離されて成立した。ついで、改革の本体部分の法律改正が、翌年四月に成立、五月に公布されることになった。また、基礎年金の導入にともない、各種共済年金においてもこれに関連した改正が行われた。

次節では、当時の担当者の証言をもとに、一九八五年改正の内容を振り返ってみたい。

2　一九八五年改正の内容

①　制度審建議の影響を受けた「基礎年金」という名称

制度審は一九七七年に「皆年金下の新年金体系」を、一九七九年に「続・皆年金下の新年金体系」を建議した。制度審は税方式による全国民一律の「基本年金」と社会保険方式による二階建ての年金を提案し、適用漏れによる低年金・無年金者対策として一定の評価を受けていた（吉原・畑［二〇一六］九〇頁）。

しかし、制度審建議の税方式は国民年金発足時にすでに採用されなかったこと、そして厚生省内では制度審は法案諮問のための機関として位置づけられており、一九八五年改正案に対する制度審建議の影響は限定的であったといえる。制度審建議の税方式について辻哲夫氏（当時・厚生省年金局年金課課長補佐）は「『税方式が正しいんだ』という声があって、その蒸し返しがまた出てきたんですね。（中略）実現不可能なんだけど、全面否定をしたらまた不要の議論を呼ぶ」、「昭和三六年に税方式をとるという選択肢はあったわけですが、国民年金を拠出制にした。（中略）そこで、税方式の話は終わってるんですね」と述懐する。また青柳親房氏（当時・厚生省年金局年金課課長補佐）も「制度審のほうは（中略）税方式の基本年金の提言を出されましたので、そこからもう分かれている」、「制度審の方はうちの法案段階の諮問案に対して意見を頂くものです。（中略）だから、制度審をあまり重視しなかったなんていうと失礼な話で、関わり方が違うんですね」と振り返る。

しかし逆説的に、制度審案の影響は「基礎年金」という名称に現れた。社会保険方式を採用するため、制度審建議の税方式による「基本年金」の名称は使用できないという制約から、「基礎年金」という名称が採用された。青柳氏は「制度審建議では『基本年金』で、だから基本年金にすると制度審と紛らわしくなるので、基本年金は駄目。『基礎年金』にしようと。（中略）確か、消去法だったんですよ」と述べている。また辻氏も「『基本年金』は使えない。しかし、税方式は無理だけどできる限りそういう基礎的な保障が必要という国民の願いの方向性は目指したい。（中略）だから、基本年金を意識して基礎年金という名前になったと思っています」と振り返る。

② 厚生年金中心の基礎年金から国民年金中心の基礎年金へ

当初、厚生年金制度を中心とする基礎年金創設が「タコ部屋（課長補佐・係長以下を中心に数名で構成される法律原案作成班の執務場所の略称）」では構想されていた。青柳氏は「第五種被保険者というのを厚生年金につくって、それを国民年金の被保険者に当てはめようと。（中略）厚生年金の体系でそのまますっぽり包摂すればいいではないかというのが原案だったんです」と述懐する。「第五種」とされたのは、厚生年金の被保険者が第四種（第一種・男子、第二種・女子、第三種・坑内員、第四種・任意継続）まであったことによる。

しかし一九八一年秋、山口新一郎年金局長は関係者に配慮し、国民年金中心の基礎年金創設を構想するよう指示する。青柳氏は「『国民年金をここまでした人たちの苦労を考えるとこの案にするわけにいかないから、逆に国民年金のほうに厚生年金を入れる方式（中略）にして、もう一回組み立て直してくれ』と言われたんですよ」と山口局長による指示を振り返る。法律名も国民年金関係者に配慮し「基礎年金法」ではなく「国民年金法」となった。辻氏は「社会保険庁の関係者は、『国民年金ということでこれまで苦労して普及してきたので、名前を消さないでほしい』と。局長は、国民年金関係者の意見を入れ、さまざまな心配りをされました」と述べている。

一九八三年五月頃、山口局長はさらに基本懇で構想されていた国民年金に厚生年金加入者を擬制適用するのではなく、実際に国民年金制度の加入者として適用することを決断する。辻氏は「国民年金に厚生年金加入者を擬制適用してお金を調整すると思っていたら、局長が、『本当に国民年金に被用者年金の被保険者と被扶養配偶者を適用する』と言い出したんです。（中略）みんな『エーッ』という感じだったんです」と当時の驚きを振り返る。

厚生年金適用時に国民年金の適用も行うことに関し、社会保険庁側での実務処理が懸案となった。しかしそれが可能との判断を早期に得ることで、国民年金中心の基礎年金構想は動き出す。辻氏は「社会保険庁というのは、年金局から見たら実務の調整が大変なところだったんです。（中略）そういうなかで、山口新一郎さんの統制力はすごいものがあって、社会保険庁がすぐに『やります』と言ったわけです。（中略）被用者の妻の国民年金適用も早い段階で社会保険庁がオーケー・サインを戻してきて、それで船出できた」と述懐する。

③ 各省シーリングという予算制約が導いた「拠出金」

国民年金中心の基礎年金にするとの決定で、制度間での財政調整が必要とされ、老人保健制度を参考に採用されたのが拠出金制度であった。青柳氏は「国民年金をベースにしろと言った時がスタートですね。そうなった時にどうするかというので、老人保健みたいなやり方で制度間でお金をやりとりをするしかないだろうねという話がいって。という順番に進んでいった記憶がありますね」と振り返る。

しかし拠出金にはたんなる財政調整に留まらない役割があった。それは基礎年金への国庫負担が厚生省の予算シーリングを超えてしまうことを回避する、という役割である。青柳氏は「基礎年金に国庫負担を直接入れると（中略）シーリングで厚生省のところで天井を突き抜けてしまうんですよ。だから、各制度にそれぞれ国庫負担を入れて、各省のシーリングにそれぞれ当てはめて、拠出金にしてから基礎年金に持ってくるというやり方をしなければいけなかった」と述懐する。

さらに拠出金には結果的に担わされた役割もあった。青柳氏はその役割について「国民年金をベースにしたものだから、どうしても厚生年金なり共済年金のそれぞれのやり方で従来どおり保険料を取って、それを国民年金に持ってくるというのをどう公平にやるかというのが、いちばん頭の痛いところで。(中略)拠出金という、保険料とはちょっと見かけの違うものをつくるほうがよかったのだろうなというのは、今にして思いますね」「昭和三六年四月からみんな国民年金に加入したということに見なして(中略)財政的にはこの方式でぜんぶみようということにしてやったわけですから、その意味でもこの拠出金と交付金のやりとりという仕組みでないと、そっちのほうも成り立たせることはできなかっただろうなとも思いますね」と振り返る。

保険料を実際に支払っている人の頭数で計算される拠出金単価については、保険料を徴収すべき保険者に未加入者・未納者分を負わせるという考え方もありうる。しかしこの点について、大きな議論はなく、徴収強化で対応することとなったという。辻氏は「私の個人的見解ですが(中略)保険料を納めた人しかもらえないから、保険料を負担した人を基本に考えるという形で拠出金を構成した。厳しい理屈からいえば、徴収しない保険者が責任を負えという、もうひとつの理屈もあるのだけれども、大きな議論なく前者に落ち着いたと思っています」「だから、この改正が通ったとき社会保険庁の皆さんに『鬼になった気持ちで国民のために保険料の徴収に励んでほしい』と言ったんですね」と述べている。

④ 基礎年金「五万円」という水準の「後付け」論拠

四〇年加入の基礎年金額をちょうど五万円(月額)という額にしたのは、いくつかの偶然が重なった結果といえる。第一に、当時、二五年加入の国民年金があと数千円で五万円という水準にまで到達しており、その水準は厚生年金の定額部分と調整可能かつ大蔵省にとって財政的に許容可能な範囲であったことがあげられる。辻氏は「五万円という歯切れのいい額にもう少しのところに来ている。改善幅が大きすぎたら大蔵省は金がかかるから認めませんから。ちょっとやれば五万円にたどり着いて区切りがいい、しかも厚生年金の定額の額がそれと水準を調整できる。もう、これは奇跡ですよ」と述懐する。

第二に、厚生年金の定額部分はもともと一九五四年以降、生活保護制度の生活扶助基準（二級地）に合わせており、その意味で最低生活保障が参照されていたが、そうした過去の参照基準とも一致させることが可能な範囲であったことがあげられる。青柳氏は「厚生年金の定額部分はもともと、昭和二九年以降、生活扶助の二級地の水準にずっと合わせてきたんですよ。（中略）八〇年改正で定額部分を抑えたのでちょっと差が開いてしまったかもしれませんけれども。だから、結果的に生活保護の扶助基準にだいたい合うはずなんですよ」と振り返る。

第三に、対外的な説明の論拠として家計調査等で老後の基礎的生活費と一致することが確認できたことがあげられる。辻氏は「四〇年加入五万円という基礎年金の水準の根拠は、資料を集めたら、家計調査などで、説明ついたんですよ。私は、『皆既日食だ』と言ったぐらい、当時、制度技術者としては感動ものでした」と語る。青柳氏も「後付けの理屈では確か、基礎年金では、夫婦だと衣食住はだいたい賄えるとかね。若干の交際費みたいなものを厚生年金だったら賄えるとか、そんなような説明をしていたんじゃないですかね」と述べている。

こうした経緯を踏まえると、老後の基礎的生活費（＝六五歳以上単身無業者の衣食住の生活費）という説明は「後付け」といえる。しかし、この説明はその後、基礎年金額改定時の基準として利用されていく。この点について坪野剛司氏（当時・年金局数理課長）は「基礎年金は、六五歳以上単身無業の人の衣食住の生活費が賄える年金額にしたのです。再計算の度に基礎年金額を定めた。六五歳無業単身の生活費の衣食住はどのくらいか、総理府（現・総務省）に特別集計してもらって、基礎年金単価を決めたので。（中略）それを新裁は賃スラ、既裁は物スラとやってしまったら、基礎年金の理念が崩れてしまった」と振り返る。

⑤ 給付水準の適正化

坪野氏によれば、一九六五年改正では、「過去の報酬を再評価するスライド制がないので」、旧厚生年金保険の報酬比例部分の給付乗率が一〇〇〇分の六から一〇へと大幅に引き上げられた。しかし、一九七三年のスライド制導入の際に、

「一〇〇〇分の六に下げるのが筋でしたが、行わなかった。それで過剰給付になった」とされる。実際に、一九八五年改正前の給付設計では、厚生年金に四〇年加入した場合の標準年金額の所得代替率は八〇％を超える高水準に達していた。

こうした背景のもとで、給付水準の適正化が行われたが、青柳氏によれば、その際に意識されたことは、「年金水準そのものを下げるためにやったと言われないように」することであった。具体的には、「一生懸命加入しても三二年しか加入できなかった人たちがもらう年金と、四〇年加入できる時に四〇年加入した年金とでは、もらえる年金を同じに」との考えのもとに、将来の制度成熟時の四〇年加入の被用者世帯の標準年金を、当時の三二年加入の被用者世帯が受け取る標準年金とほぼ同じにするような形で、給付水準の抑制が行われた。一方で、「皆が平均して四〇年加入できるのに三二年しか加入しなかった人は年金額が下がってもしょうがない」と考えられていた。

単純に年数だけで考えれば、厚生年金保険の給付乗率は八割（三二÷四〇）にして一〇〇〇分の八に引き下げればよいことになる。しかし、その時点で、改正後の老齢基礎年金に相当する旧国民年金の二人分の年金額は、旧厚生年金保険の定額部分と加給年金の合計額よりも大きくなっており、「老齢基礎年金二人分を従来の国民年金を下げないでやろうとすると」、改正後の老齢厚生年金に相当する旧厚生年金保険の報酬比例部分をもう少し引き下げる必要があった。給付乗率は「一〇〇〇分の八ではなくて七・五にしないと平仄が合わな」かったという。改正後の四〇年加入の標準年金の水準は、改正前の三二年加入の所得代替率六八％まで下げることはできず、山口年金局長は「本当は六八でも高い」と認識していたものの、結果的に一ポイント高い六九％となった（図七-一参照）。

⑥ 加給年金の拡大による第三号被保険者制度の創設（女性の年金権の確立）

第三号被保険者制度創設は山口局長のアイディアであり、その基本的な考え方について、青柳氏は、「負担に関しては、健保の被扶養者の考え方をそのまま持ってくる。給付水準に関しては、加給年金が一人前分になればいい」と述べてい

図7-1　厚生年金の標準的な給付水準（昭和59年度価格）

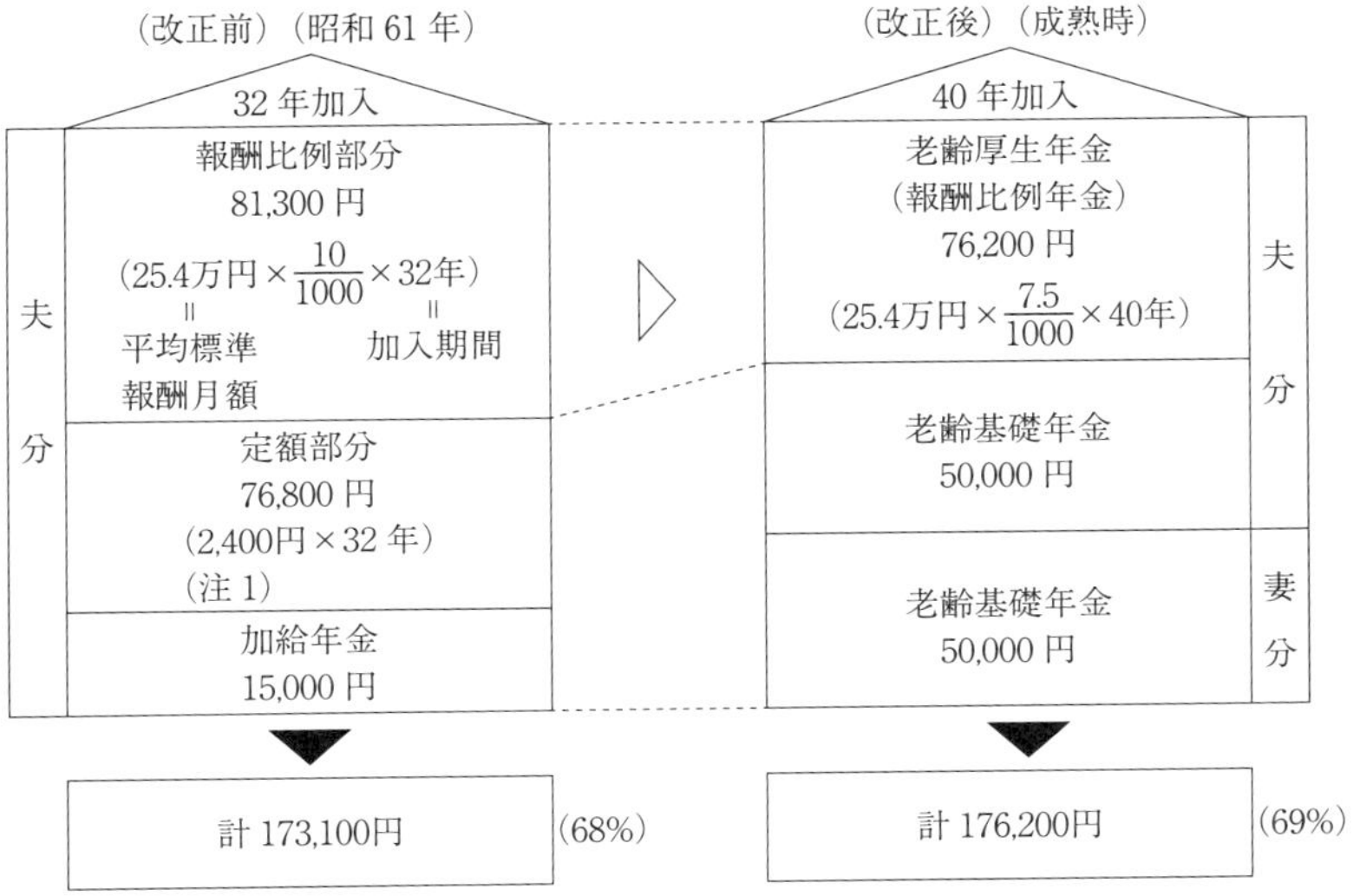

（注）　1. 昭和 55 年改正時の単価 2050 円を昭和 59 年度価格に換算したもの。
2. 68%，69% は現役男子の平均標準報酬月額 25 万 4000 円に対する比率。

（出所）　吉原編［1987］，80 頁。

る。辻氏も「五五年改正で定額部分を相対的に縮小して配偶者の加給年金をふくらませる方向を出した。その加給年金を妻の基礎年金に振り換えて、給付は個人単位に持っていくという着想ですね」と振り返っている。一九八〇年改正で一万五〇〇〇円に増額された加給年金をさらに増額し、離婚の問題等に対応するために個人単位の基礎年金に位置づけたと理解することができる（図七－一参照）。

また、年金課は、一九八五年に成立する男女雇用機会均等法の議論を労働省がしていることを把握しており、第三号被保険者について、育児期などをつなぐ年金としての意義は残るとしても、男女雇用均等が達成されるまでの経過的制度になるであろうという捉え方もなされていた。当時、青柳氏は、「男女雇用均等になれば女性も一人前の賃金を得るようになると。そうすると、遺族年金とか三号被保険者はいずれ意味がなくなる」との気持ちをもっていたという。

第三号被保険者制度創設に関して、陰に隠れた一番の問題は改正前に国民年金に任意加入していた被用者世帯の妻の取り扱いであった。青柳氏は、「振替加算を付けることと、六一年四月以降だけ三号被保険者期間にするということの組み合わせ」で何とか超えたと振り返っている。改正法では、一九八六年四月以降の加入期間のみ第三号被保険者としての給付を出すことにしたが、その場合、施行日前に任意加入をしていなかった妻の年金額が低くなるため、一定の条件のもとで、生年月日別に加算（振替加算）を行うこととしている。任意加入期間があった場合には、その期間分も基礎年金の額に反映され、さらに振替加算もつけられる。

その結果、任意加入をしていた者は振替加算の分、満額の基礎年金五万円分を超過する年金を受け取ることになるが、辻氏によれば、厳しい財政状況の国民年金であっても、任意加入したことのメリットを認めることで、「国民年金において保険料を支払うことの重要性を堅持した」とされる。その決断は、山口剛彦年金課長によって行われており、この点も含めて、最後に残る難しい問題の解決にあたっては、「山口課長の役割が大きかった」との証言もなされている。

こうした制度改革の結果、片働き世帯でも共働き世帯でも、世帯所得が同じであれば、給付・負担額とも同一になる一方、単身世帯の給付水準は大幅に低下した。しかし、青柳氏は、「単身は年金水準が高くなりすぎたんだと。それを削ったんだから、単身が損だというのは当たり前だ」と捉えており、この低下は基礎年金導入で意図された結果でもあった。

⑦「改善策」としての障害基礎年金（障害者の所得保障の改善）

一九八一年の国際障害者年を契機に障害者生活保障問題専門家会議でさまざまな検討が行われたが、その最大の成果は、二〇歳前障害者に対する障害基礎年金導入により、従来の障害者福祉年金の給付水準の大幅改善を図ったこととされる。青柳氏の証言によれば、山口局長は、専門家会議の動向を「最初から非常に意識されて」いたという。しかし、この改正について、年金課の職員達は、年金の論理性が維持できなくなることを懸念しており、辻氏も、「年金課の我々制度技術者としては、福祉年金に拠出制年金のお金を入れて水準を上げるなんて考えられないこと」だったと述べている。それに対して、山口局長は、自らの信念と経験に基づいて、この改正が大きな問題を生じさせないと判断しており、反対を押し切る形で実現につなげている。

また、年金改革では、保険料の引上げや給付の適正化など厳しい内容だけでは納得を得ることが難しいため、同時に、何をあわせて改善するかというのが常に改革のテーマになっていた。辻氏によれば、「六〇年改革はそれが障害基礎年金」であり、その結果、法案を通すときに、公聴会で障害者が賛成の意見を述べるなど、「障害者団体が、この法案を通す上で重大な役割」を果たしたという。青柳氏も、「法案を通す時に、社会党も『この法案は通さないとしょうがないな』と思うようになったのは、障害者の人たちが後押ししてくれた」からだと指摘している。

制度ごとに相違する障害等級、障害認定日の統一など具体的制度設計のなかで最も難しかったのが障害基礎年金の納付要件の設定であった。青柳氏の証言によれば、滞納がない人に給付する、というのが基礎年金の考え方ということで、滞納ゼロからスタートし、「オール・オア・ナッシングというわけにいかないとするならば、では被保険者期間のうちの五分の四？　四分の三？　三分の二？」と徐々に緩やかな条件が候補として検討されている。その結果、「二分の一というわけにはいかない」との判断のもと、三分の二以上の納付が受給要件とされた。「あまり変な数字にしたら、今度は実務にも乗らないし大変なことになるんでね。結局、何分のいくつというところでどこか割り切ってとる」しかなかったという。さらに、「大学卒業後の六〇歳までの加入可能期間は三七・五とすれば、その三分の二は二五年ですから、これなら老齢年金とのバランスもいい」ということも、この要件の根拠を補強していた。

なお、二〇歳前障害者に対する障害基礎年金支給については、「なんで保険料を払わないのに年金が出るのかという論理をつくるのにすごく苦労して、これは滞納なしという論理でいくしかない」ということになった。被用者保険でも、加入して納付期限が来る前に障害になった人に年金を支給するようになったのは、この論理の影響が大きいと考えられる。ただし、二〇歳前障害に対する障害基礎年金については、従来の障害福祉年金と同水準の国庫負担が投入されており、本人の所得制限は残されることとなった。一方で、障害福祉年金で存在していた扶養義務者の所得制限は廃止された。本人の所得制限を残す代わりに親の所得による制限を撤廃することは、障害者団体からの要望でもあった。

山口局長が法案作成の最終局面で要望したことは、障害基礎年金と老齢厚生年金の併給を認めることであった。しかし、山口課長と辻氏の反対により、この併給の実施は見送られた。その理由として、青柳氏は、「社会保険庁といろいろ議論している中で、当時の判断として、システムの組み方で無理」だったためと指摘している。また、辻氏は、「当時、我々は、一人一支給事由の年金というのが正しいと確信していたんですね。これが基礎年金制度の在り方であるという政策判断をした」と振り返っている。山口局長がこれにこだわった理由は、「最後まで加入者のことを考えろということ」を伝えるためだったとされる。その後、この併給は平成一六年改正で導入されることになる。

⑧「予想外」だった共済年金の基礎年金適用受け入れ

青柳氏によれば、法案提出時には、共済年金の基礎年金適用は将来的な構想であった。事実、「共済が乗らないことを前提に最初の法案を出している証拠」があり、「当時の附則の三条というのが、基礎年金の適用から共済を抜いている」。また、坪野氏も、改正法が通った一九八五年五月の時点で、「国共済（国家公務員共済）、地共済（地方公務員等共済）、農林（農林漁業団体職員共済）、私学（私立学校教職員共済）などはそっぽを向いていた」と述べている。

しかし、当時、国家公務員共済が財政状況の著しく悪化していた国鉄共済を抱えており、そのことに対して国家公務員共済側に強い危機感があったという。青柳氏によれば「当時の共済課長が、今のタイミングで乗らないと、国鉄を抱えて国家公務員共済が倒れてしまうぞということ」で、予想外に一元化構想は進み、基礎年金発足時の一九八六年四月にはすべての共済年金が基礎年金に乗ることになった。

坪野氏によれば、大蔵省が比較的協力的であったのに対して、地方公務員等共済を担当する自治省は基礎年金に加わることに一番抵抗したという。国共済も地共済も、年金額の計算基礎が全期間標準報酬の平均額ではなく、最終俸給額であったため、一元化するのは難しかったとされる。実際に、全期間標準報酬平均で年金額を計算するようにしたことで、霞が関官僚が将来受け取る年金額は大きく減少し、一元化に関する国会議員への説明の際には、「お前たちは馬鹿か」、「何で自分の年金を下げるのに一生懸命になるのか」と心配されたと坪野氏は振り返っている。

■参考文献

厚生省年金局・社会保険庁運営部編［一九九三］『厚生年金保険五十年史』厚生年金事業振興団

清水英彦［一九九一］「年金保険の制度改革」横山和彦・田多英範編『日本社会保障の歴史』学文社

社会保険庁運営部年金管理課・年金指導課編［一九九〇］『国民年金三十年のあゆみ』ぎょうせい

矢野聡［二〇一二］『日本公的年金政策史――一八七五～二〇〇九』ミネルヴァ書房

吉原健二編［一九八七］『新年金法――六一年金改革　解説と資料』全国社会保険協会連合会

吉原健二・畑満［二〇一六］『日本公的年金制度史――戦後七〇年・皆年金半世紀』中央法規出版

なお、一節は百瀬優、二節は百瀬優・山田篤裕が共同で執筆した。

1985年公的年金制度改革①

辻　哲夫氏

1947年生まれ
1971年　厚生省入省
1983年　厚生省年金局年金課課長補佐
1988年　厚生省社会局老人福祉課長
1990年　厚生省保険局国民健康保険課長
1994年　厚生省保険局企画課長
1996年　厚生省大臣官房政策課長
2001年　厚生労働省年金局長
2003年　厚生労働省保険局長
2006年　厚生労働事務次官

締め括り総括となった中曽根康弘
総理出席の参議院社会労働委員会
（1985年4月23日）

国民年金の全国民適用

辻　（前略）基礎年金の年金水準のことを先に言うと、二五年加入の国民年金の水準がちょうど五万円に近い、四万七〇〇〇円とか八〇〇〇円とか。ちょっとあげたら五万円になるというところにきていた。山口新一郎局長が着任され、それから五万円という歯切れのいい額にもう少しのところに来ている。改善幅が大きすぎたら大蔵省は金がかかるから認めませんから。ちょっとやれば五万円にたどり着いて区切りがいい、しかも厚生年金の定額の額がそれと水準を調整できる。もう、これは奇跡ですよ。私はそのときにそう思った。そういう奇跡によって行われた改正なんですね。これぱかりは誰も図れないことです。ちょうど年金改革のときに合わせて五万円にできるというのは。これが大きなポイントです。

山口局長は、（昭和）五八年五月頃だと思いますけれども、ひとつの断を下すんですね。我々は国民年金と厚生年金の財政調整をやると思っていたんです。国民年金に厚生年金加入者を擬制適用してお金を調整すると思っていたら、局長が、「本当に国民年金に被用者年金の被保険者と被扶養配偶者を適用する」と言い出したんです。

土田　擬制適用がかなり具体化していたんですか。

辻　年金制度基本構想懇談会報告書に書いていますけど、要するにお互いに架空の計算をして調整するとするという方式を我々は考えていたんですね。ところが、違うと。本当に厚生年金の加入者を国民年金の被保険者にして適用して、ぜんぶ手続きをやると。本当の国民年金適用をするということですね。我々は、適用しないで擬制で調整する案がメインだと思っていたんです。それを局長がひっくり返し、みんな「エーッ」という感じだったんです。

最初は皆、本気にしなかったんです。しばらくして、「俺は本気だ」と言っておられるという情報が流れてきて、すごいなあと思った記憶が残っています。国民年金を適用して基礎年金をもらうという、本当の手続きをすることによって財政調整が実現したのだと思います。結果としては財政調整だけれども、みんな国民年金に入っているんだから、国民年金に入っている人は保険料を払わなければいけないし、その結果、制度間で金が流れるというのも、国民年金制度が一本だからそうだよねということを、みんな納得したんですね。これはもう大決断ですよ。

厚生年金の適用をするときに、国民年金も適用をして記録を残すということを、社会保険庁が手続きとして具体的にやるわけですね。それまでは、社会保険庁というのは、年金局から見たら実務の調整が大変なところだったんです。年金課の課長補佐というのは、社会保険庁との調整で日が暮れて、とくに大変だったのは業務課ですけれども、業務課へ行って「この改正案の実施ができるか」という調整で難航するというのが普通だった。

そういうなかで、山口新一郎さんの統制力はすごいものがあって、社会保険庁がすぐに「やります」と言ったわけです。業務課も大変だと思うんですね。もうひとつ業務課で大変だったのは、被用者の妻の適用ですね。これも、国民年金にみんな適用するわけですから、サラリーマンの妻も適用しなければいけない。擬制適用ではないわけですよ。私は、社会保険庁が対応できないのではないかと思っていたら、「やります」と。山口新一郎さんは、社会保険庁のプロパーグループを掌握していたんだと思うんですが、業務課長は高木俊明さんで、腹を括って業務課を取り仕切るんですね。それで、被用者の妻の国民年金適用も早い段階で社会保険庁がオーケー・サインを戻してきて、それで船出できた。これも大きなポイントです。（後略）

■障害基礎年金の導入

辻　それからもうひとつ、山口さんでなければ絶対にできなかったことがありまして、それは二〇歳前に障害となった者の障害基礎年金の導入ですね。僕は、四月に帰ってタコ部屋へ行ったので外のことはわからなかったのだけれども、障害者生活保障問題専門家会議というのは、かなり山口さんがコミットしていたのではないかと思うんです。私、そのあたりの事情はぜんぜん知りません。そこで、二〇歳前に障害となった人の障害福祉年金を大幅に上げるということを書いていたように記憶しているんですね。仕掛けがもうできていたんです。ただ、年金課の我々制度技術者としては、福祉年金に拠出制年金のお金を入れて水準を上げるなんて考えられないことです。私たちは「局長、それは難しいですよ」と言い続けたのを覚えていますよ。だけど、「やれ」の一言ですね。

山口剛彦さんが局長との間で大変で、下からは「できない、できない」と突き上げられる。山口課長は苦悩されたと思います。年金制度の改正論議では第二係長が中心になって強い発言力をもって仕切っている側面もあるんです。それはどういうことかというと、年金は論理の世界の要素が大変強くて、論理を踏み外したら制度が維持できなくなるからです。ロジックが崩れたら、そこからドミノ倒しのように給付体系が崩れる。だから、「もしそんなことをしたら、こんなことが起きて、こうなりますよ」という理屈を、「それでも大丈夫だ」と言わないと改革できないわけですね。だから、木暮（保成）年金局長だったと記憶しているけれども、「僕は係長にも勝てん」と言ったのを覚えています。もちろん、一流のジョークですよ。大変な世界だった。

でも山口新一郎局長は「やれ」と言うんですね。そんな逆選択を認めたら、後で老齢福祉年金にも波及するのではないかというのを散々私は言った記憶があるのですが、でも、局長は「大丈夫だ。やれ」と言うんですね。もう、これは経験のある人にしかできないことですね。

百瀬　保険料を払う機会がなかったからという論理ですよね。

辻　障害のある人への深い思いの下で、まず障害基礎年金の水準に上げるという、先に強い決意があったと思います。そういう意味では、歴史を熟知した上で、年金制度はすべて自分が責任を持つという経験者でなければできない改革をやったのが、山口さんなんですね。

後日、このお蔭で、障害者の生活保護の適用が大幅に減ったと聞いたときはうれしかったですね。「局長って偉い人だな」と思いましたね。もう忘れられないですね。それは、深い深い障害者への思いがあるんですね。これに関し、僕の山口さんの思い出を一つ。（昭和）五八年の終わり頃は、局長はかなりもう体調が悪かったから、本当に局長と話をする機会は少ないんですね。あるときに、「おい、辻君、呼ばれてるぞ」と言われてタコ部屋から局長室に行ったら、板山（賢治）さんという人がいて、この人は障害者政策の歴史に残った有名な社会局の人ですけれども、板山さんが局長の横に立っているんですね。当時、体力の消耗を防ぐため、年金局長は、ボンボンドリームベッドに横になって身体を休めているわけです。

菅沼　どんなベッドですか。

辻　普通の、金属とビニールのカチャカチャといって上体部分を起こしたり下げたりするハンディなものです。そこで病気の局長は身体を休めているわけですね。で、ボンボンドリームベッドに横たわって板山さんと話していたときに僕が呼び込まれて、「辻君、福祉というのは人の話を聞くことだよ」と。福祉の心というのはこういうことだと教えられました。板山さんと連絡を取り合っていたんですね。というので、ものすごい障害者に対する深い思いが山口さんにあって、断行された。

今振り返ってみると、局長は、障害基礎年金の保険料財源投入に反対していた私をたしなめる気持ちで私を局長室に呼んだのかもしれません。一つの理屈にしがみついた当時の自分を恥ずかしく思う一方、そのときの情景を思い出し、胸を締めつけられるような気持ちがします。

もちろん、局長には様々な配慮があった。年金改革は、保険料を上げる、給付を適正化するためにいいこともしないということだけだと、絶対に納得が得られない。厳しいことをやったら財政上甘いこともやる。（昭和）六〇年改革はそれが障害基礎年金だった。障害者団体が、この法案を通す上で重大な役割をします。ぜんぶ考えておられたと思います。

法案を通すときに、公聴会でも、障害者が心をこめて言うわけですよ。「この法案を通してください」と主張されました。施行時期を早くにセットしていた訳です。

これは、年金改革のノウハウなんですね。年金は、やる度に保険料を上げないといけなかったので、何を併せて改善するかというのが常に年金改革のテーマだった。

■基礎年金という名称の由来

辻　あと、こぼれ話は、青柳さんがいちばん知っていると思うんですけれども、基礎年金という（名前の）由来ですね。これは、確か社会保障制度審議会の基本年金構想というのが出たことも関係していたと記憶しています。僕は歴史をよく知らないで、当時これが発表されたとき、なんだろうと思ったんです。なんで今頃こんなものが出てくるんだろうと。基礎的な位置づけのものが全国民に必要というのは分かるのですが、税方式なんです。

菅沼　制度審ですね。

辻　突然出てきて、今でも誰がまとめたのかよく知りません。国民年金の創設時の歴史を見れば、税方式か社会保険方式かの選択をめぐる議論がありました。当時、社会党系の人だと思いますけど「税方式が正しいんだ」という声があって、その蒸し返しがまた出てきたんですね。そんな流れが、社会保障制度審議会にあったんですね。国会の想定問答で、「ひとつのお考えである」という答弁案を書いたのを覚えています。実現不可能なんだけど、全面否定をしたらまた不要の議論を呼ぶ。ということで、国民年金は常に税方式の年金に脅かされ続けたわけです。（中略）

それで、前置きが長かったけれども、このような背景を意識して「基礎年金」という名前にしたんだと記憶しています。「基本年金」は使えない。しかし、税方式は無理だけどできる限りそういう基礎的な保障が必要という国民の願いの方向性は目指したい。だから、そういう土台みたいなものを保障するんだと。社会保険方式は崩さないということで。だから、基本年金を意識して基礎年金という名前になったと思っています。この経緯は、いちばん細かには青柳さんが知っていると思います。年金局員の結束のシンボルとして青柳さんは基礎年金法被というのをつくりました（笑）。

そのときの逸話があって、国民年金法を基礎年金法にするかどうかという問題があるんですね。技術的には、国民年金には付加年金もあるので基礎年金法だと狭すぎるのだけれども、制度的には見ばえのいいふうにやるという選択肢があったのだけれども、局長は、社会保険庁の国民年金関係者に聞くんですね。社会保険庁の関係者は、「国民年金ということでこれまで苦労して普及してきたので、名前を消さないでほしい」と。局長は、国民年金関係者の意見を入れ、さまざまな心配りをされました。これは座談会でも残っているそうです。

■基礎年金拠出金

百瀬　（前略）基礎年金拠出金について一点、質問させていただいてもよろしいですか。拠出金の単価は、保険料を払っている人の頭数で割って計算します。そのときに、この批判が合っているかどうかは疑問ですけれども、滞納者を頭数からはじいているから厚生年金にしわ寄せがいっているんじゃないか、という議論をする人がいます。この滞納者を外したということの積極的な意味というのはあるのでしょうか。

辻　私の個人的見解ですが、理論的には、保険料を納付すべき被保険者の数で計算するということは可能だったかもしれないけれども、保険料を納めた人しかもらえないから、保険料を負担した人を基本に考えるという形で拠出金を構成した。厳しい理屈からいえば、徴収しない保険者が責任を負えという、もうひとつの理屈もあるのだけれども、大きな議論なく前者に落ち着いたと思っています。(中略)

今でもこの案しかなかったと思います。逆にいえば、だから、この改正が通ったとき社会保険庁の皆さんに「鬼になった気持ちで国民のために保険料の徴収に励んでほしい」と言ったんですね。ぜんぶそこへつながるわけです。保険料の強制徴収がようやく実施されるのは、基礎年金導入後のはずです。国民年金の理想と現実というのはいまだに悩み続けるのが現実ですね。

■振替加算

辻　それから、印象的な思い出があって、振替加算という仕組み。私も、家内がもらっているのを見て感激しましたけれど、要するに、振替加算を認めると、任意加入期間の長い方には、かなりの給付になる。厳しい財政状況の国民年金ではあるけど、そこはやはり国民年金に任意加入した人のメリットを、認めるかどうかということが大問題になるわけですね。これを付けるかどうかで、ものすごく悩むんですね。これを決断したのは山口剛彦課長です。局長に相談されたと思いますけれども。国民年金において保険料を支払うことの重要性を堅持した訳です。

それで思い出すのは、局長が最後には病院におられた訳ですが、そのときの山口年金課長の仕事ぶりです。最後、次々と難しい問題が残るわけです。

条文の詰めの段階で局長のところで意思決定を求めるのは、ぜんぶ山口課長ですね。山口年金課長が局長と相談して決めた。我々で議論して議論して凝縮して課長が決めたことを、最後は病院に行って局長に決めてもらった。山口剛彦さんが考え抜いてまとめて山口局長と相談して決めた。最後は山口課長の役割が大きかった。私たちはYY改正と呼んでいます。山口剛彦さんが亡くなって、涙、涙だけど、山口剛彦さんは本当に立派な方でした。

■基礎年金の給付額

辻　それから、四〇年加入五万円という基礎年金の水準の根拠は、資料を集めたら、家計調査などで、説明ついたんですよ。私は、「皆既日食だ」と言ったぐらい、当時、制度技術者としては感動ものでした。山口新一郎さんが命をかけた改革のときに二五年加入の年金額が、五万円が目の前の額だった。これが大幅な改善だったらできなかったかもしれない。それが説明できる額でセットできたというので、夢のようですね。後から見れば必然の改革のチャンスだったと思います。あのチャンスをものにしなければ、後世に申し訳ないと。それで国民年金制度も安定化するわけです。

■第三号被保険者制度（1）

辻　それから、第三号被保険者制度は、基本的には改革の大きな柱として、山口新一郎さんは婦人の年金というのもきちんと位置づけられたことにも関連しています。五五年改正で定額部分を相対的に縮小して配偶者の加給年金をふくらませる方向を出した。その加給年金を妻の基礎年金に振り換えて、給付は個人単位に持っていくという着想ですね。これからは、みんな働く時代だし、離婚することもあるので、個人単位の年金にしていく。それで第三号ができたんですね。第三号被保険者制度については今も様々な意見がありますが、制度論的にも実施技術的にも、当時の議論は、結論はこれしかないということでした。（後略）

■併給調整を巡って

辻　もうひとつ、青柳さんも覚えていると思うけれども、山口剛彦さんと私の忘れられない思い出話があります。確か、改革法案は昭和五九年二月二四日に閣議決定して、六月に局長が亡くなります。閣議決定直前の一週間ぐらい前だったと思うけれども、局長はすごい人で、病院で改革案の条文を丁寧に読んでいるわけですね。それで、「併給調整がおかしい」と言い出したんです。内容的にそれを直せと言われたら、閣議決定に間に合わないんですよ。

当時、年金局長はこの法律は早く通したかった。そのために、確か、その年のスライド法も一本にして出したはずです。本当に命を賭けてその法案を通そうとした。閣議決定も、もうギリギリなんですね。遅らせたら法案の審査順が変わってしまうんですよ。というのは、吉村（仁）さんが畢生の医療保険改革をやっぱり出そうとしていたわけです。医療保険の一割負担、それから、退職者医療とかを入れた大法案を。我々は、年金がいちばんだということで必死でした。もし遅れたら、もうそれで審議順が決まりますから。閣議決定の一週間前のことですよ。

そのときの様子を思い出しますと、局長から私に電話が入ってきて、「この併給調整はおかしい」と言うわけです。「なんで障害の基礎年金を取った人が老齢の二階を取れないんだ」と。「それはもう、基礎があって上があるわけですから、支給事由ごとに給付水準をセットし、基礎年金があって上があるというふうに構成したので、できません」と説明しました。「駄目だ。課長を出せ」と。その電話を渡すときに、私は手が震えたのを覚えています。それで、課長が電話で対応するわけですね。その間、私はすぐタコ部屋にいる青柳さんに電話をして、「もし併給調整のやり方を変えるとしたらどうだ」と言ったら、もう一週間後に閣議決定ですよね。青柳さんはものすごくタフな人だけど、「やれと言われたら辞表を出すしかない」と言った。それを課長に耳打ちしたんです。最後に山口課長は、「私たちはこれが正しいと思います」と言ったんですね。局長は、「正しいと思うならもういい」と言って終わった。その間、一時間か二時間だったかかなり長い時間でした。もう、あのときのことは忘れられないです。目の前で電話でやっているわけです。向こうも降りないわけですよね。これは本当に忘れられないことで、二人の山口さんがどんなにすごい人だったかということなんですけど。

結局、後日、吉村さんが「申し訳ないけれども、医療保険を先に国会審議するようにさせてほしい」といって、山口さんは納得するんですね。そして、スライド法案と年金改革法案を国会で切り離すことにします。それで年金局は粛々と切り離して、医療保険改革法案を優先してスライド法案だけ通して、その国会を終わるわけですね。スライド法案の審議は普通は一回で、山口新一郎局長の最後の国会になるわけです。まだ体力的に国会に行けたんですよ。それで、スライド法案審議の国会からの帰りに、局長は山口剛彦さんと議員食堂で二人で食事をしたんです。剛彦さんが帰ってきて、「局長がこんなことを言った」と我々を集めて伝えたんです。「俺は、最後まで加入者のことを考えろということを君らに教えたかったんだ。それだけだ。君に苦労させたな」と言ったそうですね。山口さんも感激して、局長がそういう気持ちで言っていたんだということで、山口さんが課員をぜんぶ集めて、「局長は、最後まで加入者のことを考えろと言った」と伝えたんですね。そして、後世、その給付調整が変わります。選択になるんです。

当時、我々は、一人一支給事由の年金というのが正しいと確信していたんですね。これが基礎年金制度の在り方であるという政策判断をした。年金改革の実務者から見ると、年金というのは、ルールから外れると制度がメンテナンスできなくなる、そういう恐れが基本にある。だから、一歩一歩踏みしめながら制度を改良するというのが年金なんですね。ロジックが一貫しないと独り歩きして混乱するわけです。

そうしたなかで、思い切ってどこまで例外ができるのかという感覚を、やっぱり年金制度をつくった局長は知っていたんでしょうね。障害基礎年金に拠出制の保険料財源を入れても、別に逆選択が問題になって、他に飛び火するようなことはなかった。そういう意味では、つくづくと山口局長はすごかったなと思います。

■改正後の国民年金の課題と改正の評価

辻 それから、学生の加入は、私が着任したときは不思議なぐらい議論がなかった。要するに、大方針はすでに決まっていたと思うんです。支給開始年齢も学生も後へ送ったというのは、明確な仕分けをしてやったのだと思います。局長は、基礎年金を導入して国民年金の揺らぎを止めて、給付単位の単身と世帯の分化と給付水準の適正化をするという、この基本線で勝負したんですね。それから、当時の国民年金の課題は、保険料をいかに上げるかということで、私が意識したのは、保険料の引き上げをちゃんとやることだった。

（昭和）六〇年改正の評価というのは、国年の安定化と厚年の給付の長期適正化というので、要するに長期的に年金制度を守ったということです。これに尽きますね。（後略）

■六〇年改正のグランドデザイン

辻 （前略）一言でいえば、私が着任したときは、ほとんど決まっていたと思います。有識者調査をしたときにグランドデザインが決まっていた。ただ、明確にその後、びっくりしたし、我々の常識外だったのは、国民年金を本当に全国民に適用したことですね。局長は大決断したんですね。国民年金を本当に全国民に適用したというのは、有識者調査以降の最大の政策決定だと思います。

■基礎年金に対する国庫負担

辻 （前略）年金の国庫負担は給付時負担にしていたかと思いますが、基本は拠出に対する助成だという考え方です。これは明確な年金政策の論理だった。従って、保険料拠出しない限り国庫負担はつかないと確信していた。社会保険システムにおいては保険料拠出した者に給付がつき、それに公費助成をつけるんであって、税方式とは違う。これが基本です。日本の昭和三〇年代から六〇年ぐらいまでの租税負担率の引き上げ幅と社会保険料の引き上げ幅を比較したら、租税負担率はあまり上がっていないけれども、明確に社会保険料は上がっている。それは、負担と給付が連動していたからです。それは明らかだと思います。負担と給付が連動しているからこそ保険料が上げられたのであって、従って保険料拠出があっての国庫負担だと。これは今でも、年金政策の基本だというふうに思っています。

長期給付というのは本当に社会保険のルールを貫徹しなければ維持できない。それは今後とも変わらないと思います。昭和三六年に税方式をとるという選択肢はあったわけですが、国民年金を拠出制にした。そして、保険料拠出を営々と頂いてきた。そこで、税方式の話は終わってるんですね。そこは本当に学ぶべきだと思います。

■第三号被保険者制度（2）

百瀬　（前略）少し雑談的ですけれども、「第三号」という名称についてはいろんな噂を聞いたことがあるのですが……

辻　最初、第二号だったんです。「二号って具合が悪い」というので、「じゃあ、ひっくり返せ」というのは、これも局長が決めたような気がしますけどね。これこそ、みんなで議論して決めたことですね。二号は絶対にまずいと（笑）。

百瀬　噂では聞いていましたが、それが事実かどうかを確認させていただきました。

辻　もし当時の資料を残しているとしたら、最初の原案は二号ですよ。それは一〇〇％間違いない。

1985年公的年金制度改革②

青柳 親房氏

1953年生まれ
1976年　厚生省入省
1983年　厚生省年金局年金課課長補佐
1992年　厚生省大臣官房政策課企画官
　　　（年金局併任）
1996年　厚生省老人保健福祉局老人福祉
　　　計画課長
2000年　厚生省保健医療局企画課長
2001年　厚生労働省健康局総務課長
2002年　厚生労働省政策統括官付参事官
　　　（社会保障担当）
2004年　社会保険庁運営部長
2007年　厚生労働省九州厚生局長

衆議院社会労働委員会での質疑の様子
（1984年12月18日）

■山口ゼミでの議論と山口さんのこだわり

青柳　（前略）あとひとつだけ、山口さんがこだわったことは、（一九）八五年改正にほとんど盛り込んだんですけれども、一個だけやれなかったことがあるんです。（中略）ひとつだけ言うことを聞かなかったことがあって、それは併給調整の際に、障害基礎年金と老齢厚生年金という組み合わせをつくれと言われたことです。

土田　後でできましたけどね。

青柳　あれは、（平成）一六年改正の時に。

土田　当時からあったわけですか。

青柳　当時、それは山新さんはこだわったのですが、社会保険庁といろいろ議論している中で、当時の判断として、システムの組み方で無理だと。それがあったので、「これは無理です」ということを辻さんと山口剛彦さんに言って、辻さんと山口剛彦さんは山口新一郎さんとさんざんやったらしいですよ。これ、よっぽど印象が強かったとみえて、追悼集にもお二人が書いています。それだけは言うこと聞かなかったんですよ。それが、いま土田先生がおっしゃったように、一六年改正で実現しました。

■八五年改正案の制定過程（1）年金体系に関しての原案

青柳　（前略）最初は、恵比寿にあった社会保険庁の分室に何人かで行って、まずは年金体系をどうするかというところから議論だという話になって、月日はあまりはっきり覚えていないですけれども、最初の我々タコ部屋班の年金体系に関しての原案は、第五種被保険者というのを厚生年金につくって、それを国民年金の被保険者に当てはめようと。すなわち、厚生年金中心で基礎年金をつくろうというものでした。つまり、国民年金の被保険者を定額部分だけ支給するメンバーにしたらいいわけですよ。それまで厚生年金は第四種までありましたからね。第一種が男子、第二種が女子、第三種が坑内員、第四種が任意継続、第五種という形にして国民年金を入れてしまおうと。そうすると、定額部分だけ出す被保険者という形にすればいいので、厚生年金の体系でそのまますっぽり包摂すればいいではないかというのが原案だったんです。

それを原案にして局長室に持って行ったんですよ。そうしたら山口さんが見て、「ちょっとしばらく考えさせてくれ」と言って、三日後ぐらいに呼び出されて、「いろいろ考えた。いろんな人にも意見を聞いてみた。やっぱり、国民年金をここまでした人たちの苦労を考えるとこの案にするわけにいかないから、逆に国民年金のほうに厚生年金を入れる方式――今の二号、三号方式にして、もう一回組み立て直してくれ」と言われたんですよ。僕が厚生年金の係長だったから、こだわりがあったわけではないけれども。

土田　それは、正確にいうと何年何月ぐらいでしょう。

青柳　山口さんが戻って来たのは、五六年の六月か七月の異動だったと思うので……。

田中　八月に年金局長に着任されていますね。

青柳　八月でしたっけ。だから、一〇月ぐらいだったかな。審議会の議論とほぼ平行ぐらいだったと思うんですよね。

田中　一一月から社会保険審議会が始まります。

青柳　そのちょっと前ぐらいじゃなかったかと思います。（後略）

■八五年改正案の制定過程（2）審議会等の意見の影響

青柳　そこで、次に社保審の意見書と有識者調査。まあ、意見書はどうですかね。こっちの作業の進み具合みたいなものと睨みながら、意見書の集約をしていったはずなので。

土田　でも、この時に社保審の意見書と制度審と違っていましたよね、二つの内容が。

青柳　それは、もともと制度審が違うことを言っていますから。

土田　それは、とくに制度改正を進める上では、両方が何を言っているのかということは、あまり厚生省としては重視はしなかったということですか。

青柳　制度審のほうは、総理府という立場でおやりになりますので、もともと基本構想懇談会の前に、税方式の基本年金の提言を出されましたので、そこからもう分かれている。むしろ社保審の議論が、あまりタコ部屋で進めているものと違うといけないという意識はあったと思います。

制度審の方はうちの法案段階の諮問案に対して意見を頂くものです。社保審の厚年部会の方は、まさに次期改正で取り上げる改正項目そのものについてご意見を頂くわけで、タコ部屋の作業などと平仄を合わせながらだいたいの骨組みができてきて、それをもとに我々が法案をつめて、その法案について改めて最終的に答申を頂く。制度審は、この段階で我々の原案に対して答申を頂くという形になります。だから、制度審をあまり重視しなかったなんていうと失礼な話で、関わり方が違うんですね。（中略）それから、障害者生活保障問題専門家会議のほうも、そう詳しくは承知していないんですけれども、山口さんは最初から非常に意識されていましたね。国際障害者年を契機に検討したのだけれども、中々決め手になるようなものがなかったはずなんですよ。ところが、障害基礎年金、二十歳前をやるということが最大の成果になった。後に、法案を通す時に、社会党も「この法案は通さないとしょうがないな」と思うようになったのは、障害者の人たちが後押ししてくれたからなので、それはこの専門家会議の意見書と障害基礎年金があったからなんですね。（後略）

■八五年改正案の制定過程（3）国鉄共済の財政危機の影響

青柳　（前略）いずれは一元化という形で受けざるを得ないだろうと。現に、あの時に船員保険はそれで受けたわけですよ。船員保険と国鉄って、国鉄はストをやった何だで問題があるとか何とかいうのは別にして、客観的に置かれている状況は同じではないかと。それを、いずれはやらざるを得ないのではないかというのは、ある意味では達観していたんですけれども、むしろ国家公務員共済が、大蔵省がものすごく強い危機感を持っていたという感じですね。

土田　国家公務員共済に対して？

青柳　国家公務員共済がです。だから、その後、八五年に共済改正法が出ますでしょう。あの時に、僕らが想像していた以上に二階の部分をぜんぶ厚生年金に合わせちゃったんですよね。基礎年金も一緒に乗るという形になった。この八五年改正は八四年に法案を提出しましたけれども、その時にはまったく予想しなかった話なんですよ。だから、一元化というのはよく「どういうふうに考えていたんだ」と言われるけれども、僕らははっきり言って法案を出した時には、将来的に基礎年金にみんな乗っかってきてくれれば、それでいいじゃないのと。それで一元化といっていいじゃないかと思っていました。だから、共済がたとえば厚生年金にあんなに揃えるとか、しかも六一年のスタートの時にぜんぶ基礎年金に乗るなんて、思っていなかったんですよ。

土田　共済審議会のほうで乗っかってきたんですか。

青柳　そうなんです。当時の共済課長が、今のタイミングで乗らないと、国鉄を抱えて国家公務員共済が倒れてしまうぞということなんですよ。

土田　ああ、そういうことですか。

青柳　これも今回、当時どういう条文の書き方をしたかなと思って調べたんですけれども、これ（『新旧対照国民年金法・厚生年金保険法等改正速報〔新日本法規出版、一九八五年五月〕一三八頁）幻の条文なんですよ。つまり、共済が乗らないことを前提に最初の法案を出している証拠なんです。それはいま消えていますから。付箋が貼ってあるところ、当時の附則の三条というのが、基礎年金の適用から共済を抜いているんですよ。

菅沼　本当だ、除外規定になってる。

青柳　つまり、法案を出した時には、共済が乗るというのは決まっていなかったんです。だから、いつ乗るかわからないので、除外をするという規定を設けたんですよ。

土田　これは、いつ出たんですか。

青柳　八四年でしょ。昭和五九年ですよね。

土田　……昭和六〇年五月ですね。

青柳　六〇年か。だから、まだ共済が通っていない時だ。それが証拠ですから。そのくらい、我々は「いずれ入ってくれればいい。そうしたら一元化って言おう」というくらいだったんですよ。そうしたら、国家公務員共済の側がそういうことで、我々の思っていたよりは真剣に考えて乗ってきたというのが、この時点での動きなんですね。（後略）

■基礎年金の名称と拠出金のアイデア

青柳　（前略）基礎年金については、昭和五二年一二月に出ていた制度審建議では「基本年金」で、だから基本年金にすると制度審と紛らわしくなるので、基本年金は駄目。「基礎年金」にしようと。こういう話だったんですよ。確か、消去法だったんですよ。

拠出金は、これは老人保健ですでに五七年に導入したので、発想としてはそれをいただいたということだったと記憶しています。もうひとつ拠出金のところで、あまり知られていないけれども変な話があって、国庫負担の話が絡んでいるんですよ。つまり、基礎年金をつくったのだから、基礎年金に国庫負担を直接入れるというふうにすればよかったのだけれども、それをすると、シーリングで厚生省のところで天井を突き抜けてしまうんですよ。だから、各制度にそれぞれ国庫負担を入れて、各省のシーリングにそれぞれ当てはめて、拠出金にしてから基礎年金に持ってくるというやり方をしなければいけなかったので、名前はどうするかは別にして、拠出金というワンクッションをつくらないとできなかったんです。だから、名称のところは老人保健のものだけれども、ファンクションとして重要だったのは予算のシーリングです。

それで、さっきの基礎年金の話ではないけど、厚生年金にしてしまえばすっきりしたのが、国民年金をベースにしたものだから、どうしても厚生年金なり共済年金のそれぞれのやり方で従来どおり保険料を取って、それを国民年金に持ってくるというのをどう公平にやるかというのが、いちばん頭の痛いところで。結局、ご存じのように、ある意味でこれフィクションですから。つまり、加入者の頭数で均等に負担していることにしようというフィクションでやるという意味でも、やっぱり拠出金のような形でないと、保険料を移すというやり方をするとフィクションが作れなくなる恐れがあったと思うので、そこは当時どこまで意識したかは私も定かではないですけれども、結果的にはこのフィクションを成り立たせるためには拠出金という、保険料とはちょっと見かけの違うものをつくるほうがよかったのだろうなというのは、今にして思いますね。

そういう意味でも結果論的にいえば、ご存じのようにフィクションはもうひとつあって、つまり昭和三六年四月からみんな国民年金に加入したということに見なして、過去の年金についても、裁定替えこそしないものの、財政的にはこの方式でぜんぶみようということにしてやったわけですから、その意味でもこの拠出金と交付金のやりとりという仕組みでないと、そっちのほうも成り立たせることはできなかっただろうなとも思いますね。保険料ということでやってしまうと、非常に面倒臭いんですね。そういう意味で、意図したことと、それから結果的にということと両方あると思いますけれども、いちばんいい方法だったのではないかと今にして思います。

田中　こういうことは、いつ頃から固まり始めるというか。

青柳　（前略）まず国民年金をベースにしろと言った時がスタートですね。そうなった時にどうするかというので、老人保健みたいなやり方で制度間でお金をやりとりをするしかないだろうねという話がいって。という順番に進んでいった記憶がありますね。（後略）

■個人単位と世帯単位

青柳　（前略）まず八〇年改正の時に加給年金という形で、世帯と個人の分離を図ろうということを水準論としては考えましたから。加給年金が大きくなって一人前の基礎年金になれば、いってみれば基礎年金の部分についてはぜんぶ個人単位になったよねと。上の部分だけ世帯になっていると。

土田　そこを個人単位にするという考え方はなかったですか。

青柳　なかったですね。というよりも、女性の年金の話は後にしなければいけないのかもしれないですけれども、おもしろいことに、一九八五年に男女雇用機会均等法が通っているんですよ。その議論を労働省がしているのも知っていたから、男女雇用均等になれば女性も一人前の賃金を得るようになると。そうすると、遺族年金とか三号被保険者はいずれ意味がなくなると。だから、当時はまだ育児休業中の給付とかはなかったから、たとえば子供を産んで育てている間は働けないとするならば、その間をつなぐ年金として第三号被保険者は残るかもしれないけれども、構造的にはなくなるのではないのというぐらいの気持ちを、僕は持っていました。そうすると、世帯と個人の相剋はあまり出ないなというふうに、素直に思っていたんですけどね。でも、それまでにある程度の年齢になっている女性はそうはいかないだろうから、その人たちのためには三号も必要だし、それから遺族年金もいるという議論はしましたけどね。

■給付水準の適正化について

青柳　（前略）給付水準と保険料負担の適正化ということで、まず六九％の話は結果論です。要するに、年金水準を下げないという考えはもちろんありました。六八が六九になったのは結果論です。まず、平均加入期間が三二年から四〇年に延びるというのは、所与の条件としてあったわけですね。三二年から四〇年に延びた時に、夫婦のもらう年金水準がほとんど変わらないようにしたい。つまり、一生懸命加入しても三二年しか加入できなかった人たちがもらう年金と、四〇年加入できる時に四〇年加入した年金とでは、もらえる年金を同じにしようじゃないか。皆が平均して四〇年加入できるのに三二年しか加入しなかった人は年金額が下がってもしょうがないと。こういう前提がまずあったわけですね。

そうすると、単純に三二年、四〇年だけで考えれば、報酬比例部分も定額部分も二割削ればいいわけですよ。だから、乗率は本当は一〇〇〇分の七・五ではなくて八でよかったはずなんですね。ところが、老齢基礎年金の二人分というのがすでに——老齢基礎年金というのは国民年金のことですから、当時の国民年金の二人分がすでに定額部分プラス加給年金よりも大きくなっていたわけですね。定額部分と国民年金はずっと揃えてきたんですよね。ところが八〇年改正の時に、加給年金を大きくするために定額部分をちょっと抑えたんですよ。それでそのバランスが崩れてきたという問題があったものですから、つまり老齢基礎年金二人分を従来の国民年金を下げないでやろうとすると、一〇〇〇分の八ではなくて七・五にしないと平仄が合わない。それでもう、ギリギリやっても六八までは下がらなくて、六九にせざるを得なかったというのが真相です。水準に関していえば。

土田　でも一応、その後は維持しようとしていたわけですよね。

青柳　今回の改正では、年金水準そのものを下げるためにやったと言われないようにしようということなんですね。だから、本当は六八でも高いというのは、山新さんは言っていましたよ。山新さんがいつも言っていたのは、昭和四八年改正の時にああやって物価スライドだ、再評価を入れたのならば、そこから水準を逓減させていく仕組みを入れておいてくれればぜんぜん問題なかったと。それを、ここまで来てから逓減させようとするので無理があるんだというので、六八％を本当はびた一文上げたくなかったのだけれども、今いったようなことでバランスをとろうとすると、結果的に六九％にせざるを得なくなった。

六〇％というのは、ご存じのように昭和四八年改正の時に一応、六割というのを言っていましたから、これが七割になっていたらさすがにもっと削らなければいけなかったでしょうけれども、六八、六九だと辛うじて六割台だという認識はあったと思います。それは、年金水準を下げることを目的にするわけではないというところが、やっぱりいちばん強調したかったポイントなんですね。（後略）

■四〇年加入で五万円という基礎年金の水準の根拠と評価

青柳　その次は、月額五万円。これは、要するにキリのいい数字にしただけだったですよ。一九八四年価格で五万円と。

百瀬　たとえば、国会審議の時には、老後生活の基礎的な部分を保障するといったような説明もありましたが。

青柳　それは、後付けで説明した記憶がありますね。

百瀬　その他に、生活扶助の基準と対比させた説明もありましたが。

青柳　生活扶助については、厚生年金の定額部分はもともと、昭和二九年以降、生活扶助の二級地の水準にずっと合わせてきたんですよ。だから、だいたい合っていたはずなんです。でも、途中で生活保護のほうが高くなったかもしれませんけどね。

土田　そうですね。高くなっていますよね。

青柳　この時ぐらいまでは、だいたい合っていたんです。だから、（一九）八〇年改正で定額部分を抑えたのでちょっと差が開いてしまったかもしれませんけれども。だから、結果的に生活保護の扶助基準にだいたい合うはずなんですよ。

それから、後付けの理屈では確か、基礎年金では、夫婦だと衣食住はだいたい賄えるとかね。若干の交際費みたいなものを厚生年金だったら賄えるとか、そんなような説明をしていたんじゃないですかね。

■第三号被保険者制度の創設理由と理論的根拠

青柳　（前略）山新さんの考え方ははっきりしていて、要するに負担に関しては、健保の被扶養者の考え方をそのまま持ってくる。給付水準に関しては、加給年金が一人前分になればいい。それだけの話なんです。彼はすごくシンプルなんです。だから、さっき加給年金を昭和五五年改正で月額一万五〇〇〇円にしたというんですけれども、「一万五〇〇〇円ならいいけれども五万円なら駄目という理屈はないでしょう」ということなんですよ。僕の理解ですが。辻さんは違うことを言うかもしれないけれども。山新さんは、非常にシンプルな理解だったと思います。「健保の被扶養者があるだろう。負担はそういう仕組みだ。給付については、加給年金が一人前になるというだけの話だ」という、非常にシンプルな発想だったと思いますよ。

土田　そうすると、専業主婦も強制加入させるということは、健保の場合、被扶養者も全員適用を受けているという、それを拡大すると。

青柳　そういうことです。確かに、もし第三号がおかしいというのだったらば、健保の被扶養者の仕組みだっておかしいと。感覚的にはね。要するに、現金をもらうとおかしくて現物サービスだとおかしくないという、一種の錯覚なんですよ。あと一万五〇〇〇円と五万円というのは、本当に量が質に転化するのかどうかという、これも考え方だと思いますけどね。

（中略）

青柳　さっきも申し上げたように、僕などは当時は、男女雇用均等法が通ったのだからこれはつなぎ的なものであり、経過的なものなのだろうと。割り切ってしまえばいいじゃないかと思っていました。

後知恵でよく議論して、これはもう目にも留まっているかもしれませんけれども、「結局、共働きの世帯が損ではないか」という議論に関しては、世帯としての所得が同じならば給付は一緒になるんですよね。だから、損得はないんだと。そうすると問題は何かというと、単身なんです。「単身は損だ」。「それはそうだ。単身の水準を切るために基礎年金をつくったんだから」と、当時は言っていました。単身は年金水準が高くなりすぎたんだと。それを削ったんだから、単身が損だというのは当たり前だというふうに、開き直っていました。

■第三号被保険者に関する質疑応答

中尾　（前略）一方で、すでに国民年金の任意加入で女性は八割ほど加入していて、そこで保険料を払っていた実績がありましたが、そこはどういうふうに？

青柳　おっしゃる通りです。そこがこの話のミソでして、その人たちの期待権を削るわけにもいかないが、かといって、二つ出すわけにもいかないと。その人たちは保険料を払ったのだから、払った分だけは年金を出しますよ。払っていない人については、昭和六一年以降の加入期間はそういう形で基礎年金の三号被保険者として出しますよという形で、つなげられたんですよ。それを、さっき言ったみたいに、二五年加入になると二四年一一カ月でみんな逃げてしまって、任意加入はなくなるのではないかという話をクリアするためには、こういうつなげ方がおそらくいちばんスマートだったと思います。そうしないと、その分を別に出すのかという話をしなければいけなくなるんですよ。昭和六一年四月以降の加入期間だけ三号被保険者期間で給付が付いているというのがミソなんですよね。その前に、逆にいえば入っていなかった人は振替加算の分しか付かないわけですよ。入っていた人は振替加算の分がちょっと、五万円よりもはみ出るんですけどね。そこは割り切りでしょうがないと。

あの振替加算も、窮余の策でね。つまり、いま問題提起されたように、それまで任意加入していた分をどうするんだと。どうつなげるんだというのが、この婦人の年金のところでは陰に隠れたいちばんの問題なんです。それは、振替加算を付けることと、六一年四月以降だけ三号被保険者期間にするということの組み合わせで、何とか超えたんですけどね。（後略）

■障害年金の納付要件

青柳　（前略）いちばん苦労があったのが、納付要件です。いってみれば、老齢年金は四〇年加入が前提ということでつくるわけですが、一方で二〇歳前障害は加入期間ゼロでもいいとするわけなので、普通の障害年金なんか、どうやって加入期間をつくるんだという話になったんです。しかも、それは従来の厚年や国年、どっちかに合わせるというわけにいかないということになると、これは正直いってゼロから考えなければいけないと。

発想の順番としては、まずは滞納がない人に出るのが基礎年金の考え方だよねというので、滞納ゼロというふうに考えようと。でも、人間は忘れることもあるよねと。そうすると、オール・オア・ナッシングというわけにいかないとするならば、では被保険者期間のうちの五分の四？　四分の三？　三分の二？……二分の一というわけにはいかないと。で、結果的に三分の二ぐらいがいいところじゃないかとしたんですが、後から考えれば、学生は当時適用除外にしていましたから、そうすると大学卒業後の六〇歳までの加入可能期間は三七・五とすれば、その三分の二は二五年ですから、これなら老齢年金とのバランスもいいんですよね。これは、誰か後で気がついた人がいました。「三七・五の三分の二は二五年、これいい線じゃないか。老齢年金との平仄も合うじゃない」と。誰かがそういうのを思いついて、「いいね」という話になった記憶があります。あまり外には説明しなかったですけどね。

（中略）

百瀬　滞納期間無しという条件から下げていって決めたという理解でよろしいでしょうか。

青柳　「五分の四、四分の三……二分の一というのはないよな」というのでやっていくと。あまり変な数字にしたら、今度は実務にも乗らないし大変なことになるんでね。結局、何分のいくつというところでどこか割り切ってとるしかないと。それで三分の二だったと、僕は記憶しています。だから、そこはどうして三分の二なのかという厳密な理屈はないんです。

■二〇歳前障害に対する障害基礎年金

青柳　それから二〇歳前障害は、これは山新さんが非常にこだわってやったということはさっき申し上げた通りです。結局、なんで保険料を払わないのに年金が出るのかという論理をつくるのにすごく苦労して、これは滞納なしという論理でいくしかないと。だから、サラリーマンでも、加入して納付期限が来る前に障害になった人については出すというふうにせざるを得なくなっているので、そこはそれで割り切ったんですね。滞納なしということで。

ただし、滞納なしはいいのだけれども、国庫負担をどうするかという議論はありました。（中略）

三分の一よりも多い国庫負担にしたというのは、従来どおり国庫負担をもらうためです。そうだとするならば無条件というわけにいかないから、本人の所得制限は残す。そのかわり扶養義務者の所得制限は廃止する。これは障害者団体も、「本人の所得制限は残してくれてけっこうだ。そのかわり、親が所得があるからというので年金が出ないのはやめてくれ」というので、痛み分けになったんです。（後略）

■八五年改正の意義と評価

青柳　（前略）八五年改正の総括はいろんな見方があると思いますけれども、僕はひとつは、就業構造の変動によって自営業者が減少する、被用者が増加すると。つまり、皆年金をスタートした時の前提が変わってしまっている。その中で、皆年金体制をどうやって維持するかということが、じつはいちばん迫られていた問題のひとつだったと。僕は、第一の問題だったと思うんですよね。

それから、よく言われるように、将来に向けて膨張する年金水準をどうやって歯止めをかけるかということがあって、これは四〇年加入を前提に六八〜六九％になってしまったけれども、維持するというところで何とか踏み止まっている。最後に、年金保障が不十分であった障害者やサラリーマンの専業主婦を、どう年金制度上で扱うかということ、これを基礎年金という打ち出の小槌でぜんぶ解決しちゃったわけですね。水準を逓減させた話はそれに加えられてあるのだけれども、基本的にはぜんぶに基礎年金は、今の三つの話に適用できた話なわけですよ。

だから、八五年改正は基本的には、そういう意味では基礎年金ということによって、八五年段階で大問題であった問題を一挙に解決すると。そのことによって、その後少なくとも半世紀、年金制度は生き延びることができたという、一口に言えばそういうものだと総括すべきだと思っています。

1985年公的年金制度改革③

坪野剛司氏

1937年生まれ
1960年　厚生省入省
1968年　厚生省年金局数理課数理専門官
1970年　厚生省年金局企画課数理専門官
1977年　厚生省年金局数理課課長補佐
1981年　社会保険庁総務課数理調査室長
1985年　厚生省年金局数理課長
1991年　総理府社会保障制度審議会事務局年金数理官
1994年　内閣官房内政審議室内閣審議官

基礎年金導入の新年金法の大蔵委員会
（1985年）

■昭和六〇年改正（1）――共済年金との調整

百瀬　その社会保険庁在職中に（昭和）六〇年改正の議論が始まって、実際に六〇年改正があるわけですが、この当時はどういったお仕事をされていたのでしょうか。

坪野　数理課長になったら年金数理をどう改革しようかと考えていた（笑）。間もなくなることが予測できたから。改正法が通った五月に、基礎年金ができた時、それに参加したのは厚生年金と船員保険だけです。国共済（国家公務員共済）、地共済（地方公務員等共済）、農林（農林漁業団体職員共済）、私学（私立学校教職員共済）などはそっぽを向いていたわけです。吉原局長は、せめて厚生省所管の厚生年金・船員保険だけでも、他の共済年金はその後からでもいいと判断されていたようです。

話が少し先となりますが、あの頃、国鉄（国鉄共済）がにっちもさっちもいかなかった。それで国家公務員の共済、すなわち我々が加入している現職の人たちが掛け金の一部を負担していたのです。五年間は何とか生き延びたわけです。しかし、それから先は国家公務員だけでは面倒みきれないということになった、オールジャパンで面倒みようということになりました。制度間調整法です。私の時に法案づくりを年金課と一緒にやりました。年金課の課長補佐は香取（照幸）です。数理課に変わった時にいちばん大変だったのは、共済に基礎年金に加わってもらえるかということです。いちばん抵抗したのは、地共を担当する自治省。国共とＪＲ、ＪＴ、ＮＴＴを担当する大蔵省は、比較的協力的だったことは事実です。農林は、全期間平均だったからやりやすく協力的でした。国家公務員と国鉄など三共済及び地共済は本俸だったから、一元化するのは難しかったわけです。

国会の先生方は、「お前たちは馬鹿か」と言われました。先生方に説明にあがる時、「何で自分の年金を下げるのに一生懸命になるのか」と言われた。平均して四割以上下がりましたから。私の年金は六割下がりました。霞が関の官僚は平均して半分になったと思います。国会では四割と説明してきましたが。

それは、本俸の最終俸給制が全期間標準報酬平均となったためです。後に吉原さんが書かれた本の中にも、そういうことは書いてあるかと思います。地共は最後まで抵抗し、本俸主義を捨てなかった。本俸主義を捨てたのは二、三年前の法律改正でした。

百瀬　全期間の標準報酬の平均で計算する方法にどのように変換したのでしょうか。

坪野　法施行（昭和六一年四月）前の五年間の本俸の平均に一定率を掛けました。標準報酬に換算する率を全公務員の平均から算出しました。法律施行前の期間は、最後の五年間の本俸に一・何倍を掛けて、六一年三月前までの標準報酬の平均としたわけです。

百瀬　みなしたわけですね。

坪野　全公務員でやりました。霞が関の官僚の方々は、地域手当があり、超勤もある。管理職手当も、最高二五％ありますさらに、指定職になると、かなり高いわけです。霞が関の官僚の方々は本俸と標準報酬と比較した時、全国平均の一・何倍では少なすぎます。地方の人々は逆に得しています。国立学校の先生は、超勤管理職手当もほとんどないのですから。読み替えをする時に大きな違いが出てきます。

地共の抵抗はすごく、二、三年前の法律改正まで、本俸に一・二五を掛けたものを平均標準報酬の掛金や給付額の算定基礎にしていました。地共を除く、国共、私学、農林などは全期間平均に乗り基礎年金に参加しました。地共だけは最後まで報酬制はとらず、国会の審議も大変でした。（後略）

■昭和六〇年改正（2）——給付水準の適正化

百瀬　給付水準の適正化も行われていますが、この点については。

坪野　（昭和）四〇年改正の時に、所得比例の給付乗率の一〇〇〇分の六を一〇〇〇分の一〇にしました。あれは、過去の報酬を再評価するスライド制がないので、一〇〇〇分の一〇にしたのです。四八年にスライド制が入った時は、一〇〇〇分の六に下げるのが筋でしたが、行わなかった。それで過剰給付になったのです。（中略）

六〇年、基礎年金の創設時に、亡くなった山口（新一郎）局長が、「一〇〇〇分の六に落とせ」と言ったという話を聞きました。山口剛彦年金課長が、「そこまで下げると基礎年金制度はできません」といって、抵抗したとか。「いくらなんでも無理」と言って、七・五にしたと本人から聞きました。（中略）

後にスライド制が入ったことにより、報酬比例の乗率六を一〇にした負の遺産が残ってしまいました。それを七・五に、さらに七・一二五、それから総報酬制にして、結果的に六に近づけたわけです。また、新規裁定を賃金スライドに、既裁定を物価スライドにしたでしょう。さらに制度が複雑になりました。（中略）新裁を賃スラ、既裁を物スラにしたから、基礎年金の定義がなくなってしまった。基礎年金は、六五歳以上単身無業の人の衣食住の生活費が賄える年金額にしたのです。再計算の度に基礎年金額を定めた。六五歳無業単身の生活費の衣食住はどのくらいか、総理府（現総務省）に特別集計してもらって、基礎年金単価を決めたので。元年改正の時は、それを全部やりました。それを新裁は賃スラ、既裁は物スラとやってしまったら、基礎年金の理念が崩れてしまった。（後略）

■昭和六〇年改正（3）——女性の年金

坪野　（前略）基礎年金制度をつくらなかったらどういう問

題があったでしょうか。厚生年金の老齢年金額が、現役男子労働者の平均賃金の六割を目標にしていました。そこに任意加入の妻の国民年金の年金額を加えると、八〇％を超えてしまう。若い人が税金・保険料を払った後の所得、いわゆる手取り収入が老人の収入と逆転するわけです。「このような社会は永久に続かない」というのが山口新一郎さんの持論でした。「任意加入の制度を廃止しろ」と。八割入っている任意加入制度を簡単に廃止することはできない。女性の加入を推進し、国民年金制度の理解を深めさせたことも一利あり、それは続けなければならない。

その頃、サラリーマンの妻（女性）が自分の名前で年金が欲しいという動きもありました。世帯単位か個人単位かという議論も加わり、定額だけは個人単位にする。厚生年金の定額と加給年金を足して二で割る。それが基礎年金の単価になったわけです。それで個人単位の基礎年金制度ができたといってよい。夫婦世帯の年金から見たらなんら変わってないのです。今までは夫の厚生年金の定額と妻の加給年金と報酬比例でしょ。それを報酬比例はそのままにして、加給年金と定額を足して二で割って、一つを女性（妻）名義の年金、もう一つを男性（夫）名義の年金にしたのですから。世帯単位の年金とすれば何も変わらないわけです。それに、女性（妻）の国年の任意加入の過去の期間はぜんぶ基礎年金の計算基礎に入れることにした。

妻の保険料はどうするか。夫婦合計の給付は変わらないのに保険料を新たに女性（妻）から取るわけにいきません。従来どおり男性（夫）の月給からもらうことにしました。三号被保険者は、給付はもらって、保険料は納めないという公平論を言う人がいます。夫のほうから納めていただいているから必要ないのです。厚生年金の保険料から基礎年金勘定に妻の分を支払うわけです。そのため毎月、三号分（配偶者）の数を制度ごとに数えて基礎年金勘定に支払っています。厚生年金も国家公務員共済も地方公務員共済、農林共済、私学共済、ぜんぶ奥さんの数を数えています。基礎年金勘定に入金されます。三号本人が直接払わないが、頭割りで基礎年金勘定に保険料が支払われているのです。三号から直接徴収する理由がないのです。（後略）

■昭和六〇年改正（4）——その他

坪野　（前略）国民年金を救済するために基礎年金をつくったわけではありません。たとえば、先生方が農家の出身だとします。二〇歳の時にお父さんは農家をしておられたと仮定します。先生方は大学の道に進まれた（私学共済）。そうした時、ご両親の老後を養うのは誰になりますか。国民年金をつくった時代は四割が農家でした。今は、数％です。農家の家庭で育った人たちは、みんなサラリーマン（厚生年金）になっているでしょう。爺婆だけ残して、その子女はサラリーマンになって保険料を厚生年金や共済に納めるのです。農家出身のご子息は農家を継げばご両親を扶養するけれども、社会構造が変化して、サラリーマンや公務員になっているわけです。農家を継いだ人だけで、かつての農家の老人を扶養することは不可能です。（中略）

社会構造が変わった時は何らかの調整措置が必要なのです。国民年金の救済ではなく、基礎年金をつくった時の調整のあり方の問題だと思います。

人物紹介③ 山口新一郎

山口新一郎は、一九五四年改正以降、一九七三年改正を除いて、一九八五年改正まで、節目となるような大きな年金改正に尽力し、「年金の神様」「年金のヤマシン」「年金の鬼」の異名をとった厚生官僚である。

山口は、一九二七年に杉並阿佐ヶ谷に生まれ、陸軍士官学校において終戦を迎えた後に、旧制第一高等学校、東京大学法学部に進み、一九五三年に厚生省に入省している。入省時の配属先は、保険局厚生年金保険課であり、翌年の厚生年金保険法の全面改正に携わる。関係者の証言によれば、改正法案の本則、附則、政省令の条文すべての叩き台をつくっていたとされる。

同改正後は、社会局保護課、医務局総務課等を経て、一九六四年五月に年金局年金課長補佐に着任し、再び年金改正に取り組むことになる。この時は国民年金担当となり、第一回財政再計算期の法改正を担当した。この一九六六年国民年金法改正の中心は、夫婦一万円年金による給付改善であるが、その他にも、いくつかの改正が行われており、とくに事後重症制度の導入などは山口が主導したものとされている。

その後も、一九六〇年代後半には、復帰前の沖縄の年金制度の企画立案の指導を行ったほか、年金局年金課長として、二万円年金を実現した一九六九年改正を担当するなど、年金行政の推進に大きく貢献した。一方で、一九七〇年代前半には、社会局老人福祉課長として、老人福祉法改正に、保険局保険課長として、健康保険法改正に取り組んでおり、老人医療費支給制度や健康保険の家族給付率引上げなどを実現させている。

医務局次長の職にあった一九七九年にステージ四の腎癌が発見される。山口が癌と闘いながら、最後に取り組んだのがライフワークともいえる年金改正であった。一九八一年八月には、「最後のご奉公」という悲壮な決意で年金局長に就任し、入退院を繰り返しながらも、陣頭指揮を行い、改正案のとりまとめに心血を注いだ。同時に有識者調査の実施を発案し、改正に対する合意形成にも努力を払った。

国会に提出された一九八五年改正法案には山口の決断による結果が随所にみられる。具体的には、被用者も含めて全国民を国民年金に加入させる形で制度体系の再編成を図ること、将来に向かって給付水準を引き下げること、第三号被保険者制度を創設すること、二〇歳前障害にも拠出制年金と同様の年金を支給することなどである。

山口は、法案の成立をみることなく、現職の年金局長のまま、一九八四年六月に永眠する。同年七月に、年金福祉施設である「駒場エミナース」にて、追悼告別式が厚生省葬として執り行われた。享年五六歳。

■参考文献　山口新一郎追悼集刊行会編（一九八六）『山口新一郎さん』中央法規出版

（文責：百瀬優）

第3部　新しい社会福祉の方向性（一九八〇～二〇〇〇年）

第8章

一九八〇～九〇年代の社会福祉

解題　田中聡一郎
　　　岩永　理恵
　　　深田耕一郎

1　社会福祉の転換期——措置制度から介護保険・社会福祉基礎構造改革へ

一九八〇～九〇年代の社会福祉は、措置制度のもとで施設福祉が中心であった施策体系から、在宅福祉の拡充を図りながら、介護保険をはじめとした利用・契約制度へと移行する時期である。

一九八〇年代は、「増税なき財政再建」を旗印とした第二次臨時行政調査会（第二臨調）が行財政改革を主導し社会保障費の削減が進められた。厚生省は、この第二臨調の動きも利用しながら、八二年の老人保健法の制定、八四年健康保険法改正、八五年年金改正などの医療保険・年金改革を達成した。一方、社会福祉では措置制度を脱却する新たな社会福祉のあり方を模索し、九〇年代の改革を準備した時期であった。

たとえば、高齢者福祉では、一九八〇年に養護老人ホーム・特別養護老人ホームの費用徴収の強化を行い、利用者に応分の負担を求めるようになった。また八一年の中央社会福祉審議会「当面の在宅老人福祉対策のあり方について」において在宅福祉を積極的に推進する方向を打ち出し、家庭奉仕員制度の利用を所得税課税世帯にも認め、また地域ぐるみの福祉供給体制の確立などの提言を行った。八五年には社会局にシルバーサービス振興指導室が設置され、福祉分野における民間活力の活用も模索された。障害者福祉では国際障害者年の追い風のなか、障害基礎年金を導入する一方で障害者施設について費用徴収制度の導入がなされた。また社会福祉の専門的人材の育成を目的として、八七年に社会福祉士及び介護福祉士法の制定も行われた。こうした諸改革は八九年の福祉関係三審議会合同企画分科会「今後の社会福祉のあり方について」のなかでも理念的にも整理され、その後の社会福祉の方向性として位置づけられるようになった。

一方、生活保護では、被保護世帯と一般世帯との均衡が図られるようになったとして、一九八四年から生活扶助基準の算定方式を水準均衡方式に変更した。運用面では一二三号通知が出され、保護の申請において同意書の徴収、調査の厳格化が求められた。さらには予算削減のなかで社会福祉関連の補助金が問題視され、生活保護費負担金をめぐって厚生省と自治省は激しく対立した。こうした改革の背景には、第二臨調の答申や不正受給問題の報道などがあった。

一九九〇年代の社会福祉は少子高齢化への対応として、介護保険をはじめとした大きな政策転換が行われた。一九八九年の消費税導入後の総選挙において大敗を喫した自民党は、厚生省に「高齢者保健福祉推進一〇カ年戦略（ゴールドプラン）」の策定を命じ、施設・在宅福祉の拡充が図られた。九〇年には福祉関係八法改正が行われ、在宅福祉サービスの法定化、市町村への権限委譲、老人保健福祉計画の策定義務化などが実施された。九三年に非自民連立政権が誕生するなかで、厚生省は「二一世紀福祉ビジョン」を示し、新しい介護対策の必要性やエンゼルプランの策定などを盛り込んだ。九四年にはゴールドプランの目標値の上方修正を行った新ゴールドプランを策定した。これらは九七年に成立する介護保険法の基盤となった。児童福祉でも、九〇年の「一・五七ショック」を契機に、少子化を政策的課題として捉えるようになり、九四年にはエンゼルプランが策定され、続いて九七年に児童福祉法の改正によって保育所方式が導入された。また障害者福祉においても、九三年に障害者基本法へと全面改正があり、九五年に障害者プランの策定と精神保健福祉法が制定され、精神障害者も含む総合的な保健福祉政策の推進がめざされた。また介護保険法成立後、厚生省は社会福祉基礎構造改革の議論を開始し、二〇〇〇年に社会福祉法を制定した。福祉サービスの基本理念を「個人の尊厳の保持」として、地域福祉権利擁護事業（一九九九年）の実施や支援費制度の導入（二〇〇三年）を行った。

以上の一九九〇年代の諸改革により、社会福祉サービスの多くは措置制度から利用者本位の社会福祉システムへと転換が図られたといえる。

しかし、最後のセーフティネットである生活保護制度の抜本的改革は社会福祉基礎構造改革において着手されなかった。貧困が社会問題となる二〇〇〇年

（年表）1980〜90年代の社会福祉の動き

1981年	第2次臨時行政調査会の設置
1981年	123号通知（生活保護の「適正化」）
1982年	老人保健法成立（老人医療費無料化の終焉）
1984年	生活扶助基準の算定方式に水準均衡方式の導入
1987年	社会福祉士及び介護福祉士法成立
1989年	消費税導入，ゴールドプラン
1990年	福祉関係八法改正
1994年	21世紀福祉ビジョン，エンゼルプラン，新ゴールドプラン
1997年	介護保険法成立
2000年	社会福祉法成立（＝社会福祉基礎構造改革）

代以降の宿題として残されたままであった。

2　社会福祉改革の実際

①　生活保護（1）――一二三号通知と地方自治体

生活保護制度は、基本的に、運用のなかで適宜、時々の問題や変化に対応してきた。一九八〇年代の生活保護行政で、最大のトピックのひとつは、いわゆる一二三号通知の導入であろう。一九八三年、西沢英雄氏は、同意書の導入が遅れていた福岡県に保護課長として出向が命じられる。西沢氏によれば、一二三号通知が出された背景として「暴力団の不正受給をどうするかという話になってきて。もうひとつ社会的な話として、電算化というものが仕事の面で相当進んで来ました」と語り、暴力団の不正受給対策に加えて、年金支給や銀行業務などで個人情報の電算化が進み、情報取得がしやすくなったこともあると当時の現場感覚を回想された。福岡県は旧産炭地域を有し保護率も構造的に高く、行政運営が難しい地域もあるが、同意書の取得については、当時革新派知事であった奥田八二氏のリーダーシップもあり県庁内の反対派を抑えられたこと、若いケースワーカーには同意書の導入に賛同するものがいたことなどを証言する。

②　生活保護（2）――水準均衡方式の導入

一九八四年から基準担当の課長補佐として着任した根本嘉昭氏は、とくに生活扶助基準の算定方式である水準均衡方式の導入について証言された。

一九八四年に「水準均衡方式」に変更した当時、生活保護基準は高いという意見が多かったが「しかしながら、高くはない、という検証を数年前にしているんですよね。妥当だからこそ水準均衡方式」になったという。一方で三級地や多人数世帯の基準が高いという議論も現場の意見として強かったため、それを常識的と信頼して、標準世帯の変更（四人世帯から三人世帯）と級地変更も同時期に実施したという。このエピソードは、基準づくりにおけるデータ上の把握と現場の意見反映のバランス感覚を表しているように思われる。また標準世帯の変更は、全国の平均世帯人員数から四人世帯から三人世帯とした。そのことにより当然モデル世帯の生活保護基準が低くなるので、「高すぎると言われている基準を低く見せる」という意味合いもあったが、モデル世帯としては四人世帯のままのほうが良かったのではないかという見解を示した。また当時の保護課での業務の様子を振り返って「一方では『高い、高い』と言われつつ、（中略）とくに札幌の餓死の問題とか、荒川区とかいろいろと厳しい話題があって」、保護課への風当たりは強くなってきたように実感したという。

③ 社会福祉（1）――障害者福祉の展開

田中敏雄氏は、一九八三年から社会局更生課に在籍され、一九八四年の身体障害者福祉法の改正に携わられた。その過程で障害者団体は、「自立の推進」を主張し法の理念を問題にしたという。改正法では、理念の規定が整備され、社会参加の主旨が盛り込まれた。障害者施設の費用徴収の導入については、「所得保障が確立されれば、一般の人は費用を払っているんだから、障害者も払うのは当然だと」と障害者団体側も認めていたと証言される。この背景には（板山賢治課長以降の）更生課と障害者団体の間で良いコミュニケーションがよく図られてきたこと、障害基礎年金などの所得保障の充実が前提として目されていたことを指摘している。

④ 社会福祉（2）――老人福祉の一般化へ

老人福祉の一般化・普遍化は福祉サービスの質的な転換を図るものでもあった。すなわち、施設福祉から在宅福祉への転換である。

まず厚生省は費用徴収において、一九七九年に、「養護老人ホーム及び特別養護老人ホームに係る費用徴収基準の当面の改善について」を出し利用者の費用負担を求める意見書を提出する。しかし、予想以上の反発があり、「予算委員会で、老人福祉で審議が一週間ぐらいストップしたことがある」という。そして、施設偏重の福祉から在宅重視の福祉へと舵を切っていく。田中荘司氏は「(施設と在宅の)不均衡が甚だしいんですよ。老人ホームは優遇されているという感じなんです。在宅のほうは、制度それ自体がないんですよね。ホームヘルパーしかない。ホームヘルパー制度も、所得税の非課税世帯しか派遣しないという救貧対策で止まっているんですよ。老人ホームはそうではなくて、特別養護老人ホームなどは貧富の差なく条件を満たせば入れるという仕組みになっているんですよ。バランスがまったくとれていないんです」と語り、積極的な在宅福祉サービスの拡充をめざした。一九八一年に「当面の在宅老人福祉対策のあり方について」を答申し今後の方向性を示し、続く八二年には「老人家庭奉仕員派遣事業運営要綱」を改定し、在宅サービスの一般化(所得課税世帯への派遣対象の拡大)を図った。また八〇年代の老人福祉の特徴として、民間活力の活用が模索されたことがある。厚生省は明確にその意思を示しており、田中荘司氏が「公的な財源だけを使って福祉を伸ばすのは難しくなりつつあるので、やはり民間の活力を使うということで」と語るように、八五年には社会局にシルバーサービス振興指導室が設置された。以上のように、八〇年代の老人福祉において、在宅重視や費用徴収、民間活用など、介護保険が立案され実施されるに至る礎石が築かれていたことがわかる。

⑤ 社会福祉(3)——社会福祉士・介護福祉士法

また、田中荘司氏は一九八七年の社会福祉士・介護福祉士法の制定に携わっている。七一年の「社会福祉士法制定試案」の作成にも関わりがあり、七六年に白紙撤回されるまでを注視していた。この「試案」には社会福祉士の「一種・二種」が設けられており、田中(荘)氏はその点を問題視し制定には消極的だったという。制定に至らなかった理由を質問すると「核になる人がいなかった」と答えていた。八七年の両福祉士の制度化においては、カリキュラムやテキストの作成を担当し、当時の家政婦協会へヒアリングを重ねるなどして研究を深めた。名称を「福祉介護士」ではなく「介護福祉士」としたのは「介護を前面に出すと。福祉的なセンスを持った人間を育てる」という議論をした結果だという。

⑥ 社会福祉(4)——福祉八法改正

一九九〇年六月、老人福祉法等の一部を改正する法律(法律五八号)が成立し、いわゆる福祉関係八法改正が行われた。八法とは、老人福祉法、身体障害者福祉法、精神薄弱者福祉法、児童福祉法、母子及び寡婦福祉法、社会福祉事業法、老人保健法、社会福祉・医療事業団法である。

一九八九年から保護課長を務めていた炭谷茂氏によれば、福祉八法改正は、ゴールドプラン策定後、特養が急増することもあり老人保健福祉計画の導入が必要となることを背景に、老人保健福祉部が主導したものであると証言された。一方、炭谷氏は当時、社会福祉事業法の抜本的改正の必要性を訴えたが、それは認められなかったという。一九八九年から大臣官房総務課の国会担当・法令総括であった河氏は、福祉関係の法律八つを一斉に変える作業の困難を証言された。河氏も、「福祉関係のものが一緒に法改正をやったということは、初めての経験でよかったと思うのと、もうひとつは、ともかくサービスの実施という概念を頭の中で思い浮かべた」という点に意義があったという。炭谷氏と河氏は、八法改正に関与された経験を、後の基礎構造改革に生かしたようである。ただし、福祉八法改正については、改正を主導した老人保健福祉部の在籍者の方々の聞き取りは未着手であり、今後、当時の様子や意図を記録する必要があるだろう。

⑦ 社会福祉(5)——ゴールドプラン、二一世紀福祉ビジョン

今日、ゴールドプランは、介護保険の基盤整備となったと高く評価されている。ではゴールドプランはどのように策定されたのであろうか。ゴールドプランは社労族のドンでもあった蔵相の橋本龍太郎氏が、消費税導入により総選挙で大敗したことを受けて、厚生省に策定を指示したものといわれている。山口剛彦氏(当時大臣官房会計課長)のもとで、

プラン策定の実務作業を行った河幹夫氏によれば、当時は社会保障の財源として消費税に対して今日ほどの期待が高くなかったために、厚生省内でもいわば秘密裏に策定されており、関わったメンバーも少なかったという。また策定の際、介護保険はまだ意識しておらず、「在宅が書きたかった。これはゴールドプランを書いていた者たちの共通の思いですよね」と執筆者の思いを語っている。さらに、ゴールドプランは大蔵省が将来の財源措置を約束している珍しい政策と評している。

二一世紀福祉ビジョンは、年金・医療・福祉等の給付構造をそれまでの五：四：一の割合から五：三：二程度とすることが必要であるとし、新ゴールドプランやエンゼルプランの策定、新たな介護システムを提言するなど、一九九〇年代の社会福祉の方向性を定めるものであった。当時厚生事務次官であった古川貞二郎氏は、その点を評価しつつも、二一世紀福祉ビジョンの限界として「厚生省だけでやれば、保険料とかの議論はできるけれども税の議論には入れないんですよ。これは大蔵省の所管になるわけでね。厚生省の審議会が財源の中で税の議論なしで議論するのは、社会保障改革が絵に描いた餅にしかならない。（中略）そういうことで、内閣ならばそれができる。」と財源論が不十分であったことも指摘している。その後、内閣官房副長官に着任した古川氏の助言もあり、二〇〇〇年内閣官房で小渕（恵三）総理大臣を本部長とする「社会保障構造の在り方について考える有識者会議」を始めた。この流れは今日の社会保障改革に関する会議体が内閣官房で仕切られていることの始まりとも考えられる。

⑧ 社会福祉（6）――阪神・淡路大震災への対応

一九九五年一月一七日に発生した阪神・淡路大震災は、被災した地域を拠点としていた方の人生・生活に甚大な被害を与え、日本全体にも大きな影響をもたらした。社会福祉行政も同様であり、端的にいえば被災地域の福祉事務所は機能不全に陥った。当時、監査指導課長であった西沢英雄氏によれば「各市とも職員を災害用の体制に張り付ける方式で、ケースワーカーは避難所の管理、遺族との連絡や義捐金の支給などに張り付いて福祉の仕事ができていません」という状態となった。そこで、二月の保護費支給のために「一日から、原則一人一週間交替で、半年ぐらい」兵庫県に被災地域以外の都道府県から応援を出す体制をつくった。

その際、応援体制の窓口は、厚生省ではなく兵庫県とした。「『各県と現場との相談は、ぜんぶ県庁で扱ってください。私どもが中に入ったって二重手間になるだけで、行き違いが起こることはあってもうまくいくことはないから』」と考えたという。そして、「災害救助で福祉事務所がどういう仕事をしたか、応援団は何をしたか、応援団に行ってみてどういう勉強になったかということを、一人一ページでいいから書いて本」をつくり、当時の福祉事務所、社会福祉行政の働きを後に伝える仕事もされた。

⑨ 社会福祉（7）――社会福祉基礎構造改革

社会福祉基礎構造改革とは、一九九七年に検討を開始し、二〇〇〇年、第一四七国会に提出された「社会福祉の増進のための社会福祉事業法等の一部を改正する等の法律案」にまとめられた一連の改革である。炭谷茂氏は、社会・援護局長に就任してすぐ、この作業に着手した。「福祉を受けることは人権」、福祉制度の共通基盤の構築、福祉サービスの質を評価、地域福祉の定着という「大学時代から長い間ずっと考えて」きたことを実現しようとした。各方面で、改革の意義をアピールしながら、「局の課長や課長補佐連中を集めて、『これからこういうことをやるから、みんな協力をしてくれ』といって、プロジェクトチームをやっていって進めていった」。

一九九七年から社会・援護局施設人材課長に就任、炭谷局長を支えた中心人物の一人である河幹夫氏は、「戦後五〇年間社会福祉関係で法律がほとんどつくられていない」「つくられていないというのは、簡単にいえば、法律はお題目であとは予算でやっていくというやり方は、良く言えばプロの世界で福祉をやっているわけだけど、悪く言えば福祉というのが国民の世界の議論になっていない」という問題意識があった。「炭谷さんも私も基本的には内発的に何をやろうかと考えていた」のだという。

厚生省の大勢としては、社会福祉の改革ではなく、介護保険という新たな社会保険制度の成立に力を傾けていた時期であった。当然、私達も基礎構造改革と「介護保険とのつながりは何か考えられたのですか」とたずねたが、炭谷氏は「当時はまだなかったんですね」と答えた。河氏は「省内の意見は、結果もそうだけれども、やっぱり『介護保険の邪魔をしないでくれ』というのは強かった」と証言した。両氏とも改革の理想に比して成果に対する評価は控えめである。炭谷氏は、福祉事務所改革は「まだなかなか徹底しないところがあった」こと、「基礎構造改革で抜けていたのは生活保護の改革」であったと語る。今回の証言も資料として、この一九九〇年代後半から二〇〇〇年代の社会福祉関連の改革が、どういう意味をもつものであったか、今後の検討が期待される。

■参考文献

炭谷茂編［二〇〇三］『社会福祉基礎構造改革の視座――改革推進者たちの記録』ぎょうせい

古川貞二郎［二〇一五］『私の履歴書』日本経済新聞出版社

なお、一節・二節⑦は田中聡一郎、二節①～③・⑥・⑧・⑨は岩永理恵、二節④・⑤は深田耕一郎が執筆した。

生活保護と地方自治体

1940年生まれ
1960年　厚生省入省
1972年　厚生省社会局保護課係長
1983年　福岡県民生部保護課長
1994年　厚生省社会・援護局監査指導課長
1995年　厚生省社会・援護局保護課長

西沢 英雄 氏

『阪神・淡路大震災――福祉の現場から』
被災自治体職員と全国の応援職員の記録

■一二三号通知、福岡県民生部保護課長

西沢　暴力団の不正受給をどうするかという話になってきて。もうひとつ社会的な話として、電算化というものが仕事の面でそうとう進んで来ました。年金なんかは、社会保険で電算化は、今でもいろいろ言われていますけれども、苦労しながらやってきたんですよね。カタカナしか打ち込めない時代に始めて、ものすごく力仕事のいろいろな話があるんですけれども。

電算化されてくるなかで、個人の秘密をどうするかという問題が、前は生活保護の専売特許だったですけれども、みんな言い出したんですね。福祉事務所から照会があったら教えるべきか教えるべきでないかと。福祉年金が主役のころは、そんなことは教えなくても隣近所でみんなわかっていたんですね。拠出年金の受給者が多くなってくると、そういうものがわかりにくい時代になってきたので、ちゃんといただこうじゃないかと。銀行の預金もそうだと。それも、本人が了解したと言わないと向こうは教えてくれないと。生活保護はだいたい昔からやっていましたから、ある部分は教えてもらってはいたんですけどね。

岩永　暴力団等による不正受給とかそういうのとはまた別に、電算化みたいな話がかかわっていたと。

西沢　両方の面がありましたね。向こうが、「本来、個人の秘密に関わることは教えられない」という、まあ生活保護ではやってきたんだけれども、同じことを言われだしたと。生活保護法では、こっちの都合では調査できるという規定はあるんですね。調査に応じなければいけないというところまで書いていないので、それはやっぱり何かいるだろうという話になってきた。それで本人の同意書をとろうという話になった。

福岡県のときに、嘘か本当かわからないけれども、まだやっていないのは東京都と大阪と福岡だと。三つだけ残ってる。あとはみんなやった。「やった、やった」というところも、本気でやったのかいい加減にやったのか、わからないようなところもあるという話は聞きましたけれども、とにかくその三県が残っているときに、僕は福岡へ行ってこいという話になりました。

それで、行くときに僕は、福岡しかないから、覚悟はしていたんです。まさか、自分で決めるわけにいかないから。それで行けと言われたので、こんな話はしないほうがいいかもしらんけれども、「じゃあ、三年契約でやらせてください」と。あんなところまで行って、一年、二年で結果を出せないだろうと思ったんですよ。いろいろ対立は激しいし、しかも今度は革新が勝ったから、労働組合は元気が出るわけですね。立場上、適正化にまず反対するだろうと。三年ぐらい辛抱するつもりで行ったんです。

行ってしばらくしたら、知事が呼んでると言われて、すっ

飛んで行ったんですね。「生健会という団体があります。そこが陳情をしています。適正化反対って、これはなんだ」というわけですよ。「知事さん、新聞に出てるでしょう。暴力団の生活保護不正受給がいっぱいあって、どうするのかというので一生懸命考えて、切り札はこれしかないんです。これで事実関係をはっきりしていけば、ちゃんと正しい保護ができる。同意書を持ってくれれば教えてくれるという話なので、それを保護開始にいただこうというもので、これは何年間も議論してやっと出した結論です」と言ったら、「やりなさい」と言われたんですよ。

奥田（八二）さん自身も、筑豊へ入ったりしていくなかで、生活保護でおかしいのがあるという認識を持っておられたんだと思います。正しくやるべきじゃないかと。それで、「関係団体が反対しますけれども」と言ったら、「話し合って、うまくやりなさい」みたいな話をしましてね。非常に、横町のご隠居さんみたいな人で、もののわかる人だなという印象を持ちましたよ。それで第一が、「いま残っているのが東京と大阪と福岡の三県だけです。どん尻にならないように何とかやりたいと思います」と言ったら、「はい、がんばりなさい」と言われて。（中略）

あと、福岡県についていえば、二〇年代は日本でいちばん保護率が低かったんです。なぜかというと、北九州工業地帯だったんですね。田川等筑豊のほうで石炭をいっぱい掘って、積み出し港である北九州市を中心に、新日鉄をはじめ工業地帯になっていましたから。工業地帯というのは日本で三つか四つしかなかったんですね。非常に景気のいい二〇年代を過ごして、三〇年代に入って炭鉱の合理化が始まって、あわせて水没事故やらいろんな事故も起こった。炭鉱の合理化をどうやったか僕は知りません。知りませんが、最初は整理合理化みたいなことをしながら、結局ゼロに近づいたということですかね。何が起こったかといったら、日本全国から集まってきた労働者が全国に散っていった。きれいに散っていってくれればいいけれども、そうはいかない。一人ひとり人生があって、地元に残った人、行った人、行ってもうまく行かなくてまた帰って来た人、いろんなドロドロしたものがあって、保護率は高い方から一番になってしまったんです。

あと、いろんなところでいろいろ書いていまして、読売新聞が一〇〇回ぐらい連載してくれました。マスコミは非常に協力的にやっていただきました。毎日新聞が、「筑豊有情」というのを一〇〇回ぐらい連載して書いてくれました。昭和六一年ですから、僕が三年目ですね。適正化がほぼ軌道に載った頃です。一人ひとりの人がどういう苦労をし、どういうふうに自立したかということが書いてあります。

同意書について、組合に提案したら二、三カ月で決着がつくんじゃないかと軽く考えていたんです。提案をしたら質問がいっぱい来ました。二、三日かけて手分けして、回答を書いて渡したんです。それはもちろん、さっき言った実地調査みたいな話がいっぱい書いてあって、なんで必要かと。びっくりしたのは、それを労働組合が印刷をして本にして、全員に配ってくれたんです。

岩永　誰にですか。

西沢　全ケースワーカーと関係者に。これは便利だなと。それで、福祉事務所単位で今度は議論をして、「厚生省がこう言ってきたけど、いかが対応すべきか」と。議論をしているんです。うちの職員はぜんぶ福祉事務所の経験者ですから。地元へ帰ったりしながら通っていると、「課長、若い連中は賛成ですよ」と。同意書がなくちゃ正しい保護ができないというわけですよ。当然、ぜんぶ若い連中も含めて、反対のほうへまわるんじゃないかと思っていたけれども、本音の話で、逆に支持していたみたいですね。それで、一二月頃かな、いろいろ手続き、憲法二五条を守れとか、「それはもちろん守ります」と。それで、確認質問かなにかをして終わっちゃったんですね。こっちは焦ってるから、「四四県までやって済んでる話を、福岡県だけなんであんなにするんだ」という気持ちがあったものですから、早くやろうやと。徹夜交渉でもいいからと。ぜんぜん乗ってこなかったけれども。組合には組合の進め方があるんだと勉強させられました。

田中　思ったより交渉はスムーズだったという印象ですか。その確認質問で終わるぐらいだったという。

西沢　奥田さんがケースワーカーとバンバンやりあったみたいですね。「俺たちが通した知事だ」という気持ちを持っているから、僕はぜんぜん知らんところでやっていたみたいです。それと、ケースワーカー自身が不正受給は騙されたほうですから、腹に据えかねてる。（後略）

■監査指導課長――阪神・淡路大震災への対応

西沢　監査指導課長は、生活保護の問題はちょっと思いつかなかった。ああだこうだというけど、だいだいわかっているからそれでいいとか、そこは直せとかいって、その程度の話だった。問題は、阪神淡路大震災です。一月一七日の火曜日の朝だったですね。

前日が成人の日の休日だったので、監査官の出動日だったんです。前日から行って泊り込んだ班はよかったんですが、当日に早朝の新幹線で対応した班は東海道新幹線が不通でバタバタした記憶があります。とはいえ、急行やら快速やら乗り継いでその日のうちにちゃんと着きましたから、生活保護については、監査その他の問題については大きな問題もなかった。

それで、一七日というと二月一日まで二週間あったんです。県とは連絡をとりながらどんな様子か話をしていたので、一週間ぐらいたったときに、「さあ、どうするか。二月に入ったら」と。この災害では、各市とも職員を災害用の体制に張り付ける方式で、ケースワーカーは避難所の管理、遺族との連絡や義捐金の支給などに張り付いて福祉の仕事ができていませんと。

ケースワーカーも気になるから仕事が終わってから自分の担当ケースに立ち寄ってみるようにしているけど、全ケースを回りきってはいませんとのことでした。中には、福祉事務所が避難所になっちゃってやっと空けていただいたというところもありました。

「じゃあ、二月の支給日はどうするんだ」「頭が痛い」と。頭は痛いけれども、今は災害救助の体制からケースワーカーをぜんぶ引っぱがすというわけにいかないというわけです。「それじゃあ、応援を出すか」という話になって、「出してくれ」と。「泊まるところは県で心配してくれ。泊まるところを用意してくれたら、各県に電話をして応援をお願いする」と。それで、監査官にぜんぶ電話をさせたら、「出てくる県の用意が済みました」と。ひとつあったのは、「うちはまとめてやっていますから」というのがいたけれども、もう一回電話をして、「福祉事務所のケースワーカーはどういうふうに応援しましたかというときに、お宅だけなしというわけにはいかないでしょう。トータルとしては変わりないかもしらんけれども、乗っかったらどうですか」と言ったら、「それじゃあ、入れてください」といって、お願いしました。茨城県なんかもその前から派遣していたけれども、「じゃあ、そっちもみましょう」という話で。

一日から、原則一人一週間交替で、半年ぐらいやったんですかね。あと、「各県と現場との相談は、ぜんぶ県庁で扱ってください。私どもが中に入ったって二重手間になるだけで、行き違いが起こることはあってもうまくいくことはないから」と。県と直接やってもらうことにしました。

岩永　応援に行ったのは兵庫県だけですよね。

西沢　それは、兵庫県という言い方をしたときに、「神戸市も入りますか」ということを聞かれるけれども、その件に関しては、窓口はもう兵庫県がぜんぶやってくれました。ぜんぶやりきれというか、政令都市はぜんぶ神戸市に配置するとかいう話もあるだろうから、そのへんはもう県に任せるから、県と神戸市でやってくれと。県がぜんぶ最後までやりきったと思いますよ。各市から注文をとって、そこへ張り付けることもありましたから。それは、うちが入ったって時間がかかるばかりだから、直接やってくれというお願いをしました。

それで、条件のもうひとつは、災害救助で福祉事務所がどういう仕事をしたか、応援団は何をしたか、応援団に行ってみてどういう勉強になったかということを、一人一ページでいいから書いて本をつくれと。そういうことを考えたのは、いかねがね生活保護で各県を回っていくなかで、災害救助法の適用になると、県、郡部の職員は調査部門を抱えていますから、職員は災害救助の主役になるんだと。しょっちゅう調査で訪問に行っていますから、どこに何が起こったというのがすぐわかる。ここにはこっちから行けば行けるとか、行けないとかいうことをわかっているのはケースワーカーだから、非常にそういう意味では重宝がられたという面がありますね。

（中略）

だから、災害という現場では、みんな被災者はたいへんですから、不平不満の塊のようになってしまう。「なんで家がやられにゃいかんか」というのが根っこにあるものですから、不平不満に対する反発というのは強いし、どこかで当たりどころを探さないと気持ちが収まらないのがあるものですから、難しいと。そういう面を、応援のケースワーカーもいろいろな面で聞いたんだと思います。あそこで勉強したものは必ず次に役に立つというメリットがあるんじゃないかという気持ちでやりました。

生活保護基準改定作業

――水準均衡方式の導入――

1943年生まれ
1967年　社会福祉法人全国社会福祉協議会
1979年　厚生省社会局庶務課社会福祉専門官
1984年　厚生省社会局保護課課長補佐
1988年　日本赤十字社

根本 嘉昭 氏

生活保護見直し

社会福祉審意見書　地域に応じ級地細分

厚生省の中央社会福祉審議会（会長＝福武直・社会保障研究所長）は、十七日、「国民生活の変化に対応した生活保護制度の在り方についての意見」をまとめ、増岡厚相に提出した。

現在、全国を地域別に三段階に分けている「級地制度」の生活扶助基準を細分化し、大都市と地方の支給額の差を拡大することにより、地域の生活実態に合った支給水準にすることを提言。また、勤労控除の面でも、生活保護世帯の自立を促進することを目的に、生活保護受給者に対する職種区分による控除を撤廃し、働けば保護費を加えた総収入が増加する収入金額比例方式による一元化を唱えており、厚生省は来年四月、生活保護制度の抜本的な改革を実施する。

厚生省によると、今年七月現在で生活保護を受けているのは、七十八万四千世帯の百四十四万人。三十五歳と三十歳の夫婦と子供二人の標準世帯の生活扶助は、一級地（東京区部及び十大都市）で月額十五万七千三百九十六円。二級地（県庁所在地など中都市）はこの九一％に相当する十四万三千二百三十四円、それ以外の三級地は八二％の十二万九千六十五円が支給されている。

生活扶助の基準は昭和二十八年まで五級地制、それ以後四級地制となり、五十三年から三級地に。

ところが、一級地と三級地で支給される生活扶助の格差は一八％なのに、総理府家計調査をもとに算出した一か月の一人当たり消費支出では、東京の一〇〇に対し、沖縄県のある村では三七・三と大きな差がある。また一般勤労者世帯に対する生活保護勤労者世帯の一人当たり消費支出（一か月）は、五十年度で五五・八％だったのが五十八年度には六六・四％に迫り、均衡を欠く状態も出てきた。

このため審議会は、現行の一―三級地の区分を細分化し最大で一八％の格差を拡大し、地域の実態に即した制度に改めることを求めている。

一方、生活保護受給者に対する勤労控除制度は、職種を事務員、日雇い労働者、坑内作業員などの三種類に分け、食費、衣服費などの名目で控除を認めている。最低生活に必要な経費の確保に重点を置いており、その結果、控除額の最も多い三の職種（坑内作業員など）で見ると、勤労所得が月額三万百四十一―十二万四千円の控除額は三万百四十円、月額十二万八千円以上で三万九百六十円となり、わずかの差しかない。

『読売新聞』1985年12月18日
（読売新聞社提供）

■厚生省社会局保護課（1）――基準の評価と水準均衡方式

岩永　この時期は、「基準は高すぎる」という意見が幅広くあったと思います。先生が基準の担当をされていた頃に、どの程度地方の担当者とお話されたかわからないですが、少なくとも監査官は、担当の地域に行かれるわけですよね。そこで「基準が高い」と言われたとか、監査指導課の報告会みたいなところでそういう指摘があった、というようなご記憶はありますか。

根本　ありますよね。一般的には、基準は確かに高いと言われていました。しかしながら、高くはない、という検証を数年前にしているんですよね。妥当だからこそ水準均衡方式にしたわけですよね。水準均衡ということで、これ以上格差は縮めないよと。しかしながら相変わらず三級地と多人数においては基準は高いという意見があった。また、現場でもそういう意見が強いということは、やっぱり常識的に見てもそういうことなんだろうなと思いましたね。しかし、行政の中でできるのは、そこらへんまでで、それがあの時の限界かなと。

事実、それ以降の基準の流れを見ても、私がいなくなってからも、生活保護受給者の消費と一般世帯の消費の消費支出格差みたいなものを、ずっと公表していたと思うんですね。それがある時からパタンと止まってしまったんです。そしてまた最近、復活したんですよね。ここ四、五年か何か復活しているんですよ。私がいた頃の、今から何十年前は、一般世帯と生活保護世界の消費支出の格差はだいたい六七～八％ぐらいのところだったと思うんです。それがある時、これ以上いくとなると七〇％を超えるようなところにまでなってしまう。それからさらに公表がストップしちゃって、そして数年前に公表された時は、すでに八〇％を超えてるぐらいになっているんですね。

生活保護の水準均衡の考え方が正しいのであればそれでいけばいいのですが、それ以降の政治的な配慮の中で、たとえば今回もそういうことになっていますが、いわゆる福祉的給付金に代表される給付です。私がいた頃もどうしても政治的に、消費税を導入するという時に、生活保護の受給世帯をはじめとする低所得世帯に対して何らかの対応をするから、消費税という施策を通してくれと。そして福祉的給付金を出すことによって、水準均衡のいちばん大事な根幹が崩れてしまうことになるわけですよね。つまり、民間最終消費支出の見通しの中には、すべての物価の上昇分を含む形でそれがある。だから国民の消費生活実態予測の中に、すべての消費税なり何なりが折り込み済みなのだけれども、生活保護の受給世帯に対しては、にもかかわらずそれにプラスアルファ何万円かの給付をすることになるので、そこもひとつ大きな縮小が拡大するというか、生活保護の世帯に有利になることになります。

それから、これは実際に私も経験しましたが、水準均衡でいくと、どうしても翌年度の政府経済見通しの民間最終消費支出をベースとしますから、場合によっては翌年の見通しがこれしかいかないと。けれども、過去の実際の実績見込みと実績という過去二年間の差も一緒にその時に合わせて、実態上の調整をするわけですね。そうすると、場合によってはマイナスになることもあり得るわけです。そういう時は政策的に、当時、生活保護の基準は下げてはいけないという大きな命題があって、若干の数字的な操作をして、物価プラス〇・一%ぐらいでだいたい落ち着かせようということもあるんですね。だから、一般国民の生活がそこまでいかない時に、生活保護の基準だけは調整をすることもある。しかしながら、そこは理屈の世界ですから、理屈はちゃんと通っているような形の数字にしますけれども、そういうこともある。

岩永　民間最終消費支出に合わせるというのはすごくいいアイデアだなと思いましたけれども、それは今井一男さんのアイデアでしょうか。

根本　どうなんだろう。やっぱりそれは役所だろうと思うけれども、今井先生はそれを承認されたんですよね。

岩永　水準均衡方式は、先生がいらっしゃる前に決まっていたでしょうか。

根本　そうです。僕がやったのは、水準均衡方式というネーミングをどうしようかという時で、仕組みは、前の小林（迪夫）さんが今井先生たちとも相談しながらつくったわけですけれども、ネーミングをどうしようかという時に。

菅沼　他にどういう案がございましたか。

根本　格差縮小からの流れですから、いちばんわかりやすいのは格差維持だと。しかし、それはあまりにもえげつない。だから、それだけのバランスがあるんだから、バランス維持方式にしようということも事務的には出したと思いますが、今井先生のご判断もあって、「水準均衡というのはよくわからないけど、何となくそれらしいのではないか。何が水準、何が均衡なのかよくわからないけれども、何となくそれで納得できるのではないか。水準均衡方式にしよう」と、確か今井先生のご判断だったと思います。

岩永　最初、八四年は「消費支出比例方式」と言っていたと思います。『生活と福祉』にはそういう名称が登場するのですが。「というような」がつく感じですけれども。

根本　趣旨としてはそうですね、方式としては。ただやっぱり、対外的なものとしてはそのような形の中で落ち着いたと思います。

岩永　そのネーミングが決まらなかったというのは、その前のマーケットバスケット、エンゲル方式、格差縮小に比べるとちょっと珍しくて、六一年に「エンゲル方式でいきます」とか、「格差縮小でいきます」とバチッとなっているんですけど、水準均衡については八四年に「水準均衡」とは言わず「消費支出比例方式」で、ネーミングがバチッと決まらないというあたりは何かあったのでしょうか。保護課の中であまり納得いかないというような方たちがいるとか、ピンとこないとか。

根本　その雰囲気はあまりなかった。僕はわからなかったけれども。ただ、「水準均衡」という名前については、それが出てからは誰もそれに対して抵抗はなかったと思います。（後略）

■厚生省社会局保護課（2）——標準三人世帯・保護率の低下

根本　それと、標準四人世帯から三人世帯への変更ですけれども、それについては当時、大蔵との関係でパッとそういうことをやってしまいました。それについては、やった後、「これは失敗だったな」とすぐ思いました。たまたま当時の平均世帯人員が三人ちょっとだったということもあって変更したのですが、あれはあくまでも一般国民に対するモデル提示ですから、世帯モデルとすると、世帯を構成するものでは四人世帯がいちばん多いということからすれば、四人世帯でいくべきだっただろうなという気がします。ただ、それはあまり意味がなかったことかもしれないけれども、見てくれからするとずっと生活保護の基準を小さく見せる。高すぎると言われている基準を低く見せるということには、それなりの意味があったということだと思いますね。

田中　これは、どこから出てきた話ですか。

根本　保護課の内部からです。要するに、これはピーアール資料なんですね。基準が決まった段階で、あくまでも保護課のサイドにおいてつくればいいだけの話ですけれども、その時に、標準四人よりは、実際に平均世帯人員も三人ちょっとだから三人にしようじゃないかという形で、我々のサイドで簡単につくればいいだけのことですから、そういうふうにしたのだろうと思います。ただ、その後に三人世帯ばかりになってしまって、「ちょっと失敗したね」なんて常にそれは思いつつ。ただ、いったん作ってしまうと、それをなかなか修正できないというのがありますからね。だから、これぐらいのことの変更は我々サイドである程度自由にできる。中央というのはそういうところもありますね。

岩永　この頃、一九八一年に一二三号通知が出て、その後、一九八六年とか一九八七年、いろんなところで生活保護を打ち切られて老人が自殺するとか、母子世帯のお母さんが餓死するという事件が起きます。先生はよくご存じだと思いますけれども、世間的には絞られていく時期だというふうに認識されていると思います。当時、そういう実感、保護率が下がっていくという実感はありましたか。

根本　ありましたね。一方では「高い、高い」と言われつつ、しかしながら一方ではそういう中で、とくに札幌の餓死の問題とか、荒川区とかいろいろと厳しい話題があって、そしていろいろな形のクレームの電話が保護係のほうに。とくに、実施要領担当の企画法令の補佐、キャリアの人ですが、彼のところにどんどん来るという形ですよね。そのような意味では、やっぱり風当たりがかなり強くなってきたなという感じがあったと思いますね。

岩永　なんでそうなっていったかということについて認識、感覚とかはございますか。また、クレームへの対応の仕方がどのようであったかとかご記憶でしょうか。

根本　それはもう遠くでしか聞いていませんけれども、だいたい木で鼻を括るというか、のらりくらりというか、そんな形でしょうかね。そこのところは、キャリアの人はそういうことには長けてくるのかな。国会答弁も含めてだけれども、そういう訓練をしているのかもしれませんね。そういうところは、一般の我々のほうはほとんど受けない形になりますよね。

岩永　全体的に、保護費を上げてはいけないみたいなプレッシャーがあるということはあるんですか。

根本　どうかなあ。

岩永　それとはまた別ですか。

根本　別ではないかな。ただ、はっきりしているのは、国とは別にして、都道府県と市は一定の締めつけをせざるをえなかった。結果として、補助率が一〇分の八から七になったことによって、彼ら自身の負担は二から三になるわけじゃないですか。五〇%の引き上げという中で少しでも規制をしようという、そのプレッシャーは大きいものがあったのではないですかね。それが、場合によっては行き過ぎみたいな形でいくこともあるだろうし。

だから、（昭和）六〇年の保護率は急激に減っているんですよね。一般的に国が公表しているのは、あれは当時、年金に大きな改正があって、とくに障害年金が大きく改定されたことによって生活保護世帯から障害の世帯がどんどん出ていったから、保護率が下がったということで、公表されていると思います。しかし、実態というか、当時の保護課の認識も、それは国の補助率の変更が自治体に及ぼした影響が最大のものだったのではないかという理解でしたね。

田中　確か、母子もそのあたりですごく下がるので、たぶんそうでしょうね。

障害者福祉の展開

1943年生まれ
1961年　厚生省入省
1970年　厚生省社会局保護課基準係長
1983年　厚生省更生課身体障害者専門官
1995年　厚生省社会局監査指導課長
1997年　厚生省社会局保護課長

田中 敏雄 氏

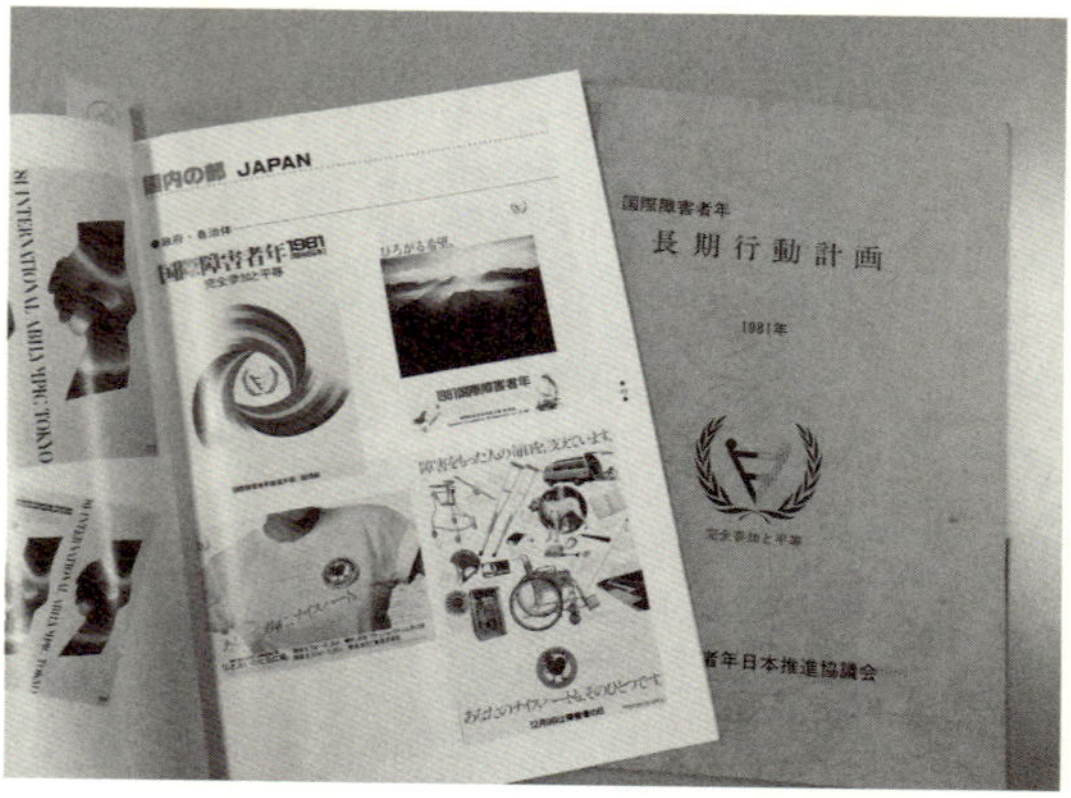

国際障害者年の関連本

■更生課（1）――障害者の所得保障・特別障害者手当

田中（敏）（前略）その頃は、（昭和）五六年の国際障害者年の後を受けて、かなり障害者対策、福祉が盛り上がっていた時でしたね。国際障害者年では、例の「完全参加と平等」がテーマでしたけれども、国内では、障害者の方たちが「自立の推進」ということを盛んに言っていたんですね。その関連で社会局がかかわったのが、障害者の所得保障の確立と身体障害者福祉法の改正という二つあったんです。

まず、障害者の所得保障の確立というのは、中心は年金のほうで障害基礎年金の創設という、それは年金局のほうも年金改革の一つの柱として意識してやっていたわけですよね。基本的には年金の水準を下げるようなことが中心だったけれども、ひとつぐらいはいいやつもないといけないというのもあったのだろうと思います。障害基礎年金の創設ということで。

これもご存じの通り、従来は二〇歳未満で障害者になった人などは年金をもらえないと。その人たちに対して、社会局のほうで福祉手当を支給していたわけですね。障害の程度は国年一、二級程度の二〇歳以上の人で拠出制の年金をもらっていない人に福祉手当を支給していたと。確か、月額が一万円とか、正確には覚えていないですけれども、そのぐらいだと思いますね。それで、年金をもらえない人に付くという形ですが、障害基礎年金のほうは、無年金者をなくすということで、二〇歳未満で障害者になった人も二〇歳からは支給するという形ですから、経過的な問題を別にすれば、若いうちに障害者になった人でも年金をもらえるようになったから、福祉手当そのものの対象者がほとんどいなくなるだろうと。障害者の所得保障のベースは障害基礎年金だと。それで、この一級と二級というのをつくったということですね。

じゃあ、福祉手当をどうするのかということになったのですが、当時盛んに言われていたのが、「介護料の助成をしてくれ」という要請だったんですね。障害基礎年金のほうは、主として稼得能力の喪失への対応が中心で、二級よりも一級のほうが喪失が大きいから金額は高いんだみたいな話が基本だと思いますけれども。それに介護のための費用の上積みが必要だと。とくに全身性障害者みたいな重い方たちが、そういうのが必要だということを盛んに言っていたんですね。

菅沼　自立支援運動の方たちとの接触もあったんですか。

田中（敏）　それはもう、しょっちゅう。最後は仲良くなりましたけれども、だいぶ責められて。連日のように折衝だ、交渉だといってやられていましたけれどもね。その結果、だいぶ障害者に洗脳されましてね。厚生省の中でも、「更生課はおかしい」なんて、だいぶ言われましたよ。会計課長のところにいろいろ要求を持って行くと、「更生課はおかしいんじゃないか」と（笑）。「思想が偏っている」なんて言われましたよ。こちらは「そんなことない。毎日、障害者と会ってみろ」と。

田中（聡） この頃はわりと、仲がいいと言ったら言い方は変かもしれませんけれども、そうした印象でしょうか。

田中（敏） 僕が更生課に移る前の更生課長に板山（賢治）さんという人がいましたけれども、あの人たちが最初のうちはものすごく攻撃されていたんですが、そのうちに一所懸命に対応するということで、いろいろ話し合えるような関係にはなっていたんですね。だから、お互いに信頼はできていたんですよ。更生課のほうも一所懸命やっていましたからね。だから、注文はいっぱいあるんですけれども、完全に対立してという話ではなかったんですね。そういう中での所得保障の話ですから、いろいろ要望があったわけですね。

ですから、福祉手当を再編するという構想は最初の頃から出てきました。障害基礎年金を検討する年金局の会議の時にも、僕らは毎回出ていて、どういうふうになるのか聞いていたんですよね。もちろん年金局のほうも、うちのほうの手当を年金に上積みするということは承知していました。

菅沼 その障害基礎年金の金額を決める時の算定の根拠はどう決めたのでしょうか？

田中（敏） 算定の根拠までは具体的には聞いていませんね。ただ、老齢基礎年金と二級障害基礎年金が同額ですよね。老齢の額は基礎的な生活費を賄うレベルだという説明はしょっちゅう言っていましたから、そういうものだろうなと。ただ、一級の二五％の増は、稼得能力がもっと低いとか何とか、そういうことで上乗せしているんだという話は聞いていましたけれども、厳密な根拠は聞いていませんでした。ただ、話しっぷりからすれば、実際の生活費を見て、基礎的な生活費、それが具体的にどの範囲かは知りませんけれども、そういうものを選び出して、このぐらいだという根拠はつくっていたんだと思いますけれどもね。

百瀬 もともと二〇歳未満で障害になった方には、障害福祉年金も出ていましたよね。その障害福祉年金が障害基礎年金に変わりました。

田中（敏） ちょっと金額が低くて、出ていたんですよね。

百瀬 そうです。そして、福祉手当というのは障害福祉年金とは別にあって、在宅の重度障害者に支給されていました。それが特別障害者手当に変わったという流れだと思いますが、その特別障害者手当の金額などは、どのような根拠に基づいていたのでしょうか？

田中（敏） 今までの福祉手当の財源を振り替えるというのが基本だったんです。正確には覚えていないですが、福祉手当は一万円ぐらいだったと思うんですけれども。

百瀬 福祉手当はかなり低かったですね。それで、特別障害者手当が……

田中（敏） 二万円にしたんですね。福祉手当の対象者が国民年金の一、二級程度でしたよね。それで、特別障害者手当は基礎年金の上乗せなのだから、かなり重度で常時介護が必要なレベルの人と考えて、具体的には一級の障害が重複しているぐらいの障害者にしようとしたんです。それで対象者数を推計すると半分ぐらいには減るということで、財源的に手当額を倍ぐらいにできるという、そういう財源が先にありきの話なんですが。それでも新しい仕組みでの二万円ならば少しは役に立つよねというのがあって。一万円だけだと気持ちだけだけれども、基礎年金の上乗せとして二万円であれば結構な数字になるんじゃないかと。年金とトータルで八万二五〇〇円ぐらいになりますからね。障害者のほうも、それぐらい出ればいいんじゃないかということも言っていましたね。そんな形で、特別障害者手当をつくったということですね。確かにそうですね。障害福祉年金、あっちは二万円ぐらいでしたかね。

百瀬　障害福祉年金が当時、二級で約二万五〇〇〇円ですね。福祉手当はかなり低かったですね。

田中(敏)　確か、一万円ぐらいまでいってたような気がするんですけれども。

百瀬　福祉手当は一万一二五〇円で、それが特別障害者手当になって倍増ぐらいになると。

田中(敏)　そうですね。所得保障の関係ではそんなところですが。

百瀬　この改正時に、認定基準が従来、厚生年金と国民年金で違っていたのですが、それを一級と二級については統一します。これに関して、どのような議論があったのでしょうか。あるいは、今でもそうですけれども、身体障害者福祉の分野の認定と年金の認定はだいぶ違いますが、この認定基準の違いをどうするのかという議論はあったのでしょうか？

田中(敏)　議論はあったんですが、年金同士は合っていたほうがいいけど、それ以外の基準は意味がもともと違っているねと。要するに、身体障害者福祉法のほうは、障害を回復するための施策が主で、機能的なレベルの欠陥の程度、欠損の程度に着目しての区分だし、年金のほうはどちらかといえば稼得能力の喪失に着目しての区分だから、結果的にはぜんぜん違う経緯で来てしまっているから、合わせようとしてもなかなか合わせられないんです。まあ違っていてもいいのではないかということで、無理に合わせようとはしなかったですね。

ただ、年金とか手当となると、ぜんぜん違っていてはおかしいので、手当のほうは年金の基準をベースにして合わせましたけれどもね。ただ、特別障害者手当は、要介護という点に着目していたので、包括条項として「これに相当する程度」といった基準を一項目つくっておいて、それを具体的に個々のケースに適用する際、要介護という点から見てあまりおかしな差が出ないように運用していく。だから、法律とか、あるいは省令とか、そういう段階の個々の基準では若干違っていても、包括条項みたいなやつを入れて、実際にはいろいろな調整ができるようにしているというところがありますね。

ですから、特別障害者手当も確かそういうふうにして、障害認定は、機能喪失の程度などである程度機械的にできるようにはしてあるんですが、最後は介護が本当に必要だと認定されれば、受けられるという条項は入っていると思うんですけれども。基準の基本は確か「これらの障害が重複するレベルで常時介護が必要な人」みたいになっていると思うんですが、別に重複していなくても、同じぐらいの介護が必要と認められれば認定できるようにはなっていると思います。障害の基準が違うという議論はしょっちゅう出てくるのだけれども、最後はもう、いろんな経緯があるものだから調整しようがなくて、趣旨が違うということで済ませていますね。

百瀬　障害者団体の方たちは、障害者の所得保障に関して、具体的にどのような要求をしていたのですか。

田中(敏)　所得保障のほうは、僕らのところは主力ではなかったから具体的な要求はあまりなかったですね。総論的にはいろいろ言われましたし、福祉手当の話でももちろんあるんですが、そんなに絞っての要求は言わませんでしたね。むしろ、手当の考え方が固まってから、こちらから「こんなのでどうか」と提案して、「金額的にはそんなのでいいんじゃないの」みたいなやり取りはやりましたけどね。具体的な要求は、身障法の改正のほうが主力で受けていましたね。

■更生課（2）――施設の費用徴収制度

岩永　施設の費用徴収のお話についてはいかがでしょう。

田中(敏)　それは、福祉法の改正の中のひとつに出てくるんですけれども。身障法の改正を五八年にやったんですが、その時に、さっき言っていた陳情などで議論の中心になっていたのが、やっぱり法の目的でしたね。目的とか言葉。「障害」という言葉、「更生」という言葉とかね。結局は理念が絡む話ですけれども。身障法の改正といっても、あまり具体的な、障害者にすぐメリットがあるという話は比較的少なかったんです。むしろ理念の問題、言葉の問題を、ものすごく向こうは主張していましたね。お金の問題は年金のほうでやったからわからないですが、「身障法を改正して障害者の自立の支援をするという法の理念をちゃんと表せ」とか、「障害という言葉がおかしい。障害という言葉を直せ」とか、それはだいぶ言っていましたね。それから、いろいろ事ある度に「考え方の基本がおかしい」とかね。

百瀬　「基本がおかしい」というのは具体的にどのようなことでしょうか?

田中(敏)　「もうちょっと障害者を自由にさせろ」みたいな話とかね。施設などでも、「障害者は自立できるんだから、施設は自立できる手助けをするのであって、保護、管理をするわけじゃない」みたいなことを盛んに言っていましたね。現実的に、確かにそうなんですよ。障害者の施設なんかだと、何かトラブルがあるとすぐ施設の責任だなんて言われるから、施設の方は、障害者をなるべく外に出さないで、あまり勝手なことをやらせないという意識も、なくはなかったんですけれども。施設側にしてみると、「施設が悪い、悪い」とすぐ言われますからね。だから、「もうちょっと自由に出歩けるようにしろ」とか、「中で酒ぐらい飲めるようにしろ」とか（笑）。そのかわり、私どものところに来ているような障害者の人たちは、「外に出て事故があったらそれは障害者の責任だ。そういうことを障害者だってみんな言わなければいけないんだ」ということは言っていましたけどね。（中略）

田中（聡） 理念が中心で、費用徴収のほうは、割にあっさりまとまったのでしょうか？

田中（敏） 費用徴収をやることは、「当然だ」と言っていました。もっとも、自分たちがどれぐらい取られるか、そんなに取られやしないと思っているわけですけどね。所得保障が確立されれば、一般の人は費用を払っているんだから、障害者も払うのは当然だと。それは大いにいいんじゃないのということでね。法律改正の時は、具体的な中身は議論していませんからね。費用徴収の規定を入れるというだけで。後で、具体化するときにはだいぶ揉めたんですけれども、法律改正の時は「当然だ」ということでしたね。

田中（聡） 「当然だ」というのは、障害者団体のほうですか？

田中（敏） そうです。だから、所得保障のほうをちゃんとやってねという、そっち側が付いて回っているわけですよ。それが前提だからね。普通の人だってみんな払うものは払うじゃないかと。お金のある人は払うので。もちろん、お金のない人に「払え」なんていう制度じゃないということは知っているからね。（後略）

1980年代の老人福祉の展開

1935年生まれ
1958年　社団法人日本肢体不自由児協会
1960年　ニューヨーク州立リハビリテーション病院留学
1962年　東京都北療育園
1966年　厚生省入省
1970年　厚生省社会局老人福祉課
1977年　厚生省社会局老人福祉課老人福祉専門官

田中 荘司 氏

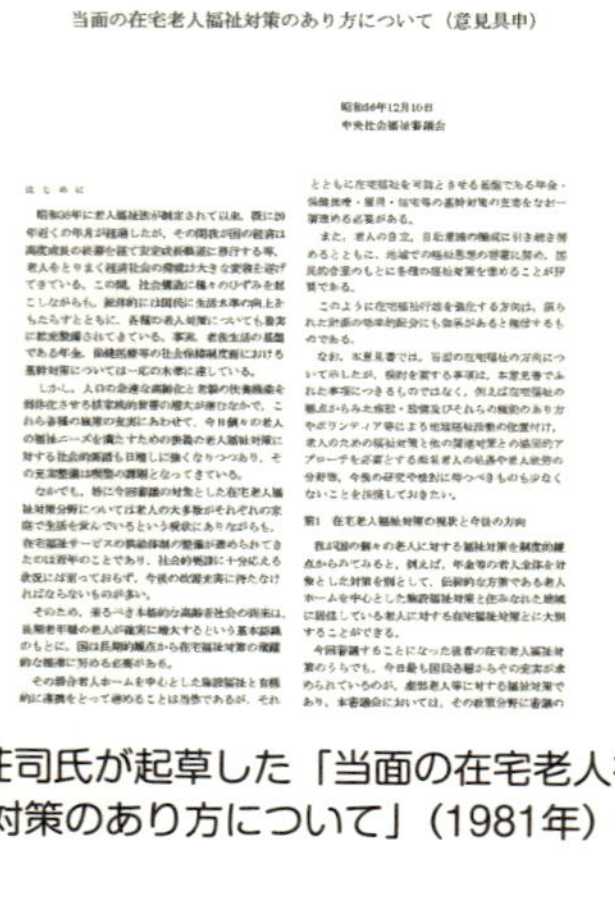

当面の在宅老人福祉対策のあり方について（意見具申）

昭和56年12月10日
中央社会福祉審議会

はじめに

昭和38年に老人福祉法が制定されて以来、既に20年近くの年月が経過したが、その間我が国の経済は高度成長の終幕を経て安定成長軌道に移行する等、老人をとりまく経済社会の環境は大きな変貌を遂げてきている。この間、社会構造に種々のひずみを起こしながらも、総体的には国民に生活水準の向上をもたらすとともに、各種の老人対策についても着実に拡充整備されてきている。事実、老後生活の基盤である年金、医療保障等の社会保障制度面における基幹対策については一応の水準に達している。

しかし、人口の急速な高齢化と家族の扶養機能を弱体化させる核家族的世帯の増大が進むなかで、これら各種の施策の充実にあわせて、今日個々の老人の福祉ニーズを満たすための多様な老人福祉対策に対する社会的要請も日増しに強くなりつつあり、その充実整備は喫緊の課題となってきている。

なかでも、特に今回審議の対象とした在宅老人福祉対策分野については老人の大多数がそれぞれの家庭で生活を営んでいるという現状にありながらも、在宅福祉サービスの供給体制の整備が進められてきたのは近年のことであり、社会的要請に十分応える状況には至っておらず、今後の改善充実に待たなければならないものが多い。

そのため、来るべき本格的な高齢者社会の到来は、長期老年期の老人が確実に増大するという基本認識のもとに、国は長期的観点から在宅福祉対策の飛躍的な拡充に努める必要がある。

その場合老人ホームを中心とした施設福祉と有機的に連携をとって進めることは当然であるが、それとともに在宅福祉を可能とさせる基盤である年金・保健医療・雇用・住宅等の基幹対策の充実をなお一層進める必要がある。

また、老人の自立、自助意識の醸成に引き続き努めるとともに、地域での福祉思想の啓蒙に努め、国民的合意のもとに各種の福祉対策を進めることが肝要である。

このように在宅福祉行政を強化する方向は、限られた財源の効率的配分にも効果があると確信するものである。

なお、本意見書では、当面の在宅福祉の方向について示したが、検討を要する事項は、本意見書でふれた事項につきるものではなく、例えば在宅福祉の観点からみた施設・設備及びそれらの機能のあり方やボランティア等による地域福祉活動の位置付け、老人のための福祉対策と他の関連対策との協同的アプローチを必要とする痴呆老人の処遇や老人就労の分野等、今後の研究や検討に待つべきものも少なくないことを指摘しておきたい。

第1　在宅老人福祉対策の現状と今後の方向

我が国の個々の老人に対する福祉対策を制度的観点からみてみると、例えば、年金等の老人全体を対象とした対策を別として、伝統的な方策である老人ホームを中心とした施設福祉対策と住みなれた地域に居住している老人に対する在宅福祉対策とに大別することができる。

今回審議することになった後者の在宅老人福祉対策のうちでも、今日最も国民各層からその充実が求められているのが、虚弱老人等に対する福祉対策であり、本審議会においては、その政策分野に審議の

田中荘司氏が起草した「当面の在宅老人福祉対策のあり方について」（1981年）

■老人ホームの費用徴収改正

田中(荘)　ある時、駄目だったことがありまして、予算委員会で、老人福祉で審議が一週間ぐらいストップしたことがあるんですよ。それが老人ホームの費用徴収で、これは当時の税制を利用して費用負担の仕組みは考えてあって、たとえば月一一万円の六五歳以上の年金受給者が老人ホームに入った場合には、ゼロ円になっているんですよ。それは、税制上の恩恵でそういう仕組みになって、市町村民税の均等割りの場合ですけれども、それは当時、無料で入れるんですよ。一銭も払わなくていいと。あるいは、一六八万円ぐらいの場合、月額一四万円ぐらいの場合もいろんな控除があって、差し引くと月に三〇〇〇円ぐらい払えばいいと。そうすると、一六八万の年金受給者――月一四万円ですけれども、それは国民が知ったら怒るんじゃないかということなんですね。それで当時、老人福祉分科会を開いて審議をして、そして費用徴収の仕組みを抜本的に、ヨーロッパ、欧米並みに切り替えるということをやったんですね。

田中(聡)　これは、七九年に答申が出ると思うんですけれども、臨調よりも先の動きですよね。どこらへんから費用徴収を変えていこうという動きというのは?

田中(荘)　それは、仕事をやっていて、老人福祉課は在宅も施設ももちろんやるわけですよ。そうすると、不均衡が甚だしいんですよ。老人ホームは優遇されているという感じなんです。在宅のほうは、制度それ自体がないんですよね。ホームヘルパーしかない。ホームヘルパー制度も、所得税の非課税世帯しか派遣しないという、救貧対策で止まっているんですよ。老人ホームはそうではなくて、特別養護老人ホームなどは貧富の差なく、条件を満たせば入れるという仕組みになっているんですよ。バランスがまったくとれていないんですね。

だから、そのバランスをとるということもしないといけないけれども、お金のこともあるし、大蔵省も「お金、お金」と言って、少しはお年寄りから払ってもらおうかと。当時は、たとえば一六八万円の年金収入があっても、お年寄りが一円でも払えば家族は、扶養義務者は払わなくていいという仕組みになっているんですよ。だから、ものすごい格差があるんですね。ヨーロッパ等を調べてみると、そういう税制の仕組みを使って費用負担をしてもらうというやり方は、まったくやっていないんですね。(後略)

■シルバーサービス振興指導室の設置

田中(聡)　あともうひとつ残っているのは、シルバーサービス振興指導室というのができましたが、これはどういう狙いがあって八五年にできたのでしょうか。

田中(荘)　当時の通産省の住宅建材を担当する課が……厚生省は当時、非課税世帯の施策が多い状況のときですから、福祉を一般化しないといかんという時期に、公的な財源だけを使って福祉を伸ばすのは難しくなりつつあるので、やはり民間の活力を使うということで、これ公正取引委員会から指摘されてしまったんですけれども。当時は考えていなかったんですけれども、民間の活力を福祉という視点で拡大させようという、当時の通産省の考えがあったんですね。厚生省の人間がその情報をキャッチしたと。それで、お年寄りという人間を扱う対策は、やはり福祉を担う厚生省がやるべきだという理屈をつけて、その動きを具体的に厚生省が先取りしてしまおうという戦略になって、大手の住宅関係の人たちを厚生省が集めたんですよ。国の現状を説明して、ゆくゆくはそういう民間の活力を応用した、質の高いものを福祉サービスとして充実させていくという考えをもっているので、勝手にシルバーサービス振興指導室というのをつくって、訓令だったかな。だから、そんな正式じゃないんですよ。行政管理庁の了解をとって行政の組織としてやるというようにしなかったんです。それで、引きつけようということで老人福祉課がそういう人間を集めちゃったんですよ。

田中(聡)　掌管競争というか、そういう側面があったんですね。

田中(荘)　あれはまた時期がよくなくて、当時、通産でしょう。海外に日本の老人が数カ月滞在するような対策をやろうとしたら、余所の国から「老人を輸出するのか」という批判があって、結局オジャンになったんですね。評判が悪いと。そんな時期だったんです。だから、それで集めて、またそこは役人ですね。シルバーサービス振興会の組織をつくって、委員会を開いたりして、企業にも加わらせて、そして基準をつくると。そういうことでダーッとやりだしたんですね。最後は、ずいぶん伸びてきたんですよ。だから、民間企業は「福祉は厚生省だ」というふうに頭が切り替わったんですね。それで、厚生省としては事業を拡大した、増やしたという形になるんですけれども、それでやりだしたら公正取引委員会からクレームがついたんですね。

田中(聡)　それは、独占の問題ですか。

田中(荘)　独占問題で。介護をやりたい企業が、その組織に入らないと認められないということではよくないと。それで、そういう縛りはなくしていくということになったんですね。

確かに、僕も仕事をしながら、福祉のレベルをあげたい、対策を充実させたいという思いはものすごく強くもってやりましたよね。

■介護福祉士の名称と兵庫県との折衝

田中(荘)　社会福祉士は過去の四六年の歴史がありますのでいいんですけれども、介護福祉関係は当然、世界一のスピードで高齢化していますので、介護人口が増えることは間違いないので、今のようなことは想定していたんですよね。必ずそういう社会が来るということで、そのためにはやはり従事者の資質が求められると。これは何とかしないといけないというので、僕も自分のライフワークの締め括りで、これは終わらせたいという気があって力を入れることにしたんですけれども。だから、ずいぶん外国も行き、国内でもあちこち行き、そして代々木に、全国の家政婦紹介所を取りまとめる役割を果たしている組織があるんですね。三つぐらいの団体がありまして、だいたい全国の家政婦紹介所が加盟しているところがあるんですよ。そこへ聞きに行ったりして、家政婦の事業所として資質についてどう考えているか、そして現に何をやっているのかということを聞きに行ったりしましてね。

そういう国内の動きや外国の動きをキャッチしながら、介護福祉士という……これはじつは、こういう検討をやったことがあるんですよ。これは外に出ていないですけれども、かなり真剣に、「介護福祉士」にするか「福祉介護士」にするかという議論をしたんです。介護という仕事が大きな問題になるので、福祉という狭い枠内で捉えるべきではないという結論に至ったんですね。介護を前面に出すと。福祉的なセンスを持った人間を育てるということで「介護福祉士」にするということで、社会福祉士との名称を合わせるために介護福祉士にしたのではないという、これは僕もあまり書いたことはないですけれども、外には言ったことはないですけれども、真剣に議論をしたんです。（後略）

■介護福祉士の「専門的・技術的職業群」への位置づけ

中嶌　ちょっと話が戻りますが、福祉士法制定試案ですけれども、七一（昭和四六）年に出しまして、廃案になるまで五年ぐらいかかっているんですね。このぐらいかかるものですか。

田中(荘)　結局、核になる人がいなかったんじゃないですかね。引っ張っていくという。

中嶌　それと、資質のお話が出ていましたけれども、当時はソーシャルワーカーとかケアワーカーとか、保育士というのが基礎業種だったと思いますけれども、とくにソーシャルワーカーだと専門職という考え方ですよね。それはどこから持って来たんですか。

田中(荘)　それは、ここにも書いてありますけれども、日本標準職業分類というのがあって、これは今の総務省かな、統計局がありますね。統計審議会というのがありまして、そこが権限を握っているんですよ、標準職業分類という仕組みを。それを見たときに、昭和二〇年代の福祉三法時代の位置づけで書いてあるだけなんですね。昭和五〇年代に入っていてもそのままなんです。これはちょっとひどすぎるんじゃないのと。調べたら、福祉関係の人はその統計の審議会に入っていないんですね。福祉を知らない人が審議会でなぜ議論されるんだろうと思って、非常に位置は低いんですよ。当時七つの大分類があって、看護師や医師はちゃんと「専門的・技術的職業群」に位置づけられているんです。福祉は、福祉三法時代の状況の中で、「専門的・技術的職業群」の中のその他というところに少し書いてあるだけなんですよ。実態とはまったく乖離しているんですね。それで、これは福祉六法時代にふさわしい、あるいはそれ以上の法整備が進んでいますので、それを踏まえた職業分類にきちっと位置づけると。とくにソーシャルワーカーの福祉関係職は、「専門的・技術的職業群」の中に位置づけたいと。七つの大分類のひとつに「サービス職業群」というのがありまして、できたら「サービス職業群」ではなくて「専門的・技術的職業群」に位置づけたいということで、児童家庭局と社会局の専門官が集まって議論したんですよ。どうあるべきかと。議論した結果を踏まえて、時代に合ったように改善を加えるという要望書を出したんです。それは受け入れてくれましたね。少しよくなりましたけれども。

■社会福祉士と介護福祉士の関係

田中(聡)　先ほど法務省の統計の話があって、先生は専門職をつくっていくことが大事とずっとお考えになられていて、一方でよく聞くのは、斎藤(十朗)大臣の二八項目の中にひとつ入っていたという話は私も読んだことがありますけれども、そういったことは先生も見聞きしたことはありますか。

田中(荘)　それからいうと、逆算するとすぐできないんですよね。だから、大臣が言われる前からそういう動きは社会局内ではあったんですよね。介護だけに限ってみれば、(昭和)五四年から僕は審議会を動かしてあれを書いた人間ですから、名称は別として、それは意識していましたから。そういう職種をつくっていくことについては、どうしてもやらないといけないと思っていましたので、いい機会であったことは間違いなかったですね。

岩永　社会福祉士と介護福祉士をつくる流れは、先生の今のお話だと、どちらかというと介護福祉に重点があるというか、介護福祉の視点が強いのかなと思って伺ったのですが、そのできる流れは両方とも平行してなのか、それともどちらかに重点を置いていたのか。

田中(荘)　そういうどちらかを優先するということはなかったですね。だから、私は老人福祉課にいたけれども、社会福祉士をつくる作業をするのは当時、庶務課といって筆頭課があって、そこの併任にもなっているんですよ。辞令が出ているんです。意思疎通はよくするということで、勝手にバラバラでやる、意見も聞かずにやるという発想はなかったんです。社会福祉専門官と老人福祉専門官、二人に併任辞令が出たんですよ。併任辞令はお互いにもらいましたけれども、実質的には、資格のことで会議をやる場合に、僕が老人福祉専門官で庶務課へ行って社会福祉士の会議をする場合に、「老人ではこういう動きでこういう進み方をしている」といって議論をしたことは、一回もなかったです。我が道を行くというか。

岩永　ちなみに、私もちょっと伺いたかったのが、聞いた話ですけれども、本当は介護福祉士がつくりたくて、社会福祉士はついでだったという話をよく聞くんですけれども。

田中(荘)　私もそう思っていました。それは、こういう意見をよく聞いたんです。相談事業というのは誰でもできると。一〇年経験のある人は十分それに対応できる。ただ、社会福祉資源の活用とか社会福祉関係の知識、あるいは現場に行くと技術とか、社会福祉士にはそういうものが要求されるんですよ。そういう意味では、やはり組織的な教育というなかでそれはやらないといけない。という意味では認識はあったんですけれども、一般にそういう話はよく聞きました。「社会福祉士は誰でもできる」という言い方の意見はよく聞きましたね。だけど、過去四六年の動きもあったし、とくに福祉資源を活用して相談にのるというのは大切な重要な要素だから、福祉士としての必要性は十分認識があるということですね。逆に介護福祉士というのは、これまた「主婦だったら誰でもできる」という考えは昔からあったんですよ。僕が役所にいた当時は、フィンランドはまだ主婦代理サービス事業といっていましたよ。今は変わったかどうか知りませんけれども。

［注記］　ホームヘルプ事業の歴史が専門の中嶌洋氏（当時・帝京平成大学専任講師）にも御同席いただいた。

ゴールドプラン，社会福祉基礎構造改革

1951年生まれ
1975年　厚生省入省
1997年　厚生省社会・援護局施設人材課長
1999年　厚生省社会・援護局企画課長
2001年　厚生労働省参事官（社会保障担当）
2002年　内閣府審議官（国民生活局担当）
2004年　厚生労働省 北海道厚生局長
2005年　内閣府大臣官房審議官市場化テスト推進室長
2006年　内閣官房・内閣審議官

河　幹夫氏

神奈川県立保健福祉大学開学時（2003年4月）。
当時，内閣府大臣官房審議官

■介護保険プロジェクト

岩永　そのような児童家庭局でのお仕事をされている中で、介護保険のプロジェクトにも携わられるようになる。

河　この頃は、介護の議論はほとんどなかったけどね。じつは、昭和六二年の頃は児童家庭局で、今の岩永さんの質問に答えて言うと、児童家庭局長が長尾立子ですよ。それで、保育課長がその後、環境庁の次官になった炭谷（茂）。あるいは、皆さん方も質問されたのかな。それから、障害福祉課長が宮城県の知事をやっていた浅野（史郎）です。そして、児童手当課長がさっきの荻島（國男）ですよね。つまり、荻島、浅野、炭谷、そして局長が長尾で、私が課長補佐だったんです。この時に、これはあまり表に出ていないけれども、別に隠しているのではないけれども、当時の吉原（健二）事務次官から、「介護保険をつくるとしたらどういうつくり方にするかというのを児童家庭局で検討してほしい」という検討命令が出たんです。当時、吉原さんは各局にいろんな検討命令を出したのだけれども、今の児童家庭局にも出したんですよ。出した理由はよくわからないのだけれども、たぶん二つあって、ひとつは当時の介護保険というのは、医師会保険みたいなものと、それこそ福祉保険みたいな考え方と二つあったわけです。ということで、そういう局にやらせると何か利害が絡むだろうということを心配されて、児童局だったら関係ないだろうというのと、たまさかその時に昔の年金局のメンバーが、炭谷以外は私を含めて揃っていたんですね。吉原が、当時の年金局のメンバーだったら利害を別に制度づくりを考えてくれるだろうというので、まだ序の口だから検討してみてくれということで検討会をして、じつは荻島が事務局長みたいなのをやって検討したんですよね。

その時に、それが吉原の下でどう使われたかは別にして、私などはどちらかというと「現金給付でつくってしまえば簡単でいいんじゃないの。お金を配ればいいんだから」と思ったのに対して、荻島が、あるいは長尾もそうだけれども、「つくるのだったら、医療と同じように介護サービス給付保険にしなければ駄目だ」と。つまり、サービス給付を行う保険制度。お金を配る制度ではない。お金を配る制度だったら、年金制度の給付に介護加算みたいなのをくっつければすぐ終わるわけだから、私などは安楽派だから「そうしたらいいんじゃないの」とか言ったら、みんなからボロクソになって、「おまえは不真面目だ」と荻島にも怒られて、結果的にその検討会では「介護サービス給付保険にするべきだ」という提案をした。吉原はそれをあくる年、これはオープンな検討会で、柴田委員会というのかな。山崎泰彦も入って大熊由紀子も入っている、厚生省の総務課で柴田（雅人）企画官を中心にしてつくった介護保険の給付の検討会か何かがあるんだよね。

田中　介護対策検討会ですか。

河　そこに、さっきの児童局の検討を放り込んだわけです。

そこで柴田さんたちが、「サービス給付保険にするべきだ」と。(中略)だから、その頃から厚生省は一貫して、現金給付というのを否定しているのよ。これが私はすごくよかったと思う。医療保険との関係というよりも、すごくよかった。韓国が結局、そこを悩んでしまったわけでしょ。まさに医療保険型でつくって、例外としての現金給付をするみたいなので現金給付に流れた結果、介護サービスがつくれなかった。それは韓国の社会にとってみれば、その後改正して現金給付をやめたんでしょ。現金給付をやめるまでに五年ぐらいかかってしまったので、介護保険は一部現金給付が残っているという形になってしまったわけですよ。

日本もご存じのとおり二〇〇〇年の前に、固有名詞を出して悪いけれども、亀井静香さんが「麗しき親子関係を大事にするべきだから、そういう介護をしている人にお金を配るべきだ。介護サービスを提供するというのは、むしろ麗しき親子関係を壊す」と言って、当時の政調会長だから、介護保険制度が通っているのに自民党の政調会長がそれに対して反するみたいなことを言ってきて、一九九八年から九九年頃、結構きわどいところまで行ったんですよね。現金給付論のほうがお金ということで喜ぶ人がいるのは確かだけれども、もうひとつは、何よりもじつは厚生省が楽なんだよね。サービス給付を全国に準備する作業というのは大変で、お金を配ればそれこそ東京から送金してしまえば終わる話だから。それからいうと、厚生省が自分で踏ん切りをつけてサービス給付法にしたというのは、私は結果的にすごくよかったと思う。もしそこを踏ん切っていなかったら、亀井さんが言ったらそっちに流れたかもしれないよね。亀井さんの力もあるし。だけど、柴田委員会の時から完全に踏ん切っていたから、そこはかなり悲壮な決意でやっていたというのは、私はよかったなと本当に思っています。その元というのが、ここに出てこないけれども(昭和)六三年の児童家庭局なんだよね。

岩永　その検討会は、どれぐらい行われていたのですか。

河　一〇回ぐらいやったかな。一年間ぐらいやっていたよ。ちょうどこの頃、ゴールドプランとかやっているから。ゴールドプランが平成元年でしょ。

菅沼　それは何か報告書とか、文書で残っているんですか。

河　残っていないかもしれない。別に、そこの決断をした以外に大きな文書はないから。だけど、それ自身はオープンになっているんじゃないかな。たぶん、記者会見か何かで言ったような気がするけどね。結論はまさにサービス給付体系をつくるみたいな、それ以上の議論はない。(後略)

■福祉八法改正とゴールドプラン

岩永　福祉八法の改正の過程ではどなたが推進力だったのかとか、どなたと一緒に仕事をされたのかということについて、少し補足をしていただければと思います。

河　私は当時、児童局にいまして、福祉関係について厚生省は児童局と社会局で課を足して一二～三あったと思いますが、一二～三が法律改正をずっとせずにやってきましたから、それまで蓄積した通知で仕事をしてきたわけですよね。いろいろなところに古い部分とか、世の中と齟齬が来ているのだけれども、なにせ社会福祉関係の法律改正をすると、それこそ憲法とか権利義務論というものが出てくるので仕事にならないという時代が続いていて、いろいろなことを考えて提案するのだけれども、でも法律改正にならないようなことだけをやってきた。という時代がずっとあった。そんな時に社会局長が、「ともかく一回、全体の改正をして、いくつか戦後、問題になっていたところも少しは解決しておこうや」と。何を解決したいかというのは、その当時の小林（功典）局長は言ったわけではないけれども、共同して法律改正をして、少し現実問題に対応する法律にするという作業をしておく必要があるのではないかと。ほとんどの職員は「そんな面倒臭いことはやめましょうよ」ということだったのだけれども、小林さんは退官する前であったこともあったのかもしれないけれども、「ともかく少しでも問題点を整理しておこう。どこをやるかは君たちが考えてくれていいから」ということで生まれたのが福祉八法ですよ。

ただ、ひとつだけ間違いなく議論としてあったのは、いったい保健・医療・福祉――とくに福祉について、当時の考え方からいうと措置制度ですから、中央で考えるというところは確固としてあるわけですね。ところが、サービスをどこで提供するという議論が分かれていないんですよ。つまり、厚生省が考えてサービスを提供するという議論をしているのか、厚生省が考えて自治体で、あるいは社会福祉法人がサービスを提供するという議論をしているのかは、渾然一体となっていたわけです。だから、逆にいうと実施部隊が県なのか市なのかどうでもいいんですよ。「厚生省が考えてやる」という言葉しかないもので、そうすると実践部隊はどこにいるんだろうというのが、じつは当時はまったくわからなくなっていた。ということで、この福祉八法に価値があるとしたら、どこで実践をするかというのを初めて考えたということと、これから児童家庭局と社会局が一緒になってひとつの法律改正をやろうとした。だから、さっきみたいにそれぞれ齟齬が出てしまうというのは、まとまった法律改正をやっていればそんなチョンボをやらないのにチョンボをやったというのは、初めての改正だからチョンボが出てしまったんだと思いますよね。

そういう意味でいうと、福祉関係のものが一緒に法改正をやったということは、初めての経験でよかったと思うのと、もうひとつは、ともかくサービスの実施という概念を頭の中で思い浮かべた。さっきの「厚生白書」もそうですけれども、社会サービスという概念を福祉関係は思い浮かべていなかったですから。措置制度ですから、国の命令で仕事をするという言葉遣いは法律としてあったけれども、誰がサービスを提供するかみたいな概念はぜんぜんなかった。というか、渾然一体としていましたから、それを思い付いたのはよかった。その後者のほうが、都道府県がサービスを提供するのか市町村がサービスを提供するのか、あるいは社会福祉法人とか実践家が提供するのかという議論の、始まったもとだと思うんですね。それと、幸か不幸かゴールドプランというのがいわばサービス提供という概念で生み出されたのは、私はよかったと思う。

だから、福祉八法というのは、名前はわりと知られているけれども、何が書いてあるかというと大したことは書いていないですよね。ただ、あえて言うといま言った二つで、厚生省の中がみんな力を合わせてやったというのはともかく、二番目の実践論と命令論が分かれる切っ掛けになったのはよかったと思いますね。(後略)

■大臣官房——ゴールドプラン、その意義

河 (前略) それからいうと、ゴールドプランをやっていた時は介護保険なんかぜんぜん考えていない。ゴールドプランをやっていた時から一貫して考えているのは、在宅なんですね。在宅介護という世界。つまり、保健も医療も福祉もゴールドプランに書いてあるのは、在宅というのを一生懸命に書いているんですね。もちろん最初には施設、病院のことが書いてある。だけど、終わりのほうに在宅を書いている。つまり、在宅が書きたかった。これはゴールドプランを書いていた者たちの共通の思いですよね。

もちろん、世の中は「福祉施設の大幅増床みたいなものをよく書いた」「老人保健の世界をよく書いた」と言われますけれども、第一義的には在宅。それから第二義的には、これは岩田(正美)先生の本にも書いてあると思うけど、保健・医療・福祉の連携みたいなことが、社会サービスという言葉でその前の年に「厚生白書」に書いてある。昭和六二年の白書だと思いますが。ですから、ゴールドプランというのがまさに保健・医療・福祉サービスという概念を持ち込んでいる。つまり、岩永さんと私が自慢すれば、私どもの大学におけるヒューマンサービスみたいな言葉遣いを、社会サービスという言葉を厚生省が始めたのが昭和六二年の「厚生白書」ですから、それとゴールドプランがちょうど同じ時機なんです。だから、保健・医療・福祉のサービスという概念と在宅というのが、じつはこのゴールドプランの時の柱になっています。

それと、そこに書いていますけれども、当時の大蔵大臣が橋本龍太郎で、消費税の導入を必死にやっていた時ですよ。その時に、橋本龍太郎はもともと社労族ですから、厚生省について詳しいというか、厚生省のボスみたいな感じだった。ですから、厚生省の役人は橋本龍太郎の指示というのはすご

く重く受け止めていたわけですね。これはお父さんの時代からの影響もあるわけで、龍伍さんというのが岡山出身で身体障害の方で、国会議員になられて、その息子が橋本龍太郎ですから、そういう意味では社労族のボスだったわけですね。

その橋本龍太郎が大蔵大臣として、「厚生省の諸君よ。消費税についておまえらも協力しろ」と言ってきたのが切っ掛けで、ゴールドプランというのが生まれたわけで、これはわりと公になっていることで別に隠すことでもないし、それからもっと言えば、そもそもは将来の社会保障を考えた時に、北欧などが消費税を中心に社会保障の事業費を営んでいると。政府の収入というよりも、わりと社会保障に近いところで消費税を使うことを考えているということを、わが国でもやるべきではないかという議論があって、大蔵省の公務員は消費税はまさに財政再建のための資金であって、社会保障なんかに無駄遣いしてもらっては困るという感覚ですね。北欧などは逆にいうと、消費税というのを社会保障とかなり近いところの税収だと考えている。

これは意見が二つに分かれていて、厚生省はじつはその時は消費税については、よくいえば中立、悪くいえば判断しない。というのが厚生省のスタンスだったのだけれども、結果的にこれは私はよかったと思うけれども、さっきの橋本龍太郎さんから厚生省に半分指示があって、それでゴールドプランをつくって政府の中で提案して、はっきり言って大蔵省がゴールドプランについては丸飲みした。ですから、ゴールドプランというのは全部の財源措置ができているんですよね。これ、皆さん方あまり関心ないかもしれないけれども、ゴールドプランというのは将来の財源措置まで約束してしまっているという、珍しいもの。（後略）

■社会・援護局（1）――省内の議論、福祉事務所

岩永　この基礎構造改革をすることについての省内ではどういう意見があったのですか。

河　省内の意見は、結果もそうだけれども、やっぱり「介護保険の邪魔をしないでくれ」というのは強かったですよね。

土田　それは、どういうことですか。

河　つまり、さっきもご質問があったけれども、介護保険と路線が同じになるかどうかの保証がないではないかと。もうちょっと言えば、福祉関係者は厚生省の中であまり信用されていないから。私がじゃないですよ、福祉関係者が。社会局の職員もあまり信用されていないから、医療保険みたいな高尚なことを扱える人が福祉みたいな低俗な人間に足を掬われるのはたまらないというのが、厚生省の文化にあったと思いますよ。それから、福祉関係はまとまりが悪いからね。児童と社会とか障害とかまとまりが悪いから、どこにどうなるかわからない。だから、社会局の炭谷と私からいえば、「ちゃんとまとめてみせる。だからあんたたち黙っていてくれ。介

護保険の足を引っ張るなんて馬鹿なことをやるわけないじゃないか」と。元をただせば、児童局にいた時に介護保険の道筋をつくった人間が、それを潰すみたいな馬鹿なことをやるわけないじゃないかというのが身の証なのだけれども、やや心配する向きがいましたよね。

それは、さっきの話の、医療保険を長くやっていた人たちが長い間、それこそ岡光（序治）を含めて介護保険のために準備してきた部隊があるわけですね。これ、みんな医療保険をやってきたメンバーですから。その人たちからすると、やや不安視しましたよね。だから、こんなことを言うとおかしいけれども、その一年前に法案はまとまっているんですよ、ご覧になるとわかるように。だけど、その時は介護保険の施行の時なものだから、この国会に出さないでくれということが厚生省の中でありましたね。だから一年遅くなっているわけ。一年遅くなっていることに対して言えば、介護保険との調整をしたという説明にしているけれども、じつは私は、調整しなくたって出していいと今もって思っているけれども、結果的には一年後に出してよかったのかなという気がしていますけどね。介護保険が成立した後、世の中が落ち着いてから基礎構造改革の議論をしたのは、結果的によかったかもしれない。だから、準備から見るとわかるように、一年前に法案を出せるんですよ。一年前にも法案を通せたと私は思っているけれども、さっきのお話のように、介護保険の施行の邪魔にならないようにしてくれと。

土田　その当時、局内で介護保険と構造改革と、どういう関係だったんですか。

河　だから、社会局の私たちは介護保険の支援に回っているつもりだったんですよ。介護保険をやっていた人たちは、「支援なんかなくたって自分たちで通してみせる」と。そこがさっきの話と重なるんですよね。医療保険をやっていた人たちの介護保険論と、福祉をやっていた人たちの介護保険論は多少違っているという、議論になりやすいのはそこなんだよね。

（後略）

■社会・援護局（2）——基礎構造改革の意図

河　（前略）後知恵になってしまうといけないので、たぶん資料を当たっていただくとわかるだろうと思います。とはいえ、内発的に何をやろうとしていたのかというのと、周辺環境から何をやらなければいけないかというふうに分けてお話ししておきます。炭谷さんも私も基本的には内発的に何をやろうかと考えていたんですよね。しかしながら、周辺環境かららやらなければいけないことも明らかで、その中で明らかにやらなければいけないのがひとつは介護保険との調整なんですね。介護保険法が世の中に出ることがわかっていて、介護保険と社会福祉の関係を一応整理しておかないと、いろいろなところで混乱すると。それからもうひとつは、もうちょっと本音ベースで言うと、やっぱり福祉の世界が例の岡光（序治）事件で傷ついていましたから、それをともかくマイナスからゼロにしなければしょうがないと。つまり、何らかの改正をすることによってマイナスからゼロにすると。これもあまり大きな声では言っていないけれども、かなり本音ベースで大事なことです。

それから、介護保険との調整は、率直にいえば介護保険は介護保険で準備が進められて、簡単にいうと医療保険改革としての介護保険論と、福祉改革としての介護保険論が合流したみたいな形になっており、両者が合流した時に福祉改革としての介護保険論をきちんと位置づけないと、路頭に迷ってしまうという思いが福祉関係者にはあったんですね。私にも、炭谷にもあった。ところが、医療保険改革としての介護保険論者はあまりそれに関心がないわけです。関心がないのは関心がないでいいのだけれども、それは気をつけないと、介護保険が医療保険の下部機構になっていったら、さっきの二つを合流させてみたいなのがうまくできないと。これが周辺環境からやらなければいけないことですよね。

内発的にいうと、いくつかの非常に制約がある措置制度というやり方とか、いろいろな限界が見えてきた社会福祉法人論、もう少し言えば憲法八九条との関係で生み出された理論、これは福祉関係者しか後生大事に持っていないのだけど、まさに憲法論からいうと本当は憲法九条よりはるかに難しい憲法論だと思いますよね。これを直さないとしょうがない。イコールそれは措置制度論と社会福祉法人論に分かれるのだけれども、そこをもうちょっとダイナミックにしないといけないのではないか。これが内発的な議論だと思いますよね。

それらを合体させて動いていったので、これらの議論のベースとして、戦後五〇年間社会福祉関係で法律がほとんどつくられていないということがある。つくられていないというのは、簡単にいえば、法律はお題目であとは予算でやっていくというやり方は、良く言えばプロの世界で福祉をやっているわけだけど、悪く言えば福祉というのが国民の世界の議論になっていない。つまり、供給者側が予算を使って何かやっているという議論になってしまうので、それを直さないことにはいつも同じ議論になってしまう。というのが本音ベースの議論のど真ん中だったのではないでしょうか。

そういうことからいうと基礎構造改革論というのは、大きく分けて内発的なものと外からの制約の中でやらなければいけないものと、二つ組み合わせたというのが率直なところだと思います。だけど、よかったと思うのは、少なくとも社会福祉法人論がある面で先が見えた。また、内発的に法律をつくって制度を運営していくという考え方を、福祉の世界に定着させたのはよかったのではないかという気がします。そういう意味では、内発的なところが意味を持ったのではないかなと。外発的なところは、意味を持ったか持たないかちょっとよくわからないけれども、介護保険等の関係であまり議論が拗れなかったのはよかったとは思いますし、それからあの不祥事の問題、岡光事件の問題というのは、その後遺症があまり語られることがなくなったのはよかったことだと思いますよね。

社会福祉基礎構造改革

炭谷　茂氏

1946年生まれ
1969年　厚生省入省
1989年　厚生省社会局保護課長
1995年　厚生省保健医療局国立病院部長
1997年　厚生省社会・援護局長
2003年　環境事務次官

法案審議時国会答弁の様子

■社会局保護課長——福祉八法改正について

岩永　保護課長をなされていた時代は、福祉八法改正というのがございましたが。

炭谷　ありましたね、僕が孤立しちゃったんですね。この体験が基礎構造改革につながっていったんだけどね。

岩永　福祉八法改正は誰が言い出したのでしょうか。

炭谷　これは、老人保健福祉部から出てきたんですね。もともと根っこは、平成元年三月に出た福祉三審議会の報告書というのがあるんですね。あれが、じつは社会局が庶務課をやっていたのだけれども、間口を拡げ過ぎて成果が出なかった。お蔵入りしちゃったんですよ。非常に志は高かったのだけれども、あまりにも何でも盛ったためにお蔵入りしちゃったわけですね。それが、平成元年にゴールドプランがつくられたでしょ。これは老人保健福祉部がつくったわけですけれども、「このままやっていると特養がメチャクチャに増えてしまう。それを抑えるシステムが必要だ」と。だから、今の地域枠というか、老人保健福祉計画をつくって枠を決めていかなければいけない。そのためには法律改正が必要だと。それだけ単独に出すと問題が多いと。そこで、お蔵入りしていた福祉審議会の答申を入れると中身が豊かになり議論が集中しない。だから、老人保健福祉部がまず言い出したわけです。でも、実際は福祉八法ということで社会局の、当時は庶務課と言ったのかな、そこが中心を担ったわけです。でも、実際によく動いたのは老人保健福祉部です。

僕が言ったのは、「福祉八法についてはもうちょっと抜本的にやらなければいけない。こんな改正では駄目だ。福祉についてはたくさんの問題があるんだ」と。当時、社会福祉事業法を見ても、「こんなのボロボロで駄目じゃないか。この際、もっとしっかりした制度で、たとえばわかりやすい例でいえば地域福祉計画なんかを入れるような、しっかりした制度にしなければいけない。僕がイギリスで勉強してきた、コミュニティケア法と同じようなものをつくろうじゃないか」と言ったんだよね。そうしたら、誰も賛成してくれないんだよ。

当時は、そんな青臭い議論はやめろと。学者みたいな、イギリスかぶれみたいな議論はやめろと。突き上げるのは私だけで、「こんなもの駄目だ。福祉八法の改正をするのではなくて、もっと立派な法律をつくらないと駄目だ」と盛んに言ったんだけどね。でも、当時の本来の目的はここになかったから通らなかった。

■厚生省社会・援護局長（1）——基礎構造改革に着手

岩永　では、社会・援護局の時代についてお願いします。

炭谷　基礎構造改革は、じつは自分が大学で福祉を勉強して以来四〇年間ぐらいに渡ってやりたいなと思っていたことだったんですね。つまり、学生時代から福祉の現場で、やっぱり日本の福祉というのは根本的に間違っているというので、いつも腹立たしく思っていたんですね。いちばん大きいのは、当時は福祉を受けることが、施しの福祉とか与える福祉ということがずっと基本的にあったわけです。でも、福祉というのは本来は憲法に認められ、長い人類の歴史の中で、受けるのはひとつの人権、権利になっていたわけです。それが明確に位置づけられてこなかった。これはおかしいのではないかと。当時、わかりやすく言うために、「今の福祉は上下の関係だ。上に福祉の提供者や国や地方自治体がいる。下に受け手がいる。上下の関係で、何かをしてあげるという福祉が今の福祉じゃないか」と。

当時は措置制度という形で言われていて、福祉サービスを受ける場合も国や地方自治体から「あなたはこの施設に」とか、「このサービスを」という命令を受けて受けるのが当時の福祉だったんです。「これはどう考えてもおかしい。こんな制度なんて世界のどこにもない。これを根本的に改めて、福祉を受けることは人権なんだ、権利なんだということを根本にしなければいけない。そのためには、縦の関係から横の関係にしなければいけない。つまり、福祉を受ける人と提供者が横の関係になって、そして選択してお互いに契約を結ぶ。そういう関係にしない限り、日本の福祉は根本的によくならないんだ」と。こういうことが基本にずっとあって、それをまず基本に据えたんですね。日本の福祉を根本的に変えなければいけない。これがいちばん大きい動機というか、それが重要なところですね。

二番目には、日本の福祉は縦割りでずっと進展してきたんですね。とくに、当時は高齢者福祉がダーッと突出していました。それから、児童とか障害者という形で縦割りになってきた。でも、これは時代遅れなんです。ヨーロッパの例を見ても、一九七一年にシーボーム改革では、こういう縦割りの制度をやめて社会サービスというひとつの括りにしてしまったんですね。そして、一九九〇年のコミュニティケア改革も、まさにひとつの地域においてまとめたサービスで、縦割りの制度ではないんです。それから、スウェーデンの一九八〇年の社会サービス法ですね。これも、縦割りの制度をやめてひとつの大括りの制度にしているわけです。世界の趨勢は、縦割りの制度からみんな大括りの制度にずっと変わってきているのに、日本は縦割りの制度だと。そのために、いちばん重要な、共通的な基盤的なものが疎かになってしまっていると。それがボロボロになっていて、そういうものが日本の福祉制度のいちばん大きい問題のひとつだということを、まず問題提起したんですね。

それから三番目には、そもそも日本の福祉は、まだ量、質、メニューが足りないと。これが問題意識としてあったんですね。まず、わかりやすいメニューからいうと、力のある団体のものはいろいろ通って、ちょっとマイナーなものは通らない。たとえば、盲導犬とか点字とか、そういう事業は後回しにされてしまう。それが日本の福祉だったんです。従って量の面でも、高齢者は収益があるから、保育所は市町村長の票集めになるから伸びるけれども、たとえばさっき出た精神障害者とか障害者とか、貧困者のサービスは伸びないと。このあたりが問題で、そもそも量が足りないと。

それから質の問題は、そもそも「与える福祉だから文句を言うな」というのが当時の福祉でしたから、質を評価するというものはないんですね。「福祉のサービスの質なんて、何を言っているんだ」という考えであったわけです。それを、やはり質をしっかりと評価して、より高い質のものにしなければいけない。そういう考え方が第三番目にあって、第四番目はそれの延長線上で、地域福祉というのは当時いろいろなところで試されてきたけれども、それをこの際、制度化をして、地域福祉を日本の中でしっかりと社会福祉の中に位置づけなければいけない。当時は地域福祉というのは、簡単にいえば甘い漠然とした考えで、あまり予算も取れないし、厚生省の中ではそう熱意はなかったんですね。谷間の福祉というのはいっぱいあるんだと。そういうものを捉えるには、地域福祉というものをしっかりとこれから定着させないと、育てていかないとうまくいかないだろうと。そういうことで、社会福祉基礎構造改革というものを着手したわけですね。

これは大学時代から長い間ずっと考えてきて、たまたまだけれども幸いに社会・援護局長という、まさに僕がそのポストに当ったのでね。その内示を受けたのは小泉（純一郎）厚生大臣でしたけれども、小泉大臣に内示を受けた後、「じつはこういうことをやりたいんだ」ということを話したんです。そうしたら、たぶん大臣は正確にはわからなかったと思いますけど、「それはいいな。」と言ってくれたんですね。大変ありがたかったです。それで勇気百倍で、大臣がそう言ってくれてこの基礎構造改革を進めて、すぐに七月から行動に着手していったわけです。

ここに書いてある、なぜ基礎構造改革かと。はじめは基礎構造改革という名前は浮ばなかったのだけれども、当時、この間亡くなった法政の大山（博）氏とか東大の武川（正吾）氏とか、一〇人ぐらい集まって市ヶ谷の飲み屋で祝賀会をやってくれたんだ。七月の二〇日ぐらいにね。その時に「俺、こういうことをやろうとしているけど、どう思うか」と言ってガヤガヤと議論していたんですね。その時に僕が急に、「そうだ、これは基礎構造だから基礎構造改革という名前はどうかな」とみんなに聞いたら、「それはいいや」といってね。それで、基礎構造改革というふうに、七月二〇日前後ぐらいから名付けたんですよ。

当時、とにかくいろいろな人にピーアールしなければいけないといって、福祉新聞でしゃべったり、それから就任した二日目の七月二日に社会福祉士国家試験委員会があったんですね。阿部志郎先生が委員長だったんです。それで、七月二日に挨拶をさせてもらうことがあったから、まったく社会福祉士の国家試験と関係ないけれども、社会福祉士の試験委員の人が一五人ぐらい集まっていたから、「今度、私はこういうことをやろうとしているんだ」ということを長々としゃべったんだな。何が試験と関係するんだと（笑）。みんなきょとんとして聞いていたけど、阿部志郎先生が「あの話、よかったよ」といって電話をくれたから、だんだん自信を持ってきてね。それで、局の課長や課長補佐連中を集めて、「これからこういうことをやるから、みんな協力をしてくれ」といって、プロジェクトチームをやっていって進めていったわけですね。当時の社会・援護局のみんなはよくやってくれたと思いますね。誰も大変な作業だったと思うけれども、よくやってくれたと感謝していますね。

■厚生省社会・援護局長（2）――改革の理念とその後

岩永　（前略）後に支援費制度というのが障害者の関係で導入されます。ご著書で、支援費に対する障害者の人たちの反応が予想外だったという発言をされていますけれども、支援費の導入についてはどういう考えをお持ちでしょうか。

炭谷　支援費の導入というのは、私は基本的に障害者に約束していたのは、自己負担額を増やすことは絶対にしないと。それは減るけれども、増やすことは絶対にないと。ただし、それは個別にはちょっと違ってくるかもしれないと。マクロとして、つまり日本が障害者に使っている予算が全体で一〇〇あって、そのうち一〇を障害者の自己負担とするならば、一〇は減ることはあっても増やすことは絶対にしないと。だから、マクロで見れば絶対に負担増にはしないという前提で話をしていたんです。支援費制度というのは、いわば自己負担額を増やさないために支援費でこれを補っていくと。支援していくという方針をとったわけです。支援費制度が、一言でいえば障害者にとって、また施設側にとって有利で、制度的にちょっと甘かったところがあってね。支援費制度ができたのは僕が去ってからですけれども、僕はもう少しそこに、自動的に歯止めをかける制度を含めるべきだったと思うけれども。

当時のことをいうと、私のやった基礎構造改革については厚生省の中の雰囲気は猛反対だったけれども、霞が関全体は「よくやっている」と。とくに、大蔵省は全面的な支援だったんですよ。

岩永　そのあたりで、介護保険とのつながりは何か考えられたのですか。

炭谷　当時はまだなかったんですね。

田中　八代（尚宏）先生を委員長に据えたというのは、何かお考えがあったのですか。

炭谷　八代先生はどちらかというと規制改革派だったですから、同じ方向だと考えてお願いしたんですね。予想通り、要するに既存の制度にこだわらない人ですから。もし福祉にどっぷり入っているような人だと、「そこまで極端なのはちょっと。できるだけサービスを効率化して」といって、きれいごとで終わってしまっている可能性がありますよね。だから、根本から切り換えるというと、やっぱり福祉の世界と利害関係がこれまでない人ですね。そういうふうにしないとうまくいかないと思いましたね。

菅沼　福祉事務所ですけれども、たとえば聞き取りとか説明会とか、炭谷さんを招いての勉強会というところでは、福祉事務所にも行かれたりもされていたのですか。

炭谷　頻繁にやりました。福祉事務所も、やはり改革の対象に考えていたわけですね。僕は、福祉事務所というのを当時、「名存実亡」と言っていたんですね。名前はあるけれども実際は滅んでしまっていると。名存実亡の福祉事務所というふうに批判をしていたのだけれども、それでは駄目で、やはり福祉事務所というのは本来のスタート時点、社会福祉事業法時代の福祉事務所のほうが正しかったのだと。これをもう一回、再構築すべきではないかという考えを持って、そういうことを言っておりました。何とか福祉事務所が本当の福祉事務所になるような形でやれないのか。これも基礎構造改革のひとつには入れましたけれども、まだなかなか徹底しないところがあったのではないかなと思います。

なぜそうなったかというと、やはり当時の自治省は、「こういうのは地方の自主性に任せるべきだ」という地方分権の流れが非常に強かったですね。たとえば「厚生省はこういう考えだ」と言っても、その通りにはなかなか進まない。そのために、あまり明確な方向は示せなかったけれども、でも「福祉事務所のあり方はこうだ」というものは、この審議会とかそういうもので報告した中では一応書いたのだけれども、それを法律の条文という形にしたり通達で流すことについては、地方分権の流れからしてできなかったですね。理想はいっぱい書いて持っていましたけれども。

■厚生省社会・援護局長（3）――社会的援護を要する人々に対する社会福祉のあり方に関する検討会

岩永　厚生省のところでの最後ですけれども、社会的援護を要する人々に対する社会福祉のあり方に関する検討会についてお願いいたします。

炭谷　これは自分の最後のですね。これだけ反対を受け、敵をたくさん作りましたから、これで厚生省が終わりになるというのがわかっていました。だから自分の厚生省の最後の思いをここにぜんぶ吐き出そうとしたんですね。直接的な動機は、基礎構造改革で抜けていたのは生活保護の改革ですね。これは、意識的に除いたんです。生活保護の改革まで入れると、勢力が分散してしまうので虻蜂取らずでまとまらないなと。常に言われたのは、「基礎構造でいちばん重要なのは生活保護ではないか。なぜ除かれているんだ」と。「いや、これは次の改革でやります」という形にして、附帯決議で掲げられ、国会の質問などでも「生活保護は次に改正します」と言ったんですね。

これも基礎構造改革と同じで、まず論点を明らかにしたりして、徐々に段取りを経ないとこういう大改革はできませんので、その第一段目がここだったんですね。そして、当時の生活保護制度は五〇年経て、もうガタガタなんですね。やはり改革というのは絶対に必要だと。ただ、その場合の基本理念は何なのかといえば、現在の生活保護法、今でもそうですけれども、憲法二五条の生存権と自立助長と。その二つの柱になっているんですね。私は、これからの生活保護は、二五条は重要だけれども自立助長は経済的自立に偏重し誤解されていると。これをやめて、ソーシャル・インクルージョンだと。貧困者は社会的に排除、孤立化されているので、ソーシャル・インクルージョンを基本にすべきだと。それをもとにして生活保護を再構築すべきだという考え方を持っていたんですね。そのための前段階として、こういうものをまずスタートさせました。

それとともに、当時社会的に問題になっている事項がたくさんあって、それが現行の縦割り制度ゆえに十分に拾われていない。それを明らかにして、それを調える仕組みを提示したかったと。そのために残りの自分の任期中に、出しておこうと思ったんですね。それで、辞める一カ月前ぐらいにまとめて出させていただきましたけれども、経過としてはそういうものですね。当時のメンバーも非常にユニークなメンバーを選んでやりましたけれども。（後略）

第9章 介護保険の構想

解題　菅沼　隆

1　介護保険立案の歩み

介護保険法は一九九七年一二月に成立し、二〇〇〇年四月から施行された。社会保険のなかでは比較的「新しい」制度である。介護サービスを社会保険の仕組みを使って給付するという発想は、一九八〇年代末に芽生えた。だが、直ちに社会保険制度の立案に進んだのではなく、試行錯誤と紆余曲折の道を歩んだ。一九九四年四月に厚生省に「高齢者介護対策本部」が設置され、本格的な検討が始まった。本章は、介護保険の構想が厚生省内部でどのように芽生え、成長してきたのか、一九九五年春の老人保健福祉審議会で検討が始まる前後までの時期に限定し、厚生省内部での立案過程に焦点を絞って叙述することにする。

研究・模索期　社会保険方式についての検討がなされた厚生省の最初の文書は、筆者がみるところ、幸田正孝事務次官時代の一九八八年一月四日付『厚生省政策ビジョン研究会報告書』である。翌一九八九年七月、吉原健二事務次官のもと、有識者による「介護対策検討会」が設置され検討した。同検討会は一二月に『報告書』をまとめている。なお、この間の一九八八年一二月山崎泰彦氏が「社会保険による介護への対応」という興味深い論考を発表している（『社会保険旬報』一九八八年一二月一一日号）。山崎氏は要介護を「高齢障害」と呼び「保険事故」になると指摘し、①基礎年金に「高齢障害加算」を設け公私の介護サービスを購入、②老人保健制度に在宅介護サービスを付加、③年金と医療保険の併用の三案を提示した。その後、一九八九年一二月厚生・大蔵・自治大臣合意「高齢者保健福祉推進十か年戦略」（通称、ゴールドプラン）に基づいて、主として公費（税）を財源として、介護サービスと基盤の充実が図られていく。この頃は、財源調達のさまざまな選択肢のひとつとして社会保険の活用が研究される模索の段階であった。

社会保険方式への傾斜　一九九三年八月細川内閣で民社党の大内啓吾が厚生大臣に就任した。古川貞二郎厚生事務次官と和田勝官房総務課長とともに、「高齢社会福祉ビジョン懇談会」を設置し、二一世紀の福祉の展望を描くことを、大臣在任中の課題とすることになった。こうして一九九四年三月『二一世紀福祉ビジョン』がとりまとめられたが、社会保険方式にするかどうかについては明言されていない。厚生省内部では一九九三年一一月に「高齢者介護問題に関する省内検討プロジェクトチーム」が立ち上げられ、一九九四年三月に検討結果をとりまとめたという（日本医師会総合政策研究機構［一九九七］）。そこでは「独立の社会保険制度」案と「市町村と医療保険各保険者との共同事業」案（一体型案）が提示されていた。『福祉ビジョン』公表の前月に、細川護熙首相が「国民福祉税導入」を提唱し、直ちに挫折するという「事件」があり、消費税増税の可能性が遠のいた。この頃は、厚生省内部で社会保険方式に急速に傾いていく時期であったが、方針が固まったわけではなかった。

（年表）介護保険の構想年表

1988年 1月	『厚生省政策ビジョン研究会報告書』（1月4日付）
1989年 7月	「介護対策検討会」設置（12月『報告書』）
1989年12月	厚生・大蔵・自治大臣合意「高齢者保健福祉推進十か年戦略」（通称，ゴールドプラン）
1994年 2月	細川護熙首相「国民福祉税」構想発表，撤回
1994年 3月	高齢社会福祉ビジョン懇談会『21世紀福祉ビジョン』
1994年 4月	厚生省に「高齢者介護対策本部」設置
1994年 6月	社会保障制度審議会社会保障将来像委員会が「公的介護保険」を提言することがスクープされる
1994年 7月	「高齢者介護・自立支援システム研究会」設置（12月『報告書』）
1995年 2月	老人保健福祉審議会，高齢者介護に関する諸問題について審議（7月「中間報告」）
1996年 4月	老人保健福祉審議会最終報告書『高齢者介護保険の創設について』
1996年12月	介護保険法案国会提出
1997年12月	介護保険法成立
2000年 4月	介護保険法施行

省内方針として社会保険方式確定

一九九四年四月古川貞二郎事務次官を本部長に「高齢者介護対策本部」が大臣官房に設置された。事務局長は六月まで阿部正俊大臣官房審議官、七月から和田勝大臣官房審議官が就任した。この段階でも社会保険方式の方針は確定していなかったが、社会保険方式の立案を中心に検討が進められた。同年六月、社会保障制度審議会の社会保障将来像委員会が「公的介護保険の導入」を提言する予定であることが新聞で「スクープ」された。高齢者介護対策本部は七月一日学識経験者からなる「高齢者介護・自立支援システム研究会」（会長・大森彌東京大学教授、以下、「システム研究会」）を設置し、一二月の『報告書』で「社会保険方式を基礎に置いたシステム」を提案した。この時期は厚生省内部で社会保険方式の方針が確定した時期であるといってよい。

政治・審議会対応と制度の具体的設計　一九九五年二月老人保健福祉審議会で高齢者介護に関する諸問題について審議が開始され、七月『新たな高齢者介護システムの確立について（中間報告）』をまとめた。そこでは社会保険については「更に具体的な検討」が必要と、先送りされることになった。同月の社会保障制度審議会『社会保障体制の再構築（勧告）』では社会保険方式の採用を勧告した。一九九六年一月に自・社・さ連立政権が発足し、「新政策合意」に介護保険制度の創設が盛り込まれた。老人保健福祉審議会は一九九六年一月に『二次報告』、四月に『最終報告』をとりまとめ「社会保険方式を基本とすべき」と提言した。五月に厚生省は「介護保険制度案大綱」を与党と老人保健福祉審議会に提出した。六月与党は次期国会に介護保険法案を提出することで合意した。こうして社会保険方式の採用がほぼ決定した。

2　介護保険の構想

①　起源としての「政策ビジョン研究会」と荻島國男氏

ドイツの介護保険の議論は、ドイツ社会政策史研究者の栃本一三郎氏や厚生官僚であった古瀬徹氏らが一九八五、六年頃に紹介している。だが、厚生省として介護保険の検討が開始されたのは、一九八八年一月の『政策ビジョン研究会報告書』においてであった。これは当時厚生省の若手官僚であった荻島國男氏を中心にまとめられたものであった。報告では「総合的な在宅ケアの推進」「社会保険の仕組みを活用した在宅介護の支援」「市場機構の活用と積極的な民間活力の活用」の必要性をうたっていた。たとえば、「年金を使って介護サービスや医療サービスを受けられるようにしたり、医療サービスと介護サービスの一体化を図る」とうたわれていた。幸田正孝次官は記者会見で、この「ビジョン研究会」報告について、今後の厚生行政は「量の時代から質の時代へ」「自由化・多元化」が必要であるという自分の考え方と

「合致している」と述べた。

これ以後、介護に社会保険を活用する方策が模索され始めた。児童家庭局企画課課長補佐にあった河幹夫氏は、一九八八年に「当時の吉原事務次官（次官在任一九八八年六月〜九〇年六月）から『介護保険をつくるとしたらどういうつくり方にするのかというのを児童家庭局で検討して欲しい』という検討命令が出たんです」という。これを児童手当課長だった荻島國男らとともに検討した。児童家庭局には長尾立子氏や荻島氏など「たまさか昔の年金局のメンバーが（中略）揃っていたんですね」。そして、自分（河）は「現金給付で作ってしまえば簡単だ」と考えたが、「荻島が、あるいは長尾（立子児童家庭局長〔当時〕）もそうだけれども、『つくるのだったら、医療と同じように介護サービス給付保険にしなければ駄目だ』と（中略）。結果的にその検討会では『介護サービス給付保険にするべきだ』という提案をした」という。翌一九八九年七月に吉原次官のもと「介護対策検討会」が設置され、公に検討を開始した。「検討会には吉原次官がかならず出席」したという（大熊〔二〇一〇〕上、六三頁）。同検討会は一二月に『報告書』を作成した。同じ一九八九年一二月の「ゴールドプラン」は租税を使った介護サービス充実政策であった。これ以後しばらくの間、租税方式か、社会保険方式か、いずれを採用するのか、模索の時期が続いた。

②『二一世紀福祉ビジョン』策定の経緯

細川護熙内閣発足時に、当時事務次官であった古川貞二郎氏によれば、新生党の小沢一郎氏から「組閣の二日前に本人（小沢氏）から次官室に電話があって、『古川さん、大臣を少し早く知っておいたほうがいいですか』みたいなのがあって、『それはぜひ教えてください』と言ったら、おそらく民社党の委員長が厚生大臣になるということだったからでしょう、『民社党の米沢（隆）君から連絡させるから』というので大内啓吾さんが次の厚生大臣ということを知りました。そこで、大内さんにすぐ電話を入れて、会いたいと。向こうも会いたいと。それで高輪のプリンスホテルで会っ」たという。和田勝氏も、組閣前に大内氏と会い、事前レクチャーをしたという。「大臣就任の記者会見の第一声をどうするか」

ということを相談したという。「社会保障、とりわけ医療・介護分野が手詰まり状態になっており、新ゴールドプランの策定と財源確保が、細川内閣の発足直前の大きな課題でした。増大する介護ニーズに消費税率三％では足りないし、退職者医療制度実施に伴う『財政影響』への対応、安定的な制度運営も大きな課題としてありました」。和田氏は「『医療・介護を含めた社会保障についてのビジョンを掲げ、長期的・計画的な展望の下で計画的に対応していく、二一世紀が目前になっているので二一世紀の福祉の展望、ビジョンを描くということを第一声されたらどうでしょうか』と。大内先生は、『そうだ、そうだ』ともおっしゃられて就任の第一声となったのでした」。こうして高齢社会福祉ビジョン懇談会が設置され、翌一九九四年三月に『二一世紀福祉ビジョン』が策定された。

このビジョンがとりまとめられる前月に細川首相が「国民福祉税」構想を突然公表した。古川氏は「私が次官の時、厚生省では『二一世紀福祉ビジョン』を発表したわけですが、細川内閣で福祉目的税を導入するということを急遽、持ち出して、『ビジョンがないじゃないか』と言われて、『厚生省でやっている』と細川さんが言ったでしょ。あれはぜんぜん関係ないんですよ。別に内閣から言われてやっていたわけではなくて、大内啓伍大臣の時、将来を考えてやっていたのがそういうことでね。」と、国民福祉税と『二一世紀福祉ビジョン』との間には何の関係もなかったと述べている。

③ 社会保険方式採用確定の時期

しかし『二一世紀福祉ビジョン』の段階でも、厚生省は社会保険方式の採用を決めていなかった。古川氏は、「財源の必要性は言っていると思うけれども。税の議論は具体的に書けないんですよ。（中略）だって、議論してみたって責任もとれない話じゃないですか。（中略）財源の議論はあると思うけれども、税か保険かはたぶん（書いてい）ないと思いますよ」と述べている。「福祉ビジョン」公表の翌月、一九九四年四月に「高齢者介護対策本部」が設置された。同年九月まで事務次官で対策本部長にあった古川氏は一九九四年九月に「（私が次官と対策本部長を）辞めて、その後、今おっしゃったような介護保険の議論が出てくるんです」と回想されている。介護保険の方針が確定するのは一九九四年九月以降ということになる。

他方で、和田氏は一九九四年二月の国民福祉税構想が挫折したことが、社会保険方式に傾斜するきっかけのひとつであったという。「福祉八法改正を受けて、老人福祉計画、老人保健計画が一体的に策定されることになり、この計画に基づくサービス提供のための運営財源の確保が問題となってきました。私だけではなく、省全体が（中略）そう（介護保険を導入すること）意識していました。国民福祉税が挫折して、その意識は一層強くなった」と回想される。

もう一つ、社会保険方式に傾斜するきっかけとなったものは、和田氏によると、国民健康保険の財政危機であったという。老人保健の共同拠出金の伸びに上限が設けられるなど国民健康保険の財政の逼迫が著しくなった。「（高齢者の医療と介護の）運営コストの調達のためには、消費税収増が期待できないとすれば保険料財源に依らざるを得ないと思うようになっていったのです」という。

底流として、高齢者医療と介護サービスの財源調達方法についてさまざまな可能性が継続的に検討されてきたが、これに国民福祉税の挫折という予想外の事件により消費税増税の可能性がなくなったため、社会保険方式に選択肢が絞られていったことがわかる。

④ 保険者は国か県か市町村か？

和田氏によると「高齢者介護・自立支援システム研究会」立ち上げの際に「地方自治の本旨から見ても、（保険者は）基礎的自治体である市町村以外に考えられません。しかし、市町村は国保運営で懲りていて、（中略）消極的でした。そうなると研究会の座長については（中略）地方行財政のことをよくわかっている人となります。山崎君が持ってきたリストの中から、東大の大森彌教授にお願いしました」という。だが、「システム研究会」のなかで「揉めたこと」として「いちばんは市長会、町村会でしたね。（市長・町）村長（は）『国保の二の舞は絶対に嫌だ』と。『せっかく国保の重荷を老人保健なりで少し緩和をできたのに。市町村は人口が減ってきているし、役場の職員の守備範囲は広く専門性を持った職員は少ない。やれといったってできやしませんよ』という拒否反応です」。このため「システム研究会」の報告書では保険者について明確にしなかった。

堤修三氏は一九九四年九月に老人保健局企画課長に着任した。市町村が保険者になることは厚生省の当初からの方針であったという。一九九五年一月、省内の勉強会を行ったときに堤氏が「当時は、正直にいえば市町村が保険者になる、(中略)それ以外の選択肢はほとんど本気では考えられていなかった(中略)けれども、一応建て前では、いろいろな保険の設計の仕方はあるという議論でありました」「『年金は国、医療は県、介護は市町村という理念でいこう』とか(勉強会のレジュメに)書いてあります」。この後、市町村に納得してもらうまで一年以上を要することになる。

⑤ 社会保険の形態――一体型か独立型か

独立した社会保険制度にするのか、健康保険と一体にするのか、老人保健制度を使うのか、どのような形態にするのかは、確定していなかった。堤氏は「九五年一月二日頃に私が(中略)出したペーパーで、介護保険をつくるにしても、今の医療保険とまったく別につくることがいいのかどうかという問題提起なんです。(中略)医療と介護は本当に別でいいのか(中略)、僕は一貫して突き抜け方式がいいと思っていたのです。被用者年金受給者健康保険というのをつくるというのが私の提案でした」と述べている。ここでいう「突き抜け方式」とは厚生年金受給者を被保険者とする新しい健康保険制度のことであり、その制度のほか国保など他の制度も含めて「医療・介護保険制度」に改めたうえで、介護給付は市町村に実施してもらう(その財源は医療・介護保険から市町村に振り替える)という制度である。堤氏の案は医療保険と介護保険を一体化させる「一体型」の制度構想であった。これに対する異論もあり、当面は独立して介護保険をつくるべきではないかという意見も提出されている。「『いずれ介護保険が今の独立型で行き詰まる時は、堤課長がいうような方式に移ればいいのだから』といって僕は香取(照幸)君に説得されて、しょうがないかなと思って妥協したんです」という。一九九五年一月の段階で社会保険の基本骨格のあり方をめぐって厚生省内で揺れていたことがわかる。

⑥『朝日新聞』のスクープ――社会保障制度審議会との関係

一九九四年六月、社会保障制度審議会社会保障将来像委員会が介護保険の創設を勧告する方向で検討していることが『朝日新聞』によりスクープされた。それは、社会保険方式推進の立場からすると、「高齢者介護・自立支援システム研究会」立上げの直前の絶妙のタイミングであった。制度審が介護保険の勧告を行うことを、厚生省は事前に知っていた。和田氏によると、当時社会保障制度審議会の事務局長にあったのは厚生省出身（元・自治省出身）の清水康之氏であったという。和田氏は「清水さんは、ロマンを大事にする積極的な議論好きの方です。制度審の将来像委員会の論議が進み、報告書のドラフトを書いておられた時期だったようですが、医療保険審議会や老人保健福祉審議会の論議の方向と全く違うトーンだと困るというので、意見交換、情況認識のすり合わせをやっていました」という。そして勧告（一九九四年九月）の数カ月前に「清水さんがある時にやって来て、『和田ちゃん、介護保険、本当に大丈夫？ やってくれるんだな』『やりますよ』と。『うちの報告に書き込んでいい？』『書いていただかないと困るから是非書いてください』ということがあったのです。できれば、大きな枠組みを先に言ってもらったほうがかえって都合がいいと思っていました。単にお金、財源の算段とかではなく、日本の社会保障全体の姿、方向性の中で意義があることだと言ってもらいたかったのです。大きな方向性は同じということでこちらは大いに結構ですと」と意見交換をしていたのだという。もちろん各審議会の独立性はあったが、審議会の事務局として官僚の間で情報交換が行われていた。また、『朝日新聞』がどのようにスクープできたのか、その経緯は不明である。

⑦第二号被保険者を四〇歳とした経緯

介護保険を短期保険とみなすと若年者を被保険者にするかどうかが論点となる。和田氏は「介護を社会で、国民みんなで支えるという理念や国民年金の被保険者とのバランスを重視すれば、典型的には二〇歳からということになるでしょう。しかし、大学進学率が高くなり大学院も増えてきたことや保険料滞納の問題なども考えると、二五歳あるいは三〇歳かとかもあり得ると思っていました」と、世代間連帯論で若年者も被保険者とすることを検討していた。だが、自民党税調の伊吹文明議員に「説明に伺った」ところ「『保険は負担と受益の関係が明確だと君は言っただろう。直接的な受益と結びつかないのは税だ。保険方式で被保険者は二〇歳からとしても、ほとんど受益することのない二〇歳の若者の保険料負担は本質は税と同じである。それに二〇歳の若者は保険料を滞納して安定した制度運営はできなくなる。』というご指摘でした」と二〇歳から被保険者にすることは、拠出に見合った給付がないと反対したという。その後、被保険者を四〇歳からとする案を社労族の大御所であった丹羽雄哉議員にもっていき、了承を得たという。「事務局に戻って山崎（史郎）君に『四〇歳でいくぞ』と。山崎君は『えっ？ えっ？』と驚いて、そのことを後々突然四〇歳になったといっておりました」という。

堤氏は「当初の案は、二〇歳から六五歳までは保険料負担のみで給付なしという案で出していたものですから、連合の村上忠行という総合政策局長がおりまして、彼が『保険料を払っておいて給付がないというのはおかしいではないか』と言われて、まさにその通りですので、知恵を絞ったのが今の特定疾病による限定で、それを前提に四〇歳からということにしようということで折り合ったわけです」と連合からも同様の意見が出たという。そして、拠出に見合った給付として特定疾病を盛り込んだという。

⑧ 障害者を別枠にした経緯

障害と要介護状態の類似性は、障害を保険事故と見なすかどうか、障害者を被保険者に含むかどうか、という難しい問題をもたらす。和田氏は介護保険論議が始まった頃は「同じ省内でも障害福祉部門は高みの見物、といった感がありました」という。しかし、「介護保険は絶えずマスコミ報道されるようになり、介護サービスには相当な費用が入りそうだと見えてきて、立ち遅れを心配する方も増えてきたようでした。障害者福祉分野の事業者の中には『保険制度では公的責任が後退だ』という考えの方もかなりいたように思いましたが、他方、こっちの水は甘いぞ、と思いを抱く人も増えてきたのですね。『障害福祉分野に陽が当たらず取り残されてしまう。是非、出て行く船に乗せてくれ』という声も聞くようになってきました」という。

しかし、「障害福祉分野で主体的な議論をやってコンセンサスができるなら是非そう（介護保険に含める）したいと内心思ってはいましたが。若年障害者も介護保険制度に取り組む方向とすると、制度化作業が大分遅れることにならざるを得ない」と回想している。このように厚生省内でも非常に頭を悩ませた問題であった。このことは障害者を当初から適用除外することを決めていたわけではないことを意味する。同時に、障害者団体のコンセンサスを形成するまで待つことができなかったことも意味する。

⑨ 介護保険料の減免三原則——堤三原則

社会保険においては保険料の減免の規則をどのように設定するのかが常に課題となる。これは介護保険法成立後の動きであるが、介護保険料の減免三原則（個別申請により判断、全額免除の禁止、一般財源の禁止）が定められた。これは堤氏が定式化したもので別名「堤三原則」と呼ばれている。堤氏によると一部の自治体で介護保険料を免除する動きが出てきて「保険料は所得段階別にしてあるし、保険料を取らないで給付することを認めたら、介護保険の自殺行為になってしまうので、この動きには頭を抱えました。（中略）自治省の財政局長だった二橋（正弘）さんからも直接、電話がかかってきて『おまえ、やめさせろ』と言われたりしたぐらいです。せっかくつくった制度がそこから崩れていくと、一般会計から補填するわけですからね。ということで、自治省も非常に抵抗があったわけです」という。神戸市の保険料軽減策について聞き取る機会があり、「どういう条件の下でやっているんだということで聞きましたら、『ただにはしない。それから、まけても一般会計から補填をしない。それから、収入だけでは見ない。どれだけできるかわかりませんけど、資産状況も見る。その三つの条件をつけて神戸市はやるつもり』と言うから、それを聞いて、それだったらギリギリ許容範囲かなと考え、『じゃあ、それを原則としよう』ということとしたわけです」と三原則は神戸市の取組みに着想をえたという。このことは自治体の取組みをもとにつくられた原則であり、保険者である自治体も受け入れ易くなったと推測できる。また、「三原則で一番大事なのは、減免をしたことによって介護保険財政の決算をしたら穴が開いた場合に、一般会計から補塡をしないということなのです。そのため、仮に減免により給付費が足りなくなったら、その分も財政安定化基金から借りていいというふうにしたんです。僕の指示でそうしたんです」という。財政規律を重視していたことがわかる。

■参考文献

大熊由紀子［二〇一〇］『物語・介護保険――いのちの尊厳のための七〇のドラマ 上・下』岩波書店
介護保険制度史研究会・大森彌・山崎史郎・香取照幸・稲川武宣・菅原弘子編［二〇一六］『介護保険制度史――基本構想から法施行まで』社会保険研究所
国立社会保障・人口問題研究所［二〇〇五］『日本社会保障資料Ⅳ（一九八〇～二〇〇〇）』http://www.ipss.go.jp/publication/j/shiryou/no.13/title.html
堤修三［二〇一〇］『介護保険の意味論――制度の本質から介護保険のこれからを考える』中央法規出版
日本医師会総合政策研究機構［一九九七］『介護保険導入の政策形成過程』
和田勝編［二〇〇七］『介護保険制度の政策過程――日本・ドイツ・ルクセンブルク国際共同研究』東洋経済新報社

21世紀福祉ビジョン

古川 貞二郎 氏

1939年生まれ
1958年　長崎県庁入庁
1960年　厚生省入省　年金局国民年金課
1980年　厚生省老人保健医療対策本部事務局長
1989年　厚生省児童家庭局長
1990年　厚生省大臣官房長
1992年　厚生省保険局長
1993年　厚生省事務次官（高齢者介護対策本部長）
1995年　内閣官房副長官

高齢者介護対策本部の立ち上げ
（中央に大内大臣，左から2番目が古川氏）

■「二一世紀福祉ビジョン」(1)――細川内閣の誕生

土田　それでは、次に事務次官時代ですけれども、福祉ビジョンについてお話いただければ。

古川　まず、『私の履歴書』でも書いたけれども、本当に日本の政治っておもしろいと思いませんか。私は一年三カ月、次官をやったんですね。その間に三人の大臣に仕えた。一人目が、自民党の宮澤（喜一）内閣で丹羽雄哉さん。その次が八党派の集まった細川内閣で民社党の委員長の大内啓伍さん。その次が今度は、村山内閣でさきがけの井出正一さんと。まったく違う政党の方です。いずれともうまくやらないといかんから、大変ですよ。これから二大政党とか政権の交代とか簡単に言うけれども、そういう状況の中で行政の一貫性をいかに保っていくかというのは容易ではないんですよ。

ただ、小沢一郎さんが八党派の時の実力者でした。かつて私が首席参事官の時に彼は政務担当の副長官をやっておられた。彼は私のことをちょっと思い浮かべて、「古川が困りはせんか」と思われたんでしょうな。組閣の二日前に本人から次官室に電話があって、「古川さん、大臣を少し早く知っておったほうがいいですか」みたいなのがあって、「それはぜひ教えてください」と言ったら、おそらく民社党の委員長が厚生大臣になるということだったからでしょう、「民社党の米沢（隆）君から連絡させるから」というので大内啓伍さんが次の厚生大臣ということを知りました。そこで、大内さんにすぐ電話を入れて、会いたいと。向こうも会いたいと。それで高輪のプリンスホテルで会って、野党である民社党が要求している項目の中で、原爆被爆者援護法をつくれとか六つぐらい、すぐには厚生省が飲めない問題があって、しかし自分が大臣になったら、それをいままで主張しているわけだから「すぐやれ」という議論になるわけでしょう。その時に「すぐやる」とも言えないし「やらん」とも言えない、どういうふうに言うのか、そうした打ち合わせを二人でした記憶がありますね。それは余談ですが。あの時の小沢先生のお電話は有難かったですね。

■「二一世紀福祉ビジョン」(2)――介護対策本部の立ち上げ

古川　それで大内さんの段階で、高齢者の問題がいろいろ大きい問題になってくる。その中で、厚生省としては二一世紀福祉ビジョンということを明確に天下に明らかにすべきだということで、宮崎勇さんを座長に、鳥居泰彦さんを座長代理になっていただき、厚生大臣の私的懇談会を発足させ、報告書をいただきました。

これには二つの事柄がありまして、ひとつは二一世紀福祉ビジョンの中で介護の問題の重要性が指摘されたので、今度は介護対策本部というのを厚生省のプロジェクトチームで、大内さんと相談して立ち上げる。これは私は、老人保健対策本部を当時の八木次官が本部長になって立ち上げたのにならって、次官の私が、本部長になって立ち上げた。私はすぐ九月には辞めましたから、私の後輩たちが介護保険創設の作業をしていくわけです。それがひとつ。

■「二一世紀福祉ビジョン」(3)――税の議論

古川　それからもうひとつ、羽毛田信吾君が厚生次官の時、私が副長官の時に、丹羽雄哉さんが二回目の厚生大臣で、またそういった高齢者対策とか社会保障の改革の本部をつくってやりたいという話があって、私は「それはやめておいたほうがいい」と羽毛田次官に言ったわけです。なぜやめておいたほうがいいかというと、それは厚生省でやらないで内閣でやったほうがいいと。二一世紀福祉ビジョンの問題点は、介護とかそういった方向に転じていくことはよかったのだけれども、厚生省だけでやれば、保険料とかの議論はできるけれども税の議論には入れないんですよ。これは大蔵省の所管になるわけでね。厚生省の審議会が財源の中で税の議論なしで議論するのは、社会保障改革が絵に描いた餅にしかならない。しかし、税の議論をするのは厚生省ではちょっとできないと。領域が拡がる。そういうことで、内閣ならばそれができる。それで総理が本部長になって、丹羽さんが座長代理になって、司会進行を丹羽大臣がやればいいではないかということで社会保障構造の在り方について考える有識者会議を始めたんです。

その時に、僕は今でも非常に印象に深く覚えているのは、石弘光さんが発言したことです。「日本の社会保障はこれで初めてまともな議論の場ができた」と言ったんですよね。あれは非常に印象深い。財源の議論なしの社会保障改革は意味がない。財源というのは保険料だけではなくて、もちろん本人の一部負担もありますけれども、やっぱり税の議論が出てくる。そういうことで、税の議論なしの財源論もないということで、だから高齢者福祉ビジョンは、ビジョンそのものは僕はよかったと思うし、介護とか何とかを生み出すきっかけになったことはよかったとは思うけれども、やっぱり限界があったということですよね。その点私は後悔していたので、内閣でやった方がいいと言ったわけです。

■「二一世紀福祉ビジョン」(4)――国民福祉税との関係

古川　それから、先ほどの細川政権で福祉目的税を導入してといって、「ビジョンもなしになんだ」と言われて、「あそこでやっている」と言ったのは、それはちょっと違うんですよね。福祉目的税については、厚生省はどちらかといえば反対。というのは、福祉目的税でぜんぶ社会保障の財源を賄えという議論だったらば、これはやっていけない。そこがはっきりされない限り、安易に「福祉目的税でやります」という対応は厚生省としてはとれないと。こういうことでした。

そういうことですから、国民福祉税そのものには、あれが立案されたことにタッチもしていないし、国民福祉税についての考え方は厚生省としては消極的な態度。というのは、国民福祉税が増大する社会保障財源の一部だというのならわかるけれども、国民福祉税でぜんぶ目的税で社会保障をやるということならば、とても厚生省は責任を持てないということで、そういう条件で慎重な対応をとったということですかね。

菅沼　細川さんが深夜の会見で国民福祉税を発表しますけれども、その時に古川さんも初めてその構想を知ったということですか。

古川　そうですよね。だって、事前にあんなのないもの。だから、与党の一部と大蔵省と通産省の一部幹部の話ではないかと思いますね。

菅沼　まったく厚生事務次官も知らないところで話が進んだという。

古川　そうです。極秘でやっていたんじゃないですか。だからみんな、自民党も怒ったんじゃないですか。

土田　大臣には話はあったんですかね。

古川　ないと思いますよ。大臣と私の関係でいえば、たぶん大臣にあったらすぐ僕は呼ばれていますよ。「どうするか」とかね。それはなぜかというと、国民福祉税ですから、それが公になったら必ず「厚生省はどう考えるか」と問われますよね。その時にどう答えるかというのは、大臣としては当然、心得ておかなければいかんから、別に大臣が勝手に答えられるのもいいけれども、たいていの場合に相談がありましたから、もしそうであればたぶんあったんだと思いますよ。

■「二一世紀福祉ビジョン」(5) ――税方式と社会保険方式

土田　ちょうどあの話が出てきた時には、介護の問題も出てきていましたから。ドイツなども介護保険と。保険でいくという話が決まっていましたね。それで日本にも入ってきて、ところが日本はまだ財源を税でやるか保険でやるか、介護対策が決まっていないと。国民福祉税があった時は、「そろそろ厚生省は税方式で介護対策をやるつもりかな」というふうに受け止めたことがあるんですけれども、そういうことはまだまったく白紙で。

古川　私の知る限りでは、大内さんとか誰か僕以外の人でそういうことを知っていたという人がいるかもわからんけれども、私は承知していないですね。

土田　厚生省としては、まだ社会保険方式で介護対策をやるか、税でやるか。

古川　まだ介護対策本部ですから、そこの介護保険の議論まではね。いずれは保険は出てくるでしょうけれども、保険のデザインとかそういったのは、私が厚生省にいた間はまだなかった。私の聞いているところでは、介護保険の議論はもちろんあったのだけれども、介護対策本部で具体的にではなくて、私が辞めてから、山崎史郎君とか、介護のこともやって、彼らが勉強会を始めるという話で、介護保険の議論が出発したと聞いておりますけれども、高齢者対策の中に介護がないという議論ではないですけれども、保険でやるとか税でやるとかいう具体的な議論までは、私の在任中はなかったと記憶しています。

土田　ちょうどあの頃、一九九五年ですけれども、社会保障制度審議会で隅谷（三喜男）先生が会長で、九五年に勧告を出すんですよね。それが、二一世紀を見通して社会保障はこうあらねばならないという中で、いちばん重要なのは介護なのだという形で介護対策を具体化しようと。

古川　私が次官を辞めたのは九四年の九月二日なんです。

土田　ああ、じゃあその後ですね。

古川　九五年の二月二四日に僕は副長官に就任するんです。九三年六月に次官になって九四年九月で終わりましたから、介護対策本部ができて辞めて、その後、今おっしゃったような介護保険の議論が出てくるんですよね。

菅沼　そうすると、福祉ビジョンを議論しているところでは、介護の財源論については突っ込んだ議論はされなかったと。

古川　どういう福祉ビジョンの答申になっているのか今は具体的には記憶しておりません。財源の議論はしていますけれども、税で充てるとか保険で充てるとかという具体的な話はしていないと思います。

菅沼　具体的に書かれていないですね。

古川　財源の必要性は言っていると思うけれども。税の議論は具体的に書けないんですよ。妙なことかもしれませんけれども、財源を書くならば大蔵省と協議しなければいかんのですけれども、おそらく審議会の段階でそんな協議はちょっと難しいですから、だからそこはぼかしていると思いますよ。「財源が必要だ」とか「手当しろ」ということは言うかもしれませんけれども、それを「保険でみるべきだ」とか「税でみるべきだ」という議論は、今ならかなり踏み込んできていますからやるかもしらんけど、あの頃はまだそういう役所間のルールがあったような気がしますね。遠慮しているという意味ではないですけれども。

だって、議論してみたって責任もとれない話じゃないですか。税は税の議論として、また税体系の議論と合わせなければいかんから、社会保障だけの議論で税までの議論はできない。そんな感じですよね。財源の議論はあると思うけれども、税か保険かはたぶんないと思いますよ。具体的に社会保険方式でやるべきだということは、書いてあるかないかは知らんけれども、「そのうちの一部は公的財源でやれ」とは書けないですよ。だから、「内閣でそれはやったほうがいい」と、僕は羽毛田さんに言ったんです。

菅沼　そう言われて読むとすごくよくわかって、租税負担と社会保険料負担との関係については、「社会保険負担中心の枠組みは基本的に維持する必要がある」ということが書かれている一方で、税を中心の財源にすると税収が落ち込んだ時に社会保障給付が制約されるという形で、すごく微妙な書き方をされていると。

古川　おそらく、今お読みになったのが、厚生大臣の審議会としてはギリギリの議論だったと思いますね。でも、財源に触れないわけにもいかないから、そういう言い方になったんだと思います。

■官僚の仕事

土田　最後のほうでお聞きしたいのは、全般的な大きな話をお聞きしたいのですけれども、いままでのご経験で、若い時は厚生官僚と政治家というのはそれなりの関係性があって、教育したりいろいろあったと思いますけれども、最初の頃はたとえば野田卯一さんと小山（進次郎）さんがやって年金をつくるという動きがあって、最近は政治家が官僚をけっこう批判するというような、必ずしも関係性からいえば、一緒になって事を進めるという関係とはみられないような状況が見えてくるのですけれども、そういう流れをみて、官僚と政治家の関係というのはどうご覧になっていますか。

古川　公式的には、私はいつも言うのだけれども、官僚というのはいろんなことを考えなければいかんけれども、制度の枠というか、法律の則《のり》を越えられないんですよね。だから、制度の改革とか法改正は政治家がやらなければいかん。では、官僚は何もやらんでいいかではなくて、専門家集団として、よくいえば政治をリードするぐらいの、いろんな選択肢を政治に提言しなければいかんと。それから、情報も持っているわけですから、それも的確に出して、それから政策の選択肢も出さなければいかん。しかし、自らが則《のり》を越えるようなことはできない。それは、政治を動かしていかなければいかん。だから、政治と官僚は協力関係にある。政治だけでも成り立たない、官僚だけでも成り立たない。やっぱり両方が協力することでいいまつりごとができる。これをしっかりと双方が理解し合うことが大事だと思うけれども、そこが十分ではないのではないかとは思いますね。優等生的な答弁かもしれませんが、そう思います。

介護保険法の立案①

1945年生まれ
1969年　厚生省入省
1982年　保険局企画課課長補佐
1984年　大臣官房政策課企画官（保険局併任）
1992年　保険局企画課長
1993年　大臣官房総務課長
1994年　大臣官房審議官（医療保険・老人保健・介護問題担当）／高齢者介護対策本部事務局長

和田　勝氏

多田厚生事務次官に，「高齢者介護・自立支援システム研究会」報告書を手渡す大森彌座長（1994年12月13日）（読売新聞社提供）

■社会保険という選択の背景――財源不足下の医療・福祉

土田　国民福祉税の時は、イメージとしては保険でいくか税でいくかというのはまだ？

和田　税率七％の国民福祉税に衣替えをする国民福祉税の構想は、平成六年二月に突然打ち出されました。その当時、厚生省として介護保険で行くとは決めていませんでした。しかし、バブル経済崩壊で景気低迷し税収減となる中で、市町村の調査を基にゴールドプランを見直すと、消費税率三％だと財源不足できつくなる情勢は見えていましたが。

土田　これはどこから、どういう形で出てきたんですか。

和田　大内厚生大臣すら寝耳に水だというように、連立政権の他の党首たちは知らされない状況だったのでしょう。知っていたのは新生党小沢一郎代表幹事と大蔵省の斎藤次郎事務次官と細川護熙総理ということなのですかね。大蔵省は、景気対策のため所得減税の財源、消費税引き上げによる財政再建を狙っていたこともあったでしょう。

土田　誰か官僚がこう……。

和田　それは、斎藤次郎さんが絵を描いたといわれていますが。

土田　じゃあ、大蔵サイドなんですか。

和田　そうでしょうね、消費税率引き上げは悲願でしたから。公明党の市川雄一書記長も知っていたのかもしれませんが、私たちは知る由もありません。厚生大臣の耳には入っていなかったぐらいですから。深夜に総理が記者会見だなんて、呼ばれたほうも大変だし、何か重大事件かがあったのかと行ってみたのでしょうね。「税率の根拠は」と聞かれて「腰だめ」と答えた程度の政府与党内部の論議、詰めの状況だったようですね。

菅沼　これは保険でいくしかないという最終的な事態になったのは、やはり国民福祉税の撤回ということでしょうか。

和田　私はこれが大きな契機だったと思います。もうひとつは国保財政の窮迫化と老人保健制度が行き詰まってきていたことです。五八年二月に実施された老人保健法については、立案段階から高齢者医療費のどの範囲、どの程度を財政調整の対象にするのかという大きな議論がありました。（中略）

当時、六五歳以上人口は毎年二％程度増加していましたが、医療費はそれを上回って六％、七％伸びていました。従って、老健拠出金の毎年の増加額は、二％程度しか伸びないという修正だったわけです。参議院修正を受けて老人保健法が五八年二月にスタートしましたが、加入者按分率は当初の五〇％から、二年目の五八年度四七・二％、五九年度四五・一％、六〇年度四四・七％と毎年低下し、市町村の受け取る拠出金額は当初期待した額を下回ってきました。市町村国保財政はそれ以前に比べ楽になりましたが、市町村側は、国会提出時の法案により医療費の増加率と同率で拠出金額が増加すると思っていましたから期待に反することになります。

もう一つ、(昭和)五九年健保法改正による退職者医療制度の実施に伴って国保へ大きな財政影響が生じたことです。退職者医療制度は、市町村側は退職者の医療費負担が国保に押し付けられているとの財政負担緩和の観点から、また、労働団体側も退職者ＯＢの給付改善の観点から、長年その実現を求めてきていました。

五九年の健保法改正で退職者医療制度が実現した際、同時に、国保財政が緩和されるからということで、国庫負担率が医療費の五割から給付費の五割に引き下げられました。高額療養費制度による自己負担軽減分を入れ実効給付率は、全医療保険制度平均で七七％程度でしたから、国庫負担割合は五〇％から三八％程度に下げられたことになります。しかし、退職者医療が施行され、その対象者の実数が当初想定数をかなり下回ったことから国保財政への影響が大きくなりました。

そうしたことから、市町村側の老健拠出金の按分率制度への不満が一層強くなりました。地方交付税により臨時的な財源措置が講じられて凌ぎましたが、ゼロシーリング予算編成の下で安定した制度運営、財源確保のための法改正が避けられない情勢となっていきました。

そうした情勢の下で六一年一二月に、老人保健拠出金の加入者按分率一〇〇％への引き上げ、医療と福祉サービスを一体として提供する中間施設（老人保健施設）の創設等を柱として老人保健法が改正されました。これに対し被用者保険側は、過大な負担だとして不満が強くなり、このことも介護保険論議の深まる要因、背景の一つとなったのでした。

他方、平成時代に入って、消費税が導入され、ゴールドプランが策定されました。そして福祉八法改正の一環で、市町村による要介護ニーズの把握に基づく「新ゴールドプラン」策定へと見直されてサービス量が拡大し、その運営費の確保が課題となってきます。

運営コストの調達のためには、消費税収増が期待できないとすれば保険料財源に依らざるを得ないと思うようになっていったのです。古川次官や岡光官房長も基本的にはそう思っていたと思います。しかし、いきなり「保険で」なんて言ったら、「公的責任の後退だ」という批判を浴びてしまいます。税金でやらないと公的責任を果たしたことにはならないと思っている政治家や行政関係者、福祉関係者も多いわけですから。

まず、社会状況の変化の中で必要とされる介護問題に対する認識を深め、理念、考え方、サービス提供の在り方についてのコンセンサスを得る努力をすることが先で、保険方式でいくのかなど財源に関する論議はその後のテーマとして位置づけ、出来るだけ後ろへ引っ張っていきたいと当時、私は考えていました。(後略)

■高齢者介護・自立支援システム研究会（1）メンバー人選

田中　次にシステム研のほうに入っていきたいと思います。（中略）初めにシステム研ですが、よくおもしろいこととしてシステム研の人選について言われますので、そこのあたりを教えていただきたい。そして私個人として関心がありますのは、「高齢者の自立支援」という、「自立支援」という言葉を入れたというのはすごいインパクトがあるように思うのですが、これはどうしてなのか。その二点を教えていただきたいと思います。

和田　私は当初、官房総務課長という立場であって、実際に立ち上げの準備は山崎（史郎）君ですね。ネーミングのことなども山崎君と相談をしていました。山崎君が持ってくるアイデアを基にこうかな、ああかな、とやっていました。新たな制度は措置制度をやめて契約型に切り換える方向を想定していましたし、この新たな介護制度の実施の主体は、地方自治の本旨から見ても、基礎的自治体である市町村以外に考えられません。しかし、市町村は国保運営で懲りていて、財政負担、運営を担う人材、サービス基盤の現況などから問題が多すぎると消極的でした。そうなると研究会の座長については、市町村行政、地方行財政のことをよくわかっている人が適任であることになります。山崎君が持ってきたリストの中から、東大の大森彌教授にお願いしました。先生は若い頃、身をもって生活保護を体験なさっているとお聞きしたことがあり、また、温厚なお人柄で錯綜するであろう議論の取り纏め役としても最適任と思いました。

それからもうひとつ、辛口の意見の方、従来の厚生行政に批判的な人にも加わっていただくことにしました。いろいろな立場の人の意見を聞いてこっちも鍛えられておかないと、後でどうせ苦労するんだからと。樋口恵子さんが理解、納得してくれたら、その卓抜した表現力と実践力は、制度化を実現するうえで大戦力になると期待しました。樋口さんのあの歯切れのよい啖呵の切り方で、その後、世論の形成や社会の関心を高めるうえでだいぶ助かったと思いますよ。

阪南中央病院の岡本（祐三）先生の現場感覚も期待しました。岡本さんは、吉村（仁）さんが亡くなった時にいただいたお香典を基に作られた「公益信託・吉村記念厚生政策研究助成基金」の受賞者でした。吉村さんの奥さまから「お香典のお返し」についてご相談があって、「タオルや石鹸よりも、医療経済とか医療システムを勉強している若い人に研究費を出したら」と申し上げたことが契機になって五〇〇万円で吉村基金ができました。当時、公益信託制度ができて一、二年。私の記憶では実際に使われたのは一例しかなかったと思います。私は企業年金課長をしていて信託制度を知っていましたから安田信託の人に依頼しました。お金の管理・運営、事務局的な役割も信託銀行がします。毎年この分野の若い研究者に五〇万円。一〇年間で使い切ると。その後お金を入れてくれる方がいて二〇年近く続けることができました。岡本さんの次に二木立さん、白澤政和さんなど、その後介護保険に大きな関わりを果たされた方が受賞されています。実質的な事務局の役割は、下村健さんに相談しながら私がしていましたので、岡本さんのことも知っていました。

菅沼　システム研ができる前ですけれども、平成五年一一月、省内に高齢者介護問題に関する検討プロジェクトチームが発足したと質問表で2)のところにありますけれども、これには和田さんは？

和田　私は、阿部（正俊）さんの勉強会には関わっていませんね。能動的にとか主体的にという関わりはしていなかったと思います。

菅沼　プロジェクトチームと、それからこの介護対策本部事務局とは、直接の関係はないんですか。

和田　そう思います。本部事務局が動き出してから本格的に研究会を動かしていこうと。山崎君たちもそんな意識でしたね。

菅沼　それと、介護対策本部の発足と自立支援システム研究会の立ち上げというのは、ほぼ同時に構想されたのでしょうか。

和田　同時期に一体的にと構想を練っていました。ただ、本部事務局は四月に設置されますが、研究会のスタートは、省の幹部人事異動後、七月以降と考えていました。

菅沼　そうすると、システム研の設置というのも四月の段階で？

和田　だいたい座長役も想定して人選も決めて、実際に第一回目の会合は七月にしようと。

あともう一つ大きい作業が、ゴールドプランの見直し、新ゴールドプランの策定作業ですね。全国の各市町村から県を通じてあがってくる整備事業量の見通しを基本に、どういう理念で整備するかと。阿部（正俊）老人保健福祉局長は、そちらに注力されました。「利用者本位」とかは阿部さん流の整理ですよ。

問題はそのようにして整備されてくるインフラ、施設なり人材なりを、どのような基本的な理念の下で、どのように効率的で適切なサービス利用に結び付けるのか、どのように運営財源を確保するか、というのが、研究会の役割ということになりました。

■高齢者介護・自立支援システム研究会（2）自立支援というネーミング

土田　それから、先ほどの田中さんの質問の自立支援というのは、これはどういう意図ですか。

和田　介護サービスの充実によって寝かせきりとか寝たきりとかが促進されてしまうのではないかと懸念している人もいましたし、「介護問題研究会」というのではインパクトが弱く、やや後ろ向きかなと感じていました。橋本泰子さんは「どんな人でもその人が生きてきた歴史、思いがある。その人が望むその人らしい生活を送れるように支援すること、これが大事です」とよく言っておられました。これが「自立支援」ということですね。必ずしも自分が立って歩くという意味での自立ではなく、どんな状態にあっても、自分の思いが少しでも実現できること、それがかなうように支援すること、これが自立支援であり、人間としての「尊厳の尊重」になります。山崎君などスタッフは明るい積極的なイメージが感じられる研究会のネーミングとして、単なる財源対策と受け取られないようにすることが大事だと考えていましたね。

■制度審（社会保障将来像委員会）

菅沼　社会保障制度審議会の報告というか、ちょうどシステム研が立ち上がる時にスクープされたというのがありましたけれども、それについてはどう受け止めておられるのでしょうか。

和田　当時、清水康之さんが制度審事務局長です。もともとは自治省三七年入省の方で、厚生行政の業務量や課題が爆発的に増加してきて人材不足が続いていたからでしょうか、吉村官房長時代に厚生省に移籍してこられました。清水さんは、ロマンを大事にする積極的な議論好きの方です。制度審の将来像委員会の論議が進み、報告書のドラフトを書いておられた時期だったようですが、社会保険審議会や老人保健福祉審議会の論議の方向と全く違うトーンだと困るというので、意見交換、情況認識のすり合わせをやっていました。

清水さんがある時にやって来て、「和田ちゃん、介護保険、本当に大丈夫？　やってくれるんだな」「やりますよ」と。「うちの報告に書き込んでいい？」「書いていただかないと困るから是非書いてください」ということがあったのです。できれば、大きな枠組みを先に言ってもらったほうがかえって都合がいいと思っていました。単にお金、財源の算段とかではなく、日本の社会保障全体の姿、方向性の中で意義があることだと言ってもらいたかったのです。大きな方向性は同じということでこちらは大いに結構ですと。しかし、向こうは書いたけれども、こっちが降りてしまったら格好がつかないというので、最後まで気にしておられたということだと思います。

菅沼　清水さんと話をしたというのは、その年の四月とか五月頃ですか。

和田　こちらの方向性がそうとう固まってきて、だからあちらが報告をまとめる一、二カ月ぐらい前だったと思いますね。

菅沼　そうすると、スクープされたのが六月ということですから、遡ると四月頃と。

和田　ちょっと記憶は定かではないけれども、そのあたりの話だと思います。制度審は国会議員や次官、学界の大御所も

入っているし、一家言おありの人がたくさんおられる運営が難しい審議会だったと記憶しています。（後略）

■新ゴールドプランとの関係

土田　ゴールドプランを最初につくった時はまったく介護保険という発想がなくて、新ゴールドプランの時は明らかに介護保険を意識してやったわけですね。

和田　消費税導入時にその使途を問われて、高齢者の介護サービスの財源に充てるとし、その担保のために「高齢者保健福祉十か年戦略、ゴールドプラン」が策定されたと理解していました。しかし、平成二年の福祉八法改正を受けて、老人福祉計画、老人保健計画が一体的に策定されることになり、この計画に基づくサービス提供のための運営財源の確保が問題となってきました。私の直接の担当ではありませんでしたが、省全体が、多くの担当者がそう意識していたように思います。国民福祉税が挫折して、その意識は一層強くなったと思います。

土田　新ゴールドプランは、介護保険の基盤をつくったということは言えるわけですよね。

和田　そうです。それはもう当然、福祉八法改正、ゴールドプランおよび新ゴールドプランという流れがあったから、介護保険の制度化は現実化し絵に描いた餅ではなくなっていったといえるでしょう。

土田　とくに、中間施設という概念があったということは。

和田　中間施設は、昭和六一年の老健法改正で老人保健施設として制度化されました。

土田　ああいうのがあって、基盤整備が相当進んできて、結果としては介護保険が非常に強くなってきた。

和田　そういう前提があって、基盤整備が相当進んできて、なんですね。

■介護保険の立案過程（1）五つの制度案

田中　それでは続いて、老健審の審議が始まります。一方で、省内では五つほど内部的には制度案があったようでして、たとえば二〇歳以上の介護保険方式とか、四〇歳以上の介護保険方式とか、老健方式とか、五つほどあったということですけれども、まず省内ではどういうふうに合意形成が行われたのでしょうか。

和田　新たな制度の構想を巡っては、省内では百家争鳴の一時期もありました。公費財源による制度案、民間保険活用制度案、これらは実現性に大いに難があります。これらは別として、実現可能な典型的な二つのタイプがあったように思います。新たな制度案は、ひとつは独立保険制度論で、新たな公的介護保険制度を創設し、その独立した保険者の下で介護サービスの給付管理を行う「独立型」の考え方、保険原理に忠実にいこうという案ですね。

もうひとつは、既存の制度を活用した制度とする案です。老人保健制度を大改正して保険者間の全面財政調整を実施し、給付内容を拡大し定率自己負担などを入れる考えもありました。また、被用者保険の被保険者は高齢退職後も引き続きその保険の被保険者として継続加入させる「突き抜け型」も典型論でありましたね。この新たな実施主体が医療と介護の費用負担を担い、給付実務は市町村に行わせる、という変形案もありました。

従前からの医療や介護を巡る制度論議の中で実感してきた実現可能性、公的責任の関わり方、財政運営の安定性・効率性といったことの考え方の違いが根底にあったとみてよいでしょう。いろいろな可能性、アイデアを整理して示すのは事務局としては当たり前ですが、その中には、棚に並べてディスプレイしているだけといった案も入っていたのです。介護対策本部の事務局レベルでは事務局次長である山崎史郎君を中心に課長補佐、係長クラスが実務的な論点整理をして、関係各課長らも巻き込んで議論を重ねる、という形で作業が進められました。

私は、検討状況について適宜報告を受けながら自分の考え方を整理していきましたが、三重県庁時代の経験、老健法制定時や五九年健保法改正以降の論議などを通じて得た実現可能な、そうあって欲しい新制度のイメージも浮かんでくるようになっていました。ある時山崎君が、堤修三君、辻哲夫君という二人の事務局次長、論客が喧々諤々やりあっていて前に進みませんと、ぼやいていました。私は、議論は大いに結構だが国会提出までの時間的制約もあることなので、独立した介護保険制度創設をターゲットにして、老人保健制度と老人福祉制度の二つ対象として組み合わせた統合案を仕掛けていく。その具体的な制度構築の作業をして欲しいと指示しました。

医療保険者の共同事業としての性格を持つ老健制度、税財源による老人福祉の措置制度はそれぞれ、老健拠出金負担への強い批判、税財源の不足と言った情勢の下でもはや限界的状況にあると考えていました。これらの制度を単一の制度・理念の下で再編統合し、サービス利用の手続きや利用時の負担等について、同じルールの下で一体的に老人の医療と介護のサービス提供と利用を可能とすることの方が、国民から見てもわかりやすく、実現可能性も高いと思ったからです。

■介護保険の立案過程（2）被保険者

田中　論点としては多岐にわたっていたと思いますけれども、たとえば被保険者の範囲を四〇歳以上にするとか、ここはどういった感じで決まっていきましたか。

和田　制度を考える時に、いろいろなアイデアがあることは当然です。ただ、保険料負担や利用者負担の水準とか、負担がそう重くならないような制度案でないと納得されません。

保険料については、被保険者の範囲、負担者が拡がれば拡がるほど一人当たりの平均負担額は下がります。介護を社会で、国民みんなで支えるという理念や国民年金の被保険者とのバランスを重視すれば、典型的には二〇歳からということになるでしょう。しかし、大学進学率が高くなり大学院も増えてきたことなども考えると、二五歳あるいは三〇歳かとかもあり得ると思っていました。

伊吹文明代議士は大蔵省出身の社労族の有力議員で、自民党税調の有力メンバーでもありました。初当選の頃、先進国病に関する研究という少人数の勉強会を主催していまして、私もそのメンバーの一人に入れていただいており、その後もよくお会いしご教示いただいていました。当時、二〇歳以上を被保険者とする介護保険制度案について説明に伺ったことがありました。「保険は負担と受益の関係が明確だと君は言っただろう。直接的な受益と結びつかないのは税だ。保険方式で被保険者は二〇歳からとしても、ほとんど受益することのない二〇歳の若者の保険料負担は本質は税と同じである、それに二〇歳の若者は保険料を滞納し国民年金と同様に安定した制度運営はできなくなる。」というご指摘でした。「この第二号保険料は、介護を国民みんなが支えるという基本理念に基づくもので、保険料という名前の特別の公的な負担という性格のもので、広く薄く負担する一種の社会参加料です。平均で月額二五〇〇円程度の負担額なら納得が得られるものと考えます。在学中は納付猶予を考えたい」とご説明しても「いや、それは理屈にならんではないか。年金は払えば給付に反映する。こっちは短期保険の性格上、出しっ放しではないか。説明つかんぞ」と納得されません。

時間的にも切迫してきたころでしたから、何とか制度案を固めないと行けません。四〇歳から、というアイデアは以前からありましたが、ハッと思いついて丹羽（雄哉）代議士に伊吹さんからあったご異論の報告方々相談に伺いました。丹羽さんは宮澤内閣で厚生大臣を経験され、総理になった橋本（龍太郎）先生の後を継いだ社労族の大ボスで、私は日ごろから親しくお付き合いいただいていました。「先生、四〇歳から被保険者というアイデアはどうですか」と。「うん、いいだろう」と納得いただき、事務局に戻って山崎君に「四〇歳でいくぞ」と。山崎君は「えっ？ えっ？」と驚いて、そのことを後々突然四〇歳になったといっておりました。

四〇歳から被保険者にするには、負担と給付との関係についてそれなりの説明が必要で納得が得られないと行き詰まります。そこで、医系技官の事務局スタッフの西山（正徳、後に健康局長）君に加齢に伴って発症率が高くなってくる疾患をリストアップしてもらいました。初老期痴呆症（今は、認知症といっています）、女性の場合のリウマチ、男のALSとか、四〇歳ぐらいから罹患する人が出てくるのですね。「一桁では寂しいから、加齢に伴って有病率の高くなる病気を二桁探せ」と指示しました。「見つかりました」「もうひとつありました」とかあってようやく一五の疾患です。今は一六になっていると思います。有病率は高齢者の介護リスクの場合に比べればずっと少ないのですが、一応説明は通らなくはないということです。そうした疾患に起因して要介護状態になった場合も介護保険の給付対象にするということで、「特定疾病」の制度ができたのですね。

■立案過程（3）障害福祉との関係

和田　介護保険論議は高齢者の分野で生じてきた問題でして、同じ省内でも障害福祉部門は高みの見物、といった感がありました。エンゼルプラン、障害者プランの策定といった動きがあったわけですが、障害福祉事業関係者の間では介護保険制度構想への関心が強くなってきたようでした。介護保険は絶えずマスコミ報道されるようになり、介護サービスには相当な費用が入りそうだと、障害福祉分野の立ち遅れを心配する方も増えてきたようでした。障害者福祉分野の事業者の中には「保険制度では公的責任が後退だ」という考えの方もかなりいたように思いましたが、他方、こっちの水は甘いぞ、と思いを抱く人も増えてきたのですね。「障害福祉分野に陽が当たらず取り残されてしまう。是非、出て行く船に乗せてくれ」という声も聞くようになってきました。こうした方々には二つのグループがいました。ひとつは、視覚障害者です。就業の方も多く社会参加も進んでいて自立支援に惹かれるグループの方々と受け止めていました。もうひとつは、授産施設、福祉工場の対象となっている人達です。それぞれ違う障害の態様、組織、団体ですが、「公費だけでやっている今の障害者福祉の制度では財源増は期待できない。介護保険の給付にどうしても入れてくれ」という点では共通していました。何度も要請に来ましたね。比較的若いアクティブな障害者のグループのリーダーは東京コロニーの理事長をしていた調一興さんで、ウイスキーを飲みながら議論しました。彼は「介護保険に若年の障害者も入れてくれ」と熱っぽく求めましたが、私は「だめだ」とお断りしました。それは、「障害者自身、あるいは障害者福祉関係者の中で、あるいは関係部局や審議会等で議論を重ねていただいて、やっぱり保険制度が良いという方向性、合意が出来るのであれば当然あり得る選択だと思う。しかし、現状ではそうした主体的な論議や合意がないままで、そうした状況で発射間際の介護保険制度に飛び乗る、これを容認するというのには些か無理がありますね」とお断りしたのです。障害福祉分野で主体的な議論をやってコンセンサスができるなら是非そうしたいと内心思ってはいましたが。若年障害者も介護保険制度に取り組む方向とすると、制度化作業が大分遅れることにならざるを得ない、ということもありました。高齢者介護対策本部で法案の条文作りに大活躍をしてくれた伊原和人君は、後年、障害者自立支援制度の創設にまた苦労されましたが、障害程度区分の設定、利用したサービスの量等や所得に応じた公平な利用者負担の導入など、介護保険制度と若年障害者制度との整合性の確保、将来的な統合をも視野に入れた制度的工夫を凝らしていました。

そうしたことで一旦、介護保険制度の被保険者は、六五歳以上の方の介護を中心に、負担と受益との関係を考慮して当面四〇歳以上を対象として発足させましたが、次の制度見直し、法改正論議をする時には、被保険者の範囲、対象を見直したいと考えていました。ひとつは保険料負担の担い手を拡げ、負担額、水準を下げていきたいということからですが、そうすると当然給付内容の洗い直しにつながってきます。五年後見直しの時にはこれをやろうと考えていました。ちなみにドイツ、ルクセンブルクでは、基本的に必ずしも年齢ではない整理でして、働くようになって稼得力、負担力があるようになったら被保険者とし、給付は年齢に関わらず要介護になれば対象としています。

被保険者の範囲を拡大し、例えば被保険者の年齢を二〇歳からとすると、給付の内容も「加齢に伴う」ではおかしいことになり見直しが必要となります。高齢者の念頭に置いた介護サービスに加えて、社会参加や就労支援に資するサービスや事業、生活支援サービスも対象とすることが考えられるでしょう。給付対象者の年齢も赤ちゃんからになるかもしれませんね。五年後に見なおしたいと、当時、アクティブな障害福祉事業の方達にお話ししたこともありましたが、残念ながらそういう展開にはなりませんでした。

平成一五年にスタートした「障害者支援費制度」は、社会福祉基礎構造改革を謳い文句に、介護保険制度に倣って措置制度を廃止し、選択・決定・利用による制度を目指しました。しかし、サービス費用の急増と財源不足問題、障害種別間の格差などが生じ、施行初年度から早くも介護保険制度との統合、整合性の担保といった検討も始まるといった状況でした。私は、現場を離れて大分たっていましたが、支援費制度は残念ながら失敗作と思っていました。平成一七年には先ほどお話しした「自立支援制度」に移行しましたが、結局今の「総合支援法制度」になり、税財源による制度になっています。

田中　四〇歳と決めたのは、丹羽私案をつくる直前ぐらいと考えていいんですか。

和田　丹羽私案の出される少し前のことです。

田中　平成八年三月の直前ぐらいに決まったという感じですか。障害を外すことも同時に決まったんですか。

和田　当然、部分的にそうなるわけですから。もともと対策本部事務局では若年障害者は入れないという前提でずっと論議していたから、改めてそう追認したということになりますね。

土田　当時は障害者については、リハビリとか介護保険は給付内容がいいからという、そんな話もありましたよね。

和田　介護保険論議の中で、ケアマネジメント、ケアプランという新たな仕組みの導入、そして財源確保によるサービスの質と量の両面での拡充拡大への期待がみえてきて、そういう展望が見えてこなかった視覚障害者などから見ると羨ましい動きのように思われ、社会へ出て活動していきたいという期待感、積極性を感じたのではないかと思いますね。

■立案過程（4）いわゆる「三大陸方式」

和田　介護保険施設のあり方を巡って論議しました。施設類型の一元化論ですね。本来、介護保険の入所施設の体系を白地に描くのであれば、それなりの設計が可能であり、特養、老健、療養型病院という三つの施設類型、といったこともなかったでしょう。施設類型を見直し、例えば「介護保険入所サービス施設」といったように一元化することも事務局内で議論しました、その方の住まいとしての施設で、障害の態様や状態の変化に応じて提供されるサービス内容が変わっていく、という制度設計だって可能かもしれません。入所者が施設の種別に合わせて転々と移らずに、高齢者の状態の変化に応じて提供されるサービスが変わっていく、これが本来は望ましいのですね。

そうしたら良いなと思いましたが、現実に異なる根拠法の下で、老人病院があり老健施設があり特養があり、また、社会福祉法人、医療法人という法人格の違いもあって、それぞれ歴史を重ねて運営されてきている実態がある。特養に対しては施設整備費補助金が投入され、法人税・事業税や固定資産税も非課税となっている。病院・老健に整備費補助金はなく、法人税・事業税も課税されている。こんな違いが現実に存在する中で、一元化議論をすると、詰まるところ税制問題に関わってしまいます。そうすると与党と政府の税制調査会の審議が避けられなくなります。ドンと呼ばれた、あの山中貞則さんは健在で仕切っている党税調です。その税金、税収の在り方論議に巻きこまれたら、着地の目途も立たなくなる恐れが強いと感じまして、いろいろ施設一元化案の検討してもらったけれども諦めて、私は「三大陸方式でいく。それぞれの大陸で役割を果たしてもらおう。しかし、利用手続き、利用料、入所時のケアプラン作成など、共通の仕組みを入れることとする」にしました。介護保険五年後見直し議論の際にテーマの一つにしたい、と思いました。三大陸とは、当時、私の背広に「五大陸」というブランドがあったことを捩って言ったのですよ。

■立案過程（5）生活保護との関係

和田　それからもうひとつ、介護保険制度議論のなかで、生活保護制度との関係です。健康保険では、国民皆保険といいながら厳密にいうと低所得者、無所得者を国保の適用除外として、生活保護の医療扶助を適用しています。全額公費負担し、受診時の定率負担はありませんね。現在、医療扶助費は生活保護費の約五割、国民医療費の五％近くになっていますが、最近、財務省は、患者側にも医療機関側にも頻回受診傾向や後発品の低い使用割合などモラルハザードが起きているとして医療扶助の適正化を求めています。

もう一つ、生活保護、医療扶助を受けている家庭の子供さんからは、「お医者さんへ行くとみんなピンク色の保険証を出すのに、どうして私はちょっと大きさが違って白い受給者証なの？」といった話をけっこう聞いたことがありました。保険証の色やサイズをそろえるというような小手先の調整はしましたが、やはり皆保険という観点に立った制度設計のほうが望ましい。新たな介護保険制度設計の機会だから、無所得者も含め全て公的介護保険でカバーして、保険料負担は生活保護の生活扶助で給付し、サービス利用時の一部負担金も生活保護の給付対象とする、これが公平の観点、皆保険の思想にふさわしい、と考えました。一部負担金については生活保護の中に「介護扶助」という新しい類型を設けることにしました。

田中　それは、どのタイミングぐらいで決まったと考えていいんですか。

和田　これは比較的早かったかな。でも、介護の総費用という観点からすればフラットということもあり、あまり議論されず反対もなかったように記憶しています。社会保障の基本は社会保険という哲学から、私などはこだわりを持っていました。ただ、介護給付費の部分について保険料が入ることになるので、公費の負担が減少するという面はありますね。財務省が反対しなかったのは、そういう面があったからでしょう。

土田　被保護者を入れることはあまり論議されなかったんですか。

和田　生活保護担当部局も含めて余り異論や批判はなかったですね。

国民運動となった介護保険成立までの動き

土田　介護保険法ほど国民が盛り上がった議論はなかったと思いますね、あの時はね。

和田　介護対策本部事務局のスタッフもそうでしたが、自立支援システム研究会の委員、老人保健福祉審議会の委員の方々とかも含めて、みんな「自分が加わって、参加をしてつくった」という意識が非常に強かったのではないですかね。マスコミの世論調査が大きく扱われる報道ぶりも、世論形成、法案化の大きな追い風になったと感じていました。

土田　各市町村も、地方の市役所なんかもトップクラスを担当にあげたと言っていましたね。

和田　ある時期から、法律ができたあたりから特にそうなってきたのだと思いますが、いくつかの市に「カリスマ職員」

なんて呼ばれるリーダーも生まれました。座長の大森先生や自治労の幹部も、介護保険は、地方自治の原点に関わると意識していただいていたこともあると思いますね。私も、「介護保険料の水準がその地域の介護サービスの水準、あるいは地方自治のあり方を示すバロメーターですよ」とか、開き直って言っていましたものね。

土田 あと、この頃に活躍したあれで、樋口恵子さんの高齢社会をよくする女性の会、あそこは最後は応援団になっていましたね。

和田 樋口恵子先生が自立支援システム研究会のメンバーになっていただいたこと、これも大きかったですね。樋口さんの豊かな経験に裏打ちされた表現力、行動力には、強いインパクト、説得力を感じました。

土田 千葉県知事をあとでやった……

和田 堂本（暁子）さんですね。それから、雑誌『いっと』の発行者で、福祉自治体ユニット事務局長の菅原（弘子）さん。heでもSheでもない、itなんですよ。当時、三三〇〇ぐらい市町村があったうちの二〇〇ぐらいの市町村の首長が集まっていて、積極的に介護保険問題を発信する。強い援軍だったと思います。みんな「私の介護保険」みたいなイメージをお持ちになっていった、そういう雰囲気をつくったのが成功に導いたと思います。政治情況とか経済・財政情況というのはあるけれども、進めるプロセスでみんなの参加意識をつくっていったというのは、他にはなかなかないかもしれませんね。

当時、マスコミの世論調査、政府も行いましたが、介護保険について「納得できるなら、安心できるなら負担してもいい」というのが八割から九割、賛成でしたよ。現状でも、最近の介護保険の世論調査でも六割ぐらいは賛成ですね。国の制度で六割ぐらいのサポートがあるって、珍しいぐらいの高い支持率だと思います。ただ、あまり給付を切り詰めたり、保険料を高くしすぎたり、サービスの質が下がったりということになると、反転することになるかもしれませんが。今のところまだ、国民的には理解され支持されていると思いますね。

土田 今、アンケートしてもいちばん評判がいいんじゃないですかね。

和田 そうですね。先生がおっしゃられましたように、あの瞬間、あの時期を逃したら介護保険は多分できなかったのではと、思います。

田中 最後にまとめの質問で恐縮ですが、このときに介護保険ができた要因はどのようにお考えでしょうか？

和田 時代の要請、社会のニーズが介護保険実現の起動力であったと思います。そして、月並みの言葉ですが、「天の時、地の利、人の和」があってこそのことでした。社会保障に通じた村山富市、橋本龍太郎という二人の総理の理解、与党福祉プロジェクトの国会議員の積極的な参加とリードは心強かったですね。そして法案国会提出に向けて「条文タコ部屋」で注文通りに膨大な法文を的確に書きあげた伊原和人、池田宏司、朝川知昭、高橋和久、野村知司の諸兄の尽力には、頭の下がる思いでしたよ。

介護保険法の立案②

堤　修三氏

1948年生まれ
1971年　厚生省入省
1994年　老人保健福祉局企画課長
1996年　大臣官房会計課長
1998年　大臣官房審議官（老人保健福祉担当）／
　　　　介護保険制度実施推進本部副本部長
　　　　（事務局長兼任）
2001年　老健局長
2002年　社会保険庁長官

介護保険制度実施推進本部の設置
（小泉厚生大臣，1998年1月）（法研提供）

■高齢者介護対策本部の設置

堤　（前略）それで、介護保険の作成過程については、僕がある程度責任をもって言えるのは審議官になったもうちょっと後で、法律が通ってから政省令をつくったり介護報酬をつくったりする時には直接の責任者でしたから、一応は把握しているつもりですけど、それ以前は完全に全部を知っているわけではありませんから、和田さんとか、国会での議論は江利川（毅）さんとか、あるいはもうちょっと下のレベルの議論は山崎（史郎）君とか香取君とか唐沢（剛）君とか、そのへんに聞いてもらって補強をしてもらったほうがよろしいと思います。

それで、作成過程のところにありますように、対策本部ができたのがいつだったのかな……。

田中　九四年の四月。

堤　自立支援システム研究会というのはいつでしたっけね。対策本部のほうが先ですかね。

田中　はい、そうですね。

堤　僕は脇にいたという感じですが、大森彌先生を座長とする高齢者介護・自立支援システム研究会なるものをつくって、そこには利益代表というか、医師会代表は入れないで、いわゆる有識者の人たちだけがメンバーの研究会でした。じつは僕はその研究会には顔も出したことがないのです。まだ老人保健法の改正のほうをやっていましたから、システム研究会の議論というのは具体的にはあまり噛んでいません。

その時は、山崎君とか香取君とか唐沢君とか、そのへんのＹＫＫトリオが事務方の部隊として出ていたわけですが、事務方のトップは、この支援システム研究会の時は和田勝さんなんです。彼は当時、大臣官房総務課長でした。

それで、岡光（序治）さんが朝の勉強会を官房長としてやったのはいつ頃かわかりませんけれども……

田中　増田雅暢先生の本の中で、朝、勉強会をやっていたというのがありまして。そこに、増田先生とか香取さんも出ていたというのがありまして。

堤　勉強会をやっていたんでしょうね。出たことがないから知りませんが、岡光さんも和田勝さんを送り込んで、官房長時代からかなりコミットしていたということは、そうだと思うんですね。それで彼は、その後、保険局長になったわけです。

高齢者介護対策本部というのは、本部長は多田（宏）事務次官で、だいたいこういう類は事務次官が本部長をやるのですが、和田勝さんが多田さんを説得して「本部長代理に岡光さんを置きましょう」と言って、形式的にも岡光さんが保険局長でありながら高齢者介護対策本部の本部長代理として、この問題の責任者というか中心人物になったわけです。（後略）

■医療・介護一体型案の検討

堤　この省内勉強会でいろいろな議論がありましたけれども、これ（「高齢者介護制度の創設および高齢社会に対応した医療保険の再編成について（私案）」）は九五年一月二日ぐらいにパレスホテルで岡光さんが勉強会をやったんです。僕も出ました。当時は、正直にいえば市町村が保険者になる、そして介護だけの独立保険にするというのは底流としてあって、それ以外の選択肢はほとんど本気では考えられていなかったと思いますけれども、一応建て前では、いろいろな保険の設計の仕方はあるという議論でありました。いま回していただく（資料）は、一月一日と書いてありますが、九五年一月二日頃に私がそこに出したペーパーで、介護保険をつくるにしても、今の医療保険とまったく別につくることがいいのかどうかという問題提起なんです。当時は、老人保健法が市町村に丸投げしているというか、保険者から金を集めて市町村にやらせるというやり方ですから、老人保健法に「老人&介護法」として給付だけはやらせるという方式は、安直な方法と言う受け止めだったと思います。それについては終始否定的という雰囲気でした。

否定的というのは、老人保健法自体がすでにガタが来始めていたという雰囲気でした。健保連は「あんな制度は拡充するな」みたいなことでしたし、介護保険の眼目のひとつは、高齢者からもちゃんと保険料を払ってもらうということでしたから。老人保健法の場合には、とくに被用者保険の被扶養者というのは保険料を払わないという、乗っかっているだけというわけですから、そういう人にもこれからは納めてもらうべきだ、そういうシステムにしたいということでしたから、単純に老人保健法に介護をくっつけるだけでは駄目だろう、ということは強くみんな意識していたと思います。

だけど、医療と介護は本当に別でいいのかということで、ここでまた医療に戻りますけれども、僕は一貫して突き抜け方式がいいと思っていたのです。被用者年金受給者健康保険というのをつくるというのが私の提案でした。被用者保険の個々の保険者がそのOBの医療費をずっと見続けるという退職者医療というのは土台無理なんですよ。今の健保組合が、九〇歳になったOBを面倒みるなんてできないですから。どこに住んでいるかもわからないし、給料も払っていないから給料天引きもできない。そうすると、厚生年金をもらっているということで退職者全体を括るしか、突き抜け方式の実現性はないわけです。そういうものをつくって、そうすると大部分の高齢者は保険料を払うことになる。そうすると、国保あるいは被用者年金受給者健保のほか、政管とか組合でも六五歳以上の人がまだ役員で残っていたりしていますから、それぞれの保険者が老人を抱えていることになります。そのうえで、老人へ介護給付分は市町村に丸投げをする。そのかわり、老人保健の財政調整は、突き抜け方式にするのですからやめてしまう。どっちが損か得かというのは計算してみないとわかりませんですけど、そういう案を書いて出したんです。これ（「医療・介護一体型（保険者拠出）システムの問題点、その他」）は誰が書いたペーパーかわかりませんし、いつかというのもないですけれども、要するに独立型でいくかいかないか。私の言うような、保険者拠出の医療・介護一体型でいく場合の問題点を書いてあるペーパーなんです。誰が書いたか、当時はあまり整理していなくて申し訳ないですけど、いずれは一体型にいくかもしれないけれども、初めは独立型で出すしかないのではないかということが書いてあります。いろいろな一体型の問題点を書いてあります。私から見れば、理解不足の部分もありますが。

■被保険者の範囲

堤　それから、被保険者の範囲は先ほど言ったように一号と二号と分けた。それで、時期的には審議会の中盤ぐらいになって、非常に変な話ですけど、当時は二〇歳から六四歳までは保険料を払うだけで給付はなしという案だったんですね。「それは保険ではないじゃないか。保険料を取っておいて給付はないというのでは保険ではない」と、連合から審議会に出ていた村上忠行さんに言われて、もっともなところを突いてこられたな、何とかそれに応えなければいけないなということで、被保険者の年齢を四〇歳以上にすることにしたわけです。四〇歳というのは、老人保健法のヘルスが加齢に伴う心身の諸兆候が始まる四〇歳だったということで、そうしたわけです一方、自民党のほうでも、「果たして二〇歳から取れるのか」という声が出てきた。医療保険者拠出にすれば取れるのですが、二〇歳からですとやっぱり年金の未納問題が連想されて、二〇歳からでは取りにくいのではないか、やっぱり四〇歳ぐらいだと親の介護問題も出て来るから、そのほうが納得しやすいのではないかということで、四〇歳にしました。

もうひとつの理由は、ここにも書いてありますが障害者問題との関係ですね。障害者をどう扱うかということになってくると、全面的に障害者も給付の対象になるというと、障害者福祉サービスの相当部分を取り込まなければいけない。そうすると、本当に関係者の多種多様で複雑な世界ですから、僕はあまり接触していないですけれども、和田勝さんなどは「混乱するから、取り込むのは絶対に嫌だ」という感じなんですね。そこで、老化に伴う特定疾病に限定すれば、準高齢者ということで障害者団体の逆鱗に触れなくてもすむのかなということで、被保険者年齢を四〇歳以上としたうえで、給付は老化に伴う特定疾病に起因する要介護者に限定することにしたわけです。保険の原理からすれば中途半端ですけれどもね。四〇歳というのもある意味で中途半端で、疾病の限定があるというのも同様ですけれども、そういう中途半端の塊で、妥協でできてしまったということです。

■ケアマネジメントの検討

堤　それから、ケアマネジメントの仕組みというのは、さっきから言っている阿部正俊さんが老人保健福祉局の局長か、その前の審議官をやっていた頃に、彼の下に研究会みたいなのがあって、時事通信に抜かれたことがあるんですが、そこにはケアマネジメントの萌芽がすでにもう出ていると思います。

田中　省内検討プロジェクトチームというのがありますね。

堤　そうそう、そういう類のやつですね。僕は現物をよく知らないですけれども。そういう中にも、ケアマネジメントを担う、現在のケアマネージャー（介護支援専門員）に相当する者を、自立支援管理士とかという職種までちゃんとつくって書いてあるんです。そういうのがあって、かなり初期の段階からケアマネジメントなるものは必要だと考えられていました。ところが、このケアマネジメントとその次の要介護認定というのは、審議会での議論の途中ぐらいまで、要介護認定をしたその情報がそのままケアプラン作成の情報につながるというふうに、一連のものとして議論されていたわけです。

僕が企画課長の時ですが、まだ審議会でやっている時に、山崎史郎君がいろいろ意見を聞いて回ったと思いますけど、「ケアマネジメントを市町村の事務にするか、居宅介護支援という給付にするか、どうしましょうか」ということで来ましたので、「それは給付にした方が良い」と言った覚えがあります。給付にしたということは、要介護認定は市町村の事務ですが、居宅介護支援というのはあくまでも給付ですから、民間の居宅介護支援事業者などが行うことになります。ケアマネジメントと要介護認定を切ってしまったわけで、要介護認定の時にはもちろん調査に行きますけれども、そこでの調査とプランをつくる時のアセスメントの調査と違うはずですから、そこはきちんと分けたほうがいいのではないかということで、今の給付であるケアマネジメントができました。

■保険料の減免三原則

菅沼　別の質問で、以前、雑談ではお話は伺いましたけど、記録に残したいので質問させていただきますが、保険料の減免三原則をどのように決められたのかということについて教えてください。

堤　堤三原則といいますけど、これは介護保険がスタートした時に、一部の非常に貧乏な自治体と非常に裕福な自治体で、保険料をまけるという動きが出てきたんですね。たとえば、地方交付税をもらっていない豊田市とか、北海道の潰れそうな炭鉱町みたいなところが出てきたわけです。保険料は所得段階別にしてあるし、保険料を取らないで給付することを認めたら、介護保険の自殺行為になってしまうので、この動きには頭を抱えました。先ほど触れた自治省の財政局長だった二橋（正弘）さんからも直接、電話がかかってきて「おまえ、やめさせろ」と言われたりしたぐらいです。せっかくつくった制度がそこから崩れていくと、一般会計から補塡するわけですからね。ということで、自治省も非常に抵抗があったわけです。

ちょうど鳥取西部地震があった時に鳥取県の西伯町で介護保険推進サミットをやっていまして、壇上に上がっていたらグラグラ来て慌てて逃げたんですけれども、それはともかく、大森彌先生とかそういう皆さんがいて、大森先生は地方自治の専門家として、「勝手に減免をやっているのはけしからん。新しい地方自治法による改善命令か措置命令を出しなさい」と言われるわけですよ。そう簡単にはいきませんよね。しかし、地方自治の大家がそういうことを言うから心強くはありました。

その後、現在官房長の樽見（英樹）君が当時、企画官で、議員会館を神戸市の課長がウロウロしているのを見つけたんですね。Tさんとか、兵庫県の国会議員を説明して回っていると言うのだそうです。ちょっと話を聞いたら、「神戸市が保険料を軽減することについての話をしている」と言うから、「それは即、審議官のところに行きましょう」と言って、神戸市の課長と何人かが僕のところに拉致されてきたわけですよ（笑）。どういう条件の下でやっているんだということで聞きましたら、「ただにはしない。それから、まけても一般会計から補塡をしない。それから、収入だけでは見ない。どれだけできるかわかりませんけど、資産状況も見る。その三つの条件をつけて神戸市はやるつもり」と言うから、それを聞いて、それだったらギリギリ許容範囲かなと考え、「じゃあ、それを原則としよう」ということにしたわけです。それからは全国課長会議で「堤三原則を守りなさい」といってずっとやってきたわけです。市町村の実施状況というと、三原則遵守市町村何％とかいうのを出すようにしてありますけれども、だんだん遵守市町村が増えてはきているので、燎原の火のように広がることにはなっていないと思います。もともと神戸市ともあろうものがそういうことをやるかという感じで、一応ギリギリのところは守ってくれていたので、神戸市の顔を潰すわけにもいかないし、それだったらいいかなと。それが本当のところです。

三原則で一番大事なのは、減免をしたことによって介護保険財政の決算をしたら穴が開いた場合に、一般会計から補塡をしないということなのです。そのため、仮に減免により給付費が足りなくなったら、その分も財政安定化基金から借りていいというふうにしたんです。僕の指示でそうしたんですが、筋悪だから基金から貸せないと言ったら、一般会計から補塡することになってしまいます。そこで、ちゃんとそれもみてあげるから後々保険料に上乗せして返しなさいと、そういう後始末をして、それで締めたという感じですね。保険料をまけられるということは、いちばん琴線に触れる部分だったんですよね。

菅沼　減免をしようとしていた自治体の抵抗というのはありましたか。

堤　それはとくになかったですね。自治体の真面目な担当者は、本当はしたくないでしょうから。こういうのはだいたい議員から言われるとか、首長から言われるという時に、「絶対駄目」と言われたら困るでしょうけど、「こういう基準だったらいいよ」と国から言われたら、「国がそう言っているんですから、その範囲でやりましょう」という言い訳ができるから、自治体の人にとってみればいいと思うんですよね。

土田　介護保険の特徴として、住民参加ということがずいぶん言われたし、実際、そういう点では非常に興味深く見ていましたけれども、その時に各市町村が自分のところの高齢者の水準とか、あるいはサービス水準に合わせた保険料を設定していくことで、かなり決まっていきましたよね。決まっていったなという最中に、自民党のほうで保険料を免除するというのが流れてきて、僕は「これはまずい」と。つまり、せっかく自分たちも多少の痛みを感じながらも、尚かつこれだけの保険料を負担するという時に、それをいらんよということにしてしまうと住民参加というものが壊れていく、あるいは後退してしまうという意識を持ったのですが、そういうことはなかったですか。あるいは、住民参加ということに対して、保険料免除というものを関連づけて考えなかったかどうかということでもいいですけれども。

堤　そこまでは意識して考えなかったといったほうが正確でしょうね。住民参加により保険料免除をされては困りますが。

土田　むしろ、保険料免除というものは、財政的にはありがたいという受け止め方ですか。

堤　市町村の人？

土田　いえいえ、厚労省としては。

堤　厚労省とすれば、ただなんて嫌ですよね。何のために保険制度にしたのかということになってしまいます。制度のスタート時には、スムーズにいくためには、さっき言ったように三割軽減とか、国保みたいなことぐらいはしょうがないかなという感じでしたけど、それとは違って、半年間ゼロなんて、こういうのも政治的なやり方としてあるかなと。びっくりしたという感じですね。

土田　あの時、亀井さんが言ったように記憶していますけど、亀井さんではなくて野中さんでしたか。

堤　亀井さんが言ったということを言われていますけど、実質は野中さんですね。

■介護保険施行一年の動向

田中　最後に、施行後一年の喜びの様子なども教えていただきたいのと、その一方で、その後マイナス改定二回という形で、そして小泉改革という時期にあたったこともあって、なかなか苦しい状況があったと思います。そういう宿題として残っている部分が施行準備の中で生まれてきていると思いますが、その後に残った課題といったところについて、まとめてお話をいただければと思います。

堤　局長になって何をやったのかというと、先ほど個室・ユニットケアの転換を公にしたのが二〇〇一年ですから、その後のフォローが十分でなかったという、先ほど言ったようなことでありますとか、あとショートステイの枠を一本化したとか、いくつかのやり残しを片づけたというぐらいですかね。それから、先ほど言った補正予算から取り始めた予算補助事業がありましたので、いろいろなものが「これをみてくれないのか」と出てくるんですね。あまり複雑にしたくなかったのですが、そういう事業のメニューに追加をするとかもありました。たとえば、ケアマネが施設をいろいろ当たってみるというのはまったくノーマネーですから、そういうのに出せるようにしたとか、そういうメンテナンスをやったことがあります。

今も言っていると思いますけど、自治体には調整交付金の五%は外枠だという議論があって、ずっと言うんですよね。それをそうするとトータル三〇%になってはみ出してしまう。それは絶対におかしいということで駄目なのですけれども、そういうことばかりいつまでもしつこく言うものですから、もう制度の問題は済んだので「これからの介護保険は質の時代へ」というスローガンを作って、もっとそちらの議論を深めようとしたつもりです。スタートして一年半で異動になって中村秀一さんが来て、みんなの前でいくつかのことを言いましたけど、「まだ生まれたばかりだから、非常に豪腕の乳母が来てくれたので心強い。大事に育ててほしい」とかね。

■介護報酬のマイナス改定と保険料徴収の限界

堤　介護保険をつくって次の改定はどうかという問題が早速皆さんの関心事になりました。確かに介護報酬はわりに潤沢につけたようなんです。僕はそこは詳しく知りませんけど。たとえば特養であれば、だいたい単純平均が七〇床ぐらいですから、それを基準に介護報酬を設定すると、一番多い五〇床の特養が厳しいというようなことがあって、それで五〇床を基準にしたとか、山崎君のところでそんなことをやったようですね。ということで、結果的に特養などの施設関係は初めよかったということがあったのかもしれないのです。しかし、介護保険がスタートして、赤ちゃんでオギャアと生まれてすぐマイナス改定というのは、いくら何でも誕生日が来たらいきなりぶん殴るという感じがしたので、僕は新聞記者には「常識的には、厳しい状態ではあるけれどもプラス・マイナス・ゼロぐらいがいいところだな」と言ったら、中村（秀一）君は豪腕だからマイナス改定をやってしまって，それを続けたわけですから，かなりダメージがきつかったのではないかと思いますね。予想外だったのは，財政の締めつけがちょっと早めに来たことでした。いずれ来るとは思いましたけど，早かったということですかね。

土田　予想以上に給付が伸びたのではないですか。

堤　事前の予想をそれほどしていたわけではないですから。要介護認定率がどれぐらいかというのは，少しずつ上がってきているのは高齢化が進んでいますからそうはそうだし，高齢者の数が増えると。あとは，施設は抑え気味ですから，在宅の場合，支給限度額の範囲でどれぐらい使うのかと。審議会などでは，そこがいちばん議論の中心だったんですね。「三六万円といったって半分しか使わないのではないか」と。「いやいや，初めはそうかもしれないけど，だんだん馴れて三年後には八〇％は使いますよ」とか，適当な図を書いて示していたぐらいです。実際，今でも利用率はそこまで行っていないです。ですから，どの程度予想していたのかということもありますけど，予想以上といえるのかどうかはちょっとわからないですね。全体では，ほぼ予想通りの範囲内だったと池上（直己）さんは書いていますね。

相対的な関係で保険料がここまで来たということ，これがどれだけ介護保険の維持可能性に影響があるのか。国の財政が厳しいですから，これは介護保険に限らず，全般的な問題ですけど，介護保険の制度の維持可能性からすれば保険料水準がどれぐらいが限界かという問題で，そういうのは初めから意識はしていたんです。やっぱり五〇〇〇円限界論とかですね。衛藤（晟一）先生などは「五〇〇〇円ぐらいがいいところじゃないか」とかいろいろ言っておられましたし。僕も，厚生年金をもらっている人もいるわけですけど，順番的にはいちばん共通の基礎年金から天引きしていくことになってくるので，どうしても高齢者の受け止めは「基礎年金がこんなに減った」となりがちです。感触として「六万円の基礎年金から一万円も取られた」というのでは持たないだろう思いますね。そこはやっぱり，介護保険の弱いところのひとつだということです。

これは独立型にしたからそうなんですよ。しかも三年にいっぺん全国一斉に保険料が上がるわけですから，そのときに限界論みたいなものが，すでにこの前出てきていたし，これからも出て来るだろうと思います。じゃあ，医療保険と一緒に取るかというのはいろいろ考えられますけど，今の後期高齢者医療を仮に六五歳まで下げて介護保険と合体するとなったら，保険料が一万五〇〇〇円とか二万円になってもっと大変ですから，やはり難しい。つまり，介護保険であれ，後期高齢者医療制度であれ，なかなか独立形の一元的な制度で保険料を取るということは，政治的に本当に難しいと僕は思います。

■介護を保険リスクとすることの困難

堤　ですから介護保険は、建築用語でいえば実施設計は非常によくできているけれども、基本設計がちょっと問題があるのです。基本設計というのは、要するに独立型にするというう制度の建て方ですね。こういう類のリスク、病気のように誰でもなるのではないし、なったら最後、ずっとなりっぱなし。かつ、年齢に応じてどんどん増えていく、こういう傾向的なリスクの増加があるものは、それだけを単独でリスクととらえて保険の対象にすることは、制度的に無理がある。

土田　要介護を保険リスクとするのは無理がありますね。

堤　まあ、広い意味で保険リスクだから保険にしたんですけど、その性格からして、医療のようなみんなが納得できるリスクの保険ではないというところですね。そうすると、どうしたらいいのかと言えば、それはセット販売にするしかないと思います。セット販売というのは、医療保険と一体化して、保険料はまとめて取るという意味ですけど。実は、僕は、こういう議論を、平成七年ぐらいの段階から考えていたのですけど、香取君あたりから「まあ、課長が言うのもわかるし、いずれそうせざるを得なくなるかもしれないけど、まずは独立型でつくらせてください」と言われて、僕の案は仕掛けが大きすぎて直ぐにはできそうもない案でしたから、潔く諦めたわけです。しかし、財政安定化基金とか調整交付金の仕組みとか、支給限度額とか要介護認定とか、実施設計の部分は

本当によくできているんです。国保の二の舞にならない、国保の失敗を繰り返さないためにという意味では十分、工夫されていると思います。基本設計のところは、ちょっと将来的に持つかなというのが心配ですね。

オーラルヒストリー実施記録

インタビュー対象者（肩書は報告書記載のもの）		主なテーマ	実施状況	参加者
幸田正孝	元厚生事務次官	国民皆保険の史的評価，1973年公的年金制度改正	第1回　2013年11月6日（水）15：00〜17：00 第2回　2013年12月20日（金）10：30〜12：30 第3回　2014年1月24日（金）10：00〜11：40 第4回　2014年3月4日（火）10：30〜12：30	菅沼，土田，新田，山田，中尾，百瀬，田中
近藤功	元大臣官房参事官・児童手当準備室長	児童手当の構想	第1回　2014年3月31日（月）13：55〜16：20 第2回　2014年5月16日（金）15：00〜17：50	菅沼，新田，山田，中尾，岩永，田中，浅井，深田，新嶋聡
吉原健二	元厚生事務次官	国民年金法の制定，老人保健法の制定	第1回　2014年5月23日（金）15：00〜17：30 第2回　2014年6月27日（金）14：00〜16：45 第3回　2014年7月25日（金）14：00〜16：30	菅沼，土田，新田，森田，山田，中尾，百瀬，田中
田中荘司	元老人福祉専門官	1970〜80年代の高齢者福祉	第1回　2014年9月29日（月）14：00〜17：30 第2回　2014年12月6日（土）14：00〜17：45	菅沼，新田，山田，中尾，岩永，田中，浅井，深田，中嶌洋
辻哲夫	東京大学特任教授，元厚生労働事務次官	1985年公的年金制度改正	第1回　2014年10月1日（水）13：00〜15：20	菅沼，土田，中尾，百瀬，田中
西沢英雄	元社会局保護課長・監査指導課長	1960〜90年代の生活保護	第1回　2014年11月17日（月）9：00〜12：40	菅沼，山田，岩永，田中
井手精一郎	元社会局更生課長	1950年代の生活保護	第1回　2014年12月15日（月）9：00〜12：00	菅沼，山田，岩永，田中
田中敏雄	元社会局保護課長・監査指導課長	1960〜90年代の生活保護，80年代の障害福祉	第1回　2014年12月15日（月）14：00〜17：00	菅沼，百瀬，岩永，田中
青柳親房	新潟医療福祉大学教授，元九州厚生局長	1985年公的年金制度改正	第1回　2015年3月2日（月）14：00〜17：10	菅沼，土田，森田，山田，中尾，百瀬，田中
古川貞二郎	元内閣官房副長官，元厚生事務次官	環境行政，老人保健法の制定，第1次医療法改正，21世紀福祉ビジョン	第1回　2015年3月16日（月）15：00〜18：00 第2回　2015年5月8日（金）15：20〜18：40 第3回　2015年6月24日（水）15：00〜18：35	菅沼，土田，新田，森田，山田，中尾，百瀬，岩永，田中，新嶋聡

根本 嘉昭	神奈川県立保健福祉大学名誉教授，元社会局保護課課長補佐	全国社会福祉協議会，1980年代生活保護	第1回　2015年8月3日（月）13：30～17：30	菅沼，岩永，田中
苅安 達男	元社会局保護課，元国立身体障害者リハビリテーションセンター管理部長	1950～60年代の生活保護，1960年代の社会福祉	第1回　2015年8月26日（水）13：30～17：20	菅沼，岩永，田中
多田 宏	元厚生事務次官	1984年健康保険法改正	第1回　2015年9月17日（木）13：00～16：10 第2回　2015年10月27日（火）10：00～13：10 第3回　2015年12月14日（月）10：00～12：10	菅沼，土田，新田，森田，岩永，田中，松本由美，新嶋聡
坪野 剛司	一般社団法人年金綜合研究所理事長，元年金局数理課長	1960～1980年代の年金財政	第1回　2015年9月18日（金）14：00～17：35	菅沼，土田，新田，山田，中尾，百瀬，田中
佐々木典夫	元社会保険庁長官	老人保健法の制定	第1回　2015年11月11日（水）10：00～12：50 第2回　2016年1月26日（火）10：00～13：40 第3回　2016年2月23日（火）10：00～14：10	菅沼，土田，新田，田中，浅井，駒崎道
河 幹夫	神奈川県立保健福祉大学教授	ゴールドプラン，社会福祉基礎構造改革	第1回　2015年12月12日（土）14：00～17：40 第2回　2016年2月22日（月）14：00～18：00 第3回　2016年7月25日（月）15：00～17：20	菅沼，土田，山田，中尾，岩永，田中
長尾 立子	全国社会福祉協議会名誉会長	1960～80年代の社会福祉と年金	第1回　2016年4月27日（水）14：00～16：00 第2回　2016年6月20日（月）14：00～16：00	菅沼，中尾，岩永，田中
堤 修三	元老健局長	老人保健法の制定，介護保険の立案過程	第1回　2016年5月20日（金）10：00～13：20 第2回　2016年7月29日（金）10：00～13：25 第3回　2016年9月19日（月）10：00～13：40	菅沼，土田，新田，岩永，田中，深田，中嶌洋
炭谷 茂	元環境事務次官，元社会・援護局長	社会福祉基礎構造改革	第1回　2016年7月4日（月）15：30～17：50 第2回　2016年9月26日（月）15：00～17：00	菅沼，中尾，岩永，田中
和田 勝	元大臣官房審議官・高齢者介護対策本部事務局長	環境行政，1984年健康保険法改正，介護保険の立案過程	第1回　2017年5月9日（火）12：30～15：10 第2回　2017年5月19日（金）13：00～16：10 第3回　2017年6月16日（金）10：00～13：15	菅沼，土田，新田，岩永，田中，松本由美

（注）1. 本書で引用したオーラルヒストリーのみを記載している。現在も，研究プロジェクトは継続しており，上記以外にも聞き取りを実施している。科学研究費助成事業データベースで検索し（研究課題/領域番号：25285169，16H03718），確認していただきたい。

2. 今回の執筆者ではない聞き取り参加者は，フルネームで記した。

（文責：田中聡一郎）

索　引

── 事項索引 ──

■さ　行

■た　行

■な　行

■は　行

■ま　行

■や　行

■ら　行

──人名索引──

■ま　行

■や・ら行

〈編者紹介〉

菅《すが》 沼《ぬま》　隆《たかし》　立教大学経済学部教授

土《つち》 田《だ》 武《たけ》 史《し》　早稲田大学名誉教授

岩《いわ》 永《なが》 理《り》 恵《え》　日本女子大学人間社会学部准教授

田中聡一郎《たなかそういちろう》　関東学院大学経済学部講師

戦後社会保障の証言——厚生官僚120時間オーラルヒストリー

An Oral History of Social Policy Development in Post-War Japan :
120 Hours of Testimony from the Government Officials

2018 年 3 月 30 日　初版第 1 刷発行
2018 年 10 月 10 日　初版第 3 刷発行

編　者　菅　沼　隆
　　　　土　田　武　史
　　　　岩　永　理　恵
　　　　田　中　聡　一　郎

発行者　江　草　貞　治

発行所　株式会社　有　斐　閣

郵便番号 101-0051
東京都千代田区神田神保町 2-17
電話（03）3264-1315〔編集〕
（03）3265-6811〔営業〕
http://www.yuhikaku.co.jp/

組版・株式会社明昌堂／印刷・萩原印刷株式会社／製本・大口製本印刷株式会社

ISBN 978-4-641-17435-1